SCHÄFFER
POESCHEL

Karl Born

# Unternehmensanalyse und Unternehmensbewertung

mit einer CD-ROM von Friedhelm Dietz

2., aktualisierte und erweiterte Auflage

2003
Schäffer-Poeschel Verlag Stuttgart

Bibliografische Information Der Deutschen Bibliothek

Die Deutsche Bibliothek verzeichnet diese Publikation in der Deutschen Nationalbibliografie; detaillierte bibliografische Daten sind im Internet über <http://dnb.ddb.de> abrufbar

Gedruckt auf chlorfrei gebleichtem, säurefreiem und alterungsbeständigem Papier

ISBN 3-7910-1763-2

© 2003 Schäffer-Poeschel Verlag für Wirtschaft · Steuern · Recht GmbH & Co. KG
www.schaeffer-poeschel.de
info@schaeffer-poeschel.de
Einbandgestaltung: Willy Löffelhardt
Satz: Johanna Boy, Brennberg
Druck und Bindung: Ebner & Spiegel GmbH, Ulm
Printed in Germany
Oktober/2003

Schäffer-Poeschel Verlag Stuttgart
Ein Tochterunternehmen der Verlagsgruppe Handelsblatt

# Vorwort zur zweiten Auflage

Die Abschaffung des Anrechnungsverfahrens bei der Körperschaftsteuer und der dadurch bedingte Übergang auf das Halbeinkünfteverfahren bei der Einkommensteuer haben den Verfasser veranlaßt, nach dem großen Verkaufserfolg der bereits vor acht Jahren erschienenen 1. Auflage des Buches »Unternehmensanalyse und Unternehmensbewertung« eine 2., aktualisierte und erweiterte Auflage herauszugeben.

Da bei einer Unternehmensbewertung die Analyse des Unternehmens und seiner Umwelt der wichtigste und zeitaufwendigste Teil ist, wurde das Buch um einen umfangreichen Fragebogen zur Sammlung von Informationen und Daten erweitert. Dieser Fragebogen ist kein Pflichtenheft oder abzuhakende Checkliste, sondern eine in der Praxis erprobte Arbeitshilfe bei Unternehmensbewertungen und Due Diligence Untersuchungen.

Die 2. Auflage wurde auch dazu genutzt, deutliche Einwände gegen die »Grundsätze zur Durchführung von Unternehmensbewertungen« (IDW S 1) des Instituts der Wirtschaftsprüfer (IDW) vom 28.6.2000 vorzubringen.

Des weiteren wurde ein Abschnitt C. X. Überleitung von der Discounted-cash-flow-Methode (DCF-Methode) zur Ertragswertmethode eingefügt. Diese Einfügung erfolgte deshalb, weil in der deutschen Literatur oft leichtfertig behauptet wird, daß die DCF-Methode und die Ertragswertmethode zu dem gleichen Ergebnis kommen, was aber nirgendwo durch ein Beispiel bewiesen wird. Diese Behauptung ist unrichtig, da sich die Ertragswertmethode wegen ihr in der Regel zwangsläufig innewohnender falscher Annahmen über die Kapitalstruktur praktisch nicht in die DCF-Methode und die DCF-Methode nur sehr umständlich in die Ertragswertmethode überleiten läßt.

Im übrigen wurde das Buch nicht verändert, sondern nur an vielen Stellen aktualisiert und ergänzt. Es ist weiterhin die einzige umfassende anwendungsorientierte und gleichzeitig theoretisch fundierte Gesamtdarstellung der Unternehmensanalyse und Unternehmensbewertung in deutscher Sprache.

Dem Buch ist eine CD-ROM von Dipl.-Kfm. Friedhelm Dietz beigefügt, die es ermöglicht, Unternehmensbewertungen am PC gemäß dem Berechnungsbeispiel in Abschnitt D vorzunehmen.

Meiner Frau Ingrid, Herrn Dipl.-Kfm. Friedhelm Dietz und meinem Sohn Dipl.-Kfm. Matthias Born danke ich für die kritische Durchsicht der 2. Auflage.

Leverkusen, im August 2003

# Vorwort zur ersten Auflage

Der Verfasser erstellt seit 25 Jahren Unternehmensbewertungen. Der Beginn seiner Tätigkeit fiel in die Zeit des Höhepunktes der kontroversen und verwirrenden Diskussion zwischen Theorie und Praxis. Die in der Praxis bekannten Unternehmensbewertungen hatten zu dieser Zeit wenig gemeinsam mit der wissenschaftlichen Literatur. Deutschsprachige Literatur, die eine praktische Anleitung gewesen wäre und gleichzeitig den neuesten wissenschaftlichen Erkenntnissen entsprochen hätte, gab es nicht.

Wenn der Verfasser heute zuweilen gefragt wird, welches theoretisch fundierte Buch über Unternehmensbewertung, das auch für die Praxis eine Hilfe wäre, er empfehlen könne, kann er selbst in Anbetracht des sehr umfangreichen Literaturverzeichnisses immer noch keine eindeutige Antwort geben. Die jahrzehntelang in Deutschland kontrovers geführte Diskussion über das Thema Unternehmensbewertung hat immer noch zur Folge, daß es seiner Ansicht nach kein einzelnes empfehlenswertes Werk gibt, das die gewünschten Voraussetzungen erfüllt. Es bleibt nichts anderes übrig, als auf mehrere Aufsätze und Bücher, darunter mindestens ein amerikanisches, hinzuweisen und zu empfehlen, sich daraus eine eigene Meinung zu bilden. Der Verfasser glaubt, nach Erscheinen dieses Buches auf solche Fragen die gewünschte Antwort geben zu können.

Das Buch wendet sich an

1. Mergers & Acquisitions-Berater (Investment-Banken), Unternehmensmakler, Wirtschaftsprüfer, Steuerberater, leitende Mitarbeiter in den Unternehmen, die in der Praxis aus unterschiedlichen Gründen Unternehmen, Anteile an Unternehmen, Betriebsstätten, strategische Geschäftseinheiten, Produktgruppen oder Marken zu bewerten haben, d.h. Entscheidungen vorbereiten müssen.

   Ihnen soll das Buch eine praktische Hilfe sein.

2. Entscheidungsträger, die als Käufer, Verkäufer, Vorstand oder Geschäftsführer über den Kauf/Verkauf von Unternehmen, Anteilen an Unternehmen o.a. oder über strategische Konzepte der einzelnen strategischen Geschäftseinheiten des eigenen Unternehmens zu entscheiden oder als Richter aufgrund vorgelegter Gutachten Urteile zu fällen haben.

   Sie sollen durch das Buch besser beurteilen können, ob vorgelegte Unternehmensbewertungen mit der notwendigen Intensität, Sorgfalt und Kompetenz erstellt wurden.

3. Personen, die Entscheidungen anderer zu beurteilen haben (Aufsichtsrat, Miteigentümer) oder die durch Gerichtsurteile oder Vergleichsvorschläge, die auf Unternehmensbewertungen basieren, betroffen sind.

   Sie sollen die Angemessenheit des Urteils oder Vergleichsvorschlages besser beurteilen können.

4. Dozenten und Studenten der Betriebswirtschaftslehre, insbesondere mit den Schwerpunkten Unternehmensführung, Unternehmensplanung, Unternehmensfinanzierung und Controlling.

Sie finden in dem Buch das in der Praxis benötigte theoretische Wissen für Unternehmensbewertungen sowie Hinweise auf eine weitere Vertiefung.

5. Leiter von strategischen Geschäftseinheiten, Leiter und Mitarbeiter der strategischen Planung und des Controlling, Unternehmensberater.

Ihnen kann das Buch eine Hilfe bei der Einführung und Umsetzung des Shareholder-Value-Konzeptes bzw. des Wertsteigerungs-Managements im eigenen Unternehmen sein.

Meiner Frau Ingrid, meinem Sohn Dipl.-Kfm. Andreas Born, den Herren Dipl.-Kfm. Friedhelm Dietz und Dr. rer. pol. Dirk Sommer danke ich für die kritische Durchsicht des Manuskriptes und Frau Ingrid Babucke für die geduldige Durchführung der Schreibarbeiten.

# Einleitung

Die seriöse deutschsprachige Literatur über die Bewertung von Unternehmen ist größtenteils sehr theoretisch, teilweise kontrovers, und deshalb als unmittelbare Anleitung für die Praxis kaum brauchbar. Sie beschäftigt sich fast nur mit dem Beschreiben von Begriffen, Methoden, Verfahren, Formeln, Funktionen, Grundsätzen, Prinzipien und Einzelproblemen oder besteht aus Aufsatzsammlungen verschiedener Autoren.

Die Praxis der Unternehmensbewertung entspricht oft nicht den betriebswirtschaftlichen Erkenntnissen und den praktischen Bedürfnissen.

Der Grund für diese Situation liegt nicht zuletzt darin, daß in Deutschland Anteile an Unternehmen in der Vergangenheit der Vermögenssteuer unterlagen und dafür sehr schematisch Unternehmensbewertungen angefertigt werden.

Bewertungen von Unternehmen zum Zwecke der Besteuerung können aus Gründen der Praktikabilität (relativ einfache, sichere und schnelle Berechnung, Vermeiden von Einsprüchen) nicht so erstellt werden, wie Bewertungen von Unternehmen, die Grundlage für wirtschaftliche Entscheidungen sein sollen. Bewertungen zum Zwecke der Besteuerung sind in Deutschland vergangenheitsorientiert. Bewertungen, die als Grundlage für wirtschaftliche Entscheidungen dienen sollen, müssen dagegen zukunftsorientiert sein und die individuelle Situation des Unternehmens und seiner Umwelt berücksichtigen.

Bewertungen zum Zwecke der Steuern vom Vermögen wurden in Deutschland von Buchhaltern, Steuerberatern und Wirtschaftsprüfern erstellt. Dieser Personenkreis, insbesondere die Wirtschaftsprüfer, fühlen sich deshalb berufen, auch Unternehmensbewertungen zu erstellen, die als Grundlage für wirtschaftliche Entscheidungen dienen sollen.

Wirtschaftsprüfer sind aufgrund ihrer Tätigkeit stark einzelwert- und vergangenheitsorientiert; ihre Zukunftssicht ist durch das Vorsichtsprinzip geprägt, und Planungen spielen bei ihrer Prüfungstätigkeit nur eine unbedeutende Rolle. Diese Denkweise ist Gift bei der Erstellung von Unternehmensbewertungen, die Grundlage für wirtschaftliche Entscheidungen sein sollen. Nicht zuletzt durch die dominierende Rolle der Wirtschaftsprüfer wurden in Deutschland nach dem Zweiten Weltkrieg Unternehmensbewertungen mit Hilfe von Formeln erstellt, die nur auf substanzwert- und vergangenheitsorientierten Zahlen beruhten.

In der Praxis wurde bei der Anwendung dieser Formeln vielfach übersehen, daß auch nach damaligem Erkenntnisstand nur die zukünftigen Erträge und nicht die vergangenen Erträge und der Substanzwert als wertbestimmend erachtet wurden. Dies geht z.B. eindeutig aus dem Buch von Eugen Schmalenbach: Die Beteiligungsfinanzierung. 8., verbesserte Aufl., Köln und Opladen 1954, sowie noch älterer Literatur hervor.

Bei Schmalenbach heißt es z.B. auf S. 36:

*»Für die Bewertung von Unternehmungen müssen wir angesichts der vielen schiefen Vorstellungen in Theorie und Praxis einen an sich selbstverständlichen Grundsatz mit großem Nachdruck betonen:*

*Es kommt bei dem Werte einer Unternehmung, ebenso wie bei den Werten anderer Sachen, nicht darauf an, was dieser Gegenstand gekostet hat, was er geleistet hat oder was sonst in der Vergangenheit von ihm bekannt ist, sondern lediglich zukünftige Umstände sind für den Wert des Gegenstandes bestimmend. Nur deshalb, weil wir nicht in die Zukunft sehen können und weil wir das für Zukunftsschätzungen nötige Material aus der Vergangenheit gewinnen müssen, hat das Vergangene für unsere Schätzungen Interesse. Man sollte glauben, daß dieser Fundamentalsatz der Bewertungslehre viel zu selbstverständlich sei, als daß er verdiente, ausgesprochen zu werden. Aber man findet in der praktischen Bewertungstechnik Verstöße gegen diese Regel in großer Zahl.«*

Der gleiche Text findet sich bereits in der 7., verbesserten Auflage aus dem Jahre 1948 auf der Seite 38 sowie in Auflagen vor dem Zweiten Weltkrieg (z.B. 6. Aufl. 1937).

Vergangenheitserträge und Substanzwert galten bereits damals eindeutig nur als ein Hilfsmittel, um den Wert eines Unternehmens zu bestimmen. Mit zunehmend kürzeren Produktlebenszyklen, weltweiter Konkurrenz, aktivem Marketing und langfristiger strategischer Planung ist die Wertfindung auf Basis von Vergangenheitserträgen und Substanzwert heute erst recht falsch.

Die gedankenlose Anwendung von auf Vergangenheitsergebnissen und Substanzwert beruhenden Bewertungsformeln führte dazu, daß sich Wissenschaftler, insbesondere Busse von Colbe (1957), Sieben (1963), Münstermann (1966), Jaensch (1966) und v. Wahl (1966), dieser Themen annahmen und darlegten, daß nicht die Vergangenheitsergebnisse und der Wert der Substanz, sondern die in der Zukunft aus dem Unternehmen zu erzielenden Nettoausschüttungen den Wert eines Unternehmens bestimmen. In diesem Zusammenhang muß auch das Werk von Engels (1962) erwähnt werden. Leider war diese Literatur sehr theoretisch und kaum eine unmittelbare Hilfe für die Praxis. Die Erkenntnisse dieser Wissenschaftler waren – wie ein genauer Vergleich mit der oben erwähnten älteren deutschen Literatur und älteren amerikanischen Literatur (Williams, John Burr, 1938) zeigt – zu einem großen Teil auch nicht besonders neu; sie wurden in der Praxis nur meistens verdrängt. Neu war im wesentlichen nur die klare Herausstellung, daß die zukünftigen Erträge nicht immer voll ausschüttungsfähig sind, und deshalb mit den zukünftigen Nettoeinnahmeüberschüssen nicht voll identisch sein müssen.

Im Gegenzug veröffentlichte der Hauptfachausschuß des Instituts der Wirtschaftsprüfer 1983 nach einer Diskussion des Entwurfs einer Verlautbarung des Arbeitskreises Unternehmensbewertung des Instituts der Wirtschaftsprüfer in Deutschland e.V. (AKU) von 1980 die Stellungnahme: Grundsätze zur Durchführung von Unternehmensbewertungen (St/HFA 2/1983). Bemerkenswert für das Thema Unternehmensbewertung ist noch der Satz im Vorwort des Wirtschaftsprüfer-Handbuchs 1992, Band II, Seite VI: *»Die Übereinstimmung von Wissenschaft und Praxis, insb. bezüglich des Ertragswertverfahrens, ist weitgehend erreicht«.* Offenbar konnte man sich in der Praxis, zumindest in der Praxis der Wirtschaftsprüfer, immer noch nicht ganz mit klaren wissenschaftlichen Erkenntnissen anfreunden und sie in die Tat umsetzen. Bis heute tut sich das Institut der Wirtschaftsprüfer schwer, sich klar für wissenschaftliche Erkenntnisse in der Unternehmensbewertung auszusprechen, wie es der IDW Standard (IDW S 1) vom 28.6.2000 zeigt (siehe C. IX.).

Kennzeichnend für das Thema Unternehmensbewertung in der deutschsprachigen Literatur ist bis heute, daß das Wort Unternehmensanalyse in fast allen Literaturbeiträgen fehlt oder bestenfalls nur nebenher erwähnt wird, obwohl die Analyse des zu bewertenden Unternehmens und seiner Umwelt die wichtigste Voraussetzung für eine Unternehmensbewertung ist. Ebenfalls vergeblich sucht man in der deutschsprachigen Literatur auch eine ausführliche Behandlung des Punktes, der den Wert eines Unternehmens in erster Linie bestimmt, nämlich die Fähigkeit des Unternehmens, in der Zukunft nachhaltig Produkte zu kostenüberdeckenden Preisen herstellen und im Markt kundengerecht vertreiben zu können.

Die Kritik an der deutschen Literatur über Unternehmensbewertung hat Bretzke (Bretzke, Wolf-Rüdiger: Unternehmensbewertung in dynamischen Märkten. In: BFuP, 1993, S. 39-45) in folgendem Satz gut wiedergegeben:

»Mit der über lange Jahre zu beobachtenden, fast ausschließlichen Beschäftigung mit Fragen der Logik und Struktur des Bewertungskalküls wurde unterstellt, daß das eigentliche Problem der Bewertung nicht in der Qualität der zu verarbeitenden Informationen, sondern in den Regeln der Informationsverarbeitung besteht. Solange sie auf diese implizite methodische Prämisse fixiert war, hat auch die neue, ›subjektive‹ Unternehmungsbewertungslehre in einem erheblichen Umfang an den tatsächlichen Problemen der Praxis vorbei gedacht.«

Aufgrund der Globalisierung fand zwar in den letzten 10-20 Jahren die theoretisch richtige DCF-Methode immer mehr in Deutschland durch amerikanische Investmentbanken Eingang, die Analyse der zu bewertenden Unternehmen kommt aber bei den auf einen schnellen provisionspflichtigen Kaufabschluß drängenden Investmentbanken in der Regel viel zu kurz.

Abschließend sei festgestellt, was das Wesentliche einer Unternehmensbewertung für wirtschaftliche Entscheidungen ist:

**Eine Unternehmensbewertung bedeutet nicht, einige oder viele Zahlen nach einer Formel zu einem Wert zu verarbeiten. Ein Unternehmen bewerten heißt in erster Linie, ein Unternehmen und seine Umwelt eingehend zu analysieren und darauf aufbauend mit Hilfe von wissenschaftlichen Erkenntnissen, breiten wirtschaftlichen Kenntnissen, Urteilskraft und Erfahrung Aussagen über die voraussichtliche Entwicklung des Unternehmens zu machen und unter Darlegung der Risiken und Chancen in einem Wert zu bündeln. Unternehmensbewertung ist somit wie Unternehmensführung mehr Kunst als Wissenschaft.**

Eine Unternehmensbewertung sollte niemals ein gedankenloses und schematisches Verarbeiten von vorgelegten Daten der Vergangenheit und von Planungsrechnungen sein. Sie sollte auch nicht nur auf der Analyse, den Kenntnissen, den Erfahrungen und dem Urteil einer einzelnen Person beruhen, sondern sollte eine Teamarbeit mit Fachleuten aus den verschiedenen Unternehmensbereichen, insbesondere des Marketing, der Produktion und der Forschung und Entwicklung sein. Die Kunst des Unternehmensbewerters, der die Federführung in diesem Team hat und der die Gesamtverantwortung für die Unternehmensbewertung trägt, besteht darin, die Analysen, das Wissen, die Erfahrungen, Meinungen und Urteile der Teammitglieder und weiterer Fachleute im Hinblick auf die Unternehmensbewertung kompetent würdigen zu können und aufgrund der Diskussion aller Fakten, Analysen, Meinungen und Urteile zu Aussagen über die voraussichtliche Entwicklung des Unternehmens und zu einer Wertfindung zu kommen, die alle Beteiligten überzeugt, ohne zu sehr einseitige Sichtweisen sowie Vorurteile und Wunschvorstellungen einzelner Personen in die Unternehmensbewertung einfließen zu lassen.

# Inhaltsverzeichnis

## A. Allgemeines

# C. Bewertung des Unternehmens

# D. Berechnungsbeispiel einer Unternehmensbewertung

# A. Allgemeines

## I. Anlässe für eine Unternehmensbewertung und Zweck einer Unternehmensbewertung

Bevor Einzelheiten über Begriffe, Wertkategorien, Funktionen und Verfahren der Unternehmensbewertung dargelegt werden, ist es angebracht, die Anlässe für eine Unternehmensbewertung systematisch zusammenzustellen, da eine zweckgerechte Unternehmensbewertung durch den Anlaß der Unternehmensbewertung bestimmt wird.

### 1. Bewertung eines Unternehmens aus konkretem Anlaß

Grundsätzlich kann man unterscheiden zwischen entscheidungsabhängigen und entscheidungsunabhängigen Bewertungsanlässen.

Bei *entscheidungsabhängigen* Anlässen ist eine Änderung der Eigentumsverhältnisse beabsichtigt. Die entscheidungsabhängigen Anlässe werden in der deutschen Literatur unterteilt in

1. Anlässe, bei denen keine der Parteien die Änderung der Eigentumsverhältnisse gegen den Willen der anderen Partei durchsetzen kann. Es handelt sich im wesentlichen um
   - Kauf oder Verkauf von Unternehmen, Betriebsstätten, Geschäftsbereichen, Produktgruppen, Marken oder Anteilen an Unternehmen,
   - freiwillige Fusionen, Entflechtung von Unternehmen,
   - Eintritt eines Gesellschafters in ein bestehendes Unternehmen.

In der Literatur (Matschke, Manfred Jürgen: Funktionale Unternehmensbewertung, Band II, Der Arbitriumwert der Unternehmung. Wiesbaden 1979, S. 31) werden diese Fälle – wenn keine der Parteien eine Veränderung der Eigentumsverhältnisse des zu bewertenden Unternehmens allein, das heißt ohne Mitwirkung und gegen den erklärten Willen der anderen Partei durchsetzen kann – auch nicht beherrschte oder nicht dominierte Konfliktsituationen genannt.

2. Anlässe, bei denen eine der Parteien die Änderung der Eigentumsverhältnisse gegen den Willen der anderen Partei durchsetzen kann. Darunter fallen z.B.
   - Ausscheiden eines Gesellschafters einer Personengesellschaft durch Kündigung,
   - Ausschließen eines »lästigen« Gesellschafters einer Personengesellschaft,
   - Ermittlung der Ausgleichszahlung bei Abschluß eines Beherrschungs-/Gewinnabführungsvertrages oder Eingliederung,
   - Abfindung von Minderheitsgesellschaftern bei übertragender Umwandlung,
   - Enteignungen,

– zwangsweiser Ausschluß von Minderheitsaktionären aus einer Aktiengesellschaft gegen
  eine angemessene Barabfindung, sofern den Mehrheitsaktionären mindestens 95 %
  des Grundkapitals gehören (»Squeeze-out«).

Diese Fälle, d.h. wenn eine Partei eine Veränderung der Eigentumsverhältnisse des zu
bewertenden Unternehmens gegen den erklärten Willen der anderen Partei erzwingen
kann, werden von Matschke beherrschte oder dominierte Konfliktsituationen genannt.

Die Aufteilung der entscheidungsabhängigen Anlässe in nicht beherrschte und beherrschte
Konfliktsituationen ist jedoch nicht vollkommen. So gehören die oben nicht erwähnten
Anlässe, wie

– erstmalige Börseneinführung von Aktien und
– Kapitalbeteiligung von Arbeitnehmern,

nur bedingt zu den nicht beherrschten Konfliktsituationen, da sie mit einem Kauf von
Anteilen nicht vollkommen gleichzusetzen sind, und

– die Beendigung des gesetzlichen Güterstandes der Zugewinngemeinschaft durch
  Ehescheidung,
– Erbauseinandersetzungen und
– Ausscheiden eines Gesellschafters einer Personengesellschaft durch Tod oder Konkurs

nur mit gewissen Einschränkungen zu den beherrschten Konfliktsituationen.

Bei *entscheidungsunabhängigen* Anlässen ist keine Änderung der Eigentumsverhältnisse
beabsichtigt.

Hierzu zählen Bewertungen

– für Goodwill-Impairment-Tests nach IAS/IFRS und US-GAAP,
– zum Zwecke der Besteuerung des Vermögens,
– zur Ermittlung der Beleihungsgrenze bei Kreditwürdigkeitsprüfungen,
– bei Sanierungen.

## 2. Bewertung des eigenen Unternehmens oder strategischer Geschäftseinheiten des eigenen Unternehmens

Außer den in Abschnitt A. I. 1 genannten konkreten Bewertungsanlässen kann es zweckmäßig oder notwendig sein, das eigene Unternehmen oder strategische Geschäftseinheiten
des eigenen Unternehmens zu bewerten. Eine solche Bewertung soll ebenfalls als Ent-
scheidungsgrundlage dienen, ohne daß damit eine Änderung von Eigentumsverhältnissen
verbunden sein muß.

Anlässe für die Bewertung des eigenen Unternehmens oder strategischer Geschäftseinheiten
des eigenen Unternehmens können z.B. sein:

– Vergleich verschiedener strategischer Konzepte mit dem jetzigen Konzept,
– Ermittlung des Wertes der Synergieeffekte im eigenen Unternehmen beim Kauf eines
  Unternehmens,

– beabsichtigte Gründung eines Joint-venture,
– Leistungsbewertung von Führungskräften.

### a)    Bewertung strategischer Konzepte

Über alternative strategische Konzepte kann man nur dann richtig entschieden werden, wenn diese Konzepte auch quantifiziert werden. **Dies erfordert für jedes Strategiekonzept eine Unternehmensbewertung.**

Unternehmen bestehen in der Regel aus verschiedenen strategischen Geschäftseinheiten. Eine strategische Geschäftseinheit ist kurzgefaßt ein unternehmerischer Aktivitätsbereich (Produkt/Markt-Kombination), für den eine eigene Strategie möglich ist oder ausführlich gesagt »... *eine Gesamtheit von Produkt/Markt-Kombinationen, Produktlinien usw., die gemeinsam eine Funktion erfüllen, die sich klar von der anderer Produkt/Markt-Kombinationen abhebt; sie kann mit einem Unternehmungs- oder Geschäftsbereich, einem funktionsorientierten System von Produkt/Markt-Kombinationen usw. übereinstimmen, in dem die Unternehmung Wettbewerbsvorteile erzielen und ausnutzen kann, sie wird ohne Rücksicht auf bestehende Organisationseinheiten auf der Basis von Unterschieden zu den Konkurrenten definiert mit dem Ziel, die relative Gewinnspanne zu optimieren...*« (Hinterhuber, Hans H.: Strategische Unternehmensführung, II. Strategisches Handeln, 4., völlig neubearb. Aufl., Berlin, New York 1989, S.107)

Rappaport definiert eine strategische Geschäftseinheit im Hinblick auf den Shareholder Value wie folgt: »*Eine strategische Geschäftseinheit (SGE) ist definiert als die kleinste organisatorische Einheit, für die eine integrierte strategische Planung – in Verbindung mit einem bestimmten Produkt für einen genau definierten Markt – sinnvoll und möglich ist. Eine Strategie für eine SGE kann demzufolge als eine Ansammlung Produkt/Markt-bezogener Investitionen betrachtet werden, und das Unternehmen kann als ein Portfolio von Investitionen auslösenden Strategien gesehen werden. Indem man die zukünftigen Cash-flows schätzt, die mit einer Strategie einhergehen, kann der ökonomische Wert alternativer Strategien für die Anteilseigner auf Geschäfts- und Unternehmensebene angegeben werden.*« Weiter heißt es: »*Geschäftsstrategien sollten nach Maßgabe der ökonomischen Renditen beurteilt werden, die sie für die Anteilseigner schaffen und die im Falle einer börsengehandelten Kapitalgesellschaft mittels Dividendenzahlungen und Kurswertsteigerungen der Aktien gemessen werden. Wenn das Management Strategiealternativen beurteilt, dann sind jene Strategien, die dem Unternehmen den größten nachhaltigen Wettbewerbsvorteil verschaffen, auch diejenigen, die den höchsten Shareholder Value schaffen. Im ›Shareholder-Value-Ansatz‹ bestimmt sich der ökonomische Wert einer Investition (z.B. Aktien eines Unternehmens, Strategien, Zusammenschlüssen und Akquisitionen, Investitionen) dadurch, daß die zukünftig erwarteten Cash-flows mittels eines Kapitalkostensatzes diskontiert werden. Diese Cash-flows wiederum bilden die Grundlage für die Eigentümerrendite aus Dividenden und steigenden Kurswerten*« (Rappaport, Alfred: Shareholder Value, Stuttgart 1995, S. 2-3 und S. 12).

Die einzelnen strategischen Geschäftseinheiten erfordern meistens unterschiedliche strategische Konzepte. Wegen der Größe, der unterschiedlichen Entwicklung und der unterschiedlichen strategischen Konzepte müssen die einzelnen strategischen Geschäftseinheiten getrennt bewertet und ggf. zu einer Unternehmensbewertung zusammengefaßt werden.

### b)    Bewertung der Synergieeffekte im eigenen Unternehmen beim Kauf eines Unternehmens

Die Erarbeitung verschiedener strategischer Konzepte kann zu dem Ergebnis führen, daß es zweckmäßig ist, andere Unternehmen, Teile von anderen Unternehmen, fremde Produktgruppen/Produkte oder Marken zu erwerben. Erst nach der Analyse und Bewertung der eigenen strategischen Geschäftseinheiten sollten geeignete Kandidaten systematisch gesucht und ausgewählt werden.

Die Preisobergrenze für das zu bewertende Unternehmen schließt die Synergieeffekte im eigenen Unternehmen ein.

Nach Vorliegen eines Verkaufsprospektes (Memorandum) ermöglicht die rechtzeitige Bewertung der eigenen strategischen Geschäftseinheiten im Zusammenhang mit einer vorläufigen Bewertung des Akquisitionskandidaten aufgrund öffentlich zugänglicher Quellen und eigener Recherchen (z.B. Konkurrenzanalyse), gezielt weitere Fragen an den Verkäufer zu stellen und schnell und zuverlässig die Preisobergrenze für das zu bewertende Unternehmen einschließlich der Synergieeffekte bei beiden Unternehmen zu ermitteln.

### c)    sonstige Gründe

Die Bewertung der einzelnen strategischen Geschäftseinheiten des eigenen Unternehmens kann außerdem

- eine schnelle Reaktion auf eventuelle Übernahmeangebote ermöglichen,
- Hinweise auf die geeignete Form der Bezahlung eines erworbenen Unternehmens (Barkauf oder Aktientausch) geben und
- die Grundlage für ein Investitionscontrolling bilden.

## 3.    In diesem Buch behandelte Anlässe

Im vorliegenden Buch werden in erster Linie die entscheidungsabhängigen Anlässe, bei denen *keine der Parteien* die Änderung der Eigentumsverhältnisse *gegen den Willen der anderen Partei* durchsetzen kann (z.B. Kauf oder Verkauf) und die Bewertung des eigenen Unternehmens bzw. der strategischen Geschäftseinheiten des eigenen Unternehmens behandelt. Solche Bewertungen werden meistens durch die an einer Bewertung Interessierten selbst und nicht durch externe Gutachter erstellt.

Die betriebswirtschaftlichen Probleme von entscheidungsabhängigen Anlässen, bei denen *eine der Parteien* die Änderung der Eigentumsverhältnisse *gegen den Willen der anderen Partei* durchsetzen kann (z.B. Ausscheiden oder Ausschließen eines Gesellschafters) sind weitgehend die gleichen. Für zusätzliche rechtliche Probleme bei diesen Bewertungsanlässen wird auf die einschlägige juristische Literatur hingewiesen. Solche Bewertungen erfolgen meistens durch externe Gutachter.

## 4. Zweck einer Unternehmensbewertung

Grundsätzlich können bei entscheidungsabhängigen Anlässen Unternehmensbewertungen für die zwei folgenden Zwecke ermittelt werden:

1. Ermittlung eines **Entscheidungswertes** zum Zwecke der **Kapitalanlage**

   Merkmale dieses Wertes:

   – Der Anteilseigner hat keinen oder nur einen unbedeutenden Einfluß auf die Unternehmensführung.
   – Der Wert ist für alle Kapitalanleger mehr oder weniger gleich.
   – Der Wert wird in der Regel – zumindest war es so in der Vergangenheit – durch Vergleich mit vergleichbaren Unternehmen ermittelt (Marktwert).

2. Ermittlung eines **Entscheidungswertes** zum Zwecke (oder evtl. Aufgabe) einer **unternehmerischen Tätigkeit**

   Merkmale dieses Wertes:

   – Der Anteilseigner hat einen entscheidenden Einfluß auf die Unternehmensführung.
   – Der Wert des Unternehmens wird somit entscheidend durch den Anteilseigner bestimmt und liegt in der Regel über dem Wert, den ein Kapitalanleger dem Unternehmen beimißt.
   – Der subjektive Wert ist die Preisobergrenze des Kaufinteressenten bzw. die Preisuntergrenze des Verkäufers.
   – Der Unternehmenswert wird durch eine Investitionsrechnung ermittelt (Barwert der zukünftigen Nettoausschüttungen).

# II. Wert und Preis

## 1. Wert

Der Wert eines Objektes, d.h. einer Sache, eines Rechtes oder einer Dienstleistung ergibt sich aus den Eigenschaften, insbesondere aus dem Nutzen, den jemand der Sache (bzw. dem Recht oder der Dienstleistung) beimißt.

**Jeder kann einer Sache einen anderen Wert beimessen, d.h. ein Wert ist immer subjektiv. Somit kann es grundsätzlich keinen objektiven Wert geben.**

**Den Wert einer Sache schätzt man durch Vergleich der Eigenschaften, insbesondere des Nutzens, den man anderen Sachen beimißt.**

Der Wert ist somit nicht dasselbe wie der Preis oder die Kosten einer Sache, obwohl es manchmal dasselbe sein kann. So unterscheidet auch der tägliche Sprachgebrauch zwischen Wert und Preis, wie folgende Ausdrucksweisen belegen:

| | | |
|---|---|---|
| das ist preiswert | = | d.h. der Preis ist niedriger als der Wert, der der Sache beigemessen wird, |
| das ist zu teuer | = | d.h. der zu zahlende Betrag wäre höher als der der Sache beigemessene Wert, |
| ein gutes Geschäft gemacht | = | der bezahlte Kaufpreis war geringer als der Wert, der der gekauften Sache beigemessen wird, oder der erhaltene Kaufpreis war höher als der Wert, der der verkauften Sache beigemessen wird. |

Wie subjektiv die Schätzung eines Wertes ist, insbesondere wie abhängig die Schätzung eines Wertes von Zeit und Ort ist, geht aus folgendem Satz in Shakespeares »Richard III« V, 4 hervor: »*Ein Pferd! Ein Pferd! mein Königreich für'n Pferd!*«.

Diese kurzen allgemeinen Ausführungen über den Begriff Wert gelten sowohl für wirtschaftliche Werte als auch für nicht wirtschaftliche Werte (z.B. Antiquitäten, Kunstgegenstände und andere Gegenstände, für die es Sammler, jedoch keinen Markt gibt).

## 2. Unternehmenswert

In diesem Buch geht es um die Ermittlung eines wirtschaftlichen Wertes, nämlich des Wertes von Unternehmen oder Anteilen an Unternehmen sowie des Wertes von Betriebsstätten, Geschäftsbereichen oder Marken.

**Der Nutzen und somit der Wert eines Unternehmens besteht aus dem Barwert der zukünftigen Nettoausschüttungen des Unternehmens**. Bezüglich eventueller zusätzlicher nicht finanzieller qualitativer Vorteile siehe A. VI. 1, letzter Teil.

Da für die Eigentümer und die Interessenten an einem Unternehmen der Nutzen eines Unternehmens unterschiedlich sein kann (z.B. durch unterschiedliche Möglichkeit der Einflußnahme auf die Geschäftsleitung, Synergieeffekte), können die Eigentümer und die Interessenten an einem Unternehmen dem zu bewertenden Unternehmen unterschiedliche Werte beimessen.

## 3. Wertfindung

Für die Bewertung einer Sache als auch eines Unternehmens gibt es grundsätzlich drei Ansatzpunkte, nämlich

1. Vergleich mit den Eigenschaften, insbesondere des Nutzens, den andere Sachen oder andere Unternehmen bieten (Barwert der zukünftigen Nettoausschüttungen, auch Ertragswert oder Zukunftserfolgswert genannt).
2. Vergleich mit den Kosten, die zur Herstellung oder Errichtung einer vergleichbaren Sache oder eines vergleichbaren Unternehmens entstehen (Substanzwert).
3. Vergleich mit den Preisen, die andere für gleiche oder ähnliche Sachen oder Unternehmen gezahlt haben (Marktwert).

Oben wurde gesagt, daß der Wert nicht dasselbe ist wie der Preis oder die Kosten einer Sache, obwohl sie manchmal dasselbe sein können, und daß der Wert einer Sache durch Vergleich der Eigenschaften, insbesondere des Nutzens, den man einer Sache beimißt, geschätzt wird. Auf den ersten Blick würde dies bedeuten, daß der Substanzwert und der Marktwert für eine Wertfindung nicht infrage kommen. Dies stimmt jedoch nicht immer, denn tatsächlich ist es so, daß in gewissen Fällen der Substanz- oder der Marktwert für eine Wertfindung geeignet sein können. Dies trifft besonders für den Marktwert zu, da der Marktwert von den Nutzenerwartungen der am Markt handelnden Käufer und Verkäufer abgeleitet wird und man unterstellt, daß der Marktwert bei einem Verkauf realisierbar ist und somit den entsprechenden Nutzen bietet.

Die drei Ansatzpunkte, die in der Praxis bei einer Wertfindung genutzt werden, werden weiter unten näher dargestellt, wobei sich die Ausführungen nur noch auf die Wertfindung bei Unternehmen beziehen.

## 4. Preis

Der Preis eines Unternehmens ist der Geldbetrag, der bei einem Eigentümerwechsel eines Unternehmens tatsächlich bezahlt wird. Er ist das Ergebnis von Verhandlungen. Er muß deshalb nicht und wird meistens auch nicht mit dem subjektiven Wert des Käufers und dem subjektiven Wert des Verkäufers übereinstimmen, zumal Käufer und Verkäufer verschiedene Werte ermittelt haben dürften. Wenn sich beide Parteien wirtschaftlich verhalten haben, müßte der Preis jedoch innerhalb des Grenzpreises (Preisobergrenze) des Käufers und des Grenzpreises (Preisuntergrenze) des Verkäufers liegen.

Preisuntergrenze
des Verkäufers (Mindest-    900
verkaufspreis)

1.100    Preisobergrenze
des Käufers (Höchst-
kaufpreis)

900-1.100
Einigungsbereich, in dem bei
wirtschaftlicher Verhaltens-
weise der beiden Parteien das
Verhandlungsergebnis = Preis
liegt

Die Preisuntergrenze des Verkäufers und die Preisobergrenze des Käufers sind nicht immer starre Größen, da im Laufe der Verhandlungen aufgrund neuer Erkenntnisse die Grenzpreise anders eingeschätzt werden können.

**Falls der Käufer das bewertete Unternehmen unter seiner Preisobergrenze kaufen kann, schafft er für seine Anteilseigner einen Wert** in Höhe des Unterschiedes zwischen dem Unternehmenswert (Preisobergrenze) und dem Kaufpreis, da sich die Investition Unternehmenskauf gemäß der Planung über den vom Kapitalmarkt geforderten Kapitalkosten verzinsen wird. Dieser Unterschied wird von Münstermann (S. 152) Betriebsmehrwert und von Rappaport (S. 69 und S. 72) geschaffener **Shareholder Value** oder strategiebedingte Wertsteigerung genannt.

**Den Wert schätzt man, den Preis bestimmt der Markt.**

## III.  Wertkategorien

Die Ansatzpunkte der Wertfindung, nämlich

– Barwert der zukünftigen Nettoausschüttungen (auch Ertragswert oder Zukunftser-folgswert genannt),
– Substanzwert und
– Marktwert,

werden in der Literatur auch Wertkategorien genannt.

## 1.  Barwert der zukünftigen Nettoausschüttungen (auch Ertragswert oder Zukunftserfolgswert genannt) – Discounted-cash-flow-Methode (DCF-Methode)

Der **Barwert der zukünftigen Nettoausschüttungen** – auch Ertragswert oder Zukunfts-erfolgswert genannt – ist die Summe der abgezinsten Unternehmenserfolge und wird durch die erwarteten künftigen Unternehmenserfolge und durch den angewendeten **Kapitalisierungszinsfuß** bestimmt.

Der Barwert der zukünftigen Nettoausschüttungen wird oft auch Ertragswert genannt. Dieses Wort Ertragswert ist jedoch nicht eindeutig. Während es als Bezeichnung einer Wertkategorie im Gegensatz zum Substanzwert und Marktwert richtig ist, ist es als Bezeichnung für die Art der Ermittlung des Barwertes der zukünftigen Nettoausschüt-tungen mißverständlich und zwar deshalb, weil in Deutschland, insbesondere durch die Wirtschaftsprüfer, immer noch die Ermittlung des Barwertes der zukünftigen Nettoausschüttungen auf Basis der zukünftigen handelsrechtlichen Erträge (Ertrags-überschußrechnung/Ertragswertverfahren) und nicht auf Basis der erwarteten Zahlungen an die Kapitalgeber erfolgt (siehe C. IX. Kommentar zum IDW Standard: Grundsätze zur Durchführung von Unternehmensbewertungen vom 28.6.2000).

Das Wort Zukunftserfolgswert wird in der Literatur als Gegensatz zum Substanzwert benutzt, hat sich in der Praxis jedoch nicht durchgesetzt.

In der Praxis wird der Barwert der zukünftigen Nettoausschüttungen Discounted-cash-flow-Methode (DCF-Methode) bzw. DCF-Verfahren genannt.

Die Berechnung des Unternehmenswertes in Form des Barwertes der zukünftigen Nettoausschüttungen stellt eine besondere Form der dynamischen Investitionsrechnung dar. Während bei einer Wirtschaftlichkeitsrechnung der Preis (= Anschaffungs- oder

Herstellungskosten eines Sachanlagegutes) bekannt ist und errechnet werden muß, ob die Anschaffung oder Herstellung des Sachanlagegutes vorteilhaft ist, wird bei einer Unternehmensbewertung der Grenzpreis (Preisuntergrenze des Verkäufers bzw. Preisobergrenze des Käufers), d.h. ein subjektiver Wert und evtl. ein objektivierter Wert für ein Unternehmen oder Anteile an einem Unternehmen, ermittelt.

Im Gegensatz zum Substanzwert werden beim Barwert der zukünftigen Nettoausschüttungen nicht die Werte einzelner Vermögensgegenstände addiert, sondern das Unternehmen wird als eine Bewertungseinheit betrachtet. Bewertungsgrundlage bildet das aus dem Unternehmen in der Zukunft »Herausholbare« und nicht die vergangenen Erträge. Es gilt der alte Kaufmannsspruch: »*Für das Vergangene gibt der Kaufmann nichts*«. Beim Barwert der zukünftigen Nettoausschüttungen sind deshalb die vergangenen Erträge nur ein Indikator unter vielen für die zukünftige Entwicklung des zu bewertenden Unternehmens.

Gewinne sind nur Zahlen in den Büchern des Unternehmens. Für eine Unternehmensbewertung sind aber nicht Gewinne – nicht die zukünftigen und erst recht nicht die vergangenen – maßgebend, sondern die zukünftigen Ausschüttungen des Unternehmens an die Anteilseigner.

In der Vergangenheit war es allerdings in der Praxis in Deutschland vielfach üblich, aus dem Durchschnitt der bereinigten Gewinne der Vergangenheit, d.h. dem Saldo aus Aufwendungen und Erträgen oder auf Basis zukünftiger Gewinne, wie es der IDW Standard: Grundsätze zur Durchführung von Unternehmensbewertungen (IDW S 1) vom 28.6.2000 heute noch erlaubt, das Ertragswertverfahren anzuwenden. Bei diesem Verfahren

– unterstellt man entweder die realitätsfremde Annahme, daß alle Gewinne voll ausgeschüttet und die über die Abschreibungen hinausgehenden Investitionen und eine notwendige Erhöhung des Nettoumlaufvermögens durch Fremdkapital finanziert werden, oder

– muß man eine separate langfristige Finanzbedarfsrechnung, die die Unternehmensbewertung unnötigerweise komplizierter und weniger transparent macht, erstellen, um die Ausschüttungsfähigkeit der Gewinne und eventuell notwendige Kapitalerhöhungen zu ermitteln; außerdem müssen Planbilanzen erstellt werden, um den Zinsaufwand zu berechnen.

In Abschnitt 7.1 des IDW Standards S 1 und im Wirtschaftsprüfer-Handbuch 2002, 12. Aufl., Band II, S. 3, wird behauptet, daß bei gleichen Bewertungsannahmen bzw. -vereinfachungen das Ertragswertverfahren und das Discounted-cash-flow-Verfahren zu gleichen Unternehmenswerten führen. Diese Aussage ist nur bedingt richtig. Einzelheiten dazu siehe Abschnitte C. IX und C. X.

Zunehmend gewinnt in Deutschland – beeinflußt durch die Praxis in den USA – die Diskontierung der individuell geschätzten zukünftigen Nettoausschüttungen des Unternehmens, d.h. des Saldos aus Einnahmen (Gewinnausschüttungen und eventuelle Kapitalrückzahlungen) und Ausgaben (Kapitaleinzahlungen), was **die einzig richtige Art der Unternehmensbewertung ist,** an Bedeutung.

In der Literatur unterscheidet man zwei Arten der Berechnung der zukünftigen Nettoausschüttungen des Unternehmens an die Anteilseigner, nämlich

– das **Bruttoverfahren,** bei dem zunächst der Gesamtwert des Unternehmens (entity value) ermittelt wird, von dem in einem weiteren Schritt der Marktwert des verzinslichen Fremdkapitals abgesetzt wird, um den Wert des Unternehmens (Wert des Eigenkapitals = equity value) zu erhalten, und

– das **Nettoverfahren,** bei dem direkt der Wert des Unternehmens (Wert des Eigenkapitals = equity value) ermittelt wird.

**Das Bruttoverfahren ist** – obwohl es zunächst nicht so den Anschein hat – **transparenter, da hierbei die Geschäftstätigkeit und die Finanzierung der Geschäftstätigkeit sauber getrennt werden.** Deshalb werden einzelne Unternehmensteile – und somit zwangsläufig auch Konzerne – nur mit dem Bruttoverfahren bewertet, da eine Aufspaltung des Gesamtwertes in Eigen- und Fremdkapital kaum möglich ist.

Das **Nettoverfahren** scheint auf den ersten Blick, zumindest für buchhalterisch denkende Personen, das einfachere Verfahren zu sein. Es ist aber in den Fällen, in denen sich durch eine Änderung der Kapitalstruktur sowohl der Kapitalisierungszinsfuß als auch der Zinssatz für das Fremdkapital in der Zukunft laufend verändern müßten bzw. verändern – was die Regel sein dürfte –, **für eine korrekte und zugleich gut verständliche Bewertung ungeeignet.** Für die Bewertung von Banken und Versicherungen ist dagegen das Nettoverfahren geeignet, da bei diesen Unternehmen das Fremdkapital Teil des operativen Geschäftes und nicht nur Teil der Finanzierung ist.

Das oben erwähnte und vom Institut der Wirtschaftsprüfer (IDW) bevorzugte Ertragswertverfahren zählt ebenfalls zu den Nettoverfahren.

Da das Nettoverfahren für eine korrekte und zugleich gut verständliche Bewertung als ungeeignet angesehen wird und keinen Vorteil gegenüber dem Bruttoverfahren hat, wird im folgenden nur noch das Bruttoverfahren behandelt.

Das **Bruttoverfahren** kann mit dem **Konzept der gewichteten Kapitalkosten** (WACC-Ansatz = weighted average cost of capital) oder mit dem **Konzept des angepaßten Barwertes** (APV-Ansatz = adjusted present value) vorgenommen werden. **Die ausführliche Darstellung der Ermittlung des Barwertes der zukünftigen Nettoausschüttungen auf Basis des WACC-Ansatzes bildet den Kern dieses Buches und ist in Abschnitt C. I. 1a dargestellt.** Der APV-Ansatz wird in Abschnitt C. I. 1b erläutert.

Konzeptionell entspricht somit der Barwert der zukünftigen Nettoausschüttungen (Discounted-cash-flow-Methode) der Kapitalwertmethode bei der Beurteilung von Investitionen in Sachanlagen, d.h. man wird sich nur zur Akquisition eines Unternehmens entschließen, wenn der Barwert des zukünftigen Cash-flows höher als der Preis des Unternehmens ist.

Der Barwert der zukünftigen Nettoausschüttungen (discounted cash flow) enthält alles, was den Wert eines Unternehmens beeinflußt, und ist einfacher und transparenter darzustellen als eine Bewertung auf Basis erwarteter Gewinne (Ertragswertverfahren), für die eine ergänzende Finanzbedarfsrechnung notwendig ist und eine Korrekturrechnung erforderlich ist, falls die unterstellte Vollausschüttungsannahme nicht zutrifft, was die Regel sein dürfte.

Das Ertragswertverfahren hatte in längst vergangenen Zeiten seine Berechtigung, als man in Ermangelung von brauchbaren mittel- und langfristigen Cash-flow-Planungen versuchen mußte, die Zukunftserfolge aus bereinigten Vergangenheitsergebnissen zu ermitteln. Heute hat das Ertragswertverfahren aber keine Existenzberechtigung mehr.

Auch die oft sehr unterschiedlichen Kurs-/Gewinn-Verhältnisse von börsennotierten Unternehmen zeigen, daß nicht der Saldo aus Aufwendungen und Erträgen, sondern der Saldo aus Einnahmen und Ausgaben (= erwartete Nettoausschüttungen) die richtige Art der Unternehmensbewertung ist. Nur sofern die erwarteten Gewinne weitgehend dem zukünftigen Cash-flow entsprechen, d.h. falls kein Wachstum erwartet wird und die Gewinne voll ausgeschüttet werden können, kommen Unternehmensbewertungen auf Basis von erwartetem Gewinn und erwartetem Cash-flow zu ähnlichen Unternehmenswerten.

Den oben erwähnten Nettoausschüttungen, einschließlich der Synergieeffekte beim bewerteten Unternehmen, wären ggf. noch die durch den Unternehmenskauf erzielbaren positiven Synergieeffekte (evtl. gekürzt um die negativen Synergieeffekte) bei anderen Unternehmen des Investors hinzuzurechnen.

Einbehaltene Gewinne wirken sich bei der Discounted-cash-flow-Methode indirekt auf den Wert aus, indem sie die zukünftigen Ausschüttungsmöglichkeiten des Unternehmens und den bei einem eventuellen Verkauf des Unternehmens erzielbaren Preis erhöhen.

Weitere Informationen zu der in der Vergangenheit üblichen und heute noch nicht ausgestorbenen Art der Wertermittlung auf Basis der bereinigten Gewinne der Vergangenheit sind in Abschnitt A. VII. enthalten.

## 2.  Substanzwert

**Unter Substanz können bei einer Unternehmensbewertung die materiellen und immateriellen betriebsnotwendigen und nicht betriebsnotwendigen Vermögensgegenstände verstanden werden; die Substanz kann man unter der Annahme der Fortführung (Substanzwert) oder der Liquidation (Liquidationswert) eines Unternehmens bewerten.**

**Als Substanzwert – teilweise auch Sachwert genannt – bezeichnet man im allgemeinen die Summe der in der Handelsbilanz ausgewiesenen, jedoch zu Wiederbeschaffungskosten des Bewertungsstichtages umgewerteten Aktiva. Zieht man das Fremdkapital davon ab, spricht man von Nettosubstanzwert, anderenfalls von Bruttosubstanzwert.**

Der Substanzwert setzt sich somit aus der Summe der Reproduktionswerte (auch Rekonstruktionswerte genannt) der einzelnen Vermögensgegenstände bzw. dem Saldo der Reproduktionswerte der einzelnen Vermögensgegenstände abzüglich des Fremdkapitals zusammen. Wegen des stark bilanzorientierten Denkens der Wirtschaftsprüfer und der Schwierigkeit oder Unmöglichkeit, den Wert der immateriellen Vermögensgegenstände berechnen zu können, **werden in der Regel nur die materiellen in der Bilanz ausgewiesenen Vermögensgegenstände erfaßt. Der Substanzwert ist somit meistens nur ein Teil-Rekonstruktionswert.**

**Bei der Ermittlung des Substanzwertes der Sachanlagen ist von Vermögensgegenständen mit der gleichen Leistungsfähigkeit auszugehen, und die einzelnen Vermögensgegenstände sind nicht mit dem Wiederbeschaffungswert, sondern – um der Abnutzung und der technischen und wirtschaftlichen Wertminderung Rechnung zu tragen – mit dem Wiederbeschaffungsaltwert (Zeitwert) zu bewerten.**

**Als Substanzwert kann der Betrag angesehen werden, den man ausgeben müßte, um die gleiche Substanz im gleichen Zustand zu erhalten. Der Substanzwert entspricht somit der zukünftigen Ausgabenersparnis für die vorhandene Substanz in einem fortzuführenden Unternehmen.**

Bewertet man die Substanz nicht unter dem Gesichtspunkt der Fortführung des Unternehmens, d.h. nicht zu Wiederbeschaffungskosten, sondern zum voraussichtlichen Verkaufserlös der einzelnen Vermögensgegenstände, so spricht man nicht vom Substanzwert, sondern vom Liquidationswert.

**Der Substanzwert eines Unternehmens ist eine vergangenheitsorientierte Größe und sagt nichts über den zukünftigen Nutzen des Unternehmens aus. Wegen der Schwierigkeit oder Unmöglichkeit, immaterielle Vermögensgegenstände zu bewerten, gibt er noch nicht einmal Auskunft über die Kosten für die Errichtung eines vergleichbaren Unternehmens. Der Substanzwert ist deshalb für die Ermittlung eines Unternehmenswertes nicht brauchbar.**

Im Rahmen einer Unternehmensbewertung kann der Substanzwert manchmal jedoch eine gewisse Hilfsfunktion erfüllen. Die Höhe der materiellen Substanz gibt nämlich Auskunft über die Beleihungsfähigkeit des Vermögens des Unternehmens. Folglich kann die Höhe der materiellen Substanz die Art der Finanzierung und die Höhe der Kapitalkosten des zu bewertenden Unternehmens und somit den Wert des Unternehmens auch bei einer Bewertung auf Basis einer Einnahmen-/Ausgaben-Rechnung (Discounted-cash-flow-Methode) beeinflussen. Hierbei darf man jedoch nicht verkennen, daß die Kreditgeber bei der Ermittlung der Beleihungsfähigkeit mehr auf den Liquidationswert als auf den Substanzwert schielen.

Möglich ist es auch, daß der Substanzwert im Rahmen eines Vertrages oder als Ergebnis von Verhandlungen in reiner Form oder im Rahmen eines Kombinationsverfahrens als Bewertungsmethode vereinbart wird.

Als Orientierungsgröße ist der Substanzwert denkbar, wenn die Ertragskraft des zu bewertenden Unternehmens entscheidend von einem der beiden Vertragspartner beeinflußt wurde und wird (z.B. Kauf oder Verkauf der eigenen Vertretung) oder wenn die Errichtung eines vergleichbaren Unternehmens oder Betriebsstätte eine echte Alternative darstellt.

Der Substanzwert kann auch als Kontrollwert dienlich sein. Zum Beispiel kann ein über dem Barwert der zukünftigen Nettoausschüttungen liegender Substanzwert auf nicht betriebsnotwendiges Vermögen oder schlechte Strategien des Managements hindeuten. Bei einem erheblich unter dem Barwert der zukünftigen Nettoausschüttungen liegenden Substanzwert ist möglicherweise bei der Planung ein in der Zukunft höherer Wettbewerb nicht angemessen berücksichtigt worden.

Weitere Aufgaben erfüllt der Substanzwert im Rahmen einer Unternehmensbewertung nicht.

Obwohl der Substanzwert als Bewertungsmethode in der Regel abzulehnen ist, hatte er in der Vergangenheit im Rahmen der in Abschnitt A. VII. dargestellten Kombinationsverfahren eine große Bedeutung. Gerichte stützten ihre Entscheidungen oft auf solche Kombinationsverfahren, da ihnen entsprechende Gutachten von Wirtschaftsprüfern vorgelegt wurden.

Nicht zu verwechseln mit der Bewertung der Substanz eines Unternehmens ist die Analyse der Substanz eines Unternehmens. Eine eingehende Analyse der Substanz im Rahmen der Analyse eines Unternehmens ist bei einer Unternehmensbewertung immer unumgänglich.

Eine ausführliche kritische Auseinandersetzung mit den verschiedenen Funktionen, die dem Substanzwert bei der Unternehmensbewertung oft zugeschrieben werden, findet sich bei Sieben, wobei Sieben nachweist, daß der Substanzwert diese Funktionen nicht erfüllt (Sieben, Günter: Der Substanzwert der Unternehmung, Wiesbaden 1963). Sieben bezeichnet den Substanzwert als »vorgeleistete Ausgaben«. Das Kapitel »Wesen, Ermittlung und Funktionen des Substanzwertes als vorgeleistete Ausgaben« des Buches von Sieben ist bei Busse von Colbe, Walther/Coenenberg, Adolf G. (Hrsg): Unternehmensakquisition und Unternehmensbewertung, Stuttgart 1992, wiedergegeben. Es ist um den Abschnitt »Der Substanzwert im Sinne vorgeleisteter Ausgaben als Grundlage für die Bestimmung von Preisobergrenzen in den fünf neuen Bundesländern« erweitert worden.

Abschließend sei darauf aufmerksam gemacht, was Eugen Schmalenbach bereits in: Die Beteiligungsfinanzierung, 8., verbesserte Aufl., Köln und Opladen 1954 auf S. 57 u.a. zum Substanzwert sagte:

»Mit der falschen Auffassung, daß es bei einer Bewertung auf die Vergangenheit statt auf die Zukunft oder, was dasselbe ist, auf Kosten statt auf zu erwartende Erfolge ankommt, hängt auch eine vollkommen falsche und dennoch stark verbreitete Ansicht über die Bedeutung des sogenannten ›Sachwertes‹ bei der Bewertung von Unternehmen zusammen.«...

»Wiederum von der falschen Produktionskostenvorstellung stammt es her, daß man glaubt, den Wert einer Unternehmung dadurch finden zu können, daß man den Wert der einzelnen Teile ermittelt und diese addiert. Man glaubt sich in dieser Vorstellung befestigt hauptsächlich deshalb, weil die Bilanz ja auch nichts anderes tut, als Einzelwerte zu einem Ganzen zusammenzufügen.«

Ein fast wortgleicher Text findet sich bereits in der 7., verbesserten Auflage aus dem Jahre 1949 auf den Seiten 58-61.

Dagegen hieß es noch in Viel, Jakob/Bredt, Otto/Renard, Maurice: Die Bewertung von Unternehmungen und Unternehmensanteilen, 5, neu bearbeitete und erweiterte Aufl., Stuttgart 1975 auf S. 75:

»Die Ermittlung des Substanzwertes, auf der in jedem Fall die Unternehmungsbewertung aufbauen muß, ...«

Nur an diesem kurzen Literaturauszug von Viel/Bredt/Renard kann man erahnen, warum in der Vergangenheit die in der Praxis erstellten Bewertungsgutachten theoretisch oft nicht haltbar und somit falsch waren.

Vereinzelt wird in der Literatur heute noch am Substanzwert festgehalten. Ein sehr intensiver Befürworter des Substanzwertes ist Helbling (Helbling, Carl: Unternehmensbewertung und Steuern, 9. Aufl., Düsseldorf 1998, S. 209):

*»Zu Unrecht ist der Substanzwert in den letzten Jahren arg verketzert und in Mißkredit gebracht worden.«*

Ebenfalls plädieren Bellinger/Vahl energisch für den Substanzwert (Bellinger, Bernhard/Vahl, Günter: Unternehmensbewertung in Theorie und Praxis. Wiesbaden 1984, S. 265):

*»Zu dem Bewährten, das es bei Unternehmensbewertungen zu bewahren gilt, dürfte die Substanzwertrechnung gehören.«*

**Den Verfasser überzeugen die** im einzelnen in der Literatur vorgebrachten **Argumente für den Substanzwert** – mit Ausnahme der Hilfsfunktion »Ermittlung der Beleihungsfähigkeit« und der Orientierungsgröße »Vergleich mit der Errichtung eines vergleichbaren Unternehmens« – **nicht.**

An dieser Stelle ist es angebracht, ein Wort des deutschen Nationalökonomen Friedrich List (1789-1846) zu zitieren:

*»Die produktive Kraft, Reichtümer zu schaffen, ist unendlich viel wertvoller als der Reichtum selbst.«*

Großzügig ausgelegt könnte man sagen, Friedrich List hat schon in der ersten Hälfte des vorvorigen Jahrhunderts klar erkannt, daß der Ertragswert in Form des Zukunftserfolgswertes (= Reichtümer zu schaffen) unendlich wichtiger ist als der Substanzwert (= der Reichtum selbst).

Unternehmen in den neuen Bundesländern wurden meistens mit dem Substanzwert bewertet, von dem oft erhebliche Abschläge für Sanierungsmaßnahmen gemacht wurden. Dies ist jedoch kein Beweis dafür, daß es richtig ist, bei einer Unternehmensbewertung den Substanzwert zu ermitteln. Es handelte sich nämlich hierbei um die Bewertung nicht funktionsfähiger Unternehmen, da die Unternehmen in den neuen Bundesländern

– sich einer neuen Rechts- und Wirtschaftsordnung anpassen mußten,
– nur unzureichende Management-Kapazitäten hatten,
– den höheren Anforderungen eines freien Marktes an die Produkte meistens zunächst nicht gewachsen waren und
– sich neue Absatzmärkte suchen mußten, da die alten Absatzmärkte dieser Unternehmen zusammengebrochen waren.

Solche nicht funktionsfähigen Unternehmen haben keinen Fortführungswert. Als Ausgangsbasis für ihre Bewertung kann deshalb nur die Substanz = vorgeleistete Ausgaben benutzt werden.

Die Privatisierung der volkseigenen Betriebe durch die Treuhandanstalt ist geradezu ein Paradebeispiel dafür, daß der Substanzwert für eine Unternehmensbewertung nicht maßgebend ist. Nach der Wiedervereinigung war die Treuhandanstalt die größte Holding der Welt mit entsprechender Substanz, und man glaubte, viele Milliarden DM dafür erzielen zu können. Tatsächlich hatte die Treuhandanstalt nach Abschluß der Privatisierung ein

Defizit von mehreren hundert Milliarden DM. Grund: Mit der vorhandenen Substanz konnte man keine »Reichtümer schaffen«, sie war oft »geschenkt zu teuer«, d.h. viele Betriebe hatten einen negativen Ertragswert.

## 3. Marktwert

**Als Marktwert bezeichnet man den Wert, zu dem ein Gut am Markt zu einem bestimmten Zeitpunkt zwischen Kaufwilligen und Verkaufswilligen in Kenntnis der Marktlage ohne Zwang gehandelt wird.** Genaugenommen ist der Marktwert ein sich aus dem Spiel von Angebot und Nachfrage ergebender Gleichgewichtspreis.

Angebot und Nachfrage ergeben sich dadurch, daß Käufer und Verkäufer unterschiedliche Wertvorstellungen von einem Gut haben. Für den Verkäufer liegt der Marktpreis über seinem subjektiven Wert und für den Käufer unter seinem subjektiven Wert. Bei börsennotierten Unternehmen beruhen Angebot und Nachfrage darauf, daß die Marktteilnehmer unterschiedliche Vorstellungen über die zukünftige Rendite des börsennotierten Unternehmens haben. Nur durch die unterschiedlichen Vorstellungen kommen Transaktionen und somit ein Markt- bzw. Börsenpreis zustande.

**Der Marktwert von nicht an der Börse notierten Unternehmen wird durch Vergleich mit Verhältniskennzahlen von möglichst vielen vergleichbaren Unternehmen, deren Anteile an der Börse notiert werden, oder von Unternehmen, die kürzlich den Eigentümer gewechselt haben und deren Kaufpreise bekannt sind, abgeleitet.**

**Wegen der Ableitung aus Vergleichen spricht man auch vom Vergleichsverfahren und wegen der Verwendung von Verhältniskennzahlen (Multiplikatoren) von der Multiplikatorenmethode.**

**Der Marktwert kann nicht nur durch einfachen Vergleich von Verhältniskennzahlen ermittelt werden,** sondern man muß auch die Stärken und Schwächen des zu bewertenden Unternehmens berücksichtigen. Die Ermittlung des Marktwertes verlangt deshalb vom Unternehmensbewerter gute Kenntnisse der Geschäftstätigkeit des zu bewertenden Unternehmens sowie gute Kenntnisse der Branche und Wettbewerbsverhältnisse.

**Der Marktwert eines Unternehmens sagt aus, welchen Preis man für ein Unternehmen oder Anteile an einem Unternehmen wahrscheinlich erzielen kann bzw. zahlen müßte, falls es einen Markt für Unternehmen gäbe. Es handelt sich somit um einen fiktiven Marktpreis, in Deutschland auch gemeiner Wert oder Verkehrswert genannt.**

Der Marktwert eines Unternehmens ist deshalb sowohl für Käufer als auch Verkäufer von Unternehmen oder von Anteilen an Unternehmen eine gute Basis, einen ersten Anhaltspunkt für eine Preisvorstellung zu geben. Der tatsächliche Preis hängt jedoch von dem Verhandlungsergebnis ab. Der Marktwert ist prinzipiell keine Alternative für den Barwert der zukünftigen Nettoausschüttungen; er kann aber in einem gewissen Rahmen ein Kontrollwert für den Barwert der zukünftigen Nettoausschüttungen sein.

Eine eingehende Analyse der Unternehmen, deren Marktwerte (Börsenkurse oder Preise) man kennt, kann Hinweise für eine Plausibilitätsprüfung der Planungen des zu bewertenden Unternehmens sowie Hinweise für einen angemessenen Risikozuschlag beim Kapitalisierungszinsfuß geben.

Ferner ist der Marktwert eines Unternehmens dazu geeignet, eine relativ objektive Grundlage

- für die Besteuerung von Vermögen (z.B. in den USA),
- für die Bewertung von Unternehmen bei Erbauseinandersetzungen und bei Beendigung des gesetzlichen Güterstandes der Zugewinngemeinschaft durch Ehescheidung,
- bei der Abfindung von Minderheitsgesellschaftern und
- bei der erstmaligen Börseneinführung von Aktien

zu bieten, da hierbei zwar ein Wert, aber kein subjektiver Wert für eine unternehmerische Entscheidung zu ermitteln ist.

Als Marktwerte kann man auch die Werte von Freiberuflerpraxen, die, wie in der Praxis oft üblich, in Prozent des Umsatzes ermittelt werden, bezeichnen.

Bei einer Marktwertermittlung wird der Unternehmenswert nicht auf einer individuell für das zu bewertende Unternehmen erstellten Cash-flow-Rechnung, sondern auf Basis der von Marktteilnehmern für vergleichbare Unternehmen geschätzten Cash-flow-Rechnungen, deren Ergebnisse nur in Form von Kursen und Preisen bekannt sind, ermittelt. Die Berechnung eines Marktwertes ist somit grundsätzlich keine Absage an das Prinzip der Discounted-cash-flow-Bewertung.

Die Bewertung eines Unternehmens zum Marktwert hat für Empfänger eines Bewertungsgutachtens, die nicht mit dem zu bewertenden Unternehmen verbunden sind, folgende Vorteile:

1. Die Empfänger können die Unternehmensbewertung, sofern der Unternehmensbewerter dem Erklärungszwang für die unterschiedlichen Verhältniskennzahlen durch eine Analyse der Vergleichsunternehmen nachkommt, gut nachvollziehen, ohne daß Vergangenheitsergebnisse, Trendextrapolationen, der Substanzwert und ein oft aus der Luft gegriffener Kapitalisierungszinsfuß benutzt wurden.

2. Dem Unternehmenswert liegt grundsätzlich der Gedanke des Discounted cash-flow zugrunde – abgeleitet von den Erwartungen vieler Marktteilnehmer an der Börse –, ohne daß die Bewertung in einer oft nicht nachvollziehbaren Art und Weise von den persönlichen Erwartungen eines einzelnen Unternehmensbewerters oder eines Unternehmensbewertungsteams bestimmt wurde, der oder das seinerseits in starkem Maße von den Informationen der Leitung des Unternehmens abhängen, die ihrerseits bei der Bewertung oft persönliche Interessen verfolgt.

Eine fundierte Bewertung zum Marktwert erfordert viel Zeitaufwand für Recherchen und Analysen. Sie zwingt den Unternehmensbewerter jedoch, sich mit allen Bereichen des zu bewertenden Unternehmens, der Umwelt des Unternehmens und den Vergleichsunternehmen zu befassen, um aus den vielen oft voneinander abweichenden oder sich scheinbar sogar widersprechenden Verhältniskennzahlen der Vergleichsunternehmen den Marktwert des zu bewertenden Unternehmens zu finden. Eine fundierte Bewertung zum Marktwert ist wesentlich aufwendiger und schwieriger als eine formal zwar gewissen Bewertungsgrundsätzen genügende Bewertung zum Barwert der zukünftigen Nettoausschüttungen, der aber keine eingehende Analyse zugrunde liegt und die nur aus kapitalisierten bereinigten und extrapolierten Vergangenheitsergebnissen besteht, d.h. einem Barwert der zukünftigen Nettoausschüttungen mit dem falschen Etikett.

Weitere Ausführungen zum Marktwert finden sich in Abschnitt C. III.

# IV.  Objektiver, objektivierter und subjektiver Wert

Die Begriffe objektiver, objektivierter und subjektiver Wert wurden in der deutschen Literatur über Unternehmensbewertungen in der Vergangenheit viel diskutiert.

In Abschnitt A. II. 1 wurde gesagt, daß Unternehmenswerte immer subjektiv sind. In diesem Abschnitt werden einige Erläuterungen zu dieser Diskussion gegeben.

## 1.  Objektiver Wert

Bis Ende der 50er Jahre des vorigen Jahrhunderts wurde in der deutschen Literatur die Ansicht vertreten oder stillschweigend unterstellt, daß der Unternehmenswert ein objektiver Wert sei. Der objektive Wert wurde wie folgt definiert:

*»Da jedoch bei dem Verkaufe einer industriellen Unternehmung die Interessen des Veräußerers derselben und ihres Erwerbers sich stets gegenüberstehen, hat die Berechnung des Wertes des Unternehmens denjenigen Betrag zu ermitteln, welcher den Interessen beider vorgenannten Parteien gleichmäßig gerecht wird«* (Moral 1923, S. 130).

*»Der sachliche oder gemeine Ertragswert, den die Unternehmung für jeden Besitzer hat, ist maßgebend«* (Leitner 1926, S. 184).

*»Ziel der Unternehmensbewertung muß die Ermittlung desjenigen Wertes sein, der dem Unternehmen unter Ausschaltung aller subjektiven Bestimmungsgründe beizulegen ist«* (Gelhausen 1948, S. 5).

*»Es kann nicht Aufgabe der Bewertungslehre sein, den Käufer zu beraten, wie er am besten sein Kapital anlegt. Ihre Aufgabe ist es, den objektiven Nutzen des Betriebes festzustellen, unabhängig von den verschiedenen Interessenlagen von Käufer und Verkäufer«* (Mellerowicz 1952, S. 12).

*»Das soll der Preis sein, den jeder Käufer für das bestehende Unternehmen zu zahlen bereit sein würde«* (Herzog 1962, S. 1615).

*»Es soll derjenige Wert gefunden werden, der beiden potentiellen Partnern ungeachtet ihrer verschiedenen subjektiven Erwartungen tragbar erscheinen könnte«* (Heudorfer 1962, S. 37).

*»In der Regel wird es bei der Bewertung einer Unternehmung darum gehen, die Gewinn-chancen zu bestimmen, die praktisch von jedermann realisiert werden können«* (Dörner, WP-Handbuch 1973, S. 1112).

Der objektive Unternehmenswert wird, wie aus obigen Zitaten ersichtlich ist, nicht einheitlich und nicht eindeutig definiert.

Gemeinsam ist diesen Definitionen des objektiven Wertes, daß der Wert eines Unternehmens unabhängig von dem jeweiligen Käufer oder Verkäufer ermittelt werden kann und unter normalen Verhältnissen für jedermann gilt. Im objektiven Wert kommt zum Ausdruck, was in dem zu bewertenden Unternehmen für jedermann als Erfolgspotential enthalten ist, und nicht, was bestimmte am Unternehmen Interessierte daraus machen können.

Die in der Literatur benutzten Definitionen eines objektiven Unternehmenswertes können jedoch durch die einzelnen Bewerter subjektiv ausgelegt werden, was trotz allen Bemühens um Objektivität bei verschiedenen Bewertern zu unterschiedlichen Unternehmenswerten führen kann.

Ausführliche Literaturhinweise zum objektiven Wert sind in Münstermann, Hans: Wert und Bewertung der Unternehmung. Wiesbaden 1966, S. 21 ff. und in Matschke, Manfred Jürgen: Funktionale Unternehmensbewertung. Band II, Der Arbitriumwert der Unternehmung. Wiesbaden 1979, S. 20 ff. enthalten.

## 2.   Objektivierter Wert

Im Wirtschaftsprüfer-Handbuch 1977, S. 1146, taucht erstmals der Begriff »objektivierter Wert« auf. Im Entwurf einer Verlautbarung des Arbeitskreises Unternehmensbewertung: Grundsätze zur Durchführung von Unternehmensbewertungen (WPg 1980, S. 409-421) wird der Begriff »objektivierter Unternehmenswert« und »subjektiver Entscheidungswert« erläutert. Dort heißt es auf S. 412:

*»Der objektivierte Unternehmenswert drückt den Wert des im Rahmen des vorhandenen Unternehmenskonzeptes fortgeführten Unternehmens aus, er ist i.d.R. der Verkäuferwert.«*

Es ist der Wert des Unternehmens, »so, *wie es steht und liegt*« (HFA 2/1983, WPg. 1983, S. 473).

Der Begriff »*objektivierter Unternehmenswert*« wird auch im IDW Standard: Grundsätze zur Durchführung von Unternehmensbewertungen (IDW S 1) vom 28.6.2000 verwendet. IDW Standard S 1 behält das Konzept des »*objektivierten Unternehmenswertes*« bei. Dazu heißt es in Abschnitt 2.3:

*»In der Funktion als neutraler Gutachter wird der Wirtschaftsprüfer als Sachverständiger tätig, der mit nachvollziehbarer Methodik einen objektivierten, von den individuellen Wertvorstellungen betroffener Parteien unabhängigen Wert des Unternehmens ermittelt. Der objektivierte Unternehmenswert ist ein typisierter Zukunftserfolgswert, der sich bei Fortführung des Unternehmens in unverändertem Konzept und mit allen realistischen Zu-kunftserwartungen im Rahmen seiner Marktchancen und -risiken, finanziellen Möglichkeiten sowie sonstigen Einflußfaktoren ergibt.«*

Ähnlich wie der objektive Wert ist der objektivierte Wert theoretisch anfechtbar und meistens nichtssagend. Er ist eine Hilfskonstruktion, damit ein neutraler Gutachter den Wert eines Unternehmens, dessen langfristige Strategie der Gutachter nicht kennt, errechnen kann.

Der objektivierte Wert setzt einen fiktiven kaum definierbaren normalen Käufer oder Verkäufer mit normalen Zukunftserwartungen voraus. Deshalb ist es in vielen Fällen (z.B. Bewertung von Produkten, Produktgruppen oder Marken, verlustbringende Unternehmen) nicht möglich, einen objektivierten Wert zu ermitteln.

Zur Kritik am objektivierten Unternehmenswert siehe Abschnitt A. IV. 4 sowie Schildbach, Thomas: Kölner versus phasenorientierte Funktionenlehre der Unternehmensbewertung. In: BFuP 1993, S. 25-58 und Ballwieser, Wolfgang: Aktuelle Aspekte der Unternehmensbewertung. In: WPg. 48. Jg. (1995), S. 126.

## 3.   Subjektiver Wert

Bezüglich des subjektiven Entscheidungswertes heißt es in dem oben zitierten Entwurf einer Verlautbarung (WPg 1980, S. 412; siehe auch Wirtschaftsprüfer-Handbuch 1981, S.1249):

»*Der subjektive Entscheidungswert des Käufers erfaßt das zu bewertende Unternehmen in einem mehr oder weniger veränderten Fortführungskonzept.*«

Der subjektive Entscheidungswert wird auf Basis der subjektiven Planungen des Kaufinteressenten ermittelt und ist ein Grenzpreis. Auch für den Verkäufer kann es einen subjektiven Entscheidungswert geben, der von dem objektivierten Wert abweicht. Dies ist z.B. bei Unternehmen, die nachhaltig Verluste erzielen, oft der Fall, wenn Konkurrenten an dem Erwerb des Geschäftes interessiert sind und deshalb oft relativ hohe Preise dafür bieten.

Bei der Ermittlung des subjektiven Wertes von Betriebsstätten, Geschäftsbereichen, Produktgruppen und Marken aus der Sicht des Verkäufers sind die in Zukunft fehlenden Deckungsbeiträge und aus der Sicht des Käufers die in Zukunft höheren Deckungsbeiträge zu berücksichtigen.

Der subjektive Entscheidungswert des Käufers unterscheidet sich im Prinzip von dem objektivierten Unternehmenswert, der ein Wert aus der Sicht eines finanziellen Investors ist, um die vom Käufer erreichbaren Synergieeffekte.

Bei der Ermittlung des subjektiven Wertes ist zu berücksichtigen, daß Synergieeffekte nicht nur beim zu bewertenden Unternehmen, sondern auch beim Unternehmen des Käufers anfallen können (siehe B. III. 2 und D. VII.). Es ist deshalb zusätzlich das Unternehmen bzw. das entsprechende Geschäftsfeld des Käufers ohne Synergieeffekte (objektivierter Wert oder zutreffender Stand-alone-Wert genannt) und mit Synergieeffekten zu bewerten, um die gesamten Synergieeffekte bzw. den subjektiven Wert des zu bewertenden Unternehmens (Preisobergrenze des Käufers) ermitteln zu können.

Die gesamten Synergieeffekte setzen sich wie folgt zusammen:

| Gesamte Synergie-effekte | = | Gesamtwert des Unternehmens nach dem Kauf | − | ( | Gesamtwert des Unternehmens des Käufers vor dem Kauf = objektivierter Wert oder Stand-alone-Wert | + | Gesamtwert des Unternehmens des Verkäufers vor dem Kauf = objektivierter Wert oder Stand-alone-Wert | ) |

Man kann auch folgende Gleichungen aufstellen:

| Preisobergrenze des Käufers = subjektiver Gesamtwert des zu bewertenden Unternehmens | = | Gesamtwert des Unternehmens des Verkäufers vor dem Kauf = objektivierter Wert oder Stand-alone-Wert | + | Gesamte Synergie-effekte |

| Preisobergrenze des Käufers = subjektiver Gesamtwert des zu bewertenden Unternehmens | = | Gesamtwert des Unternehmens des Käufers nach dem Kauf | − | Gesamtwert des Unternehmens des Käufers vor dem Kauf (= objektivierter Wert oder Stand-alone-Wert) |

## 4.     Kritik an den Wertbegriffen objektiv, objektiviert und subjektiv

Der objektive Wert in der älteren Literatur kommt dem im nächsten Abschnitt erläuterten Arbitriumwert (Schiedsspruchwert, Vermittlungswert, fairer Einigungswert) nahe oder wurde zumindest als dafür geeignet angesehen. Der objektivierte Wert ist eine Abart des objektiven Wertes und wird heute oft Stand-alone-Wert genannt. Der subjektive Wert in der jüngeren Literatur ist ein Entscheidungswert. Klarer wäre es, nur die Begiffe Arbitriumwert (Schiedsspruchwert, Vermittlungswert, fairer Einigungswert), Stand-alone-Wert und Wert oder besser Grenzpreis (= Preisuntergrenze) aus der Sicht des Verkäufers und Wert oder besser Grenzpreis (= Preisobergrenze) aus der Sicht des Käufers zu benutzen.

# V.     Strategischer Unternehmenswert, strategischer Zuschlag und Goodwill (Geschäfts- oder Firmenwert)

## 1.     Strategischer Unternehmenswert und strategischer Zuschlag

Sowohl in der Praxis als auch in der Literatur ist manchmal die Rede von einem strategischen Unternehmenswert (s. die Veröffentlichungen von Jörg Schneider im Literaturverzeichnis) oder von einem »strategischen Zuschlag« (Valcárcel, Sylvia: Ermittlung und Beurteilung des »strategischen Zuschlags« als Brücke zwischen Unternehmenswert und Marktpreis. In: DB, 1992, S. 589-595).

Ein strategischer Unternehmenswert ist als Gegensatz zu einem Marktwert oder einem objektivierten Wert (Stand-alone-Wert) zu sehen. Ein »strategischer Zuschlag« ist ein Zuschlag zu einem Marktwert oder objektivierten Wert (Stand-alone-Wert) und kann kein Zuschlag zu einem Entscheidungswert sein.

Ein mit Hilfe der Discounted-cash-flow-Methode ermittelter Entscheidungswert, in der alle Synergieeffekte, und somit auch die durch strategische Ziele erreichbaren Synergieeffekte, enthalten sind, ist bereits der strategische Unternehmenswert, und es gibt keinen Grund, auf diesen Wert noch einen »strategischen Zuschlag« draufzusetzen.

Auch der strategische Wert oder der »strategische Zuschlag« muß sich für den Käufer in Form eines zusätzlichen Cash-flows in Zukunft auszahlen. Bei der Ermittlung des Entscheidungswertes wurde dieser zusätzliche Cash-flow bereits berücksichtigt.

## 2. Objektivierter Wert (Stand-alone-Wert), Marktwert und strategischer Zuschlag

Grundsätzlich müßten der objektivierte Wert (Stand-alone-Wert) und der Marktwert eines Unternehmens – sofern er nur von börsennotierten Unternehmen abgeleitet wird – zu ähnlichen Werten führen, da beide Werte aus der Sicht eines finanziellen Investors ermittelt werden. Während sich der objektivierte Wert (Stand-alone-Wert) aus den erwarteten und vom Bewerter individuell errechneten Nettoausschüttungen des Unternehmens ergibt, wird der Marktwert aufgrund der von einer Vielzahl von Marktteilnehmern erwarteten Nettoausschüttungen bestimmt. Weichen beide Werte nicht unwesentlich voneinander ab, muß der Bewerter klären, warum der Markt ähnliche Unternehmen scheinbar anders bewertet und ob die Ermittlung des Marktwertes und die Ermittlung des objektivierten Wertes (Stand-alone-Wert) angemessen ist.

Den »strategischen Zuschlag«, d.h. die Synergieeffekte, lediglich originär zu ermitteln, kann leicht zu Fehlern führen. Besser ist es, ihn als Unterschied zwischen dem subjektiven Entscheidungswert und dem objektivierten Wert (Stand-alone-Wert) bzw. Marktwert zu ermitteln. Eine zusätzliche originäre Ermittlung des »strategischen Zuschlags« kann die Höhe der einzelnen Synergieeffekte jedoch besser verdeutlichen und macht dem Käufer klar, welche zusätzliche Rendite er auf den strategischen Zuschlag«, d.h. auf die Synergieeffekte, erzielen muß.

Die Ermittlung eines Marktwertes und/oder eines objektivierten Wertes (Stand-alone-Wert) neben dem Entscheidungswert kann darüber hinaus als Argumentationshilfe bei Preisverhandlungen sehr nützlich sein.

## 3. Goodwill (Geschäfts- oder Firmenwert)

Zuweilen wird in der Praxis die Frage diskutiert, ob zu dem Unternehmenswert noch ein Goodwill, z.B. für das Know-how, für den Kundenstamm o.ä., hinzugerechnet werden sollte.

Goodwill bzw. Geschäfts- oder Firmenwert ist die buchhalterische Bezeichnung für den Unterschied zwischen dem Kaufpreis eines Unternehmens und dem Wert der einzelnen Vermögensgegenstände. Bei einer Unternehmensbewertung stellt er den Unterschied zwischen dem Barwert der zukünftigen Nettoausschüttungen und dem Substanzwert dar. Bei einer Ermittlung des Barwertes der zukünftigen Nettoausschüttungen ist er somit im Unternehmenswert enthalten.

Beim Kauf eines Einzelunternehmens, einer Personengesellschaft, einer Betriebsstätte oder eines Geschäftsbereichs ist der Preis auf die einzelnen Vermögensgegenstände aufzuteilen und die Differenz als Geschäfts- oder Firmenwert oder evtl. als anderes immaterielles Wirtschaftsgut zu buchen. Falls dieser Geschäfts- oder Firmenwert oder ggf. andere immaterielle Wirtschaftsgüter (Patente, Know-how, Kundenstamm) mit steuerlicher Wirkung abgeschrieben werden können, erhöht sich der zukünftige Cash-flow um die nicht zu zahlenden Ertragsteuern auf die steuerlichen Abschreibungen, und somit erhöht sich auch der Entscheidungswert um den Barwert der Ertragsteuern auf die steuerlichen Abschreibungen.

# VI.  Die funktionale Unternehmensbewertung

Der Begriff »funktionale Unternehmensbewertung« entstand in Deutschland aufgrund des Streites zwischen den Anhängern der objektiven und der subjektiven Unternehmensbewertung (siehe Matschke, Manfred Jürgen: Funktionale Unternehmensbewertung, Band II, Der Arbitriumwert der Unternehmung. Wiesbaden 1979).

Die funktionale Unternehmensbewertung unterscheidet verschiedene Haupt- und Nebenfunktionen der Unternehmensbewertung und ordnet sie verschiedenen Wertansätzen zu. Sie ordnet praktisch die teilweise nicht einheitlich benutzten Begriffe »objektiv« und »subjektiv« den einzelnen Bewertungsaufgaben zu.

Hervorzuheben ist, daß die funktionale Unternehmensbewertung eine Sichtweise des externen Beraters ist und nicht die Sichtweise des Bewertungsinteressenten.

Die funktionale Unternehmensbewertung unterscheidet folgende Hauptfunktionen:

## 1.  Beratungsfunktion

Aufgabe der Unternehmensbewertung in der Beratungsfunktion ist die Ermittlung eines Entscheidungswertes. Der Entscheidungswert ist der Preis, den ein Verkäufer mindestens fordern müßte (Preisuntergrenze) oder der Preis, den der Käufer höchstens zahlen könnte (Preisobergrenze). Der Entscheidungswert ist ein subjektiver Grenzwert, der nur für einen bestimmten Fall gilt. Er soll dem jeweiligen Kaufinteressenten oder Verkäufer die äußerste Grenze der möglichen Konzessionsbereitschaft bei den Verhandlungen anzeigen bzw. bei Abfindungsangeboten als Grundlage für die Entscheidung über die Höhe bzw. über die Annahme eines Abfindungsangebotes dienen. Er sollte aus verhandlungstaktischen Gründen der anderen Partei tunlichst nicht bekannt sein.

Der Entscheidungswert hängt nicht nur von objektiven Faktoren (z.B. gesamtwirtschaftliche Entwicklung, Verkaufssortiment, Konkurrenzverhältnisse), sondern auch von subjektiven Faktoren (z.B. Gestaltungsmöglichkeiten des zu bewertenden Unternehmens aufgrund der

Fähigkeiten und Zielvorstellungen des Käufers sowie alternative Kapitalanlagemöglichkeiten bzw. Kapitalbeschaffungsmöglichkeiten) ab. Bei dem Entscheidungswert sind deshalb sämtliche Vorteile aus dem Eigentum an dem Unternehmen, d.h. nicht nur die finanziell meßbaren Größen (zukünftige Ausschüttungen des zu bewertenden Unternehmens sowie Synergieeffekte bei anderen dem Verkäufer bzw. Käufer gehörenden Unternehmen, die sich als zusätzliche Ausschüttungen auswirken), sondern auch qualitative Vorteile, wie z.B. persönliche Unabhängigkeit, Selbstverwirklichung, Macht und Ansehen des Eigentümers zu berücksichtigen. Die Bewertung der qualitativen Vorteile kann nur durch den Käufer oder Verkäufer des Unternehmens persönlich in einem zweiten Schritt vorgenommen werden.

## 2. Vermittlungsfunktion

Aufgabe der Unternehmensbewertung in der Vermittlungsfunktion ist die Suche nach einem angemessenen Ausgleich zwischen den Parteien, d.h. die Ermittlung eines Arbitriumwertes (Schiedsspruchwert, Vermittlungswert, fairer Einigungswert). Der Arbitriumwert ist der Preis, den ein Gutachter möglichst in Kenntnis der Höhe und genauen Art der Ermittlung der Entscheidungswerte der Parteien als gerechten Preis für angemessen erachtet. Der Fähigkeit des Gutachters, die Entscheidungswerte der Parteien zu beurteilen, sind, insbesondere soweit sie auf persönlichen Erwägungen beruhen (sofern die persönlichen Erwägungen überhaupt zu berücksichtigen sind), Grenzen gesetzt.

Der Arbitriumwert ist kein betriebswirtschaftliches Problem, sondern er ist ein Kompromißvorschlag und kann manchmal ein Rechtsproblem (z.B. Vertragsauslegung) sein.

Voraussetzung für die Ermittlung und Annahme eines Arbitriumwertes ist, daß ein Einigungsbereich besteht, d.h. daß der Grenzpreis des Verkäufers nicht höher als der Grenzpreis des Käufers liegt (siehe A. II. 4).

Grundsätzlich ist der Arbitriumwert zwar kein objektiver Wert, trotzdem können unter Umständen auch sogenannte objektive Bewertungsverfahren und faire Marktwerte berücksichtigt werden. Eine allgemein gültige Lösung für die Ermittlung eines gerechten Preises gibt es nicht.

Es liegt nahe, daß Gutachter aufgrund von Gerechtigkeitsvorstellungen geneigt sind, den Vorteil einer Transaktion den Parteien gleichmäßig zukommen zu lassen, sofern keine der Parteien die Änderung der Eigentumsverhältnisse gegen den Willen der anderen Partei durchsetzen kann (z.B. Kauf und Verkauf).

Falls eine Partei die Änderung der Eigentumsverhältnisse erzwingen kann, sollte der von einem externen Gutachter zu ermittelnde Arbitriumwert mehr oder weniger stark, abhängig vom individuellen Fall, durch den Entscheidungswert der Partei bestimmt werden, die die Änderung der Eigentumsverhältnisse nicht verhindern kann, da die andere Partei auf die Änderung der Eigentumsverhältnisse verzichten kann. Es ist aber auch zu untersuchen, ob die eine Partei die andere Partei zu dem Entschluß einer Änderung der Eigentumsverhältnisse (Kündigung, Ausschließen) provoziert hat.

## 3.    Argumentationsfunktion

Aufgabe der Unternehmensbewertung in der Argumentationsfunktion ist die Ermittlung eines parteiischen Wertes, um den Auftraggeber argumentativ zu unterstützen (Argumentationshilfe-Bewertung) und dadurch seine Verhandlungsposition zu stärken. Bei der Argumentationshilfe-Bewertung ist oft kein Argument oder Verfahren zu dumm, um nicht trotzdem im Gutachten aufgenommen zu werden.

Zweck der Ermittlung eines solchen parteiischen Wertes ist es, im Laufe der Verhandlungen aufgrund gezielter Argumentationen im Bewertungsgutachten zu einer Preisvereinbarung zu kommen, die möglichst in der Nähe des Entscheidungswertes der anderen Partei liegt. Nicht zuletzt aus diesem Grunde ist es angebracht, daß der Gutachter im Rahmen der Erstellung der Argumentationshilfe-Bewertung auch versucht, die Entscheidungssituation und den Entscheidungswert der anderen Partei zu ermitteln.

Ein parteiischer Wert ist genaugenommen kein Wert. Deshalb sind nicht zuletzt aus diesem Grunde Wirtschaftsprüfer gehalten, in ihrem Bewertungsgutachten anzugeben, in welcher Funktion die Unternehmensbewertung vorgenommen wurde und welches Wertkonzept (objektivierter Unternehmenswert, subjektiver Entscheidungswert, Einigungswert) der Bewertung zugrunde liegt (siehe IDW Standard S 1, Abschnitt 9.2).

In der Praxis ist es auch nicht ausgeschlossen, daß im eigenen Unternehmen den vorgesetzten Organen Argumentationswerte vorgelegt werden, um die Genehmigung zu einer Akquisition oder Desinvestition zu erreichen.

## 4.    Nebenfunktionen

Als Nebenfunktionen werden in der Literatur noch erwähnt:

– Kommunikationsfunktion        (= Ermittlung des bilanziellen Eigenkapitals)
– Steuerbemessungsfunktion      (= Feststellung von Steuerbemessungsgrundlagen)
– Vertragsgestaltungsfunktion   (= Formulierung eines Vertragstextes, in welcher
                                   Form ggf. die Bewertung beim Ausscheiden
                                   eines Gesellschafters zu erfolgen hat)

Zu den Nebenfunktionen ist folgendes zu sagen:

Die Ermittlung des Eigenkapitals in einer Bilanz (Kommunikationsfunktion) ist keine Unternehmensbewertung.

Bei der Ermittlung von steuerlichen Bemessungsgrundlagen (Steuerbemessungsfunktion) ist in erster Linie an die Bewertung von Unternehmen zum Zwecke der Besteuerung von Vermögen zu denken. Hier findet im Prinzip zwar eine Unternehmensbewertung statt; sie erfolgt aber aufgrund gesetzlich genau festgelegter Vorschriften und beruht lediglich auf Buchwerten aus der Vergangenheit und der Gegenwart. Sie ist deshalb relativ einfach. In Deutschland erfolgt die Bewertung nach dem sogenannten »Stuttgarter Verfahren«. Unter die Steuerbemessungsfunktion fiele auch die Ermittlung eines niedrigeren Teilwertes in der Ertragsteuerbilanz.

Bei der Vertragsgestaltungsfunktion handelt es sich nicht um die Bewertung eines Unternehmens, sondern um das Formulieren eines Vertragstextes, in welcher Form sich die Vertragsparteien bei gewissen Anlässen (z.B. Abfindungen beim Ausscheiden eines Gesellschafters oder Ausübung eines Optionsrechtes) zu einigen haben. Sofern die Parteien nicht einen Gutachter (Schiedsrichter) bzw. zwei Gutachter (Anwälte der Parteien) und einen Obergutachter (Schiedsrichter) mit der Bewertung beauftragen wollen, bleibt ihnen im Interesse der Rechtssicherheit nichts anderes übrig, als sich auf ein Verfahren zu einigen, daß auf Substanzwert und vergangenen Erträgen beruht. Soweit ausreichende Informationen vorhanden sind, können auch Elemente von Marktpreisen vergleichbarer Unternehmen berücksichtigt werden. Falls es sich um ein Joint-venture handelt und ein Partner in Zukunft die Mehrheit übernehmen soll oder will, wäre folgendes Verfahren denkbar: Der eine Partner ermittelt den Wert und der die Mehrheit anstrebende Partner entscheidet, ob er die Mehrheit zu diesem Preis übernimmt oder nicht. Falls ihm der Wert zu hoch erscheint, muß der Partner, der das Unternehmen bewertet hat, sämtliche Anteile des anderen Partners an dem Unternehmen kaufen.

## 5.  Kritik an der funktionalen Unternehmensbewertung

Die funktionale Unternehmensbewertung wird nach Ansicht des Verfassers in der deutschen Literatur zu stark herausgestellt. Dies liegt daran, daß man unterstellt, daß Unternehmensbewertungen nur von externen Gutachtern erstellt werden. Tatsächlich ist es aber so, daß z.B. Entscheidungswerte für den Kauf oder Verkauf eines Unternehmens mit den entsprechenden Argumentationshilfen zu einem großen Teil, wahrscheinlich sogar mehrheitlich, von den Kaufinteressenten und Verkäufern selbst ermittelt werden.

In der ausländischen Literatur spielt die funktionale Unternehmensbewertung keine Rolle.

Bei einer Unternehmensbewertung ist es nicht von Bedeutung, welche Aufgabe bzw. Funktion ein Gutachter hat, sondern es kommt darauf an, welche Aufgabe eine Unternehmensbewertung hat, da die Bewertung eines Unternehmens vom Zweck der Bewertung bestimmt wird. Das ist entweder die Ermittlung eines Entscheidungswertes zum Zwecke der Kapitalanlage oder zum Zwecke einer unternehmerischen Tätigkeit.

Die Ermittlung eines Arbitriumwertes ist weniger die Ermittlung eines Wertes unter betriebswirtschaftlichen Gesichtspunkten, sondern im wesentlichen die Festsetzung eines Wertes nach dem Gerechtigkeitspostulat auf Basis der von den Parteien vorgelegten Bewertungen.

Die Ermittlung eines parteiischen Wertes (Argumentationsfunktion) ist im Prinzip keine Wertermittlung, sondern die Sammlung von einseitigen Argumenten, die zu einem nicht realistischen Wert (»Mondwert«) umgesetzt werden. Da es unzweckmäßig ist, einen parteiischen Wert (Argumentationsfunktion) zu ermitteln, wenn nicht vorher der Entscheidungswert feststeht, sollte man die Sammlung von Argumentationshilfen nicht als eine eigenständige Funktion betrachten, sondern als eine zusätzliche Leistung des Bewerters im Rahmen der Ermittlung des Entscheidungswertes.

# VII. Kombinationsverfahren (Kombinierte Erfolgs- und Substanzbewertung)

Der Unternehmenswert entspricht der Summe sämtlicher abgezinster zukünftiger Netto-ausschüttungen, d.h. dem Barwert sämtlicher zukünftiger Nettoausschüttungen aus der Investition Unternehmenskauf.

Obwohl es nach obiger Definition grundsätzlich nur eine einzige Bewertungsmethode, nämlich die Discounted-cash-flow-Methode, geben kann, sind bei der objektiven Unter-nehmensbewertung eine ganze Reihe von Bewertungsverfahren, dargestellt in Formeln, bekannt. Der Grund für die Existenz der verschiedenen Verfahren ist in der Tatsache zu suchen, daß die Höhe der künftigen Nettoausschüttungen sehr ungewiß ist und man sich deshalb an vermeintlich sichere Zahlen wie Substanzwert und Vergangenheitserträge klammert. Obwohl diese Verfahren sehr unterschiedlich begründet und formelmäßig dargestellt werden, unterscheiden sie sich letztlich nur dadurch, wie stark sie jeweils den Substanz- und Ertragswert betonen. Wichtige wertbestimmende Faktoren (z.B. Qualität der Geschäftsführung, voraussichtliche Entwicklung des Unternehmens, Alter des An-lagevermögens und Reinvestitionsbedarf, Verkaufssortiment und Produktlebenszyklus, Konkurrenzverhältnisse, Stand der Forschung, Finanzierung) werden ungenügend berücksichtigt, oder es wird nichts Genaues über sie (z.B. Kapitalisierungszinsfuß) ausgesagt.

Die in der Praxis bekannten Verfahren sind:

## 1.   Mittelwertverfahren

Es handelt sich um das in der Vergangenheit gebräuchlichste Verfahren der Praxis. Manchmal wird es nicht ganz richtig auch »Berliner Verfahren« genannt, da es auf-grund einer Verfügung des Berliner Oberfinanzpräsidenten und einer Anordnung des Reichsministers der Finanzen von 1935 bis 1955 für die Bewertung nicht notierter Anteile an Kapitalgesellschaften verwendet wurde. Das »Berliner Verfahren« ist zwar auch ein Mittelwertverfahren, aber da es sich um ein steuerrechtliches Verfahren handelte, gab es hierzu eine Reihe von genauen Bewertungsvorschriften. Zum Beispiel war der Kapitali-sierungszinsfuß mit 5,5 % festgesetzt.

Bei dem Mittelwertverfahren wird der Unternehmenswert aus dem arithmetischen Mittel zwischen Substanzwert und Ertragswert errechnet.

$$\text{Unternehmenswert} = \frac{\text{Substanzwert} + \text{Ertragswert}}{2}$$

$$1.100 = \frac{1.000 + 1.200}{2}$$

Das Mittelwertverfahren setzt voraus, daß der Ertragswert mindestens dem Substanzwert entspricht. Es liegt hierbei der Gedanke zugrunde, daß die Substanz nur dann einen Wert hat, wenn sie einen entsprechenden Ertrag bringt. Liegt der Ertragswert unter dem Substanzwert, sieht man nur den niedrigeren Ertragswert als Unternehmenswert an, sofern der Liquidationswert nicht höher ist.

Der Substanzwert beinhaltet nur den Teil-Reproduktionswert, d.h. das materielle Reinvermögen. Da man glaubt, die immateriellen Vermögensgegenstände nicht sicher genug schätzen zu können, läßt man sie unberücksichtigt.

Der Ertragswert errechnet sich bei dem Mittelwertverfahren unter der Annahme einer unbegrenzten Lebensdauer des Unternehmens und der Annahme gleichbleibender jährlicher Erträge wie folgt:

$$\text{Ertragswert} = \frac{\text{Gewinn x 100}}{\text{Zinssatz}}$$

Der Ertragswert wird aus den durchschnittlichen bereinigten Erträgen der Vergangenheit abgeleitet und ist bei erkennbar anders verlaufenden Tendenzen zu ändern. Er wird als »Ertragswert ohne Berücksichtigung der Konkurrenzgefahr« bezeichnet (s. Schmalenbach, Eugen: Die Beteiligungsfinanzierung, 8. Aufl., Köln und Opladen 1954, S. 76).

Man geht bei dem Mittelwertverfahren von der Annahme aus, daß ein über dem Substanzwert liegender Ertragswert Konkurrenten anzieht und dadurch die Rentabilität des Unternehmens in der Zukunft gedrückt wird.

Nach dieser Logik entspricht der Unternehmenswert deshalb nicht dem oben angeführten Ertragswert, sondern muß niedriger als dieser, aber noch über dem Reproduktionswert liegen.

Der Unternehmenswert wird als der »Ertragswert unter Berücksichtigung der Konkurrenzgefahr« bezeichnet. Da es keine Anhaltspunkte gibt, wo dieser gesuchte Unternehmenswert liegt, werden die beiden vorhandenen Werte gemittelt. Die genaue Mittelung ist somit nicht das Bezeichnende an dem Mittelwertverfahren, sondern der Gedanke, daß der gesuchte Wert zwischen dem Substanzwert und dem aus den durchschnittlichen bereinigten Erträgen der Vergangenheit abgeleiteten Ertragswert liegt.

Das Mittelwertverfahren ist seiner Begründung nach ein Ertragswertverfahren.

Es ist abzuraten, das Mittelwertverfahren in seiner oben beschriebenen ursprünglichen Form in der heutigen Zeit, in der man Marktanalysen, operative und strategische Planungen, den Erfahrungskurven-Effekt, Stärken- und Schwächen-Profile kennt oder kennen sollte, d.h. sich Gedanken über die voraussichtliche Entwicklung in der Zukunft macht, anzuwenden.

Folgende wesentliche Einwände sind gegen das Mittelwertverfahren in seiner oben beschriebenen ursprünglichen Form zu erheben:

– Es berücksichtigt beim Substanzwert nur den Teil-Reproduktionswert. Falls man die Argumentation für das Mittelwertverfahren, ein Unterschied zwischen Substanz- und Ertragswert ziehe die Konkurrenz an, gelten läßt, muß man auch die immateriellen Vermögensgegenstände in den Substanzwert einbeziehen. Ein potentieller Konkurrent würde nämlich die Rentabilität an dem Kapitaleinsatz für den Voll-Reproduktionswert und nicht nur für den Teil-Reproduktionswert messen.

– Die potentiellen Konkurrenten orientieren ihre Rentabilitätserwartungen nicht an
  dem zu bewertenden Unternehmen, sondern an den Rentabilitätsaussichten in der
  Branche.

– Die Konkurrenzgefahr hat auch in der Vergangenheit bestanden.

– Die Zukunftsaussichten werden zu schematisch aus der Vergangenheit abgeleitet. Zwar
  mag ein Durchschnittsgewinn der vergangenen Jahre konjunkturelle und außergewöhnliche Einflüsse mildern, aber dieser Durchschnittsgewinn der Vergangenheit muß nicht
  im geringsten den Aussichten für die Zukunft entsprechen. Auf jeden Fall müßten die
  Unterschiede beim Anlagevermögen (Abschreibungen), bei der Finanzierung (Zinsen),
  beim Verkaufssortiment und den Konkurrenzverhältnissen, bei Aufwendungen zur
  Schaffung von immateriellen Vermögensgegenständen (Forschung, Entwicklung, Ver-
  triebsnetz, Organisation) und bei der Qualifikation der Geschäftsleitung berücksichtigt
  werden.

Zur Klarstellung sei gesagt, daß das Mittelwertverfahren nicht, wie manchmal in der
Literatur dargestellt, von Schmalenbach begründet und befürwortet, sondern nur von
ihm beschrieben wurde (siehe Schmalenbach, 1954, S. 71).

## 2.  Modifiziertes Mittelwertverfahren

Da der Substanzwert nur eine Kontroll- oder Korrekturfunktion auszuüben hat und in der
Regel nur den Teil-Reproduktionswert umfaßt, wird der Ertragswert beim modifizierten
Mittelwertverfahren stärker gewichtet. Dies ist besonders für Unternehmen wichtig, bei
denen der Ertragswert wegen bedeutender immaterieller Vermögensgegenstände erheblich
über dem Substanzwert liegt. In der Regel gewichtet man den Ertragswert mit 2/3 und
den Substanzwert mit 1/3.

Teilweise werden beim Ertragswert nicht schematisch die in der Vergangenheit erzielten
Erträge, sondern die voraussichtlich in den nächsten Jahren ausschüttungsfähigen Zu-
kunftserträge, die mit Hilfe einer Vergangenheitsanalyse und vorhandener kurzfristiger
Planungen ermittelt werden, berücksichtigt.

Das modifizierte Mittelwertverfahren ist heute noch in der Schweiz sehr verbreitet (siehe
Helbling, 1998, S. 650).

## 3.  Verfahren der Übergewinnabgeltung oder Übergewinnverrentung

Der Wert eines Unternehmens setzt sich nach dieser Methode aus dem Teil-Reproduktionswert zuzüglich des Barwertes der gleichbleibenden Übergewinne einer Reihe
von Jahren zusammen.

| Unternehmens-wert | = | Substanz-wert | + | Rentenbar-wertfaktor | x | (Gewinn – Verzinsung des Substanzwertes) |
|---|---|---|---|---|---|---|
| 1.075,816 | = | 1.000 | + | 3,7908 | x | (120 – 0,10 x 1.000) |

Mit diesem Verfahren soll erreicht werden, daß der Unternehmenswert nicht den nach und nach von dem Käufer selbst geschaffenen Geschäftswert, sondern nur den Geschäftswert, der auf den Verkäufer zurückzuführen ist, d.h. die abgezinsten Übergewinne der ersten Jahre nach der Geschäftsübernahme, beinhaltet.

Dieses Verfahren hat besonders durch die Veröffentlichung von Viel/Bredt/Renard große Aufmerksamkeit, aber auch Kritik gefunden (Viel/Bredt/Renard: Die Bewertung von Unternehmungen und Unternehmungsanteilen. 5., neu bearbeitete Aufl., Stuttgart/Zürich 1975). Es wurde noch am 20.12.1989 von der österreichischen Kammer der Wirtschaftstreuhänder im Fachgutachten Nr. 74 zugelassen.

Der Kern der Kritik ist, daß diese Methode den Substanzwert, und zwar den Teil-Substanzwert, als Grundlage des Unternehmenswertes betrachtet.

Weitere Kritikpunkte sind, daß die sogenannten Übergewinne der Vergangenheit zugrunde gelegt werden und daß in der Bestimmung der Dauer des daraus abgeleiteten Goodwills ein erheblicher Ermessensspielraum liegt. Darüber hinaus gelten im Prinzip die gleichen Einwände wie beim Mittelwertverfahren.

Viel/Bredt/Renard (S. 55) erachteten bei einem objektbedingten Goodwill, d.h. einem *»Goodwill, der zur Hauptsache im Objekt der auf dem Markt angebotenen Leistungen und der Marktstellung des Unternehmens begründet ist«*, eine Nachhaltigkeitsdauer von 5-8 Jahren und bei einem subjektbedingten Goodwill, d.h. einem *»Goodwill, der vorwiegend der Person des Unternehmers zu verdanken ist«*, eine Nachhaltigkeitsdauer von 3-5 Jahren als angemessen.

Der Vollständigkeit halber sei erwähnt, daß von der Union Européenne des Experts Comptables, Economiques et Financiers (UEC) seinerzeit folgende Formel vorgeschlagen wurde (Union Européenne des Experts Comptables, Economiques et Financiers (UEC): Die Bewertung von Unternehmungen und Unternehmungsanteilen. Düsseldorf 1961):

$$\text{Unternehmenswert} = \text{Substanzwert} + \text{Rentenbarwertfaktor} \times (\text{Gewinn} - \text{Verzinsung des Unternehmenswertes})$$

Diese Formel wurde aber seit der 2. Auflage (siehe S. 30-31), die von der Arbeitsgemeinschaft Viel/Bredt/Renard herausgegeben wurde, nicht mehr aufrechterhalten.

In der Literatur (z.B. Engeleiter, Viel/Bredt/Renard) werden noch zwei andere Verfahren der Übergewinnabgeltung bzw. Übergewinnverrentung zitiert, nämlich

- Übergewinnabgeltung ohne Diskontieren der Übergewinne (Jahrkauf-Methode),
- Übergewinnverrentung mit der Annahme eines abnehmenden Übergewinns (Methode Leak).

Das erste Verfahren ist rechnerisch sehr einfach und somit für Vergleiche sehr praktikabel.

Das zweite Verfahren entspricht eher den tatsächlichen Verhältnissen. Das wesentliche Problem, nämlich die Nachhaltigkeit des Goodwills zu bestimmen, kann auch mit diesem Verfahren nicht gelöst werden.

## 4.    »Stuttgarter Verfahren«

Das »Stuttgarter Verfahren« geht auf einen Erlaß des Finanzpräsidenten von Stuttgart zurück und ist ebenfalls ein Verfahren der Übergewinnabgeltung. Es ist ein rein steuerrechtliches Verfahren zur Ermittlung der Vermögen-, Erbschaft- und Schenkungsteuer und dient seit 1955 der Ermittlung des gemeinen Wertes von nicht notierten Aktien und Anteilen, wenn sich dieser nicht aus Verkäufen ableiten läßt. Die Ermittlung des gemeinen Wertes nach dem »Stuttgarter Verfahren« ist in den Erbschaftsteuerrichtlinien (ErbStR) geregelt.

Das »Stuttgarter Verfahren« ist eine Basis für eine möglichst einfache und gerechte Besteuerung von Vermögen. Wegen der sehr starken Betonung des Substanzwertes und verschiedener Bewertungsvorschriften ist es keine Hilfe für eine unternehmerische Entscheidung.

## 5.    Verfahren Schnettler

Sämtliche den Substanz- und Ertragswert kombinierenden Bewertungsverfahren, mit Ausnahme des betriebswirtschaftlich nicht relevanten »Stuttgarter Verfahrens«, eignen sich nicht für die sogenannten ertragsschwachen Unternehmen, d.h. Unternehmen bei denen der Substanzwert nicht ausreichend verzinst wird.

Ein spezielles Verfahren für die Bewertung ertragsschwacher Unternehmen wurde von Schnettler (Schnettler, A.: Der Zins im Wirtschaftsbetrieb, Stuttgart 1939, siehe auch Viel/Bredt/Renard: Die Bewertung von Unternehmungen und Unternehmungsanteilen, 3. Aufl., Stuttgart/Zürich 1970, S. 109) entwickelt. Es geht von dem Gedanken aus, daß ein Käufer das Unternehmen nicht zum höheren Substanzwert übernimmt und aus diesem Grunde die Abschreibungen auf die abnutzbaren Vermögensgegenstände nicht von ihren Reproduktionskosten, sondern von dem Betrag, der im Rahmen des Kaufpreises auf sie entfällt, berechnet werden dürfen.

Beim Verfahren Schnettler stehen nach Abnutzung der bestehenden Anlagen keine Mittel zur Beschaffung neuer Anlagen zu höheren Reproduktionskosten zur Verfügung. Somit unterstellt man bei dem Verfahren Schnettler, daß das Unternehmen nach Abnutzung der bestehenden Anlagen liquidiert oder auf eine andere Unternehmenstätigkeit umgestellt wird.

## 6.    Weitere Bewertungsverfahren

In der älteren Literatur (z.B. Engeleiter, Münstermann, Viel/Bredt/Renard) werden noch weitere Bewertungsverfahren beschrieben. Die Verfahren hatten zumindest in den letzten 3-4 Jahrzehnten in der Praxis keine Bedeutung mehr.

# 7.  Ertragswertmethode auf Basis der Vergangenheitserträge

In der Praxis wurde auch häufig die reine Ertragswertmethode auf Basis der Vergangenheitserträge angewandt. Hierbei werden die durchschnittlichen Vergangenheitserträge der letzten Jahre kapitalisiert.

Von Zimmerer, dem ehemaligen geschäftsführenden Inhaber des größten privaten Unternehmensmakler-Unternehmens Deutschlands, der Interfinanz GmbH, wurde der Ertragswert, errechnet nach der sogenannten »Interfinanz-Formel« propagiert. Sie lautet wie folgt:

- Gewinn des letzten Jahres        x   5
- Gewinn des vorletzten Jahres     x   4
- Gewinn des drittletzten Jahres   x   3
- Gewinn des viertletzten Jahres   x   2
- Gewinn des fünftletzten Jahres   x   1

Die Summe dieser Gewinne geteilt durch 15 wird als ewige Rente kapitalisiert. Diese Formel geht auf den Gedanken zurück, daß der jüngste Jahresertrag eher als die durchschnittlichen Erträge der letzten Jahre dem durchschnittlichen Ertrag der Zukunft entspricht und konjunkturelle Schwankungen keine so große Bedeutung haben.

# 8.  Schlußbemerkungen zu den Kombinationsverfahren

In der Praxis müssen diese Bewertungsverfahren teilweise noch angewendet werden, da sie in Gesellschaftsverträgen vereinbart oder in Testamenten vorgegeben werden.

Generell sollte man über die geschilderten Bewertungsverfahren nicht zu sehr die Nase rümpfen. Man muß sie vor dem Hintergrund der Möglichkeiten früherer Zeiten und der Erwartungen an sie (objektiver Wert, kein Entscheidungswert) sehen. Das Wichtigste bei einer Unternehmensbewertung ist nicht die formelmäßige Darstellung, sondern die Analyse des Unternehmens und seiner Umwelt und die daraus gezogenen Schlüsse für die Unternehmensbewertung. Deshalb könnte eine nach den oben geschilderten sogenannten traditionellen Verfahren vorgenommene Unternehmensbewertung, der eine ausführliche Analyse und vernünftige Schlüsse zugrunde liegen, unter Umständen eine bessere Entscheidungshilfe sein als eine nach der Discounted-cash-flow-Methode durchgeführte Bewertung, der nur eine ungenügende Analyse zugrunde liegt, und die evtl. zur Tarnung dieser Schwäche mit unnötigem verbalem Beiwerk versehen ist.

Andererseits könnte man zu den auf Vergangenheitswerten beruhenden Kombinationsverfahren, sofern sie heute noch ohne Zwang angewendet werden, sagen: Die Kombinationsverfahren sind für einen Unternehmensbewerter sehr einfach und bequem – auch wenn sie mit vielen Zahlen und Text garniert sein sollten –, da sie es dem Unternehmensbewerter erlauben, sich keine Gedanken über die Zukunft machen zu müssen. Darüber hinaus täuschen sie dem Empfänger eines Gutachtens eine nicht gegebene Sicherheit vor. Zusammengefaßt heißt das: Auch viele falsche Zahlen richtig addiert, ergeben keinen richtigen Unternehmenswert.

Ein ausführlicher formaler und substantieller Vergleich der Kombinationsverfahren einschließlich der Ertragswertmethode auf Basis der Vergangenheitserträge findet sich bei Jakob, Herbert: Die Methoden zur Ermittlung des Gesamtwertes einer Unternehmung. Eine vergleichende Betrachtung. In: ZfB 1960, S. 131-147, 209-222; ders.: Die Methoden zur Ermittlung des Gesamtwertes einer Unternehmung. In: Finanzierungs-Handbuch, hrsg. von Hans Janberg, Wiesbaden 1964 und 2. Aufl., Wiesbaden 1970.

Kritische Stellungnahmen zu einzelnen Kombinationsverfahren finden sich bei Münstermann, Hans: Wert und Bewertung der Unternehmung. Wiesbaden 1966 und bei Moxter, Adolf: Grundsätze ordnungsmäßiger Unternehmensbewertung, Wiesbaden 1976 (nicht in 2., vollständig umgearbeiteter Aufl. 1983).

## VIII. Earn-out-Methode (verzögerte Kaufpreisbestimmung)

In den Fällen, in denen man sich über den Wert des Unternehmens nicht einigen kann, insbesondere wenn

- der Wert besonders stark von dem jetzigen Eigentümer des Unternehmens abhängt,
- eine Abhängigkeit von einem oder wenigen Kunden besteht,
- der Käufer befürchtet, daß die Erfolgsfaktoren des Unternehmens nicht oder nur teilweise übertragen werden können und deshalb das Unternehmen aus vorgenannten oder anderen Gründen nach dem Eigentümerwechsel einen großen Teil seines Goodwills verliert und/oder
- das erworbene Unternehmen zunächst weitgehend seine Selbständigkeit behält und der bisherige Gesellschafter-Geschäftsführer für eine bestimmte Zeit weiterhin als Geschäftsführer tätig sein wird,

kann es angebracht sein, das Unternehmen nach der Earn-out-Methode zu bewerten, d.h. eine verzögerte Kaufpreisbestimmung vorzunehmen.

Bei der Earn-out-Methode wird ein Mindestpreis festgelegt und der Rest von den Ergebnissen der nächsten zwei bis fünf Jahre abhängig gemacht. Der restliche Kaufpreis muß jedoch nicht unbedingt von den Ergebnissen, er kann auch von anderen Faktoren, wie z.B. Umsätzen mit bestimmten Kunden, Forschungsergebnissen, neuen Produkten und neuen Produktzulassungen abhängig gemacht werden.

Die Bewertung nach der Earn-out-Methode kann jedoch den Nachteil haben, daß mögliche Synergieeffekte nicht sofort umgesetzt werden.

Wenn man den restlichen Kaufpreis nicht von den Ergebnissen abhängig macht, kann man ggf. Synergieeffekte verwirklichen, ohne daß sie die verzögerte Kaufpreisbestimmung stören. Ebenso können leicht mögliche Streitigkeiten über Bewertungsfragen bei der Bilanzierung und über die Höhe der notwendigen Aufwendungen zur Erhaltung der Ertragskraft (Kosten für Forschung und Entwicklung, Werbekosten, Kosten für Aus- und Weiterbildung des Personals, Instandhaltungs- und Reparaturkosten) vermieden werden.

Die verzögerte Kaufpreisbestimmung bedarf eines gut durchdachten Kaufvertrages.

# IX.  Geschichte der Unternehmensbewertung

Dieser Abschnitt ist zum Verständnis und zur Durchführung von Unternehmensbewertungen nicht notwendig. Er wurde deshalb kleiner gedruckt.

Der Leser wird wahrscheinlich erstaunt oder sogar irritiert sein, daß viele unterschiedliche Bewertungsansätze und -verfahren in der Praxis benutzt und in der Literatur beschrieben und verteidigt werden.

Nur der Barwert der zukünftigen Nettoausschüttungen (discounted cash flow) ist als Unternehmenswert anzusehen. In der Praxis wird dagegen noch oft anders gehandelt. Der Verfasser glaubt, daß diese Handlungsweise hauptsächlich auf folgende Ursachen zurückzuführen ist:

1. In Deutschland und in vielen anderen Staaten gab oder gibt es eine Besteuerung des Vermögens. Für diese Besteuerung müssen Unternehmen, sofern sie nicht an der Börse notiert sind, bewertet werden. Da man sich nicht mit dem Finanzamt über die Höhe der erwarteten Nettoausschüttungen streiten kann, muß die Besteuerung einfach und möglichst unter Vermeidung von Rechtsstreitigkeiten durchgeführt werden. Da in Deutschland, wie auch in der Schweiz und Österreich, wegen der geringen Anzahl börsennotierter Unternehmen und einer zurückhaltenden Publizität nicht genügend Informationen über vergleichbare Unternehmen zur Verfügung stehen, wählte man eine Besteuerung auf Basis des Substanzwertes und der vergangenen Erträge.

2. Aufgrund des Maßgeblichkeitsprinzips der Handelsbilanz für die Steuerbilanz, der Umkehrung des Maßgeblichkeitsprinzips und des Vorsichtsprinzips können die deutschen Jahresabschlüsse die wirtschaftliche Lage erheblich verzerrt darstellen. Im Rahmen einer Unternehmensbewertung sind die vergangenen Jahresabschlüsse zu bereinigen, was einer intensiven Bilanzanalyse bedarf. Die Ermittlung der »wahren« Ergebnisse der Vergangenheit aufgrund der Ergebnisbereinigung verführt oft zu dem Irrglauben, auch schon die wahrscheinlichen Ergebnisse der Zukunft und somit den Unternehmenswert zu kennen.

3. Man glaubte, mit dem Substanzwert eine sichere Bewertungsmethode gefunden zu haben und deshalb auf unsichere Prognosen verzichten zu können. Hier verwechselte man die vermeintliche Sicherheit der Wertermittlung mit der nicht gegebenen Sicherheit des ermittelten Wertes.

4. Unternehmensbewertungen wurden in Deutschland im vergangenen Jahrhundert bis zum Beginn der Globalisierung sehr stark durch die Wirtschaftsprüfer dominiert. Sie denken in Bilanzen und Gewinn- und Verlustrechnungen, d.h. in Vergangenheitswerten. Wissenschaftliche Erkenntnisse und bereits vor Schaffung des Berufsstandes der Wirtschaftsprüfer praktizierte Verfahren des Barwertes der zukünftigen Nettoausschüttungen (discounted cash flow) wurden weniger berücksichtigt. Deshalb wurden durch sie der Substanzwert und der Ertragswert und nicht der Barwert der zukünftigen Nettoausschüttungen in der Literatur verteidigt und in der Praxis angewandt. In der Stellungnahme HFA 2/1983: Grundsätze zur Durchführung von Unternehmensbewertungen wurde das Discounted-cash-flow-Verfahren noch nicht einmal erwähnt und im IDW Standard: Grundsätze zur Durchführung von Unternehmensbewertungen (IDW S 1) vom 28.6.2000 werden das Ertragswertverfahren und das Discounted-cash-flow-Verfahren noch gleichberechtigt dargestellt.

Schaut man in die Geschichte der Unternehmensbewertung, so stellt man fest, daß die Unternehmensbewertung auf Basis zukünftiger Nettoausschüttungen gar nicht so modern ist, sondern im vorvorigen Jahrhundert von Kaufleuten bereits praktiziert wurde.

In der Geschichte gibt es auch keine Beweise dafür, wie Bellinger/Vahl (S. 1-7) und Hohlfeldt/Jacob (S. 206) es darstellen, daß sich früher der Unternehmenswert ausschließlich am ausgewiesenen Eigenkapital oder an der Substanz orientierte. Die alte Diskussion über den Goodwill beweist eher das Gegenteil.

Der Verfasser kann auch dem folgenden Zitat von Löhr (Löhr, Dirk: Die Grenzen des Ertragswertverfahrens. Frankfurt a.M. 1993, S. 325) nicht beipflichten »Das Auftreten des Ertragswertes und die Verdrängung vom (objektiv verstandenen) Substanz- und Mittelwert (auf Basis von Teilreproduktionswerten) verdient sicherlich das Etikett »wissenschaftliche Revolution«. Diese »wissenschaftliche Revolution« war bereits im vorvorigen Jahrhundert Wirklichkeit, wie die weiter unten zitierte Literatur zeigt.

In den USA wurde das Thema Unternehmensbewertung auf Basis zukünftiger Nettoausschüttungen auch in der Literatur wesentlich früher diskutiert, wie folgendes Zitat von Williams auf S. 55 (Williams, John

Burr: The Theory of Investment, Mass. 1938, 2. Aufl., Amsterdam 1956, 3. Aufl., Amsterdam 1964): »*Let us define the investment value of a stock as the present worth of all dividends to be paid upon it*« und das von Williams angeführte Zitat von Robert F. Wiese »*The proper price of any security, whether stock or bond, is the sum of all future income payments discounted at the current rate of interest in order to arrive at the present value*« zeigen.

Den Barwert der zukünftigen Nettoausschüttungen sollte man nicht als eine »wissenschaftliche Revolution«, sondern als eine Selbstverständlichkeit ansehen.

Im folgenden wird die deutsche Geschichte der Unternehmensbewertung in Zitaten dargestellt. Der Verfasser hat die Zitate mit Anmerkungen versehen. Sie weisen darauf hin, wie modern bereits im vorvorigen Jahrhundert Unternehmen bewertet wurden, als es die Begriffe Investitionsrechnung, Betriebswirtschaftslehre und Wirtschaftsprüfer noch nicht gab. Ebenfalls zeigt die Geschichte, wie früh in der Literatur z.B. die Thematik Entscheidungswert, Barwert der Nettoausschüttungen (discounted cash flow) und selbst Wertsteigerung des Unternehmens (Shareholder Value), diskutiert wurden, als diese Begriffe in der englischen Sprache noch nicht benutzt wurden. Aus den Zitaten ist aber auch zu entnehmen, wie hartnäckig in der Praxis ungeeignete schematische Verfahren angewendet und verteidigt wurden.

Oeynhausen von: Ueber die Bestimmung des Kapitalwerthes von Steinkohlen-Zechen. Mit besonderer Berücksichtigung des Märkschen Kohlenbergbaues. In: Karsten's Archiv für Bergbau und Hüttenwesen, Bd. 5, Berlin 1822, S. 306-319

*Jede Taxe, oder Berechnung des Kapitalwerthes, soll den wahren Geldwerth*          objektiver Wert
*des zu taxirenden Gegenstandes, nach den Verhältnissen des gemeinen*
*Lebens ausmitteln; nicht aber einen imaginairen, oder einen solchen, den*
*er als Handels= oder Speculationswaare haben könnte. Eine gute Taxe soll*
*so beschaffen seyn, daß der Käufer, welcher nach derselben kauft, weder*
*Gewinn noch Verlust hat. Liegt bei Verkäufen eine gute Taxe zum Grunde,*
*so wird ein vorsichtiger Käufer nie den ganzen Taxwerth bieten, denn jede*
*Taxe geht von Wahrscheinlichkeiten aus und ist daher ihrer Natur nach*
*mehr oder weniger unsicher. Ein vorsichtiger Käufer kann daher mit Recht*
*einigen Gewinn für sein Risiko verlangen; da dieser aber unbestimmt ist,*
*und von dem größeren oder geringeren Muth des Käufers abhängt, so ist es*
*der Zweck einer guten Taxe, die äußerste Summe zu bestimmen, welche bei*          Preisobergrenze
*vernünftigen Speculationen gewagt werden darf. (S. 306)*

*Die Prinzipien, welche einer Werthbestimmung zur Grundlage dienen, richten*          die Bewertung hängt vom
*sich nach der Natur des zu taxirenden Gegenstandes, und sie sind daher*          Zweck der Bewertung ab
*eben so verschieden wie diese. (S. 306/307)*

Kummer von, zu Waldenburg: Ueber die Grundsätze nach denen der finanzielle Erfolg bergmännischer Unternehmungen zu beurtheilen ist; speciell auf den Niederschlesischen Steinkohlenbergau angewendet. In: Karsten's Archiv für Mineralogie, Geognosie usw. Bd. 8, Berlin 1835, S. 154-184

*Die Bestimmung des letzteren* [Anlage Kapital] *und besonders die Beantwortung*
*der Frage: ob das Anlage Kapital mit diesem, durch den künftigen Abbau des*
*Feldes gedeckt erscheint, ist der Haupt Gegenstand der Betrachtung, wobei*
*besonders zu berücksichtigen bleibt:*

*1) Welches Förderungs Quantum nach Maaßgabe des zu erwartenden jährlichen*          Absatzplanung
*Kohlenabsatzes mit Zuverläßigkeit angenommen werden kann.*

*2) Mit welchem Aufwand an Kraft und Mitteln dieses Quantum zu beschaffen*          Kostenplanung
*sein dürfte.*

*3) Auf wie viele Jahre die erschürften Flötze das angenommene Förderungs
Quantum sicher stellen. (S. 159)*

*Zu 1. In Gegenden, wo noch kein Steinkohlen Bergbau statt findet, wird man
wegen des zu erwartenden Kohlenverkaufes weniger zu befürchten haben, in
so ferne vorausgesetzt werden darf, daß die Steinkohlenfeurung im Publikum
bald Eingang finden und daß die Anwendung der Steinkohlen nicht etwa
durch verhältnißmäßig niedrige Holz Preise, oder durch ein überwiegendes
Vorhandensein irgend eines anderen wohlfeileren Brennmaterials, wie etwa
durch Braunkohle oder Torf, erschwert werden wird. Wo sich aber schon
Steinkohlengruben im Umgange befinden, bleibt es wohl zu berücksichtigen
welches jährliche Förderungs Quantum von den im Betrieb stehenden Gruben,
mit Hinsicht auf das allgemeine Bedürfniß der Gegend, geliefert wird; ob
folglich noch Aussichten vorhanden sind, dieses Bedürfniß vermehrt zu sehen
und auf welchen Absatz eine neu aufzunehmende Grube, mit Bezug auf die
Beschaffenheit der Kohle und auf die mehr oder minder günstige Lage der
aufzunehmenden gegen die der vorhandenen Gruben, rechnen darf.*

Standortvorteil

Substitutionskonkurrenz

Marktforschung

*Zu 2. Anders verhält es sich in beiden Fällen mit dem auszumittelnden
Aufwand an Kräften und Mitteln, um das Förderungs Quantum zu beschaffen,
indem die Grundsätze nach welchen die Betriebskosten zu veranschlagen
sind, nur aus der Erfahrung ermittelt werden können, welche in solchen
Gegenden der Berechnung nicht zum Grunde gelegt werden können, wo
noch kein Betrieb vorausgegangen ist. Dann wird es nothwendig allgemeine
Erfahrungssätze zum Anhalten zu nehmen.*

Kostenplanung durch
Betriebsvergleich

*In den Waldenburger Revieren betragen z. B. die gesammten Betriebskosten
durchschnittlich auf 100 Tonnen (1 Tonne Preuß = 7 1/9 Kubikfuß Rheinl.)
Kohlen etwa 24 Thaler, und wenn diese Angabe auch keine feste Bestimmung
für andere Gegenden abgeben kann, so dürfte es doch zur Vergleichung
wichtig sein, diese Betriebskosten speciell zu erörtern, um so mehr als daraus
zugleich hervor gehen wird, auf welche Weise diese Kosten zu veranschlagen
sind. (S. 160)*

*Es sollen entweder das erste Anlage-Kapital oder der spätere Kaufpreis für
eine Grube, und zwar beide mit den laufenden Zinsen, durch den Ertrag
der Grube wieder erstattet werden, so daß der Untersuchung der Frage: ob
das Anlage- oder das Erwerbungs-Kapital gesichert erscheinen, und welchen
Werth eine aufzunehmende oder eine bereits im Betrieb befindliche Grube
besitzt, ganz dieselben Grundsätze, nach welchen der Ertrag auszumitteln
ist, zum Grunde liegen. (S. 170)*

Unternehmensbewertung
= Investitionsrechnung

*Der Ertrag läßt sich aber nur durch Aufstellung genauer und vollständiger
Betriebs-Pläne und Kosten-Anschläge ermitteln, und ehe diese nicht übersehen
werden können, sollte man kein bergmännisches Unternehmen beginnen.
Sehr häufig war die Nichtbeachtung dieser Vorsicht der einzige Grund
des Mißlingens und die Ursache weshalb der Unternehmer oft sein Vermögen
einbüßten, wodurch nicht selten der Bergbau selbst in Mißcredit kam, indem
oft ein größeres Anlage-Kapital auf ein Unternehmen verwendet ward, als
die Grube wieder zu erstatten im Stande war. Bleiben die Anschläge auch
mehr oder weniger von dem wirklichen Erfolge entfernt, wie dies bei der
Natur des Gegenstandes nicht füglich anders zu erwarten ist, so ist man
doch in den zur Beurtheilung des Erfolges des Unternehmens erforderlichen
Hülfskenntnissen so weit vorgeschritten, daß die Veranschlagungen der
Wahrheit ziemlich nahe gebracht werden können. (S. 171)*

langfristige Planung
notwendig, um Fehlinve-
stitionen zu minimieren

*Herr v. Oeynhausen ist in seiner schätzbaren Abhandlung: über die Bestim-
mung des Kapital-Werthes von Steinkohlen-Zechen (Archiv für Bergbau- und
Hütten-Kunde V. 306.) welche hier theilweise benutzt worden ist, der Meinung,
daß der Ertrag eines solchen Kapitals nur zu 5 Procent angenommen werden*

Basiszinsfuß und Risiko-
zuschlag

*könne. Ihm hat unstreitig hier der Fall vor Augen gestanden, daß die abzu-
schätzende Grube vollständige und genügende Aufschlüsse darbietet und daß
daher kein gewagtes Unternehmen vorhanden sei. Diese Voraussetzung dürfte
indeß nur selten statt finden und noch weniger ist sie als der allgemeine Fall
anzunehmen, weil bei neu aufzunehmenden Gruben gewöhnlich genügende
Aufschlüsse mangeln, und weil bei einer schon im Betrieb stehenden Grube in
der Regel ein noch unaufgeschlossenes Feld vorhanden ist, dessen Ausrichtung
nicht ohne neue Kosten erfolgen kann. Erwägt man außerdem, daß sich
ein Kapital zu einem Zinsensatz von 5 Procent weit sicherer anlegen läßt,
als dies bei bergmännischen Unternehmungen möglich ist, so würde sich
schwerlich Jemand finden, der geneigt wäre auf so ungewisse Aussichten des
Erfolges sein Vermögen beim Bergbau anzulegen, wenn er nicht Hoffnung
hegen könnte, dasselbe mit höherem Ertrage zu nutzen, um dadurch gegen
Unglücksfälle gesichert zu sein und das Kapital mit der Zeit wieder zurück
zu erhalten. (S. 172)*

*Unter diesen Umständen wird es nicht zu hoch erscheinen, den Zinsfuß bei
der Werthschätzung von Steinkohlen-Gruben, wie auch in hiesigen Revieren
allgemein üblich ist, zu 10 Procent anzunehmen. Geht man daher bei dem
oben gewählten Beispiel von einem 6jährigen Zeitraum aus, nach welchem
eine Grube ihre ersten Ausrichtungs-Arbeiten zu vollenden erwarten kann;
so werden die zu jenem Zweck angenommenen 2000 Thaler nach dieser
Zeit, durch die entbehrten Zinsen, zu einem Kapitale von 3542 Thlr.
angewachsen sein. (S. 173)*

Höhe des Risikozuschlags

*Aus dem Betriebs Zeitplan wird sich ferner ergeben, in welchen Zeiträumen
die zu den Ausrichtungs-Arbeiten nöthige Summe von 6000 Thlr. verwendet
werden muß. Wird solche gleichmäßig auf jedes Jahr mit 1000 Thlr. vertheilt,
so werden die ersten Tausend 6 Jahre, die zweiten 5 Jahre und die folgenden
immer um 1 Jahr weniger unverzinst bleiben, woraus der Renten-Rechnung
gemäß, im vorliegenden Falle eine Summe von ........................ 8487 Thlr.
hierzu obiger Betrag, von ........................................... 3543 Thlr.
im Ganzen, ein Anlage-Kapital von ......................................... 12030 Thlr.
entstehet, welches durch den spätern Ertrag des Unternehmens verzinßt und
völlig erstattet werden soll. (S. 174)*

Faktor Zeit wird berück-
sichtigt (= discounted
cash flow)

*Unter so günstigen Umständen wird eine Grube durch den Ertrag das oben
ausgemittelte für eine 5jährige Zeitperiode erforderliche Anlage-Kapital
von 12,030 Thalern schon in etwa 4 1/4 Jahre erstatten und dann einen
wirklichen Gewinn abwerfen. Der Unternehmer wird sich jedoch von diesem
Gewinn erst die Zinsen des Anlagekapitals für die 4 1/4jährige Periode der
Verlagserstattung abrechnen und da diese im vorliegenden Fall 6010 Thlr.
betragen, so werden solche nach 2 1/6 Jahre erstattet sein und hiernach erst
nach 6 Jahren und 5 Monaten ein ganz reiner Gewinn von dem Unternehmen
erwartet werden können. (S. 177)*

discounted cash flow

*Es ist dabei jedoch nicht zu verkennen, daß die Ausmittelung des Werths
eines im Betrieb befindlichen Grubengebäudes mit noch größeren Schwierigkeiten verbunden ist, als die Beurtheilung des Werthes oder Unwerthes
einer neuen Unternehmung, und daß in manchen Fällen gar kein Urtheil
mit einiger Zuverlässigkeit gegeben werden kann, wenn nämlich die dazu
erforderlichen Angaben ganz oder theilweise fehlen, wie in der Regel in
solchen Fällen, wo die Baue längst verlassen wurden, ältere Nachrichten
über den Betrieb und die Ergiebigkeit der Lagerstätten mangeln, und wo
man nicht mehr im Stande ist, sich ohne unverhältnißmäßig große Kosten
zureichende Nachrichten darüber zu verschaffen. Deshalb besteht auch im
Preußischen die Vorschrift, daß es der gerichtlichen Taxen und Anschläge, in
der Art wie bei Subhastationen und Veräußerungen anderer unbeweglicher
Güter, bei Berg- und Hütten-Werken nicht bedürfe, vielmehr in solchen*

Unternehmensbeschrei-
bung, Unternehmens-
analyse und Unter-
nehmensbewertung

*Fällen eine genaue Beschreibung des Werkes genüge. – Zuweilen ist es aber wünschenswerth, wenigstens näherungsweise diesen Werth in Gelde angegeben zu sehen, weil auch die genauste Beschreibung des Werks häufig weder dem Käufer noch dem Verkäufer von solchem Nutzen ist, daß daraus auf den Werth der Grube geschlossen werden kann. Soll z. B. eine Grube taxirt werden, welche unter den oben angegebenen Voraussetzungen betrieben werden kann, welche nämlich jährlich ein Förderungs- und Verkaufs-Quantum von 30,000 Tonnen Kohlen, mit einem durchschnittlichen Verkaufspreise von 33 Thlr. 7 Sgr. für 100 Tonnen, erwarten läßt, und welche dabei keinen größeren Kosten-Aufwand als den von 21 Thlr. 12 Sgr. für 100 Tonnen Betriebs- und Neben-Kosten und von jährlich 800 Thlr. General-Kosten erfordert; so wird eine solche Grube einen Werth von 25,421 Thlr. 17 Sgr. 4,8 Pf. besitzen, wenn von dem ausgerichteten Felde derselben noch 1,500,000 Tonnen Kohlen anstehen, so daß die Grube noch 50 Jahre lang in dem angenommenen Betriebe fortgeführt werden kann. (S. 180-181)*

*Nennt man das Capital a, den jährlichen Ertrag b, die Anzahl der Jahre n und die jährlichen Procente r und setzt die Summe der jährlichen Rück-zahlungen auf das Capital S, so hat man nach der gewöhnlichen Rechnung über Amortisation:*

discounted cash flow

$$S = \frac{100b}{r} \left[ \left( 1 + \frac{r}{100} \right)^n - 1 \right] + a \left[ 1 - \left( 1 + \frac{r}{100} \right)^n \right]$$

*ist nun zur Erfüllung der obigen Bedingung S = a, so erhält man für*

$$a = \frac{100b}{r} \left[ 1 - \left( \frac{100}{100 + r} \right)^n \right]$$

*Substituirt man in dieser Formel die obigen Zahlen-Werthe, so ergiebt sich, daß ein Capital von 25,441 Thl. 9 Sgr. 7 Pf. durch einen Ertrag von 2566 Thlr. jährlich zu 10 Procent verzinst werden kann und dabei in 50 Jahren völlig amortisirt ist.*

*Bedarf die Grube zu ihrer etwanigen Wieder-Aufnahme, oder überhaupt zu neuen Ausrichtungen, noch vorher besonderer kostspieliger Betriebs-Ausfüh-rungen, ehe sie zu der im vorliegenden Beispiel gewählten Betriebsführung gelangen kann, so müssen diese, mit Berücksichtigung des Zeitaufwandes, wie früher angegeben, besonders veranschlagt, und nicht allein die Zinsen des darauf zu verwendenden Kapitals, sondern auch noch die des oben ausgemittelten Kapitalwerths der Grube, für den Zeitraum wo diese Vorarbeiten vollendet sein werden, berechnet, und die daraus entstehende Summe von letzterem Werthe in Abzug gebracht werden.*

discounted cash flow

*Ein solches Anlage- und Betriebs-Kapital ist oben zu 12,030 Thlr. veranschlagt worden. Bedarf daher die als Beispiel gewählte Grube einer solchen Summe zu ihrer Wieder-Aufnahme, so würde sich deren Werth bis auf 13,391 Thlr. 17 Sgr. 5 Pf. ermäßigen, und auf ähnliche Weise wird es unter günstigen Umständen möglich sein, auch den ungefähren Werth eines unverritzten Feldes anzugeben, um hiernach den Erfolg neuer bergmännischer Unternehmungen beurtheilen zu können. (S. 183-184)*

Albert, Josef: Lehrbuch der Waldwerthberechnung. Wien 1862

*Nachdem nun weder der Werth eines Waldes, noch der Werth der für*       Ertragswert,
*denselben zu zahlenden Geldsumme ein absoluter ist, so drängt sich uns*   subjektiver Wert,
*unwillkürlich die Frage auf: welches ist denn eigentlich der Werth, dessen*  Preisobergrenze
*Ermittlung die Aufgabe der Waldwerthberechnung bildet? Die Antwort*    des Käufers
*hierauf ist natürlich einfach die, daß es sich bei der Waldwerthberechnung*  Preisuntergrenze
*auch weder um eine eigentliche Werth=, noch viel weniger aber um eine*   des Verkäufers
*Preisbestimmung handelt, sondern daß hiebei nur das Capital ermittelt*
*werden soll, dessen Zinsen dem Reinertrage des Waldes gleichkommen. Es*
*werden bei dieser Berechnung allerdings auch abweichende Ansichten über*
*die vortheilhafteste Bewirthschaftung, den anzuwendenden Zinsfuß u.s.w.*
*verschiedene Resultate bedingen, allein es wird auch nicht verlangt, daß*
*eine solche Rechnung eine allgemein giltige ist, es soll dieselbe vielmehr nur*
*immer auf den speciellen Standpunkt des Käufers oder Verkäufers bezogen*
*werden, nur den Werth der hinzugebenden oder zu empfangenden Geldsumme,*
*verglichen mit den Reinerträgen des Waldes, angeben, mit einem Worte:*
*sie soll dem Käufer das Maximum, was er geben kann, dem Verkäufer das*
*Minimum, was er erhalten muß, um, mit Rücksicht auf die Reinerträge*
*des Waldes, keine pecuniären Nachtheile zu erleiden, bezeichnen. Daß die*
*von den Betheiligten in der bezeichneten Weise gefundenen Geldwerthe in*
*den meisten Fällen sich nicht gleichstellen, ist eben mit eine Bedingung des*
*Zustandekommens eines Waldkaufes. (S. 3/4)*

Kreutz, W.: Wertschätzung von Bergwerken. Unter besonderer Berücksichtigung der im Geltungsbereiche des preussischen Berggesetzes vorliegenden Verhältnisse. Köln-Rhein 1909

*Darauf wäre dann das Hauptthema, die eigentliche Wertschätzung von*    subjektiver Wert,
*Bergwerken bzw. bergbaulichen Objekten, der speziellen Betrachtung zu*   Entscheidungswert
*unterwerfen. Hierbei ist zu berücksichtigen, daß es sich bei Wertschätzungen*
*nicht blos um den »gemeinen«, sondern vielfach auch um einen »besonde-*
*ren«, d. h. denjenigen Wert handelt, den ein Objekt für einen bestimmten*
*Kaufliebhaber hat. (S. 8)*

*Der Begriff »Wert« ist aber auch noch nach anderer Richtung hin zu*     objektiver Wert,
*scheiden, nämlich in einen gemeinen und in einen besonderen. Ein Wert*   subjektiver Wert,
*letzterer (subjektiver) Art steht z.B. in Rede, wenn zu bestimmen ist, welchen* Entscheidungswert,
*Preis ein Bergwerksbesitzer für ein Feld zahlen kann, das an sein eigenes*  Synergieeffekt
*Bergwerk angrenzt und von diesem aus mit größerem Nutzen, als durch*
*eine eigens errichtete getrennte Anlage, wie sie jeder Andere würde erstellen*
*müssen, ausbeutbar ist; der hierbei für den Nachbar in Betracht kommende*
*»besondere Wert« würde aus dem angedeuteten Gesichtspunkte also höher*
*sein wie der gemeine Wert; dieser letztere (der Wert, den das betr. Feld*
*für jeden »Dritten«, sofern er ausbeuten will, hat) wird als der »objektive*
*Verkaufswert unter der Voraussetzung des Fortbestandes des Unternehmens«*
*definiert. (S. 31)*

*Was die fachliche Bildung und Erfahrung anbetrifft, so begegnet man oft*   Kenntnisse und
*der Behauptung, daß für Bergwerks-Schätzungen nur ein solcher Fachmann* Erfahrungen eines
*geeignet sei, welcher in einem Betrieb des betr. Bergbauzweiges stehe. Dieser* Unternehmensbewerters
*Behauptung ist eine gewisse Berechtigung nicht abzusprechen, aber es ist auch*
*zu berücksichtigen, daß ein bei einem bestimmten Bergwerk auf Tantième*   Wunschvorstellung und
*angestellter Techniker häufig, namentlich wenn es sich um Neugründung*   Voreingenommenheit
*eines in sein Konkurrenzgebiet eingreifenden Unternehmens handelt, sehr*  der Spezialisten
*befangen ist, oft auch durch die ausschließliche Tätigkeit in seinem eigenen*
*Betriebe einseitig oder gar kleinlich wird und dann die für Wertschätzungen*
*nötige Weite des Blicks vermissen läßt. (S. 32)*

*Die in den vorstehenden Abschnitten geschilderte Art der Wertschätzung, die sog. theoretische, ergiebt in der Hand eines nicht hinreichend erfahrenen Gutachters leicht ein Resultat, welches im Allgemeinen sehr an den »grünen Tisch« oder gar an ein »Jonglieren mit Millionen« erinnert und sich womöglich nur als ein Kartenhaus erweist, das beim leisesten Windstoß in sich zusammenbricht; denn es spielt eben dabei das subjektive Ermessen des Gutachters eine große Rolle, und Fehler, welche in die Unterlagen sich eingeschlichen haben, werden durch die Rechnung gar noch vervielfältigt, auch wird mitunter der mathematische Apparat zu sehr in den Vordergrund geschoben. Ein gewissenhafter Gutachter allerdings wird den Hauptwert auf die richtige Schätzung der Unterlagen legen und sich hierbei nicht auf die durch Studium am grünen Tisch erlangte Buchweisheit verlassen, sondern sich hinausbegeben in die immergrüne Weide des praktischen Lebens und dort etwa noch nötige Studien machen. (S. 74)*

genaue Analyse der Unterlagen sowie Erfahrung und Urteilskraft des Unternehmensbewerters sind wichtiger als die Bewertungsformel

*Hat nun der Sachverständige die nötigen Unterlagen, also den Ueberblick über bezügliche geschäftliche Bewertungen sich verschafft, so bildet nächst der Prüfung, ob und inwieweit diese Unterlagen für den vorliegenden Fall brauchbar sind, die Abwägung der vorhandenen Unterschiede den Schwerpunkt der Arbeit. Um hierbei einen Vergleichsmaßstab zu haben, bringt man die Preise, welche in den als Unterlagen verwertbaren Geschäften gezahlt worden sind, zunächst auf eine gewisse Einheit. (S. 75/76)*

Marktwert

Berliner, Manfred (Bücher-Revisor): Vergütung für den Wert des Geschäfts bei dessen Uebergang in andere Hände. Hannover und Leipzig 1913

*Wir kommen nun zu der Frage, wie der Geschäftswert berechnet werden soll. Selbstverständlich dient als Grundlage für die Berechnung des Geschäftswerts der Reinertrag des Geschäfts. Man wird aber nicht etwa den Reinertrag eines einzelnen Jahres in Betracht ziehen dürfen, sondern den durchschnittlichen Reingewinn mehrerer Jahre, und man wird endlich sich darüber schlüssig machen müssen, wie der zu Grunde zu legende Reingewinn zu kapitalisieren sei. (S. 9)*

durchschnittliche Vergangenheitserträge

Schmalenbach, Eugen: Vergütung für den Wert des Geschäftes bei dessen Übergang in andere Hände. In: ZfhF, 7. Jg. (1912/13), S. 36-37

*Wenn ein im Betriebe befindliches Geschäft verkauft oder eingebracht wird, so ist die Grundlage für die Bemessung des Preises natürlich die Rentabilität, und zwar die zu erwartende Rentabilität an der bisherigen Rentabilität gemessen. Ist der Gesamtwert höher als die mit gerechter Taxe bestimmten Einzelwerte, so kann man annehmen, daß der überschießende Wert auf das Geschäft an sich entfällt. (S. 36)*

Zukunftsertragswert

Schmalenbach, Eugen: Die Werte von Anlagen und Unternehmungen in der Schätzungstechnik. In: ZfhF, 12. Jg. (1917/18), S. 1-20

*Der Ertragswert kann auf mehrerlei Weise berechnet werden; immer ist*          Zukunftsertragswert
*jedoch im Auge zu halten, daß voraussichtliche Erträge letzter Gegenstand der*
*Schätzung sind. Bei schon im Betriebe befindlichen Anlagen ist gewöhnlich*
*der bisherige Gewinn der gleichen Anlage die Grundlage für die Schätzung*
*der voraussichtlichen Erträge. Viele Schätzer haben sich so an die Zugrun-*
*delegung bisheriger Gewinne gewöhnt, daß sie ganz vergessen, an ihnen nur*
*Maßstäbe für voraussichtliche Gewinne zu besitzen; nicht selten entstehen*
*dadurch erhebliche Fehler. (S. 2/3)*

Schmalenbach, Eugen: Finanzierungen. 2. Aufl., Leipzig 1921

*Für die Bewertung von Unternehmungen müssen wir angesichts der vielen*          Zukunftsertragswert
*schiefen Vorstellungen in Theorie und Praxis einen an sich selbstverständlichen*
*Grundsatz mit großem Nachdruck betonen: Es kommt bei dem Werte einer*
*Unternehmung (ebensowenig wie bei anderen Sachen) an sich nicht darauf*
*an, was dieser Gegenstand gekostet hat, was er geleistet hat, oder was sonst*
*in der Vergangenheit von ihm bekannt ist, sondern lediglich zukünftige*
*Umstände sind für den Wert des Gegenstandes bestimmend. Nur deshalb,*
*weil wir nicht in die Zukunft sehen können und weil wir das für Zukunfts-*
*schätzungen nötige Material aus der Vergangenheit gewinnen müssen, hat das*
*Vergangene für unsere Schätzungen Interesse. Man sollte glauben, daß dieser*
*Fundamentalsatz der Schätzungslehre viel zu selbstverständlich sei, als daß*
*er verdiente, ausgesprochen zu werden. Aber man findet in der praktischen*
*Schätzungstechnik Verstöße gegen diese Regel in großer Zahl. (S. 1/2)*

Liebermann, Benedykt: Der Ertragswert der Unternehmung (Diss.). Frankfurt a.M. 1923

*Der Wert ein und derselben Unternehmung ist für die verschiedenen*          subjektiver Wert,
*Unternehmer ungleich, weil die Urteile über die zukünftige Gestaltung der*          Entscheidungswert
*wirtschaftlichen Verhältnisse bei den einzelnen Unternehmern auseinander-*
*gehen. (S. 59/60)*

Axer, Ernst: Der Verkaufswert industrieller Unternehmungen unter besonderer Berücksichtigung des ideellen Firmenwertes (Goodwill). Berlin 1932

*Die sehr weit zurückreichende Methode des arithmetischen Mittels ist*          Kritik an schematischer
*hervorgegangen aus der Verkaufspraxis bei bebauten Grundstücken. Die*          Anwendung
*Hälfte des Kostenwertes und die Hälfte des kapitalisierten Ertrages ergeben*          der Mittelwertverfahren
*den wirtschaftlichen Tauschwert. Es ist leicht nachzuweisen, daß für diesen*
*Zweck solcher Rechnungsweg unbedingt richtig ist und zwar deswegen, weil*
*hierbei der Kostenwert im Grunde genommen auch nichts anderes ist als ein*
*Ertragswert. Der Kapitalist wird nicht bauen, wenn er sich nicht vorher eine*
*Rentabilitätsrechnung gemacht hat. Ein »Goodwill-Wert« ist nicht vorhanden.*

*Aus diesem Zusammenhang kann man ersehen, daß es nicht ohne weiteres*
*angebracht ist, auch bei Fabriken unbesehen mit dem arithmetischen Mittel*
*zu arbeiten. Die immer noch sehr verbreitete Methode des Mittels hat sich*
*unstreitig aus der viel älteren Praxis der Grundstücksverkäufe überliefert.*

*Zwar besteht auch bei Fabrikanlagen eine gewisse Beziehung zwischen Anlagekosten und Ertrag, aber diese Beziehungen sind bedeutend schwerfälliger und weitschweifender, sie liegen weiter ab und sind nicht so leicht zu beherrschen wie bei bebauten Wohngrundstücken. Eine Vorausberechnung der zu erwartenden Zahlen über Kostenwert und Ertrag ist nicht mit derjenigen von Wohngrundstücken auf eine Stufe zu stellen. Allein schon der Grundstückswert spielt hierbei eine viel entscheidendere Rolle als bei Fabrikanlagen, und in dem einen Fall wirkt der Goodwill-Wert mit, in dem anderen Fall nicht.*

*Auf keinen Fall darf man sich dazu verleiten lassen, irgendwelche Rechnungen zu einem überall anwendbaren Schema werden zu lassen. Es ist ganz und gar von dem Einzelfall abhängig, ob und in welchem Maße dem Kostenwert oder dem Ertragswert der Vorrang zu geben ist.*

*Um hierfür ein Beispiel zu nennen, könnte ein Fall gegeben sein, wobei ein Unternehmen im letzten Jahre gewaltige Summen für Reklamezwecke ausgegeben hat, welche bei manchen deutschen und ausländischen Großfirmen in die Millionen gehen. Die Wirkung einer solchen Reklame würde dem neuen Erwerber zugute kommen, wofür ein Maßstab gefunden werden muß. (S. 22/23)*

Theisinger, Karl: Die Bewertung der Unternehmung als Ganzes. In: Bankwissenschaft, 10. Jg. (1933), S. 161-176

*Aus der Stellung des Unternehmungsertrages als Nutzen der wirtschaftlichen Betätigung der Unternehmung und der Bindung dieses Nutzens an marktwirtschaftliche Preise kann die Berechtigung abgeleitet werden, den Ertrag der Unternehmung als Grundlage für die zukünftigen Nutzungen zu verwenden. Nutzungen aus Vermögenseinsatz werden auf dem Kapitalmarkt bewertet, so daß also der Tageswert der zukünftigen Nutzungen, soweit sie als sicher anzusehen sind, mit Hilfe des landesüblichen Zinssatzes als Barwert der zu erwartenden Jahresrenten zu ermitteln ist. Auf diese Weise gewinnen wir den Ertragswert der lebendigen Unternehmung. (S. 163)*

discounted cash flow

Käfer, Karl: Zur Bewertung der Unternehmung als Ganzes. In: Rechnungsführung in Unternehmung und Staatsverwaltung, Festgabe für Otto Juzi. Zürich 1946, S. 71-98

*All diese Grössen können aber nur als Hilfswerte in Frage kommen, denn – und darin sind die Schriftsteller auf unserem Gebiete einig – der Wert der Unternehmung liegt für den Erwerber in den zu erwartenden Nutzungen, gewöhnlich also in den Einkünften, die sie ihm verschaffen wird. Der Gesamtwert der Reinerträge der mit vielen Kosten zum Zusammenwirken vereinigten Unternehmungsgüter wird in der Regel die Ergebnisse isolierter Verwendung wesentlich übersteigen. Soweit also nicht der Liquidationswert der höchste ist, – und das soll im folgenden immer ausgeschlossen bleiben – ist für die Bewertung die Grösse der dem Unternehmer aus Gewinnen und eventuellen Liquidationserlösen künftig zufliessenden Erträge massgebend. Es ist also die schwierige Aufgabe zu lösen, die mutmasslichen zukünftigen Auszahlungen zu berechnen, oder besser: abzuschätzen. (S. 74)*

discounted cash flow

*... der Wert der Unternehmung dagegen, die Summe von Kapital und Goodwill, ist gleich dem Barwert sämtlicher Gewinnauszahlungen (Dividenden) samt Kapitalrückzahlung. In dem gewöhnlich vorausgesetzten Fall der Gleichheit von Erfolg und Auszahlung ist der Unternehmungswert gleich dem Barwert aller Erfolge (samt Liquidationsgewinn) zuzüglich Barwert des (unverändert gebliebenen) Kapitals. (S. 79)*

Tymkiw, Michael Myroslau: Die Bewertung der Unternehmung als Ganzes (Diss). Erlangen 1947

*In dem System der Betriebswirtschaftslehre wird üblicherweise das Problem von Bewertung der Unternehmung als Ganzes dem Gebiet der Finanzierungen zugewiesen. Man pflegt von dem Wert der Unternehmung als Ganzes nur anläßlich besonderer Finanzierungsvorgänge zu sprechen, wie z. B. Verkauf im Ganzen, Auseinandersetzungen zwischen den Gesellschaftern, Umwandlung, Fusion usw. Dadurch wird nach unserer Ansicht die Bedeutung des erwähnten Problems im Rahmen der Betriebswirtschaftslehre zu stark eingeschränkt. Wir wagen uns zu behaupten, daß der Wert der ganzen Unternehmung als ein zentrales Problem der Betriebswirtschaftslehre gelten mag. Jede Disposition des Unternehmers hat nämlich zum Zweck den Wert der Unternehmung zu erhalten bzw. ihn zu erhöhen. Ließe sich der Wert der Unternehmung laufend exakt beobachten, dann würde der Unternehmer ein wichtiges Hilfsmittel in die Hand bekommen – wir möchten fast sagen – einen Wegweiser für sein Handeln. (S. 1/2)*

Shareholder-Value-Konzept, Wertsteigerungs-Management

*Worauf es ankommt, ist – wie oben bereits festgestellt – sich das Urteil über die Unternehmung bilden zu können; die Berechnung des Wertes von Unternehmungen soll nicht mechanisch vorgenommen werden, sondern mit dem Verständnis aller Zusammenhänge, unter Würdigung der Vorzüge und Schwächen der Unternehmung. Erst jetzt können wir zu der zahlenmäßigen Bewertung der Unternehmung übergehen und als erstes die Reproduktions-wertbilanz aufstellen. (S. 73)*

Unternehmensanalyse, keine mechanische Bewertung, Stärken-/Schwächen-Analyse

*Wir haben deswegen als erstes empfohlen vor der eigentlichen Bewertung sich ein klares Bild über die Vor- und Nachteile der Unternehmung auf Grund der Betriebs- und Marktanalyse zu verschaffen. (S. 155)*

Betriebs- und Markt-analyse

Hagest, Karl: Die Ermittlung des Wertes von Unternehmungen. In: WPg, 3. Jg. (1950), S. 193-197

*Es waren in der Vergangenheit in erster Linie die Techniker, die mit der Ermittlung des Substanzwertes bereits die Aufgabe der Bewertung einer Unternehmung im ganzen als abgeschlossen betrachteten. Schmalenbach hat das Verdienst, mit Nachdruck auf den Irrtum dieser Schätzungsmethoden hingewiesen zu haben. Er war es auch, der die Bedeutung des Substanzwertes für die Bewertung von Unternehmungen in ihre Schranken verwies. (S. 193)*

betriebswirtschaftliche Erkenntnisse in der Praxis nicht berück-sichtigt

Mellerowicz, Konrad: Der Wert der Unternehmung als Ganzes. Essen 1952

*Der betriebswirtschaftliche Standpunkt*
*Wer den Wert eines Betriebes bestimmen will, kann grundsätzlich drei verschiedene Standpunkte einnehmen: den des Käufers, den des Verkäufers (Standpunkt des Marktes) und den des Betriebes selbst.*

drei verschiedene Standpunkte möglich

*So schreibt z.B. Axer (E. Axer, Der Verkaufswert industrieller Unternehmungen, Berlin 1932, S. 6), daß man sich bei einer derartigen Wertabschätzung am besten den Käufer vorstellt, der die Wahl hat, entweder Effekten, Hypotheken oder eine Unternehmung zu kaufen. (S. 11)*

*Der Wert dieser Unternehmung sei dann richtig getroffen, wenn dem Käufer die Wahl schwerfällt.*

*Zweifellos ist an diesem Gedankengang richtig, daß die Unternehmung als wirtschaftliches Gut in ihrem Wertansatz in Beziehung gesetzt werden muß zu den mit ihr konkurrierenden Gütern.*

*So wird allgemein in der Schätzungslehre eine gewisse Beziehung zwischen dem Kurs langfristiger, risikofreier Rentenpapiere und dem Wert der Unternehmung angenommen. Hierzu ist aber der »Standpunkt des Marktes« nicht notwendig. Der einzig mögliche betriebswirtschaftliche Standpunkt in diesen Fragen kann nur der Standpunkt des Betriebes sein. Es kann nicht die Aufgabe der Bewertungslehre sein, den Käufer zu beraten, wie er am besten sein Kapital anlegt. Ihre Aufgabe ist es, den objektiven Nutzen des Betriebes festzustellen, unabhängig von den verschiedenen Interessenlagen von Käufer und Verkäufer.*

objektiver Wert, subjektiver Wert, d.h. Grenzpreisbestimmung (Entscheidungswert) wird nicht als betriebswirtschaftliche Aufgabe angesehen

*Ist dieser Wert festgelegt, so können dann beide Parteien abweichende Vereinbarungen treffen; das ist für die Bewertungslehre belanglos.*

*So ist z.B. der Preis, der für einen Betrieb erzielt werden kann, wesentlich abhängig von der Kapitalkraft des Käufers. Eine Aktionärgruppe, die einen Betrieb kauft, kann für diesen eine wesentlich höhere Summe zahlen als ein Einzelkäufer, und zwar nicht nur, weil das Kapital auf dem Wege über den Aktienmarkt leichter aufzubringen ist, sondern auch deshalb, weil das Risiko für den einzelnen Aktionär wesentlich geringer ist als für einen einzelnen, der den Betrieb im ganzen übernimmt.*

*In beiden Fällen hat der Betrieb den gleichen Wert, obwohl vom Standpunkt des Käufers aus ein unterschiedlicher Kaufpreis als gerechtfertigt erscheint und auch wahrscheinlich erzielt wird.*

*Der betriebswirtschaftliche Wert*
*Die betriebswirtschaftliche Betrachtungsweise muß also ihren Ausgangspunkt vom Standpunkt der Unternehmung aus nehmen. Hieraus ergibt sich auch die Stellung der Betriebswirtschaftslehre hinsichtlich des zu ermittelnden Wertes. (S. 12)*

Standpunkt der Unternehmung, kein Marktwert

Münstermann, Hans: Der Gesamtwert des Betriebes. In: Schweizerische Zeitschrift für Kaufmännisches Bildungswesen. 46. Jg. (1952), S. 181-193, 209-219

*Der Zukunftserfolgswert ist die Summe aller auf den Zeitpunkt, für den der Gesamtwert des Betriebes ermittelt werden soll, diskontierten künftigen Betriebserfolge, oder kurz ausgedrückt, der Barwert aller künftigen Erfolge. In den künftigen Erfolgen des Betriebes zeigt sich seine Ergiebigkeit, sein Nutzen. (S. 214)*

discounted cash flow

Viel, Jakob: Probleme der Bestimmung des Unternehmungswertes. In: WPg, 7. Jg. (1954), S. 241-245

*Während sich in der betriebswirtschaftlichen Praxis im allgemeinen die Regel herausgebildet hat, daß der Unternehmungswert aus dem Durchschnitt von Sachwert und Ertragswert berechnet wird, streiten sich die Theoretiker darüber, ob der Unternehmungswert diesem Mittelwert oder einzig dem Ertragswert gleichkommt. Die vorliegende Abhandlung soll einen Beitrag zur Klärung des Problems liefern. (S. 241)*

Unterschied Theorie und Praxis

Busse von Colbe, Walther: Objektive oder subjektive Unternehmungsbewertung? In: ZfB, 27.Jg. (1957), S. 113-125

*Der Verfasser schlägt eine Brücke zwischen der üblichen Ertragswertermittlung und der Investitionsrechnung auf Grund der geplanten Einnahmen und Ausgaben sowie der Selbstfinanzierung aus Abschreibungen. (Vorspann mit Ankündigung des Buches »Der Zukunftserfolg«) (S. 113)*

Unternehmensbewertung = Investitionsrechnung

*Ein langfristiger Plan als Grundlage*

*Da der wirtschaftliche Wert eines Unternehmens nur von seinen künftigen Erfolgen abhängt, haben die vergangenen nur insofern Bedeutung für ihn, als sie Rückschlüsse auf die künftigen Erfolge zulassen. Aber fast immer wird sich die Zukunft in verschiedener Hinsicht anders gestalten als die Vergangenheit, zum einen Teil infolge von Faktoren, die der Unternehmer nicht beeinflussen kann, zum anderen Teil infolge seiner eigenen Maßnahmen. Eine hinreichend bestimmte Vorstellung von den künftigen Umständen läßt sich in der Regel nur mit Hilfe eines langfristigen Planes finden. Das gilt sowohl für den Käufer eines Unternehmens (oder einer maßgeblichen Beteiligung) als auch für den Verkäufer. Dieser muß veranschlagen, welche Erfolgschancen ihm auf Grund seiner Erwartungen und Maßnahmen, die er ergriffe, wenn er das Unternehmen behielte, durch den Verkauf entgehen. Jener muß unter Berücksichtigung der von ihm erwarteten und von ihm nicht beeinflußbaren Zukunftsverhältnisse seine Maßnahmen planen, die er nach dem Erwerb durchführen wird, um die nach seiner Ansicht höchstmöglichen Erfolge zu erzielen. (S. 119)*

langfristiger Plan notwendig

Union Europénne des Experts Comptables, Economiques et Financiers (U.E.C.): Die Bewertung von Unternehmungen und Unternehmungsanteilen. Richtlinien, ausgearbeitet von einer Studienkommission der U.E.C. Mitglieder der Kommission: Jakob Viel, Zürich; Otto Bredt, Hannover; Karl Hax, Frankfurt a.M.; Maurice Renard, Paris. Düsseldorf 1961

*Der Substanzwert läßt sich mit einem hohen Maß an Genauigkeit ermitteln, wodurch der Schätzung eine sichere Basis geschaffen wird. Dagegen spielen beim Ertragswert subjektive Einflüsse, spekulative Momente und unsichere Schätzungsgrundlagen eine so große Rolle, daß man in der Regel die Ergebnisse dieser Rechnung ohne eine zuverlässige Kontrolle nicht verwerten kann. (S. 20)*

Substanzwert (Teilreproduktionswert) wird bevorzugt wegen scheinbar sicherer Ermittlung

Sieben, Günter: Der Substanzwert der Unternehmung. Wiesbaden 1963

*Während seither versucht wurde, den Streit, der sich in der Alternative Zukunftserfolgswert oder Substanzwert zuspitzt, durch die Betonung des Primats des ersten zu beenden, wurde in dieser Arbeit der umgekehrte Weg beschritten: Die in der Literatur und der Bewertungspraxis dem Substanzwert zugeschriebenen Funktionen, die allein schon durch ihre Vielzahl den Eindruck einer besonderen Bedeutung dieser Wertgröße für die Ermittlung des betrieblichen Gesamtwertes erwecken mußten, wurden isoliert überprüft.*

nicht Kenntnis des Substanzwertes, sondern genaue Kenntnis der Substanz ist für den Unternehmensbewerter wichtig

*Das Ergebnis ist radikaler als das aller bisherigen Untersuchungen. Es besagt, daß keine der genannten Funktionen des Substanzwertes für sich allein eine Ermittlung dieser Wertgröße rechtfertigt, zumal sämtliche Aufgaben, wie im einzelnen nachgewiesen wurde, mit Hilfe der reinen Erfolgsbewertung zuverlässiger erfüllt werden können. Somit ist weder die Kenntnis des Substanzwertes als Summe der Rekonstruktionswerte der in der Unternehmung gebundenen Vermögensteile eine notwendige Voraussetzung noch der Substanzwert eine besonders geeignete Hilfsgröße für die Errechnung des Zukunftserfolgswertes.*

*Weitaus wichtiger ist es für den Bewerter, sich einen genauen Überblick über die in der Unternehmung vorhandene Substanz zu verschaffen. Je nach ihrer Beschaffenheit muß früher oder später mit dem Anfall der ersten Ausgaben für den laufenden Betrieb und die Erhaltung der Unternehmung gerechnet werden. Der Anfall der Ausgaben wirkt aber direkt auf die Gestaltung der*

*Zahlungsströme ein, die ihrerseits wiederum den Gesamtwert der Unternehmung bestimmen.* (S. 77/78)

*Mit der vom Verfasser gewählten Deutung des Substanzwertes ist zugleich die Funktion dieser Wertgröße umrissen. Sie gibt Auskunft über die Höhe der in einer Unternehmung in Gestalt betrieblicher Substanz vorgeleisteten Ausgaben oder, anders formuliert, sie zeigt an, welche Mehrausgaben einem Investor künftig entstehen, der statt zu kaufen, einen Betrieb mit einer bestimmten Kapazität selbst errichtet. Der Barwert dieser Mehrausgaben spiegelt die ökonomische Bedeutung des gegebenen Betriebsapparates wider: Er ist um so höher, je mehr betriebsnotwendige Substanz vorhanden ist, je länger sie noch genutzt werden kann und je weniger laufende Ausgaben mit ihr verbunden sind.* (S. 95)

Substanz = vorgeleistete Ausgaben

*Aus dieser Parallelität der Veränderungen von Zukunftserfolgswert und Substanzwert wird zuweilen der Schluß gezogen, daß letzterer bei der Ermittlung des Gesamtwertes einer Unternehmung neben dem ersteren heranzuziehen sei. Eine solche Folgerung ist aber nicht berechtigt. Im Gegenteil, die gleichartige Veränderung beider Wertgrößen zeigt, daß im Zukunftserfolgswert bereits all die Daten zum Ausdruck kommen, die im Substanzwert verarbeitet sind und einen Einfluß auf den Gesamtwert eines Betriebes haben können; es handelt sich hier lediglich um zwei verschiedene Aspekte derselben Erscheinung.* (S. 96)

Münstermann, Hans: Wert und Bewertung der Unternehmung. Wiesbaden 1966

*Der Unternehmungswert ist ein Nutzwert. Er ist eine nach dem Prinzip der Bewertungseinheit gewonnene, subjektive und zukunftsbezogene Wertgröße und das Ergebnis eines Investitionskalküls.*

subjektiver Zukunfts-erfolgswert auf Basis einer Investitions-rechnung

*Jeder Investitionskalkül erfordert eine Unterscheidung zwischen dem Zahlungsstrom, der die Unternehmung mit ihrer Umwelt, und dem Zahlungsstrom, die die Unternehmung mit dem Investor verbindet. Für die Unternehmungsbewertung ist allein der Zahlungsstrom zwischen Unternehmung und Investor maßgebend.*

*Für den potentiellen Verkäufer gibt der als Barwert der bereinigten Nettoeinnahmeüberschüsse subjektiv ermittelte Zukunftserfolgswert die Untergrenze des Verkaufspreises der Unternehmung, für den potentiellen Käufer gibt der als Barwert der bereinigten Nettoeinnahmeüberschüsse subjektiv ermittelte Zukunftserfolgswert die Obergrenze des Kaufpreises der Unternehmung an. Diese Werte der Unternehmung sind nicht mit deren Preis identisch.*

Barwert der Netto-einnahmeüberschüsse (discounted cash-flow)

*Der Preis ist das Ergebnis von Verhandlungen zwischen Verkäufer und Käufer. Er spielt sich zwischen der Preisuntergrenze des Verkäufers und der Preisobergrenze des Käufers ein, sofern diese Preisobergrenze nicht die Preisuntergrenze des Verkäufers unterschreitet.* (S. 151)

Jaensch, Günter: Empfehlungen zur Bewertung von ganzen Unternehmungen (Rezension des Buches von Viel, Jakob/Bredt, Otto/Renard Maurice: Die Bewertung von Unternehmungen und Unternehmungsanteilen. 2., neu bearb. und erw. Aufl. Stuttgart 1967. Veränderte Wiederauflage des gleichnamigen Buches der U.E.C. von 1961) In: ZfbF, 21. Jg. (1969), S. 643-655

*Schlußwort*

*Viel bleibt nicht zu sagen. Die vorangegangene Kommentierung genügt, um erkennbar zu machen, daß den Empfehlungen zur Unternehmungsbewertung*

Harte Kritik an der Bewertungspraxis

*von Viel, Bredt und Renard mit einiger Skepsis begegnet werden muß. Auf
eine Anzahl kleinerer Schwächen des Buches wurde dabei nicht eingegangen;
zumindest für den mit der jüngeren Theorie vertrauten Leser reichen die
herausgegriffenen Punkte aus, um die Schrift fachlich einordnen zu können.
Für den Theoretiker ist der Eindruck deprimierend; deprimierend vor allem
deshalb, weil man erkennt, wie Forschungsergebnisse übergangen werden
können. Der logische Kalkül scheint nur wenig Anerkennung zu finden. Die
führenden Praktiker – zu denen man die Autoren rechnen darf – schätzen
offenbar die langjährige Übung höher als eine logisch geschlossene Argumentation. Das verrät eine wenig wissenschaftsfreundliche Haltung. Die Autoren
setzen mit ihren Bemühungen an der Stelle des geringsten Widerstandes an,
indem sie nämlich von der Handhabung der Bewertungspraxis ausgehen:
Mit entschiedener Gegenwehr ist da wohl nicht zu rechnen. »Bewährung«
gilt als ein Indiz für Qualität, ohne daß darauf aufmerksam gemacht wird,
daß diese Art von Bewährung nur in dauernder Übung besteht. So gesehen
erweist sich das Prinzip der »bewährten Bewertungsmethode« als Teufelskreis:
Die am längsten verwendete Methode hat sich – am längsten – bewährt;
neue Erkenntnisse haben bei solcher Beweisführung keine Chance auf
Anerkennung. Eine beklemmende Prognose drängt sich deshalb auf: Wenn
man die augenblickliche Haltung der Bewertungspraxis, wie sie auch in den
Empfehlungen von Viel, Bredt und Renard zum Ausdruck kommt, als Basis
für einen Induktionsschluß ansehen darf, dann werden die Mittelwertmethode
und aus ihr abgeleitete Verfahren, wie etwa die Methode der verkürzten
Goodwillrentendauer, auch noch im Jahre 2000 dominieren. Dem Theoretiker
bleibt nur ein bescheidener Trost: Er weiß, daß er die besseren Argumente
für sich hat.* (S. 655)

Dieser Rezension folgten Stellungnahmen von Otto Bredt (ZfbF, 21. Jg. (1969), S. 832-833 und von
Jakob Viel (ZfbF, 22. Jg. (1970), S. 331-335 sowie eine Erwiderung von Günter Jaensch (ZfbF, 22. Jg.
(1970), S. 336-343.

# B. Analyse des Unternehmens und seiner Umwelt

## I. Allgemeines

Die Bedeutung der Analyse des zu bewertenden Unternehmens und seiner Umwelt geht aus folgendem überspitzt formulierten Zitat hervor, das der Verfasser 1990 in der Financial Times gefunden hat, leider jedoch nicht den Autor und das genaue Erscheinungsdatum notierte:

»Valuation is 95 % research and analysis. The actual calculations take about 30 seconds on a calculator. It is rigorous. There is no substitute for analysing your Company, analysing your target, analysing its place in its industry and analysing that industry's place in the economy.«

**Eine eingehende Analyse des Unternehmens und seiner Umwelt ist eine unumgängliche Voraussetzung für eine langfristige Planung und eine qualifizierte Unternehmensbewertung. Ohne eine eingehende Analyse des zu bewertenden Unternehmens und seiner Umwelt ist eine Unternehmensbewertung nur eine Rechenspielerei.**

Nur eine sorgfältige Analyse des zu bewertenden Unternehmens und seiner Umwelt ermöglicht es den Entscheidungsträgern (Käufer, Verkäufer, Vorstand, Geschäftsführer, Richter), die Stärken und Schwächen des Unternehmens (Ressourcen) in Verbindung mit der Konkurrenzsituation und somit das zukünftige Ergebnispotential und den ermittelten Wert eines Unternehmens zu beurteilen. Außerdem kann eine solche Analyse das Wunschdenken mancher an dem Kauf oder Verkauf interessierter Personen korrigieren.

Daraus ergibt sich, daß eine Unternehmensbewertung nur in intensiver Zusammenarbeit mit Fachleuten aus den verschiedenen Unternehmensbereichen, nämlich des Marketing, der Produktion, der Forschung und Entwicklung und der Ver- und Entsorgung einschließlich des Umweltschutzes sowie der Bereiche Recht, Steuern, Personal und Altersversorgung erstellt werden kann.

Die Qualität einer Unternehmensbewertung läßt sich zu einem großen Teil an der Breite, Tiefe und Zweckmäßigkeit der Analyse beurteilen. Nicht selten wird jedoch in Bewertungsgutachten versucht, eine unzureichende Analyse durch umfangreiche theoretische Abhandlungen, stichwortartige unfundierte Allgemeinplätze und unnötig viele unbegründete Rechenspielereien zu vertuschen.

So früh wie möglich sollte bei der Analyse des Unternehmens das Bewertungsobjekt genau definiert sein, insbesondere, ob

– der Kauf von Gesellschaftsanteilen (share deal) oder
– nur der Kauf einzelner Vermögensgegenstände (asset deal)

vorgesehen ist.

Die rechtzeitige genaue Definition des Bewertungsobjektes hat u.a. wegen der unterschiedlichen steuerlichen Konsequenzen Einfluß auf die weitere Analyse.

Beim Kauf einzelner Vermögensgegenstände wird in der Regel nur der Wert des Geschäftes einschließlich sämtlicher immaterieller Werte ohne das Nettoumlaufvermögen ermittelt. Das Nettoumlaufvermögen wird zum Verkaufstag separat gemäß Inventur bewertet. Ob Sachanlagen Bestandteil des Wertes des Geschäftes sind, hängt von den individuellen Verhältnissen und den Vereinbarungen ab.

Der Kauf der einzelnen Vermögensgegenstände (asset deal) eröffnet dem Käufer meistens zusätzlich steuerliche Abschreibungsmöglichkeiten auf die aufgedeckten stillen Reserven, die bisher nicht bilanzierten immateriellen Vermögensgegenstände und einen nicht aktivierten Geschäfts- oder Firmenwert. Diese zusätzlichen steuerlichen Abschreibungsmöglichkeiten erhöhen den zukünftigen Cash-flow und wirken somit werterhöhend.

Für den Verkäufer ist der Verkauf von einzelnen Vermögensgegenständen meistens mit steuerlichen Nachteilen verbunden.

Die steuerlichen Konsequenzen des Unternehmenskaufs und somit ihr Einfluß auf die Bewertung des Unternehmens sollten sowohl seitens des Käufers als auch seitens des Verkäufers rechtzeitig während der Analyse geklärt werden. Dies trifft in verstärktem Maße beim Erwerb eines ausländischen Unternehmens zu.

## 1.  Sammlung von Informationen und Daten

Die Analyse eines Unternehmens und seiner Umwelt beginnt mit der Sammlung von Informationen und Daten. Eine Arbeitshilfe dazu bietet der Fragebogen, der im Anhang dieses Buches enthalten ist. Der Fragebogen ist sehr umfangreich, strebt eine gewisse Vollständigkeit an und umfaßt auch Fragen, die nur in seltenen Fällen angebracht sind. Bei der Analyse der erhaltenen Informationen kann es sich trotzdem herausstellen, daß noch weitere Auskünfte benötigt werden.

Bei der Sammlung von Informationen und Daten geht es nicht nur darum, einen Fragebogen abzuarbeiten, sondern auch – in Kenntnis der Stärken und Schwächen des zu erwerbenden und des eigenen Unternehmens – Synergiemöglichkeiten zu erkennen.

Während es sich bei dem Fragebogen um eine Hilfe bei der Daten- und Informationsbeschaffung handelt, wobei der Informationsstand über das zu bewertende Unternehmen und seine Umwelt zu Beginn der Arbeit oft gleich Null ist, umfaßt die Analyse des Unternehmens und seiner Umwelt in den folgenden Abschnitten die Darstellung und Interpretation der aus der Sicht eines Unternehmensanalytikers und -bewerters fast immer für eine Unternehmensbewertung entscheidenden Punkte. Es ist zweckmäßig, dem Verkäufer bzw. seinem Interessenvertreter nach dem ersten Gespräch eine Aufstellung über die zur Bewertung benötigten Informationen zu geben.

Die Auswertung der Analyse des Unternehmens und seiner Umwelt soll es ermöglichen, die Faktoren, die die zukünftige Entwicklung von Absatz, Preisen, Kosten, Steuern und Investitionen beeinflussen sowie den daraus sich ergebenden Handlungsbedarf und die

Handlungsmöglichkeiten zu erkennen, um eine langfristige Unternehmensplanung zu erstellen.

In dem Bericht über die Unternehmensbewertung sollten die einzelnen Punkte der Analyse so dargestellt werden, daß sich der Leser ein eigenes Urteil über den Wert des Unternehmens bilden kann. Selbstverständlich ist die Beschreibung um die im Einzelfall wichtigen Punkte zu ergänzen.

## 2.    Geschichtliche Entwicklung des Unternehmens

In der geschichtlichen Entwicklung des Unternehmens sollten neben wichtigen rechtlichen Daten, wie z.B. Gründung und Wechsel der Anteilseigner, die Ereignisse dargestellt werden, die die Entwicklung des Unternehmens geprägt haben und heute noch prägen. Hierzu gehören: Erwerb wesentlicher Beteiligungen, Errichtung neuer Werke und Niederlassungen, Stillegungen, Kauf oder Verkauf von Unternehmensteilen oder Produktlinien, wesentliche Forschungsergebnisse, Veränderungen in der Produktpalette und in den Absatzgebieten des Unternehmens, Wechsel des Managements, wichtige geschäftspolitische Entscheidungen.

Abschließend sollten Informationen über den Ruf bzw. über die Entwicklung des Rufs des Unternehmens, seiner Gesellschafter und seines Managements vermerkt werden.

## 3.    Anteilseigner des Unternehmens

Bei der Feststellung der Anteilseigner des Unternehmens sollte ggf. nachgefragt werden, wer hinter den einzelnen Anteilseignern steht und welche geschäftlichen und verwandtschaftlichen oder sonstigen privaten Beziehungen es gibt.

Falls unterschiedliche Aktiengattungen (z.B. Stammaktien, Vorzugsaktien) bestehen, sollten die unterschiedlichen Rechte und Beschränkungen der einzelnen Aktiengattungen genau analysiert werden. Ebenfalls sind bestehende Aktienbezugsrechte aus Wandel- und Optionsschuldverschreibungen, Gewinnschuldverschreibungen, Genußscheine sowie Aktienbezugsrechte des Managements und der Mitarbeiter zu erläutern.

Bei Kommanditgesellschaften sind die unterschiedlichen Rechte und Pflichten der einzelnen Gesellschafter zu zeigen.

Die vertraglichen Vereinbarungen mit stillen Gesellschaftern sollten ebenfalls beschrieben werden.

# II. Analysen

## 1. Analyse der politischen, gesellschaftlichen, wirtschaftlichen und technischen Entwicklung

Es ist zweckmäßig, zu Beginn der Analyse die wichtigsten Fakten und sich abzeichnende Entwicklungstendenzen in der politischen, gesellschaftlichen, wirtschaftlichen und technischen Umwelt, soweit das zu bewertende Unternehmen durch sie betroffen ist, zusammenzustellen. Gegebenenfalls ist es angebracht, eine regionale Untergliederung vorzunehmen.

Anschließend sind die erwarteten Entwicklungstendenzen für die nächsten 5-20 Jahre und die daraus für das zu bewertende Unternehmen entstehenden Chancen und Risiken darzulegen. Die Ergebnisse sind bei der Bewertung zu berücksichtigen.

Eine Analyse der politischen, gesellschaftlichen, wirtschaftlichen und technischen Entwicklung ist besonders bei ausländischen Unternehmen von Bedeutung, da in solchen Fällen sowohl der Bewerter als auch die Empfänger der Bewertung mit den Verhältnissen weniger vertraut sind.

Im Hinblick auf die Analyse der politischen, gesellschaftlichen, wirtschaftlichen und technischen Entwicklung könnten folgende Aspekte bewertungsrelevant sein:

*politische Fakten und Entwicklungstendenzen*
- Gesetze, Verordnungen
- EU-Richtlinien
- internationale Abkommen
- Wirtschaftspolitik der Regierung
- Regierungswechsel, Wahlen
- Revolutionen, Reformen
- Umweltschutzbewegungen
- allgemeine innen- und außenpolitische Lage

*gesellschaftliche Fakten und Entwicklungstendenzen*
- Veränderung der Werte und Einstellungen der Bevölkerung (moralisch-kulturelle Normen, Freizeitverhalten, Verbrauchergewohnheiten, Statussymbole, Einstellung zur Arbeit, Ausbildung, Umweltbewußtsein)

*wirtschaftliche Fakten und Entwicklungstendenzen*
- Entwicklung Bruttosozialprodukt
- Demographie (vergangene und erwartete Entwicklung des Umfangs und der Struktur der Bevölkerung, Zahl der Haushalte)
- Einkommensentwicklung und -verwendung
- Index der Lebenshaltungskosten
- Entwicklung der für das Unternehmen wichtigen Branchen
- Entwicklung des öffentlichen Sektors (Staatsausgaben, Steuern, Subventionen, Defizite)
- vorhandene Ressourcen (z.B. Energie und ihre Kosten)
- außenwirtschaftliche Entwicklung
- Kapitalmarktentwicklung, Wechselkurse, Inflation

*technologische Fakten und Entwicklungstendenzen*
- Art und Geschwindigkeit allgemeiner technischer Entwicklungen, wie z.B. Mikroelektronik, Gentechnik, Solarenergie
- jüngste wissenschaftliche Forschungsergebnisse, Patente, Produktzulassungen
- Forschungsschwerpunkte, erwartete Forschungsergebnisse
- Umsetzung von Forschungergebnissen
- Forschungsförderung der Regierung.

## 2. Analyse des Absatzmarktes

Voraussetzung für eine langfristige Umsatzplanung ist eine genaue Kenntnis des Absatzmarktes in den verschiedenen Regionen.

Bei einer Analyse des Absatzmarktes sind neben dem Gesamtmarkt zunächst die Marktsegmente, in dem das Unternehmen tätig ist, zu definieren. Dies kann z.B. nach

- Produkten (Aufteilung nach Werkstoffen, Preisklassen, Design, Markenware, markenlose Ware, Verwendungszweck),
- Vertriebswegen und Kundenschichten (Kundengruppen)

geschehen. Nach der Marktdefinition ist der für das Unternehmen relevante Markt festzulegen, d.h. der Teil des Marktes, auf dem das Unternehmen Produkte anbietet. Falls das Nachfrageverhalten auf Teilmärkten des relevanten Marktes unterschiedlich ist, kann eine weitere Aufteilung des relevanten Marktes angebracht sein.

Anschließend sollte verbal und in Zahlen die Entwicklung des Marktes bzw. der Branche in der Vergangenheit und die Gründe für diese Entwicklung dargestellt werden.

Bei der Ermittlung von Marktanteilen ist zu untersuchen, inwieweit das Unternehmen mit gleichartigen Gütern und Dienstleistungen konkurriert oder ob es in Marktnischen tätig ist.

Um Aussagen über die zukünftige Marktentwicklung machen zu können, muß festgestellt werden, welche Faktoren das Marktpotential (Gesamtheit möglicher Absatzmengen, d.h. die Aufnahmefähigkeit des Marktes) und die Nachfrage in der Vergangenheit bestimmen bzw. bestimmten und inwieweit diese oder andere Faktoren in Zukunft die Nachfrage entscheidend beeinflussen werden. Hierbei sollte versucht werden, Kausalzusammenhänge zu erkennen, um nicht nur durch qualitative, sondern auch durch quantitative Aussagen brauchbare Hinweise für die Unternehmensplanung zu erhalten.

Darüber hinaus sollten die Ergebnisse vorliegender Marktanalysen, die als möglich angesehenen Bedarfsverschiebungen, die Bedeutung von Substitutionsprodukten und Besonderheiten des Absatzmarktes bzw. der Branche erläutert werden.

Unternehmen, die keinen oder nur geringen Absatz an Endverbraucher haben, sondern ihre Produkte an Weiterverarbeiter verkaufen, haben oft ungenügende Marktkenntnisse. In solchen Fällen kann es notwendig sein, daß sich der Bewerter zusätzlich selbst Informationen aus öffentlich zugänglichen Quellen beschaffen muß, um sich im Rahmen des Möglichen ein zuverlässiges Bild über den Absatzmarkt zu machen.

Sofern nicht bereits im vorigen Abschnitt dargestellt, sollte an dieser Stelle die Entwicklung der Marktanteile des zu bewertenden Unternehmens kommentiert werden, da die Gründe für eine Veränderung der Marktanteile Rückschlüsse auf die Wettbewerbsfähigkeit und somit die zukünftige Ertragsentwicklung des Unternehmens geben.

Eine systematische Analyse des Absatzmarktes und der im nächsten Abschnitt beschriebenen Analyse der Konkurrenz ist eine langwierige und schwierige Arbeit.

## 3.    Analyse der Konkurrenz

Aufgabe der Konkurrenzanalyse bei einer Unternehmensbewertung ist es,

– die Fähigkeiten und Ressourcen der bestehenden und potentiellen Konkurrenten festzustellen,

– die gegenwärtigen und voraussichtlichen Strategien der einzelnen Konkurrenten zu ermitteln und

– die Stärken und Schwächen der bestehenden und potentiellen Konkurrenten im Verhältnis zu dem zu bewertenden Unternehmen aufzulisten.

Eine Konkurrenzanalyse sollte mit einer Aufstellung der Konkurrenten und der Angabe ihrer jeweiligen Umsätze und Marktanteile in den einzelnen Produkt/Markt-Segmenten beginnen. Je nach Art des Geschäftes und der Konkurrenzsituation muß man sich mit der Analyse der wichtigsten Konkurrenten begnügen und die restlichen Konkurrenten in einer oder mehreren Gruppen zusammenfassen, wobei ggf. kleinere stark wachsende Konkurrenten besonders zu beachten sind. In den meisten Fällen dürfte es zweckmäßig sein, eine Unterteilung nach Regionen vorzunehmen. Um die Bedeutung der einzelnen Konkurrenten und die von ihnen ausgehenden Gefahren für das zu bewertende Unternehmen besser einschätzen zu können, sind auch Angaben über die Entwicklung der Marktanteile und die Gründe für ihre Veränderung darzulegen.

Anschließend sind im Rahmen des Möglichen das Verkaufssortiment und das Vertriebssystem ähnlich wie bei dem zu bewertenden Unternehmen zu analysieren. Auf jeden Fall sollten neben einer kurzen Produktbeschreibung – sofern die Produkte mit den Produkten des zu bewertenden Unternehmens nicht vergleichbar sind – Angaben zum Einführungsdatum und dem erwarteten Lebenszyklus der Produkte gemacht werden.

Zusätzlich sollten Informationen zu folgenden Punkten, wie

– Produktqualität,
– Preisniveau,
– Produktimage,
– Sortimentsbreite,
– Vertriebssystem mit Beschreibung der Verkaufsorganisation und der Kundenstruktur,
– Marketingkonzept mit Einzelheiten über die Werbung und Verkaufsförderung,
– Finanzkraft,
– tatsächliche oder geschätzte Rentabilität,

– erkennbare Strategien,
– Ruf,

zusammengestellt werden.

Dabei sollten nicht nur Informationen zum aktuellen Stand, sondern auch Entwicklungen dargelegt werden.

Je nach Art der Produkte und des Geschäftes sind die Informationen zu erweitern (z.B. Management, Standort mit Angabe der Standortvor- und -nachteile, Rohstoffbeschaffung, Kapazität und Kapazitätsauslastung, Stand der Fertigung, Umweltprobleme, Kostenstruktur, Beschäftigte, Forschung und Entwicklung, erwartete neue Produkte).

Die Analyse sollte den aktuellen Stand und wesentliche Veränderungen in der Vergangenheit umfassen.

Neben der Analyse der bestehenden Konkurrenten sind die potentiellen Konkurrenten zu ermitteln und die für eine Unternehmensanalyse zugänglichen wichtigen Informationen und Daten zusammenzustellen. Dabei sollten auch die Markteintrittsbarrieren für neue inländische und für ausländische Konkurrenten aufgezeichnet werden. In Branchen mit unzureichender Rentabilität sollte auch versucht werden, die Marktaustrittsbarrieren zu ermitteln.

Zur Analyse der Konkurrenz gehört auch der Versuch, die gegenwärtigen und voraussichtlichen Strategien der einzelnen Konkurrenten zu ermitteln und sie der Strategie des zu bewertenden Unternehmens gegenüberzustellen (z.B. intensiver Aufbau von kostengünstigen Produktionsanlagen, aggressive Preispolitik, Akquisition von Unternehmen, Anstreben der Kostenführerschaft und die Erhöhung des Marktanteils, Erschließen neuer Märkte, Erschließen von Marktnischen, Herstellung von differenzierten hochwertigen und innovativen Produkten, Schließen von Produktlücken).

Abschließend sind die Stärken und Schwächen der einzelnen Konkurrenten aufzulisten. Damit ein solcher Stärken-/Schwächen-Vergleich für eine Unternehmensplanung brauchbar ist, sollten die einzelnen Stärken und Schwächen eine Punktbewertung oder zumindest Vermerke (z.B. sehr wesentlich, wesentlich, unwesentlich) erhalten.

Ziel eines Stärken-/Schwächen-Vergleichs ist es festzustellen,

– aus welchen Gründen und inwieweit die Kunden in Zukunft bereit sein werden, bei dem zu bewertenden Unternehmen oder seinen Konkurrenten zu kaufen,

– inwieweit sie bereit sind, unterschiedliche Preise zu zahlen und

– inwieweit die Rentabilität der Konkurrenten durch unterschiedliche Kosten beeinflußt ist.

**Das Ergebnis der Konkurrenzanalyse in Form des Stärken-/Schwächen-Vergleichs ist im Zusammenhang mit der Entwicklung der Marktanteile und den erzielten Preisen und Ergebnissen des zu bewertenden Unternehmens ein wesentliches Element für die Umsatz-, Kosten- und Ergebnisplanung des zu bewertenden Unternehmens.**

# 4. Analyse des Verkaufssortiments und der angebotenen Dienstleistungen

Die im Verkaufssortiment eines Unternehmens enthaltenen Produkte und Dienstleistungen bestimmen in einem hohen Maße den Wert eines Unternehmens. Die Höhe des Unternehmenswertes hängt davon ab, inwieweit eine ausreichende Nachfrage zu kostenüberdeckenden Preisen für die Produkte und Dienstleistungen des Unternehmens besteht.

Eine Unternehmensbewertung sollte deshalb eine Beschreibung und Analyse der angebotenen Produktgruppen/Produkte und Dienstleistungen mit Angabe des Umsatzes, der verkauften Mengen und der Deckungsbeiträge der einzelnen Produktgruppen/Produkte und Dienstleistungen der letzten Jahre enthalten. Wesentliche Veränderungen der Produkteigenschaften sollten vermerkt werden. Die technische Beschreibung ist auf das zum Verständnis Notwendige zu beschränken, damit die Beschreibung für Nichtfachleute verständlich bleibt.

Bei der Beschreibung der Produkte und Dienstleistungen ist die Beschreibung des Nutzens für die Kunden wesentlich, d.h. welche Bedürfnisse werden mit ihnen befriedigt und welche Probleme werden mit ihnen gelöst bzw. wo liegen die Anwendungsgebiete. Hierbei sollte untersucht werden, ob es sich um zukunftsweisende Problemlösungen handelt. Falls durch die Produkte Umweltprobleme entstehen, ist anzugeben, ob, wie, wann und zu welchen Kosten sie gelöst werden oder demnächst gelöst werden können.

Sofern die Umsätze mit sehr unterschiedlichen Kundengruppen (z.B. aus verschiedenen Branchen) getätigt werden, sollten entsprechende Angaben gemacht werden.

Je nach Art der Produkte sollte die Beschreibung Angaben über besondere Eigenschaften, über die Produktqualität, das Produktdesign und die Produktausstattung sowie das Einführungsdatum, die Dauer des Patentschutzes und den erwarteten Lebenszyklus enthalten. Die Produktqualität sollte nicht nur aus der technischen Sicht des Unternehmens, sondern insbesondere aus der Sicht der Kunden dargestellt werden. Hierzu gehören ggf. Angaben über das Image der Produkte in der Öffentlichkeit.

Bei Umsatzaufstellungen ist zu vermerken, inwieweit sie Lizenzprodukte und Handelswaren betreffen.

Die Beschreibung des Verkaufssortiments sollte Angaben zu Markennamen und zu dem Registrierungsstatus der Produkte enthalten.

Neben den gegenwärtigen im Verkaufssortiment enthaltenen Produkten sollten auch die demnächst auf den Markt kommenden neuen und weiterentwickelten Produkte sowie neue Anwendungsgebiete für die bestehenden Produkte beschrieben werden.

Zu der Beurteilung der Produkte gehören auch Angaben über eine anwendungstechnische Beratung, den Kundendienst, gegebene Garantien, die erhaltenen Reklamationen und die gewährten Garantie- und Kulanzleistungen.

Zu der Beschreibung des Verkaufssortiments sollte ein Urteil über

– die Ausgewogenheit des Verkaufssortiments,

– den Anteil und die Bedeutung der in dem Verkaufssortiment enthaltenen Spezialitäten und

– die aufgrund des Umsatzes in der Vergangenheit erwarteten Folgegeschäfte (z.B. Ersatzteile, Verbrauchsmaterialien, bezahlter Kundenservice, Lizenzen)

gehören.

Die Leistungsfähigkeit der gegenwärtigen und zukünftigen Produkte und Dienstleistungen des zu bewertenden Unternehmens läßt sich nur beurteilen, wenn man sie mit den Leistungen und den Preisen der Konkurrenzprodukte vergleicht. Solche Informationen sollten bei einer Beschreibung des Verkaufssortiments nicht fehlen.

## 5. Analyse der Verkaufsorganisation, Absatzwege, Absatzgebiete, Kundenstruktur und Werbung

Die Beschreibung sollte auf jeden Fall Informationen über

– die Umsätze und Deckungsbeiträge nach Regionen und die Entwicklung der Marktanteile in den verschiedenen Regionen,

– die Anzahl der Mitarbeiter im Vertrieb (Außendienst und Innendienst getrennt), ggf. aufgeteilt nach Absatzgebieten und Produktgruppen,

– ggf. bestehende eigene Verkaufsbüros/Filialen, mit Angabe der wesentlichen Kriterien (Ort, Größe, Umsatz, Mitarbeiter, Kosten)

enthalten.

Je nach Art des Geschäftes können dazu noch weitere Informationen, wie z.B. über

– Qualität des Außendienstes,
– Auslastung der Verkaufsorganisation,
– Verträge und Beziehungen mit Absatzmittlern,
– Anzahl der Kunden, Kundenstruktur,
– langfristige Verträge,
– Preispolitik,
– gesetzliche Vorschriften,
– Auftragsabwicklung/Lieferzeit/Auftragsgröße,
– Art und Kosten der Werbung und Verkaufsförderung und
– sich anbahnende Veränderungen

angebracht sein.

Abschließend sollten das Vertriebssystem und das Marketingkonzept beurteilt und die wesentlichen Unterschiede zu dem Vertriebssystem und dem Marketingkonzept der stärksten Konkurrenten dargestellt werden.

## 6.    Analyse der Produktion

Basis der Analyse der Produktion ist die technische Beschreibung der Produktionsanlagen in den einzelnen Betriebsstätten mit Angabe der Betriebsgenehmigungen.

Zur Beschreibung gehören auch Informationen über die Produktionsverfahren, insbesondere über

- Produktionstyp (Einzelfertigung, Serienfertigung, Massenfertigung; Fließbandfertigung, Werkstattfertigung; kontinuierliche Produktion, Chargenproduktion),
- Technologie,
- Know-how.

Die Beschreibung sollte zumindest in den wesentlichen Punkten auch für Nichtfachleute verständlich sein.

Zur wirtschaftlichen Beurteilung der Produktion werden Angaben über

- das Alter der Produktionsanlagen (Baujahr),
- den allgemeinen Zustand und den technischen Stand,
- die zukünftigen Instandhaltungs- und Reparaturkosten,
- den wahrscheinlichen Reinvestitionszeitpunkt und
- die Produktionskapazität,

unterteilt für die einzelnen Betriebsstätten und Produktionsstufen, benötigt.

Sofern es für die Beurteilung der Rentabilität der Produktion von Bedeutung ist, sollten auch Angaben über

- die Größe und Dauer einer Charge,
- die optimale Produktionsmenge und
- die Kosten des Sortenwechsels

gemacht werden. Ferner sollten

- die Produktionsmengen,
- die Kapazitätsauslastung und
- die Fertigungstiefe

in den letzten Jahren angegeben werden.

Zur Beurteilung der nachhaltigen Wettbewerbsfähigkeit sind auch die Standortvorteile und -nachteile darzulegen.

## 7.    Analyse der Forschung und Entwicklung

Die Beschreibung der Forschung und Entwicklung sollte Informationen über folgende Punkte umfassen:

- Umfang (Budget, Personal)

– Art der Forschung (z.B. Entwicklung bestehender Produkte, neue Gebiete und neue Produkte, Verbesserung der Produktionsverfahren)

– verwendungsfähige Ergebnisse in den letzten 5-8 Jahren (Know-how, angemeldete und erteilte Patente, angemeldete und erteilte Produktzulassungen, Lizenzvergaben) sowie in absehbarer Zeit erwartete verwendungsfähige Ergebnisse

Für eine Unternehmensanalyse im Rahmen einer Unternehmensbewertung sind die in absehbarer Zeit erwarteten verwendungsfähigen Ergebnisse von besonderem Interesse. Es sollte deshalb in der Bewertung angegeben werden, in welchem Stadium sich Forschung und Entwicklung für die erwarteten verwendungsfähigen Ergebnisse befinden, welche Probleme bei der Produktentwicklung oder Verfahrensverbesserung noch zu lösen sind, welche Erfahrungen bereits vorliegen, wie die Patentsituation und der Stand der Produktzulassung sind und wie der Stand der Forschungs- und Entwicklungsvorhaben im Verhältnis zur Konkurrenz eingeschätzt wird, damit sich der Empfänger der Bewertung ein Bild über den Einfluß der Forschung und Entwicklung auf die Ertragslage der Zukunft machen kann.

## 8.  Analyse der Beschaffung und Logistik

Zur Analyse der Beschaffung gehören Informationen über

– die Mengen und Preise der in den letzten Jahren benötigten wichtigsten Rohstoffe,

– die vergangene und erwartete zukünftige Entwicklung des Marktes dieser Rohstoffe (Anzahl der Anbieter, Hauptrohstofflieferanten, Monopolstellung von Lieferanten, Rohstoffkartelle, Kapazität und Kapazitätsauslastung, Entwicklung des Gesamtbedarfs, Substitutionsmöglichkeiten) und

– die Zulieferer.

Sofern im Vergleich zu den Konkurrenten besondere Vor- oder Nachteile bei der Beschaffung bekannt sind oder vermutet werden, sollten diese dargelegt werden.

Die Analyse der Logistik sollte nicht nur die Materiallogistik, sondern auch die Distributionslogistik umfassen.

## 9.  Analyse der Ver- und Entsorgung sowie des Umweltschutzes

Die Analyse der einzelnen bezogenen Energiearten sollte ähnlich vorgenommen werden wie die Analyse der bezogenen Rohstoffe. Zusätzlich sind Angaben über eine eventuelle eigene Energieerzeugung (Menge, Kosten, Kapazität) zu machen.

Die Analyse der Entsorgung und des Umweltschutzes umfaßt mindestens Angaben über die Entsorgungskapazität, die Art und Menge der entsorgten Abwässer und Produktionsabfälle in der Vergangenheit und die entsprechenden Erwartungen für die Zukunft sowie die für die Entsorgung anfallenden Kosten. Je nach Bedeutung der Entsorgung für das Unternehmen ist die Analyse der Entsorgung zu vertiefen.

Zur Analyse des Umweltschutzes gehören die Darstellung

– der vorliegenden Genehmigungen,

– der bestehenden und erwarteten Vorschriften (z.B. bezüglich Abluft und Lärm) und Auflagen,

– der Einhaltung dieser Vorschriften und Auflagen und

– der Beschreibung vorliegender Umwelt-Altlasten mit Angabe der geschätzten Kosten für deren Beseitigung.

## 10.  Analyse des Personals

Ein wesentlicher Teil und oft der wesentliche Teil der Wertschöpfung wird durch das Personal erbracht. Aus diesem Grunde kommt der Analyse des Personals eine große Bedeutung zu. Andererseits ist es so, daß eine Analyse des Personals, die über eine Bestandsaufnahme hinausgeht, d.h. die eine mögliche Veränderung der Kosten und der Leistung des Personals in Zukunft beinhaltet und somit konkrete Rationalisierungsmöglichkeiten enthält, den im Rahmen einer Unternehmensbewertung verfügbaren Zeitrahmen meistens übersteigt. Eine solche Analyse des Personals wäre allerdings notwendig, um Synergieeffekte konkret bewerten zu können.

Im Rahmen einer Unternehmensbewertung sollte eine Analyse des Personals jedoch zumindest so detailliert sein, daß sie Hinweise auf mögliche Synergieeffekte und Anhaltspunkte für weitere produktivitätssteigernde Maßnahmen bietet.

Basis der Analyse ist eine Aufstellung über die Anzahl der Mitarbeiter in den einzelnen Unternehmensbereichen, Funktionsbereichen und Werken mit globalen Angaben über Geschlecht, Ausbildung und Nationalität. Ferner sollte die Entwicklung des durchschnittlichen Personalbestandes des Unternehmens in den letzten 5 Jahren (möglichst aufgeteilt nach leitenden Angestellten, Angestellten, Facharbeitern, angelernten und ungelernten Arbeitern, Auszubildenden, Teilzeitkräften, befristet eingestellten Arbeitskräften sowie nach Bereichen) dargestellt und die Gründe bei wesentlichen Veränderungen angegeben werden.

Des weiteren sollte die Analyse Informationen über Lohn- und Gehaltsniveau (tatsächliche Lohn- und Gehaltshöhe je Tarifgruppe, Anzahl der Mitarbeiter je Tarifgruppe mit zusätzlichen Angaben über Gratifikationen, Bonuszahlung, Vermögensbildung, Arbeitszeit, Urlaub u.a. und Vergleich mit Tariflohn) und die Art der Entlohnung (Zeit-, Akkord-, Prämienlohn) enthalten. Außerdem sind die sozialen Leistungen und die sozialen Einrichtungen zu beschreiben, insbesondere die Altersversorgung. Das versicherungsmathematische Gutachten für Pensionsverpflichtungen, Abgangsentschädigungen und ähnliche Verpflichtungen (z.B. Krankheitskosten der Rentner) sollte erläutert werden.

Ferner gehören zur Analyse des Personals Angaben über

– Altersstruktur
– Betriebszugehörigkeit

– Fluktuation
– Ausbildungswesen
– Krankenstand
– Streiks
– Arbeitssicherheit/Unfallhäufigkeit.

Durch eine eingehende quantitative Analyse des Personals und der anderen Bereiche
lassen sich indirekt auch gewisse qualitative Informationen, wie z.B. über Personalpolitik,
Verhältnis zum Betriebsrat, Betriebsklima, Motivation der Mitarbeiter und Über- oder
Unterbesetzung von Bereichen gewinnen, die in kurzer Zeit auf direktem Wege schwierig
zu ermitteln sind.

Es ist empfehlenswert, die wichtigsten Daten so weit wie möglich mit den Daten von
wichtigen Konkurrenten und/oder der Branche zu vergleichen.

Zur Analyse des Personals bzw. der Personalkosten sollte ein Zeit- und Betriebsvergleich
mit den Kennzahlen »Wertschöpfung je Arbeitnehmer« und »Personalaufwand je Arbeitnehmer« vorgenommen werden.

## 11. Analyse des Managements, der Führungsstruktur und der Strategien

Das Management, die Führungsstruktur und die Strategie eines Unternehmens bestimmen,
wie die Ressourcen eines Unternehmens langfristig genutzt werden können. Erfolg oder
Mißerfolg eines Unternehmens hängen entscheidend von ihnen ab. Der Unternehmensbewerter muß deshalb bei der Erstellung oder Prüfung eines Unternehmensplanes für eine
Unternehmensbewertung wissen, welche Fähigkeiten er dem Management bei der Lösung
zukünftiger Probleme zutraut. Kriterien, die es erlauben, diese Fähigkeiten objektiv zu
bewerten, gibt es kaum; zumindest lassen sie sich kaum während der kurzen Zeit der
Informationssammlung anwenden.

Die Bewertung hängt somit entscheidend davon ab, welchen Eindruck der Unternehmensbewerter, der Auftraggeber der Bewertung und die Fachleute und Berater, die
mit der Analyse von einzelnen Bereichen des Unternehmens beauftragt sind, von dem
unternehmerischen Verhalten, den Fähigkeiten und dem Führungsstil der einzelnen
Geschäftsführer und der oberen Führungskräfte gewonnen haben und wie sie die
Führungsstruktur und die Strategien, d.h. die konkreten Handlungsabsichten, des
Unternehmens absolut und im Verhältnis zu den stärksten Konkurrenten beurteilen.

## 12. Analyse der Ergebnisrechnungen der Vergangenheit

Plausible Aussagen über die in der Zukunft voraussichtlich ausschüttbaren Ergebnisse
können nur gemacht werden, wenn man im Rahmen der Analyse des Unternehmens
auch die Gewinn- und Verlustrechnungen, und die Deckungsbeitragsrechnungen der
Vergangenheit nach Produktgruppen, Absatzwegen/Kundengruppen und Regionen sowie

die Kapitalrendite nach ihren Komponenten Umsatzrendite und Kapitalumschlag analysiert. Aus einer solchen Analyse lassen sich für eine Unternehmensplanung nützliche Erkenntnisse ziehen. Außerdem sollte ein Vergleich mit der Entwicklung der Umsatzrendite und des Kapitalumschlages der Konkurrenten vorgenommen werden.

Am zweckmäßigsten ist es in den meisten Fällen, die Ergebnisrechnungen der letzten fünf Jahre zu analysieren. Mit etwa fünf Jahren wird ein Kompromiß gemacht zwischen der Forderung, sowohl verschiedene Phasen eines Konjunkturzyklus zu erfassen und Zufälle einzelner Jahre besser zu erkennen, als auch keine zu weit zurückliegenden und für Vergleiche nicht mehr geeigneten Jahre zu analysieren. Hat sich die Struktur des zu bewertenden Unternehmens und seines Marktes wenig verändert, können noch weitere Jahre in die Analyse einbezogen werden, ist aber das Gegenteil der Fall, ist die Analyse eines kürzeren Zeitraumes angebracht. Unter Umständen ist die Situation in der Vergangenheit von der voraussichtlichen Zukunft so verschieden, daß eine Analyse der Vergangenheit nur geringe Möglichkeiten für Rückschlüsse auf die Zukunft gibt. Drei Jahre sollte auch in solchen Fällen analysiert werden.

Gewinn- und Verlustrechnungen stellen oft – besonders in Deutschland – aufgrund bilanzpolitischer Maßnahmen oder gesetzlicher Vorschriften die tatsächliche Ertragslage nicht richtig dar. Die Gewinn- und Verlustrechnungen sind deshalb zu bereinigen, um den tatsächlichen Erfolg in den einzelnen Geschäftsjahren feststellen zu können, d.h. es ist zu untersuchen, ob evtl. Korrekturen notwendig sind. Hierzu zählen:

- Korrektur der Abschreibungen auf ein kalkulatorisch angemessenes Maß
- Korrektur der Bildung und Auflösung von Bewertungsreserven im Umlaufvermögen
- Korrektur der Rückstellungen; sie sind dem Jahr der Verursachung des Aufwandes zuzurechnen
- außerordentliche Aufwendungen und Erträge; sie sind periodengerecht zuzuordnen oder auf eine Vielzahl von Geschäftsjahren zu verteilen
- Ergebnisse aus Geschäften zu nicht marktgerechten Konditionen mit verbundenen Unternehmen oder mit Gesellschaftern
- nicht angemessene Entgelte der Gesellschafter-Geschäftsführer bei Kapitalgesellschaften und der Unternehmer bei Einzelunternehmen und Personengesellschaften
- Ergebnisse von nichtkonsolidierten Tochterunternehmen
- kurzfristig stark beeinflußbare Aufwendungen (Instandhaltungs- und Reparaturaufwendungen, Forschungs- und Entwicklungsaufwendungen, Werbeaufwendungen); es ist die zur Erhaltung der nachhaltigen Ertragskraft angemessene Höhe in den einzelnen Jahren zu ermitteln
- Aufwendungen und Erträge für nicht betriebsnotwendiges und wahrscheinlich zu veräußerndes Vermögen
- Korrektur der Ertragsteuern der obigen Bereinigungen
- betriebswirtschaftlich aussagefähige Darstellung der Investitionszulagen, Investitionszuschüsse, Beihilfen, vergünstigten Kredite o.ä.

Der besseren Vergleichbarkeit wegen sollten nach dem HGB erstellte Jahresabschlüsse auf IAS (IFRS) übergeleitet werden.

Grundsätzlich sollten bei einer Bereinigung der Gewinn- und Verlustrechnungen auch die Scheingewinne, das sind im wesentlichen die Unterschiede zwischen den Abschreibungen auf Basis der Anschaffungswerte anstatt auf Basis der Wiederbeschaffungswerte, korrigiert werden. Auf diese Korrektur kann man bei einer Unternehmensbewertung verzichten, da die Bereinigung der vergangenen Gewinn- und Verlustrechnungen dazu dient, sie mit den Cash-flow-Planungen, d.h. mit Einnahmen-/Ausgaben-Rechnungen und nicht mit Aufwand-/Ertragrechnungen vergleichbar zu machen.

Sofern während des Vergleichszeitraumes Betriebe neu erstellt oder stillgelegt wurden, ist dies zu vermerken, um die daraus entstehenden Auswirkungen auf die zukünftigen Ergebnisse besser beurteilen zu können. Auch sollten die Kosten für Personalabbau ohne Stillegung von Betrieben angegeben werden.

Soweit es angebracht und möglich ist, sollten den einzelnen Gewinn- und Verlustrechnungen Angaben über die Kapazität und Höhe der Produktion hinzugefügt werden, um die Auswirkungen einer unterschiedlichen Kapazitätsauslastung auf die Ergebnisse ermitteln zu können.

Weitere Einzelheiten zur Bereinigung der Gewinn- und Verlustrechnungen sind in dem Buch des Verfassers »Bilanzanalyse international«, 2. Auflage, Stuttgart 2001, enthalten.

Neben der Globalanalyse der Gewinn- und Verlustrechnungen ist eine Einzelanalyse nach Erfolgsquellen, d.h. eine Analyse der Deckungsbeitragsrechnungen mit Mengenangaben nach Produktgruppen, Regionen und Kundengruppen, vorzunehmen, um die Einflüsse aus der Veränderung der Preise und aus der Veränderung der Höhe der wichtigten Kostenarten in der Vergangenheit auf die zukünftigen Ergebnisse besser beurteilen zu können.

Nicht selten wird es in der Praxis vorkommen, daß für die einzelnen Bereiche, insbesondere für den Absatzmarkt und die Konkurrenz, nur ungenügende Analysen vorliegen oder keine ausreichenden Analysen im Rahmen einer vorgegebenen Zeit erstellt werden können. In diesen Fällen hat die im vorigen Absatz erwähnte Einzelanalyse nach Erfolgsquellen weniger eine Kontrollfunktion für die Ergebnisplanung, sondern wird notgedrungen eine wesentliche Erkenntnisquelle für eine globale Ergebnisplanung. Das Ergebnis einer solchen Arbeit kann man allerdings bestenfalls als eine vorläufige Unternehmensbewertung oder nur als eine ausführliche Bilanzanalyse bezeichnen.

## 13.  Analyse der Finanzlage

Die Analyse der Finanzlage besteht mindestens aus der Darstellung der Kapitalaufbringung, und zwar nach

– Art des Kapitals (Eigen- oder Fremdkapital), ggf. mit Angabe der unterschiedlichen Rechte der Eigenkapitalgeber und

– Fristigkeit des Kapitals (kurz-, mittel- und langfristige Fälligkeit des Fremdkapitals und mögliche Rückzahlungsverpflichtungen des Eigenkapitals bei Personengesellschaften und Einzelunternehmen), sowie der Angabe der Kosten des Fremdkapitals, der gegebenen Sicherheiten für das Fremdkapital und der eventuellen Einflußmöglichkeiten der Fremdkapitalgeber auf die Geschäftspolitik.

Neben dem aus dem Jahresabschluß ersichtlichen Kapital gehören zur Darstellung der Kapitalaufbringung Informationen über Finanzierung durch Leasing, Miete oder Pacht sowie die für den zukünftigen Kreditbedarf bestehenden Kreditmöglichkeiten.

Die Analyse der Finanzlage ist eine Zeitpunktbetrachtung. Grundsätzlich ist deshalb nur die Finanzlage zum Bewertungszeitpunkt von Bedeutung, die Ausgangspunkt für die Finanzplanung der Zukunft ist. Zur besseren Beurteilung der Ergebnisrechnungen der Vergangenheit und als Erfahrungswissen zur Erstellung von Plan-Cash-flow-Rechnungen ist auch die Analyse der Vermögens- und Ertragslage der Vergangenheit von Interesse. Es ist deshalb angebracht, die Analyse der Finanzlage um die Kapitalflußrechnungen und die Liquiditätsanalyse der vergangenen Jahre zu erweitern und die Investitionen, die Lagerdauer der Vorräte, das in Anspruch genommene Zahlungsziel der Kunden und das in Anspruch genommene Zahlungsziel bei Lieferanten in der Vergangenheit zu analysieren.

Zur Analyse der Finanzlage gehören ggf. Informationen über die Börsenkursentwicklung, das Kreditrating und den Beta-Faktor des Unternehmens und der Konkurrenten des Unternehmens.

Weitere Einzelheiten zur Analyse der Vermögens- und Finanzlage können dem im vorigen Abschnitt erwähnten Buch »Bilanzanalyse international« entnommen werden.

## 14. Analyse der rechtlichen Verhältnisse

Zur Analyse der rechtlichen Verhältnisse bei einer Unternehmensbewertung gehören im wesentlichen eine Auflistung und Beschreibung

– der Verträge, insbesondere der langfristigen Verträge,
– der Genehmigungen, Prüfungen, Beanstandungen, Auflagen oder Vereinbarungen von bzw. mit Aufsichts- oder ähnlichen Behörden,
– der laufenden und erwarteten Rechtsstreitigkeiten und
– der Rechte an immateriellen Vermögensgegenständen.

Wichtige Verträge mit ausländischen Personen, Unternehmen und Behörden sollten ggf. durch einen Spezialisten, der das ausländische Recht kennt, analysiert werden.

Die Beschreibung sollte sich auf solche Vorgänge beschränken, die für die zukünftige Finanz- und Ertragslage im Rahmen einer Unternehmensbewertung von wirtschaftlicher Bedeutung sind oder sein können.

Darüber hinaus sind die Handelsregisterauszüge für das zu bewertende Unternehmen, seine Zweigniederlassungen und Beteiligungsgesellschaften (im Ausland vergleichbare Dokumente) zu beschaffen.

## 15.  Analyse der steuerlichen Verhältnisse

Die Analyse der steuerlichen Verhältnisse sollte folgende Punkte umfassen:

– Ergebnisse der Steuerbescheide und der Berichte über Steuerprüfungen,

– Höhe des Körperschaftsteuerguthabens und die sich daraus ergebenden Auswirkungen auf die zukünftigen Ausschüttungen,

– mögliche Steuervergünstigungen in der Zukunft,

– latente steuerliche Risiken.

## 16.  Sonstige Analyseergebnisse

Unter diesem Punkt sollten Vorgänge dargestellt werden, die von wirtschaftlicher Bedeutung für das Unternehmen sein können, jedoch bisher noch nicht erwähnt wurden. Hierzu zählen z.B.

– erheblicher Buchungsrückstand und geringe Aussagefähigkeit des Rechnungswesens

– enormer Reorganisationsbedarf der EDV,

– große organisatorische Mängel,

– erhebliche Unterversicherung und bedeutende nicht versicherbare Risiken,

– verweigertes oder eingeschränktes Testat des Wirtschaftsprüfers,

– genaue Darstellung und Abgrenzung der zu übernehmenden Vermögenswerte, Rechte, Schulden, Risiken und Geschäfte o.a., falls das Bewertungsobjekt keine juristische Person ist, bzw. falls der letzte Jahresabschluß nicht von einem Wirtschaftsprüfer testiert wurde.

# III.  Auswertung der Analysen

## I.  Stärken-/Schwächen-Analyse (Ressourcenanalyse)

### a)  Allgemeines

Die Auswertung der Analyse des Unternehmens und seiner Umwelt ermöglicht es, die Erfolgsfaktoren (Wettbewerbsvorteile), d.h. die Stärken und Schwächen, die für die zukünftige Entwicklung des zu bewertenden Unternehmens von Bedeutung sind, darzustellen und dadurch die Wettbewerbsposition des Unternehmens zu erkennen.

Dabei darf man die einzelnen Erfolgsfaktoren nicht nur isoliert sehen, sondern muß auch ihre Beziehungen untereinander in die Analyse miteinbeziehen.

Damit ein Unternehmen eine über die Kapitalkosten hinausgehende Rendite erwirtschaftet, muß es Wettbewerbsvorteile entwickeln und nutzen. Ohne Wettbewerbsvorteile kann ein Unternehmen aufgrund des Konkurrenzdruckes nur eine Rendite in Höhe der Kapitalkosten oder sogar nur unter den Kapitalkosten erwirtschaften.

Faktoren, die den Erfolg oder Mißerfolg von Unternehmen entscheidend beeinflussen können, sind in dem folgenden Abschnitt aufgezählt.

Die einzelnen Erfolgsfaktoren (Wettbewerbsvorteile) haben in den einzelnen Branchen eine sehr unterschiedliche Bedeutung.

Aus einem Vergleich der Erfolgsfaktoren des zu bewertenden Unternehmens mit den Erfolgsfaktoren des stärksten und/oder der wichtigsten Konkurrenten kann man entscheidende Hinweise für eine Unternehmensplanung entnehmen.

Die Feststellung und der Vergleich der Erfolgsfaktoren können nicht hoch genug eingeschätzt werden. Bretzke (Bretzke, Wolf-Rüdiger: Risiken in der Unternehmensbewertung. In: ZfbF, 40. Jg. (1988), S. 813-823) hat es treffend so ausgedrückt:

*»Ein Unternehmen bewerten heißt: seine Erfolgspotentiale treffend beurteilen. .... Nicht die intime Kenntnis finanzmathematischer Verfahren und entscheidungstheoretischer Modelle macht den Unterschied zwischen einer guten und einer schlechten Unternehmensbewertung aus, sondern die Fähigkeit zur Einschätzung von Produkten, Märkten und Strategien«* (S. 823).

*»Ausschlaggebend für die Qualität einer Bewertung ist die inhaltliche Qualität der Unternehmensanalyse und nicht die Form der Aufbereitung der dabei gewonnenen Erkenntnisse«* (S. 821).

Stärken eines Unternehmens sind längerfristig wirksame Eigenarten eines Unternehmens, die es dem Unternehmen im Verhältnis zu den Konkurrenten ermöglichen, in Zukunft einen höheren Cash-flow als die wichtigsten Konkurrenten zu erzielen. Für Schwächen eines Unternehmens gilt das Umgekehrte.

Stärken und Schwächen eines Unternehmens sind keine absoluten Feststellungen, sondern sie ergeben sich aus dem Vergleich mit dem jetzigen und zukünftigen Leistungsniveau der Konkurrenten und sind somit relativ. Folglich gibt es Stärken und Schwächen, die zum Zeitpunkt der Analyse klar erkennbar sind und solche, die latent bestehen und in Zukunft erst wirksam werden (z.B. eingeleitete Maßnahmen zur Produktverbesserung, die zum Planungszeitpunkt höhere Kosten bedeuten, wahrscheinlich in Zukunft aber höhere Verkaufspreise ermöglichen).

Bestehende Stärken können sich auch in Schwächen umwandeln oder umgekehrt. Zum Beispiel ist eine vollautomatisierte kapitalintensive Anlage bei Vollauslastung eine Stärke, bei einem Absatzrückgang wird sie zu einer Schwäche.

Zur Feststellung der relativen Stärken und Schwächen eines Unternehmens, die quantitativ in eine langfristige Planung und somit in die anschließende Berechnung des Unternehmenswertes einfließen, bedarf es eingehender Analysen.

Die Erstellung einer Stärken-/Schwächen-Analyse, die möglichst aktuell sein soll, erfordert auch die Verwertung von mündlichen und zum Teil nicht eindeutig belegbaren Informationen. Da die Informanten oft auch Interessierte sind, die nicht nur mit nüchternem Verstand urteilen, sondern bei denen auch das Herz und Vorurteile eine große Rolle spielen, sollte der Unternehmensbewerter versuchen – neben der Auswertung von dokumentierten Informationen – möglichst viele Informanten, deren Interessenlage teilweise unterschiedlich sein sollte, zu befragen, um zu einem ausgewogenen objektiven Urteil zu kommen.

## b) Einzelheiten

Einer Stärken-/Schwächen-Analyse ist eine Chancen-/Risiken-Analyse des Absatzmarktes (Beurteilung der Branchenattraktivität) voranzustellen.

Diese Chancen-/Risiken-Analyse sollte folgende Punkte umfassen:

- voraussichtliche Entwicklung des Absatzmarktes; d.h. erwartetes reales (inflationsfreies) Marktwachstum im Verhältnis zum Wachstum des erwarteten realen Bruttosozialproduktes

- Preisentwicklung

- Branchenstruktur (Intensität des Wettbewerbs, Marktmacht von Lieferanten, Marktmacht von Kunden, Kapazitätsauslastung)

- Markteintritts- und Marktaustrittsbarrieren

- gegenwärtiger und erwarteter Export- und Importanteil

- neue Produkte und Produktdifferenzierung in der Zukunft (zu bewertendes Unternehmen und Konkurrenten)

- vorhandene und mögliche Substitutionskonkurrenz

Darüber hinaus sind in der Chancen-/Risiken-Analyse des Absatzmarktes ggf. wesentliche Ergebnisse der Analyse der politischen, gesellschaftlichen, wirtschaftlichen und technischen Entwicklung (soweit sie in obigen Punkten nicht enthalten sind und für die zukünftige Entwicklung des Unternehmens und seines relevanten Marktes von Bedeutung sein können) und die voraussichtliche Entwicklung auf dem Beschaffungsmarkt (Vorprodukte, Vorleistungen), bei den Energien, bei der Entsorgung und bei den Personalkosten zu vermerken.

In einer Stärken-/Schwächen-Analyse sind die relativen Stärken und Schwächen eines Unternehmens den wichtigsten oder zumindest dem stärksten Konkurrenten gegenüberzustellen. Im allgemeinen stellt man eine solche Analyse zusammengefaßt in einem Stärken-/Schwächen-Profil dar.

Eine Stärken-/Schwächen-Analyse eines Unternehmens sollte die folgenden Punkte umfassen:

- Ruf des Unternehmens in der Öffentlichkeit

- Image und Bekanntheitsgrad der Produkte

– Qualität der Produkte/Dienstleistungen aus der Sicht von Fachleuten

– vom Kunden wahrgenommene Qualität

Die vom Kunden wahrgenommene Qualität ist eine aktuelle Stärke oder Schwäche des Unternehmens, während die Qualität aus der Sicht von Fachleuten, insbesondere wenn es in letzter Zeit Qualitätsveränderungen gab, in Zukunft als Stärke oder Schwäche wirksam werden kann.

Für die Kunden wichtige Zusatzleistungen, wie Qualität der anwendungstechnischen Beratung, Kundendienst o.ä. oder andere wichtige Punkte für eine dauerhafte Kunden-/Lieferanten-Beziehung (z.B. Lieferzeit, Sortimentsbreite) sind getrennt zu bewerten.

– Produktdifferenzierung gegenüber den Konkurrenten

– Anteil der neuen Produkte
Aktualität der Produkte aus technischer und ggf. aus modischer Sicht
Zeitpunkt des Markteintritts im Verhältnis zur Konkurrenz

– Preis-/Leistungsverhältnis der Produkte

– Vertriebssystem
Abdeckung und Qualität der Vertriebskanäle,
Marktstellung auf dem Absatzmarkt

– Vertriebskosten

– Marketing
Kenntnis des Marktes und der latenten Bedürfnisse und Wünsche der Kunden,
bzw. der Verbraucher,
Marketingkonzept

– Produktionstechnik
Produktionsverfahren
Technologie, Technologievorsprung
Flexibilität der Produktionsanlagen
Know-how, Patente
Betriebskosten
Produktivität (Wertschöpfung je Mitarbeiter) unter Berücksichtigung des Kapitaleinsatzes

– Standort
Personalkosten
Energiekosten
Transportkosten
Kundennähe
Auflagen, gesetzliche Vorschriften

– Forschung und Entwicklung
Fähigkeit zur Entwicklung neuer Produkte und Verfahren

- Marktstellung auf dem Beschaffungsmarkt

- Energiekosten

- Kosten der Entsorgung und des Umweltschutzes

- Kosten-/Leistungsverhältnis des Personals

- Verwaltungskosten

- Management, Organisation, erkennbare Strategien

- finanzielle Stärke

- branchenspezifische Stärken und Schwächen

Üblicherweise werden in einer Stärken-/Schwächen-Analyse die zum Analysezeitpunkt erkennbaren Stärken und Schwächen dargestellt. Bei einer Unternehmensbewertung sollten auch die möglichen Veränderungen in der Zukunft berücksichtigt werden. Die Stärken-/Schwächen-Analyse dient nicht in erster Linie dazu, aufgrund einer verbalen strategischen Planung den jetzigen Zustand des Unternehmens zu verändern, sondern sie soll die Auswirkungen der jetzigen und zukünftigen Stärken und Schwächen bei einer langfristigen Planung nicht nur verbal, sondern auch rechnerisch berücksichtigen.

Die Höhe und Veränderung des Marktanteils ist keine Stärke oder Schwäche und wurde deshalb nicht in obige Aufstellung aufgenommen. Marktanteile sind das Ergebnis von Stärken und Schwächen (z.B. Produktqualität) oder Ursache für andere Stärken und Schwächen (z.B. Kostenvorteile, höhere Kapazitätsauslastung) in der Zukunft.

**Eine Stärken-/Schwächen-Analyse im Rahmen einer Unternehmensbewertung hat nur dann einen Sinn, wenn man aus ihr Informationen entnehmen kann, die sich quantitativ in eine Unternehmensplanung umsetzen lassen.** Aus diesem Grunde sollten die einzelnen Punkte der Stärken-/Schwächen-Analyse verbal erläutert und ihrer Bedeutung entsprechend gewichtet werden. Die Gewichtung soll Hinweise dafür geben, in welchem Umfang sich die einzelnen Stärken und Schwächen im zukünftigen Cash-flow des Unternehmens im Verhältnis zu dem Cash-flow der Konkurrenten wahrscheinlich auswirken werden. Eine rein additive Betrachtung ist daher nicht ausreichend, sondern es müssen auch die Zusammenhänge der einzelnen Stärken und Schwächen untereinander und ihre quantitativen Folgen berücksichtigt werden. Ein zusammengefaßtes Profil der Stärken und Schwächen in Form einer Tabelle bzw. einer sogenannten SWOT-Analyse (strengths, weaknesses, opportunities, threats) nur mit Stichworten auf einer Seite, wie sie oft von Investmentbanken gemacht wird, ist somit bei einer Unternehmensbewertung nicht genug aussagefähig.

## 2.   Synergiemöglichkeiten

Für die Ermittlung eines subjektiven Entscheidungswertes sind die erreichbaren Synergieeffekte, auch Verbundeffekte oder 2+2 = 5-Effekte genannt, sowohl bei dem zu bewertenden als auch bei dem übernehmenden Unternehmen in die Unternehmensbewertung einzubeziehen. Die Ermittlung von Synergieeffekten bei dem übernehmenden Unternehmen setzt eine Stärken-/Schwächen-Analyse und eine klare Strategie des übernehmenden Unternehmens voraus. Mögliche positive und negative Synergieeffekte sind in Abschnitt E. XXX. des Fragebogens aufgezählt.

Zur Plausibilitätskontrolle ist es angebracht, neben der individuellen Schätzung des Wertes der Synergieeffekte – wobei auch die Umstellungskosten und die zeitliche Verzögerung zu berücksichtigen sind – auch eine Stärken-/Schwächen-Analyse durchzuführen, bei der das zu bewertende Unternehmen einschließlich der Synergieeffekte mit dem größten Konkurrenten und/oder den drei wichtigsten Konkurrenten verglichen wird.

# IV.  Due Diligence

## I.   Allgemeines

Vor Abgabe eines verbindlichen Preisangebotes sollten eine Analyse und eine Prüfung des zu kaufenden Unternehmens, der Betriebsstätte, des Geschäftsfeldes oder der Produktgruppe vor Ort vorgenommen werden. In den USA und neuerdings auch immer mehr in Europa ist eine solche Prüfung unter dem Namen Due Diligence Untersuchung oder kurz **Due Diligence (sorgfältige Analyse und Prüfung vor dem Kauf des Unternehmens)** bekannt.

Der Begriff Due Diligence stammt aus dem US-amerikanischen Kapitalmarktrecht, nämlich dem Securities Act (SA) von 1933 und dem Securities Exchange Act (SEA) von 1934. Der Securities Act befaßt sich mit der Neuemission von Wertpapieren und der Securities Exchange Act mit dem Handel von Wertpapieren nach deren Emission. Im Securities Act wird u.a. die Emissionsprospekthaftung geregelt. Diese Emissionsprospekthaftung betrifft neben dem Emittenten und dem Übernehmer auch die Abschlußpüfer und andere beteiligte Experten. Der Emissionsprospekthaftung kann sich dieser Personenkreis mittels des Gegenbeweises entziehen, indem er nachweist, daß er die Prüfung des Unternehmens mit der erforderlichen Sorgfalt (due diligence) vorgenommen hat. Im Securities Exchange Act hat die Due Diligence im Unterschied zum Securities Act nicht die Bedeutung einer positiven Verteidigung im Rechtsstreit, sondern die einer vorbeugenden Maßnahme zur Aufdeckung und Begrenzung von Risiken im Geschäftsverkehr.

Die Definition der Due Diligence im Securities Exchange Act ähnelt der heute beim Unternehmenskauf üblichen Anwendung des Begriffs Due Diligence. Dies erklärt sich nicht zuletzt daraus, daß in den USA bei einem Unternehmenskauf (share deal) keinerlei gesetzliche Gewährleistungshaftung in bezug auf das zugrunde liegende Unternehmen vorgesehen ist. Der Käufer eines Unternehmens sollte deshalb eine sorgfältige Prüfung (due diligence) des Unternehmens vornehmen. Da inzwischen auch in Deutschland die Durchführung einer Due Diligence mehr oder weniger zu einer Verkehrssitte – zumindest bei Großunternehmen – geworden ist, kann die Nichtdurchführung einer

Due Diligence durch den Käufer als grob fahrlässig angesehen werden und zu einem Gewährleistungsausschluß führen.

Der Verkäufer wird einem potentiellen Käufer erst nach Abschluß eines Vorvertrages oder eines »Letter of intent« (Absichtserklärung des Käufers) mit einer detaillierten Geheimhaltungsverpflichtung vertrauliche Informationen zukommen lassen und in eine Prüfung der bisher gegebenen und zusätzlichen Informationen (Due Diligence) einwilligen.

Die Zeit für eine solche Due Diligence wird, insbesondere bei einem Verkauf im Rahmen eines Auktionsverfahrens durch eine Investmentbank, meistens sehr kurz bemessen. Der Verkäufer wird nur den Kaufinteressenten im Rahmen der Due Diligence weitere Informationen zur Verfügung stellen, die er aufgrund der Höhe ihres unverbindlichen Angebotes (non binding bid) und ihrer finanziellen Lage als ernsthafte Kaufinteressenten ansieht.

Bei der Due Diligence werden vom Verkäufer sensible Daten und Informationen offengelegt, die teilweise fotokopiert werden dürfen. Wenn es bei einem Auktionsverfahren mehrere Kaufinteressenten gibt, geschieht die Offenlegung in der Regel in einem sogenannten Data Room. Um die gewünschte Diskretion zu wahren, wird der Data Room meistens an einem neutralen Ort eingerichtet. Dies ist oft die Investmentbank des Verkäufers.

Zu den offengelegten Daten und Informationen sollten insbesondere gehören:

– Handelsregisterauszüge

– wichtige Verträge aller Art

– Satzung

– Protokoll der letzten Gesellschafterversammlung

– Schriftverkehr mit Aufsichts- oder ähnlichen Behörden, insbesondere Genehmigungen, Prüfungen, Beanstandungen, Auflagen, Vereinbarungen

– Umwelt-Altlasten

– Informationen über laufende und erwartete Rechtsstreitigkeiten

– Grundbuchauszüge (im Ausland vergleichbare Dokumente)

– Informationen über Rechte an immateriellen Vermögensgegenständen

– Löhne, Gehälter, Sozialleistungen und Informationen über Pensionszusagen

– Jahresabschlüsse der letzten drei bis fünf Jahre und letzter Zwischenabschluß mit detaillierten Ergebnisrechnungen

– Berichte und Management Letter des Wirtschaftsprüfers (Kontakt mit dem Wirtschaftsprüfer aufnehmen und evtl. Einsicht in seine Arbeitspapiere nehmen)

– Steuerbescheide und Berichte über Steuerprüfungen

– Versicherungen, insbesondere Produkthaftpflicht

– Informationen über Beziehungen mit den Kunden

Welche Informationen der Kaufinteressent im einzelnen bei der Due Diligence verlangen und was man bei der Due Diligence prüfen sollte, hängt im wesentlichen von den bisher erhaltenen Informationen und Dokumenten ab. Der Informationsbedarf des Kaufinteressenten wird in der Regel über die in der Due Diligence offengelegten Daten und Informationen hinausgehen. Es ist durchaus möglich, daß der Verkäufer besonders sensible Daten und Informationen (z.B. Kundenlisten, Kalkulationsunterlagen) erst in einer zweiten Phase oder sogar erst in einer dritten Phase der Due Diligence nur einem oder zwei Kaufinteressenten, von denen er aufgrund der bisherigen Gespräche glaubt, daß sie sehr ernsthaft an einem Kaufabschluß interessiert sind, zur Verfügung stellt.

**Bevor man eine oft nur  in wenigen Tagen durchzuführende Due Diligence beginnt, sollte der Kaufinteressent bereits so viele Informationen und Daten über das Unternehmen und seine Umwelt erhalten und ihm so viel Zeit zur Verfügung gestanden haben, daß eine vorläufige Bewertung des Unternehmens erstellt werden konnte und sich das Management des potentiellen Käufers eine Meinung über das bewertete Unternehmen bilden und die grundsätzliche unternehmerische Entscheidung über den Kauf treffen konnte.**

**Aufgrund der Erkenntnisse der Due Diligence ist die auf Basis der bisher erhaltenen Informationen und Daten erstellte vorläufige Bewertung entweder zu bestätigen oder abzuändern.**

Darüber hinaus erhält man bei der Due Diligence Informationen und Anregungen für die Gestaltung des Kaufvertrages.

Es ist auch nicht auszuschließen, daß der Kaufinteressent aufgrund der Informationen durch die Due Diligence vom beabsichtigten Kauf Abstand nimmt.

Im Interesse eines zügigen und für den Kaufinteressenten zufriedenstellenden Ablaufs der Due Diligence ist es angebracht, dem Verkäufer bzw. seinem Interessenvertreter (Investmentbank) vorher

– einen Fragebogen über die von ihm gewünschten Informationen zuzuschicken,

– anzugeben, welche Unterlagen er einsehen und erhalten möchte,

– mitzuteilen, welche Betriebsstätten er besichtigen und welche Auskünfte er über Vertrieb, Marketing und Forschung haben und diskutieren möchte.

Die Fragen und Informationswünsche sollten so ausreichend weit gefaßt sein, daß auch evtl. bisher nicht erkannte Probleme und Risiken dadurch abgedeckt werden.

Der Umfang des Fragebogens und die anderen Informationswünsche hängen davon ab, welche Informationen der Verkäufer bereits zur Verfügung gestellt hat bzw. inwieweit die in der ersten Untersuchungsphase vor der Due Diligence gestellten Fragen beantwortet und die geäußerten Informationswünsche erfüllt wurden und inwieweit sich durch die Analyse der erhaltenen Antworten und Dokumente weitere Fragen ergeben haben.

## 2.	Einzelheiten

Die während der Due Diligence vorgenommene Einsicht in die Unterlagen des Verkäufers und die in diesem Zusammenhang erhaltenen Informationen und Dokumente sind im Rahmen einer Analyse und Prüfung der finanziellen (Financial Due Diligence), wirtschaftlichen (Commercial Due Diligence), rechtlichen (Legal Due Diligence) und steuerlichen (Tax Due Diligence) Verhältnisse des zu bewertenden Unternehmens auszuwerten. Bei Produktionsunternehmen kann noch eine Prüfung der Umwelt-Altlasten im Grund und Boden (Environmental Due Diligence) hinzukommen.

Der Umfang der Prüfung der finanziellen Verhältnisse hängt im wesentlichen davon ab, welche Informationen man aus den Prüfungsberichten des Wirtschaftsprüfers entnehmen kann und welchen Eindruck man von dessen Prüfungsintensität hat. Sollte das Bewertungsobjekt keine prüfungspflichtige oder prüfungsfähige Einheit sein (z.B. Einzelunternehmen, Betriebsstätte, Geschäftsfeld), so sollte der Käufer oder sein Beauftragter während der Due Diligence eine Prüfung vornehmen, die einer intensiven Jahresabschlußprüfung und -analyse entspricht.

Die Prüfung der wirtschaftlichen Verhältnisse umfaßt in erster Linie eine Analyse der Produkte, des Standes der Forschung und Entwicklung, der Marktposition, des Vertriebs, des Marketing und der Möglichkeiten der zukünftigen Entwicklung des Unternehmens. Zur Prüfung der wirtschaftlichen Verhältnisse gehört auch die Analyse der anderen Unternehmensbereiche, wie Produktion (Technical Due Diligence), Beschaffung und Logistik, Ver- und Entsorgung einschließlich Umweltschutz, Personal, Rechnungswesen einschließlich EDV und Controlling.

Die Analyse und Prüfung der wirtschaftlichen Verhältnisse (Commercial Due Diligence) ist dadurch gekennzeichnet, daß sie sich zum Teil mit der Prüfung der finanziellen Verhältnisse (Financial Due Diligence) und rechtlichen Verhältnisse (Legal Due Diligence) überschneidet. Während es sich bei der Commercial Due Diligence mehr um eine Analyse als um eine Prüfung handelt, ist die Financial Due Diligence, die Legal Due Diligence und die Tax Due Diligence hauptsächlich eine Prüfung. Aus diesem Grunde wird man in einem Data Room relativ wenig Unterlagen für eine Commercial Due Diligence finden. Der Unternehmensbewerter sollte deshalb darauf drängen, vor der Due Diligence ausreichend ergänzende Informationen zu dem oft wenig aussagefähigen Unternehmensexposé, Verkaufsprospekt, Offering Memorandum o.ä. zu erhalten, um die wirtschaftliche Lage des Unternehmens analysieren, eine vorläufige Unternehmensbewertung erstellen und die Due Diligence effizient vornehmen zu können.

Die Prüfung der rechtlichen Verhältnisse sollte unter dem Gesichtspunkt möglicher wirtschaftlicher Folgen für den Käufer durchgeführt werden. Es soll sich nicht nur um eine Zusammenstellung aller vorhandenen Verträge handeln. Deshalb gehören zum rechtlichen Teil einer Due Diligence neben einer Analyse der wichtigen und länger laufenden Verträge auch eine Zusammenstellung und Erläuterung der laufenden und erwarteten Rechtsstreitigkeiten, der vorhandenen Risiken (z.B. Umwelt-Altlasten) und der Genehmigungen, Prüfungen, Beanstandungen, Auflagen oder Vereinbarungen von bzw. mit Aufsichts- oder ähnlichen Behörden.

Bei der Prüfung der rechtlichen Verhältnisse ist auf die Vollständigkeit der zur Verfügung gestellten Unterlagen und auf mögliche Behinderungen und Erschwernisse für den Kauf des Unternehmens oder der Vermögensgegenstände zu achten (z.B. notwendige Zustimmung oder Genehmigungen durch Dritte).

Zur Prüfung der rechtlichen bzw. finanziellen Verhältnisse gehört auch eine detaillierte Analyse der Altersversorgung der Mitarbeiter und der Geschäftsleitung. Hierzu bedarf es in der Regel der Zusammenarbeit mit einem Versicherungsmathematiker, um die in den einzelnen zukünftigen Jahren erwarteten Ausgaben ermitteln und in angemessener Form für die Bewertung auf Basis der Discounted-cash-flow-Methode darstellen zu können.

Die Intensität einer Due Diligence, insbesondere soweit sie die rechtliche Situation betrifft, steht im umgekehrten Verhältnis zu der Möglichkeit, sich im Kaufvertrag vom Verkäufer des Unternehmens gewisse Gewährleistungen und Garantien geben zu lassen. Daran ist zu denken, falls vom Verkäufer die Due Diligence behindert werden sollte, indem Unterlagen nur in begrenztem Umfang zur Prüfung zur Verfügung gestellt werden.

Die Prüfung der steuerlichen Verhältnisse sollte sehr intensiv durchgeführt werden, da in der Regel vor der Due Diligence wenig Informationen über die steuerliche Situation vorhanden sind, diese aber von großer wirtschaftlicher Bedeutung sein kann. Darüber hinaus sollten bei dieser Gelegenheit verschiedene Gestaltungsmöglichkeiten des Kaufvertrages und ihre steuerlichen Folgen geklärt werden.

Neben der Prüfung der finanziellen, wirtschaftlichen, rechtlichen und steuerlichen Verhältnisse ist bei der Due Diligence noch eine intensive Besichtigung der Betriebsstätten vorzunehmen, um sich von ihrem Zustand und ihrer Leistungsfähigkeit überzeugen zu können.

Während die Prüfung der finanziellen, wirtschaftlichen, rechtlichen und steuerlichen Verhältnisse hauptsächlich eine Arbeit von firmeninternen Spezialisten und teilweise von externen Beratern ist, sollte die Besichtigung der Betriebsstätten sowie die Teilnahme an der Management-Präsentation des Verkäufers am Ende der Due Diligence, bei der weitere Informationen gegeben, die erhaltenen Auskünfte diskutiert und zusätzliche Fragen (z.B. über das Management und die Unternehmensplanung) gestellt werden können, nicht nur eine Aufgabe der Spezialisten und Berater, sondern auch eine Aufgabe des Managements des am Kauf interessierten Unternehmens sein, da man hierbei nicht nur sachliche Informationen erhält, sondern sich auch einen Eindruck vom Management des zu bewertenden Unternehmens verschaffen kann.

Anregungen dafür, welche Informationen im einzelnen bei der Due Diligence beschafft werden sollen, können dem Anhang: Fragebogen zur Sammlung von Informationen und Daten bei einer Unternehmensanalyse im Hinblick auf eine Unternehmensbewertung entnommen werden. Hierbei sollten die in den Erläuterungen gegebenen Hinweise zur Auswahl der Fragen beachtet werden.

Bei großen multinationalen Unternehmen mit vielen Tochterunternehmen benötigt man für die Due Diligence mehrere Wochen, so daß es zweckmäßig sein kann, einen Teil der Due Diligence (z.B. Prüfung der Werthaltigkeit der Vorräte und Forderungen) auf die Zeit nach dem Kaufabschluß zu verlegen. In einem solchen Falle sind die Bewertungsmethoden für Forderungen und Vorräte im Kaufvertrag genau festzulegen.

Der Verkäufer versucht meistens, die Zeit der Due Diligence zu beschränken. **Deshalb bedarf eine effiziente Due Diligence wie die gesamte Akquisitionsvorbereitung eines guten und möglichst erfahrenen Koordinators.** Eine Personalunion zwischen Unternehmensbewerter und Koordinator ist denkbar.

Der Koordinator sollte darauf achten, daß

– die Aufgaben der einzelnen Team-Mitglieder genau festgelegt werden,

– während der Due Diligence ein gegenseitiger Informationsaustausch zwischen den einzelnen Team-Mitgliedern erfolgt und

– der an der Due Diligence teilnehmende Unternehmensbewerter die für die Bewertung und eine Kaufentscheidung aussagefähigen Berichte der einzelnen Team-Mitglieder über die von ihnen vorgenommene Due Diligence kurzfristig erhält.

# C. Bewertung des Unternehmens

## I. Barwert der zukünftigen Nettoausschüttungen (auch Ertragswert oder Zukunftserfolgswert genannt) – Discounted-cash-flow-Methode (DCF-Methode)

### 1. Allgemeines

**Der Barwert der zukünftigen Nettoausschüttungen setzt sich aus dem Saldo der Einnahmen (Gewinnausschüttungen und Kapitalrückzahlungen) und Ausgaben (Kapitaleinzahlungen) des Investors zusammen. Es ist die einzig richtige Art der Ermittlung eines entscheidungsorientierten Unternehmenswertes und wird heute international, insbesondere durch die Praxis der Investmentbanken, fast ausschließlich angewandt. Hierfür hat sich die Bezeichnung Discounted-cash-flow-Methode (DCF-Methode) eingebürgert. Sofern keine Liquidation zu irgendeinem Zeitpunkt in der Zukunft beabsichtigt oder notwendig ist, kann von einer ewig fortdauernden Unternehmenstätigkeit ausgegangen werden.**

Anmerkung: In Deutschland wird von dem Institut der Wirtschaftsprüfer mit dem IDW Standard: Grundsätze zur Durchführung von Unternehmensbewertungen (IDW S 1) vom 28.6.2000 weiterhin das theoretisch anfechtbare und weniger transparente Ertragswertverfahren, das von dem Saldo von Aufwendungen und Erträgen ausgeht, empfohlen. Abschnitt C. IX. enthält einen Kommentar zu diesem IDW Standard.

Obwohl auch in der deutschen Literatur (Münstermann, Hans: Wert und Bewertung der Unternehmung. Wiesbaden 1966; Maul, Karl-Heinz: Unternehmensbewertung auf der Basis von Nettoausschüttungen. In: WPg, 26. Jg. (1973), S. 57-63) schon lange für eine Unternehmensbewertung auf Basis von Nettoausschüttungen plädiert wurde, ist diese Form der Unternehmensbewertung besonders durch Rappaport (Rappaport, Alfred: Strategic analysis for more profitable acquisitions. In: Harvard Business Review, Vol. 57 (1975), Heft 4, S. 99-110 und Rappaport, Alfred: Discounted Cash Flow Valuation. In: The Mergers and Acquisition Handbook, hrsg. von Milton L. Rock. New York u.a. 1987, S. 163-181) bekannt geworden. Rappaport hat seine Ausführungen über die Discounted-cash-flow-Methode zusätzlich mit Erkenntnissen der Kapitalmarkttheorie und der Wettbewerbsstrategie verbunden.

Die Ermittlung des Barwertes der zukünftigen Nettoausschüttungen kann – wie bereits in Abschnitt A. III. 1 gesagt – mit dem WACC-Ansatz (weighted average cost of capital) oder dem APV-Ansatz (adjusted present value) erfolgen.

## a)　WACC-Ansatz

Der Barwert der zukünftigen Nettoausschüttungen mit dem WACC-Ansatz wird in folgenden Schritten ermittelt (Einzelheiten dazu sind in Abschnitt C. I. 2 bis C. I. 9 enthalten):

(a) Prognose der Entwicklung des relevanten Marktes des Unternehmens

Ausgangspunkt einer jeden Unternehmensbewertung ist eine Prognose des relevanten Marktes des Unternehmens.

(b) Umsatz-, Kosten-, Ergebnis- und Investitionsplanung für einen langen Zeitraum (möglichst ca. zehn Jahre)

Ausgehend von der Prognose der Entwicklung des relevanten Marktes des Unternehmens und einer Analyse des Unternehmens und seiner Umwelt ist eine Umsatz-, Kosten-, Ergebnis- und Investitionsplanung zu erstellen.

(c) Ermittlung des Cash-flows

Auf Basis der vorgenannten Planung kann der Cash-flow (Netto-Cash-flow) für die einzelnen Jahre des Planungszeitraums wie folgt berechnet werden:

Betriebsergebnis vor Zinsen und Ertragsteuern
./. Ertragsteuern
= Betriebsergebnis vor Zinsen und nach Ertragsteuern
+ Abschreibungen
./. Investitionen
././+ Zunahme/Abnahme des Nettoumlaufvermögens
= Cash-flow (Netto-Cash-flow)

Eventuell ist der Cash-flow um andere Posten zu erweitern. Auf diese Posten wird in Abschnitt C. I. 4 eingegangen.

(d) Ermittlung des Endwertes

Der Endwert (terminal oder continuing value) – auch Fortführungswert, Residualwert oder Restwert genannt – ist der Wert, den das Unternehmen nach Ablauf des Planungszeitraumes für die Anteilseigner hat. Er kann auf verschiedene Art und Weise ermittelt werden. Die Art der Ermittlung hängt von den vorhandenen Informationen und Annahmen ab.

(e) Bestimmung des Kapitalisierungszinsfußes

Der Kapitalisierungszinsfuß soll den tatsächlichen Kapitalkosten entsprechen. Er ergibt sich aus den Eigenkapital- und den Fremdkapitalkosten, die entsprechend der geplanten Finanzierung durch den Käufer zu gewichten sind.

*Eigenkapitalkosten*
Die Eigenkapitalkosten, d.h. die Renditeerwartungen von anderen Investitionsmöglichkeiten mit vergleichbarem Risiko, setzen sich aus der Rendite für risikofreie Kapitalanlagen (sofern kein Staatsbankrott zu erwarten ist, sind das nicht steuerbegünstigte Staatsanleihen mit der ungefähren Laufzeit des Planungszeitraumes) zuzüglich einer Risikoprämie zusammen.

Die Risikoprämie soll dem Unterschied zwischen dem Zinssatz für langfristige risikofreie nicht steuerbegünstigte Staatsanleihen und der erwarteten durchschnittlichen Aktienrendite entsprechen.

Falls man glaubt, daß das Risiko des zu bewertenden Unternehmens über oder unter dem des gesamten Aktienmarktes liegt und man dafür geeignete Informationen besitzt, ist die Risikoprämie entsprechend zu korrigieren. Als Korrekturfaktor wird in der Literatur sehr unkritisch der ß(Beta)-Faktor empfohlen, der ein Investitionsrisiko (Geschäftsrisiko) und ein Finanzierungsrisiko (Kapitalstrukturrisiko) enthält. Er wird in der Praxis insbesondere von den Investmentbanken angewendet. Als ß-Faktor wird die geschätzte Kursvolatilität des zu bewertenden Unternehmens im Verhältnis zur Kursvolatilität des gesamten Aktienmarktes bezeichnet (nähere Einzelheiten dazu siehe C. I. 5c-e). Nach Meinung des Verfassers ist der ß-Faktor nur sehr beschränkt anwendbar.

Die Eigenkapitalkosten setzen sich somit wie folgt zusammen:

$$\text{Eigenkapitalkosten} = \text{Rendite für risikofreie Kapitalanlagen} + \left( \text{durchschnittliche Rendite des Aktienmarktes} - \text{Rendite für risikofreie Kapitalanlagen} \right) \times \text{ß}$$

Da es fraglich ist, ob durch den ß-Faktor das Risiko im einzelnen Bewertungsfall angemessen berücksichtigt wird, und da von vergleichbaren deutschen Unternehmen ß-Faktoren kaum erhältlich sind, ist es nach Ansicht des Verfassers notwendig, zusätzlich oder alternativ die Risikoprämie von dem Geschäftsrisiko aufgrund der Geschäftstätigkeit und der möglichen Ertragsbandbreite des zu bewertenden Unternehmens oder der zu bewertenden strategischen Geschäftseinheit abzuleiten (siehe C. I. 5f).

*Fremdkapitalkosten*
Ziel der Bewertung ist es, zunächst den Gesamtwert des Unternehmens unabhängig von der Finanzierung und anschließend den Wert des Unternehmens = Wert des Eigenkapitals durch Abzug des zum Marktwert bewerteten Fremdkapitals vom Gesamtwert des Unternehmens zu ermitteln. Aus diesem Grunde sind bei der Cashflow-Planung nicht die voraussichtlich zu zahlenden Zinsen zu berücksichtigen.

Die Fremdkapitalkosten sind wie folgt zu ermitteln:

$$\text{Fremdkapitalkosten} = \text{Fremdkapitalzinssatz} \times (1 ./. \text{Ertragsteuersatz})$$

Die Fremdkapitalkosten sind in dem Maße um die Ertragsteuern zu kürzen, in dem sie steuerlich abzugsfähig sind. Kosten für langfristiges Fremdkapital sind bei der Gewerbesteuer nur zu 50 % abzugsfähig. Falls steuerliche Verlustvorträge vorliegen, die vom Käufer genutzt werden können, sind die Fremdkapitalkosten in den Jahren der Nutzung nicht um den Ertragsteuersatz zu mindern oder es ist der APV-Ansatz anzuwenden.

*Gewichtete Kapitalkosten*
Die Eigenkapitalkosten und die Fremdkapitalkosten ergeben zusammen die gewichteten Kapitalkosten (weighted average cost of capital = WACC) des zu bewertenden Unternehmens.

Die Gewichtung der Eigenkapital- und Fremdkapitalkosten wird durch die bisherige Finanzierung des Unternehmens und durch die Finanzierungsmöglichkeiten des Käufers bestimmt, wobei entsprechend der geplanten Finanzierung das Kapitalstrukturrisiko bei der Bemessung der Risikoprämie zu berücksichtigen ist (siehe C. I. 5e).

(f)  Ermittlung des Gesamtwertes des Unternehmens

Durch Abzinsung der zukünftigen Cash-flows und des Endwertes mit den gewichteten Kapitalkosten erhält man den Gesamtwert des Unternehmens.

(g)  Nicht betriebsnotwendiges Vermögen

Nicht betriebsnotwendiges Vermögen ist hinzuzurechnen.

(h)  Fremdkapital

Von dem Gesamtwert des Unternehmens ist das von dem Unternehmen aufgenommene Fremdkapital (ohne Lieferantenverbindlichkeiten), einschließlich Pensionsverpflichtungen, zum Marktwert abzuziehen.

i)  Ermittlung des Wertes des Unternehmens = Wert des Eigenkapitals

Der Gesamtwert des Unternehmens zuzüglich des nicht betriebsnotwendigen Vermögens abzüglich des Fremdkapitals ergeben den Wert des Unternehmens = Wert des Eigenkapitals.

Die Bewertung eines Unternehmens sollte darüber hinaus Angaben über

– mögliche zusätzliche Risiken und Chancen durch den Erwerb des Unternehmens, die in der Bewertung nicht berücksichtigt werden konnten, und

– die Auswirkungen auf die Finanzlage, die Bilanz, die Gewinn- und Verlustrechnung und den Cash-flow des eigenen Unternehmens

enthalten.

## b)   APV-Ansatz

Bei der Ermittlung des Barwertes der zukünftigen Nettoausschüttungen nach dem APV-Ansatz erfolgt zunächst die Ermittlung des Gesamtwertes des Unternehmens unter der Annahme der vollständigen Eigenkapitalfinanzierung des Unternehmens, d.h. die Diskontierung des Cash-flows (Netto-Cash-flow) erfolgt mit den Eigenkapitalkosten eines rein mit Eigenkapital finanzierten Unternehmens und nicht mit den gewichteten Kapitalkosten.

Die Auswirkungen der steuerlichen Abzugsfähigkeit der Fremdkapitalkosten werden durch Hinzufügung des Steuervorteils aus Fremdfinanzierung (tax shield) zum Gesamtwert des Unternehmens berücksichtigt. Beim APV-Ansatz sind somit – im Gegensatz zum WACC-Ansatz – die steuerlichen Auswirkungen der Fremdfinanzierung absolut sichtbar und »verstecken« sich nicht in der Minderung des Zinssatzes für das Fremdkapital. Da Kosten für langfristiges Fremdkapital bei der Gewerbesteuer nur zu 50 % abzugsfähig sind, ist der Steuervorteil aus Fremdfinanzierung bei der Gewerbesteuer entsprechend geringer.

Der Steuervorteil aus Fremdfinanzierung (tax shield) für in Deutschland steuerpflichtige Unternehmen wird für die einzelnen Planungsperioden wie folgt ermittelt:

Steuervorteil Gewerbesteuer = Fremdkapital x Zinssatz für Fremdkapital x 0,5 x Gewerbesteuersatz

Steuervorteil Körperschaftsteuer = Fremdkapital x Zinssatz für Fremdkapital x Körperschaftsteuersatz

Für die Berechnung des Steuervorteils Gewerbesteuer wurde nur langfristiges verzinsliches Fremdkapital, d.h. kein kurzfristiges verzinsliches Fremdkapital und keine Pensionsverpflichtungen, unterstellt. Der effektive Gewerbesteuersatz ist anzuwenden, d.h. der Abzugsfähigkeit der Gewerbesteuer bei der Gewerbesteuer ist Rechnung zu tragen. Beim Körperschaftsteuersatz ist der Solidaritätszuschlag zu berücksichtigen.

Die in den einzelnen Planperioden anfallenden Steuervorteile aus Fremdfinanzierung sind mit dem Eigenkapitalzinssatz ohne Verschuldung abzuzinsen und dem Gesamtwert des wie oben ermittelten unverschuldeten Unternehmens hinzuzufügen. Die beiden Beträge ergeben den Gesamtwert des verschuldeten Unternehmens.

Der APV-Ansatz unterscheidet sich somit vom WACC-Ansatz durch die unterschiedliche Darstellung des Steuervorteils aus der Fremdfinanzierung.

Anschließend ist wie beim WACC-Ansatz das nicht betriebsnotwendige Vermögen hinzuzurechnen und der Marktwert des Fremdkapitals einschließlich Pensionsverpflichtungen vom Gesamtwert des Unternehmens abzusetzen.

Der APV-Ansatz berücksichtigt die Theorie von Modigliani/Miller zur Kapitalstruktur von Unternehmen, die beinhaltet, daß der Gesamtwert eines Unternehmens in einer Welt ohne Steuern unabhängig von der Kapitalstruktur, d.h. dem Verhältnis von Eigenkapital zu Fremdkapital, ist. Nur die sich aufgrund einer unterschiedlichen Kapitalstruktur ergebenden unterschiedlichen Steuerzahlungen beeinflussen den Unternehmenswert.

## c) Beurteilung und Vergleich der beiden Ansätze

Beim WACC-Ansatz gehen in die gewichteten Kapitalkosten die Eigenkapitalkosten eines verschuldeten Unternehmens ein, beim APV-Ansatz dagegen werden die Eigenkapitalkosten eines unverschuldeten Unternehmens angesetzt. Der Steuervorteil aus Fremdfinanzierung wird beim WACC-Ansatz im Fremdkapitalkostensatz und beim APV-Ansatz durch Kapitalisierung des Steuervorteils berücksichtigt.

Während beim WACC-Ansatz die Kapitalstruktur in Zukunft nur durch eine aufwendige Berechnung verändert werden kann, ist dies beim APV-Ansatz leicht möglich, da trotz Änderung der Kapitalstruktur eine Änderung des Kapitalisierungszinsfußes nicht erforderlich ist. Er ist deshalb für die Bewertung von Leveraged Buy-outs gut geeignet, bei denen in Zukunft die Rückführung einer anfänglich hohen Verschuldung geplant ist. Außerdem eignet sich der APV-Ansatz besser als der WACC-Ansatz für Unternehmen mit steuerlichen Verlustvorträgen, da der Steuervorteil aus Fremdfinanzierung einfacher korrekt darstellbar ist.

## 2.    Prognose der Entwicklung des relevanten Marktes

**Auf Basis der Entwicklung in der Vergangenheit und der Chancen-/Risiken-Analyse ist zu versuchen, die Lage auf dem Absatzmarkt einzuschätzen und die Einflußfaktoren für die Entwicklung des Absatzmarktes, d.h. die kausalen Zusammenhänge, festzustellen. Darauf aufbauend sind begründete Annahmen über die wahrscheinliche oder mögliche Entwicklung des relevanten Marktes in der Zukunft zu machen, d.h. es ist eine Prognose des relevanten Marktes des Unternehmens bzw. der einzelnen strategischen Geschäftseinheiten des Unternehmens zu erstellen.** Wenn der Berechnung des Unternehmenswertes der für die nächsten zehn Jahre individuell ermittelte Cash-flow und für die Zeit danach das nachhaltige Betriebsergebnis nach Ertragsteuern = Cash-flow zugrunde gelegt wird, sollte entsprechend den Möglichkeiten des Planungshorizontes auch der Prognosezeitraum zehn Jahre umfassen.

Die Schätzung des relevanten Marktes sollte zunächst möglichst inflationsfrei mit den heutigen Preisen und anschließend mit den in der Zukunft erwarteten nominellen Preisen vorgenommen werden. Ein Vergleich der Schätzungen auf Basis der heutigen Preise mit der Schätzung auf Basis der erwarteten nominellen Preise und der Vergleich des Unterschiedes mit den erwarteten Realzinsen ist eine Möglichkeit der Plausibilitätskontrolle.

Die Schätzung sollte deshalb mit nominellen Preisen erfolgen, weil der aus der darauf aufbauenden Umsatzplanung und der aus der Kosten-, Ergebnis- und Investitionsplanung sich ergebende Cash-flow ebenfalls mit einem nominellen Zinssatz und nicht mit einem realen (inflationsfreien) Zinssatz abgezinst wird.

Auch weil Umsätze, einzelne Kostenarten und die Investitionen in Zukunft unterschiedlichen Preisänderungsraten unterliegen dürften, ist es einfacher und korrekter, die Planungen mit nominellen statt mit realen Werten vorzunehmen. Für eine Bewertung auf Basis von nominellen Werten spricht auch, daß die für die Wertermittlung zu berücksichtigende Ertragsbesteuerung und die Finanzierung der Veränderung des Nettoumlaufvermögens ebenfalls mit nominellen Werten erfolgt.

Als allgemeine Inflation, von der die unterschiedlichen Preisänderungsraten abgeleitet werden können, sollte bei der Prognose und der Planung der Unterschied zwischen den verwendeten nominellen Zinsen für risikofreie Staatsanleihen und den erwarteten Realzinsen genommen werden. Aufgrund bisheriger Erfahrungen in Deutschland dürften die Realzinsen langfristig im Durchschnitt in der Größenordnung von etwa 3,5-4% anzusetzen sein. In Ländern mit höherer Inflation liegt der Realzins in der Regel etwas höher.

Wenn es die Art der Produkte zuläßt, ist neben einer wertmäßigen Prognose – im Rahmen des Möglichen – zunächst eine mengenmäßige Prognose vorzunehmen. Nur durch eine Schätzung von Menge und Wert des relevanten Marktes lassen sich

– eine Plausibilitätsprüfung der erwarteten Preisentwicklung,
– ein Vergleich des in dem Kapitalisierungszinsfuß enthaltenen Inflationsanteils mit der erwarteten Preisentwicklung auf dem Markt und
– eine Berechnung der voraussichtlichen Kapazitätsauslastung der Branche

vornehmen.

## a) Allgemeines

**Prognosen sind Erwartungen über zukünftige Entwicklungen, die man aus vorhandenen Informationen über die Vergangenheit und die Gegenwart ableitet. Prognosen zu erstellen bedeutet weniger das Anwenden von mathematischen Modellen, sondern mehr das Erkennen von Entwicklungen und von kausalen Zusammenhängen in der Vergangenheit und die daraus ableitbaren Auswirkungen auf die Zukunft.**

## b) Regressionsanalyse

Um im Rahmen einer Unternehmensbewertung eine Prognose der zukünftigen Entwicklung des Absatzmarktes vorzunehmen, ist zunächst eine Liste der möglichen Einflußfaktoren, die einen gewissen kausalen Zusammenhang mit dem Marktvolumen (= realisierte oder prognostizierte effektive Absatzmenge einer Branche, d.h. Branchen- oder Produktgruppenumsatz) aufweisen, zusammenzustellen und eine Regressionsanalyse durchzuführen. Der Einflußfaktor, für den der beste Erklärungszusammenhang festgestellt worden ist und für den natürlich Prognosen vorliegen müssen (z.B. Bruttosozialprodukt, Bevölkerungsentwicklung, Anzahl der Haushalte), kann – sofern sich die Marktbedingungen nicht wesentlich geändert haben oder wahrscheinlich verändern werden – als Leitgröße für die Nachfrageentwicklung im Planungszeitraum betrachtet werden. Bei einer stürmischen Entwicklung einer Branche ist es allerdings möglich, daß die Einflußfaktoren in der Zukunft erheblich von denen der Vergangenheit abweichen.

## e) Analogieverfahren

Das Analogieverfahren kann als Ergänzung und zur Überprüfung der Regressionsanalyse benutzt werden. Das Analogieverfahren kann angewendet werden, wenn das gleiche Produkt auf einem ähnlich strukturierten Markt vorher bereits eingeführt worden ist. Bei Anwendung des Analogieverfahrens ist genau zu prüfen, ob die festgestellten Kausalzusammenhänge übertragbar sind.

## d) Expertenbefragung

Zur Ergänzung und Korrektur der quantitativen Prognosen auf Basis der Regressionsanalyse und des Analogieverfahrens sollte eine qualitative (intuitive) Prognose durch eine Befragung von Fachleuten, d.h. eine Expertenbefragung, vorgenommen werden. Nach dieser Methode lassen sich auch neueste Entwicklungen in die Prognose einbeziehen. Rechnerisch sind die Ergebnisse der Expertenbefragung nicht nachprüfbar. Durch das Befragen mehrerer Fachleute, die möglichst keine oder unterschiedliche Interessen an dem möglichen Unternehmenskauf haben, und die Analyse ihrer Interessenlage und ihrer Urteile sowie das Hinterfragen nach den Gründen für die intuitive Prognose (d.h. den unterstellten kausalen Zusammenhängen, den zugrundeliegenden Erfahrungen, den Analogieschlüssen und den Annahmen) läßt sich der Nachteil der fehlenden Überprüfbarkeit weitgehend eliminieren.

Neben der Einzelbefragung von Experten sind auch eine Gruppenbefragung in Form des Brainstorming und die Delphi-Methode (Befragung von Experten, anonyme Auswertung der Ergebnisse und Zurverfügungstellung der Ergebnisse an die Experten; mehrmalige Wiederholung der Befragung mit dem Ziel, die Schätzung zu verbessern und eine Gruppenstudie zu erhalten) mögliche Formen der Expertenbefragung.

### e)    Szenario-Analyse

Der Einfluß der politischen, gesellschaftlichen, wirtschaftlichen und technischen Entwicklung der Umwelt und ein möglicher Markteintritt und -austritt von Konkurrenten werden durch die Regressionsanalyse, das Analogieverfahren und die Expertenbefragung nur ungenügend bei einer Prognose und somit in der Planung berücksichtigt. Folglich eignen sich die Regressionsanalyse, das Analogieverfahren und die Expertenbefragung hauptsächlich für die Prognose etwa der nächsten drei bis fünf Jahre und weniger für eine Prognose nach diesem Zeitraum, d.h. einer nicht oder kaum vorhersehbaren Zukunft.

Eine einfache Fortschreibung einer 3-5 jährigen Planung ohne Berücksichtigung von alternativen Planungen kann ein falsches Sicherheitsgefühl erzeugen. Mögliche heute schon in der Luft liegende Entwicklungen und erst recht überraschende Entwicklungen werden dann bei der Bewertung nicht berücksichtigt.

Für eine Prognose und somit für eine Planung, die über den 3-5 Jahreszeitraum hinausgeht, sowie bei jungen Unternehmen und neuen Produkten empfiehlt sich die Szenario-Analyse. Bei der Szenario-Analyse werden – ausgehend von einer fundierten Analyse der Ist-Situation – verschiedene mögliche zukünftige Situationen sowie Entwicklungsverläufe, die zu diesen zukünftigen Situationen hinführen, beschrieben. Mit Hilfe der Szenario-Analyse versucht man, auch Einflußfaktoren in der Planung zu berücksichtigen, die heute zwar schon bekannt sind oder sich erahnen lassen, die sich bisher aber noch nicht ausgewirkt haben.

Da sich die Auswirkungen dieser Einflußfaktoren nur schwierig und ungenau feststellen lassen, sind verschiedene plausible Zukunftsbilder zu entwerfen. Folglich liefert die Szenario-Analyse mehrere Ergebnisse. Bei der Szenario-Analyse können somit auch weniger wahrscheinliche Szenarien entworfen und Störereignisse (plötzlich auftretende, vorher trendmäßig nicht erkennbare Ereignisse, die Trendbrüche verursachen und Entwicklungen in völlig neue Richtungen lenken), wie z.B. plötzlich enorm ansteigende Energiepreise aufgrund eines Krieges oder einer Revolution, berücksichtigt werden. Grundsätzlich sollte man sich aber aus Praktikabilitätsgründen nur auf wenige mögliche Veränderungen in der Zukunft beschränken.

Nach Geschka, Horst/von Reibnitz, Ute (in Töpfer/Afheldt: Praxis der strategischen Unternehmensplanung, Frankfurt am Main 1983, S. 130) sind, um alternative Zukunftsbilder zu entwickeln und daraus Konsequenzen und Maßnahmen ableiten zu können, folgende acht Schritte der Szenario-Technik zu durchlaufen:

*1. Schritt:*   *Strukturierung und Definition des Untersuchungsfeldes*
            *(Untersuchungsfeldanalyse)*

*2. Schritt:*   *Identifizierung und Strukturierung der wichtigsten Einflußbereiche auf das*
            *Untersuchungsfeld (Umfeldanalyse)*

3. Schritt:   *Ermittlung von Entwicklungstendenzen und kritischer Deskriptoren der Umfelder*
              *(Trendprojektionen)*

4. Schritt:   *Bildung und Auswahl alternativer, konsistenter Annahmebündel*
              *(Annahmenbündelung)*

5. Schritt:   *Interpretation der ausgewählten Umfeldszenarien*
              *(Szenario-Interpretation)*

6. Schritt:   *Einführung und Auswirkungsanalyse signifikanter Störereignisse*
              *(Störfallanalyse)*

7. Schritt:   *Ausarbeiten der Szenarien bzw. Ableiten von Konsequenzen*
              *für das Untersuchungsfeld (Auswirkungsanalyse)*

8. Schritt:   *Konzipieren von Maßnahmen und Planungen*
              *(Maßnahmenplanung)*

Die acht Schritte der Szenario-Technik hat Hahn/Hengenberg wie folgt beschrieben (Hahn, Dietger/Hengenberg, Harald: PuK – Wertorientierte Controllingkonzepte. 6. Aufl., Wiesbaden 2001, S. 331-334):

*»Im folgenden soll der Prozeß der Szenario-Technik in seinen einzelnen Stufen kurz erläutert werden. Als Beispiel dient dabei das Konzept des Battelle-Instituts, Frankfurt/Main. Dieses gliedert den Prozeß der Szenario-Technik in 8 Schritte, die 4 verschiedenen Ebenen zugeordnet werden. Der Prozeß beginnt mit der Aufgabenstellung, in der das Problem analysiert und das Untersuchungsfeld definiert und strukturiert wird. Dieser Schritt ist der Ebene der konkreten Problembearbeitung zuzuordnen. Oftmals kann direkt von der Problemstellungsphase zu den Phasen der Alternativensuche und -bewertung sowie der Entscheidungsphase mit der sich anschließenden Phase der Willensdurchsetzung übergegangen werden. Es handelt sich dann im Kern um die üblichen Schritte des Planungsprozesses.*

*Bei komplexeren Problemen, z.B. solchen strategischer Art, sind neben dem eigentlichen Problemfeld die Problemumfelder zu ermitteln, die auf das Problemfeld einwirken können. Des weiteren ist zu untersuchen, welche Auswirkungen die Umfelder im einzelnen auf das Untersuchungsfeld haben können und welche Anforderungen sich daraus an die Lösungs-alternativen ergeben. Es handelt sich hierbei um die Phasen 2 und 7 der Szenario-Technik, die beide der Ebene der Problemumfelder zugeordnet werden.*

*Da Szenarien zukunftsorientiert sind, kann es nicht ausreichen, die gegenwärtige Situation zu analysieren. Um die zukünftige Entwicklung der Umfelder zu beschreiben, werden einzelne Kenngrößen (Deskriptoren) ermittelt, deren potentieller Verlauf projiziert wird. Aus der Gesamtheit der Projektionen für die einzelnen Deskriptoren ergeben sich mögliche Zukunftsbilder, woraus sich wieder Rückschlüsse bezüglich der potentiellen Auswirkungen auf das Problemfeld ableiten lassen. Diese Schritte 3 und 5 der Szenario-Technik bilden die Ebene der Zukunftsprojektionen.*

*Das für die Szenario-Technik Typische ist insbesondere in den Schritten 4 und 6 enthalten. Da für die Deskriptoren nicht unbedingt eindeutige Entwicklungen festzustellen sind, muß diesbezüglich mit alternativen Annahmen gearbeitet werden, die unterschiedliche aber plau-sible Verläufe unterstellen, wobei die unterstellten Entwicklungen der einzelnen Deskriptoren*

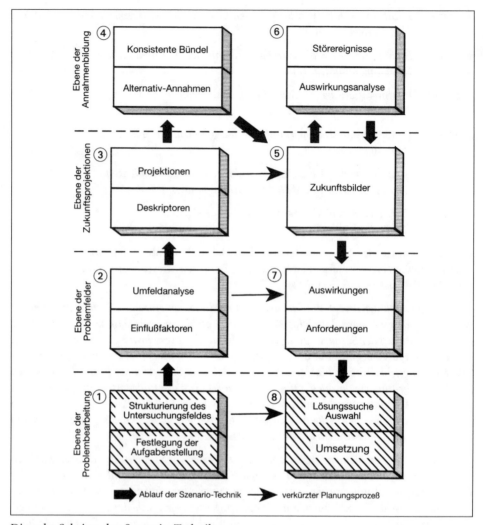

Die acht Schritte der Szenario-Technik

(Quelle: Geschka, H./Hammer, R.: Die Szenario-Technik in der strategischen Unternehmensplanung. In: Strategische Unternehmensplanung – Strategische Unternehmensführung, hrsg. von D. Hahn und B. Taylor, 6., aktualisierte Aufl., Heidelberg 1990.)

*widerspruchsfrei sein müssen. Daneben sind Annahmen über Störereignisse, die die Entwicklungen wesentlich beeinflussen können, zu treffen und die potentiellen Auswirkungen dieser Störereignisse zu analysieren. Die Schritte 4 und 6 bilden die Ebene der Annahmenbildung, die die Erarbeitung alternativer Szenarien zur Folge hat.*«

Die Qualität der Szenario-Analyse hängt im wesentlichen von den vorhandenen Informationen sowie der fachlichen Kompetenz und Vorstellungskraft der Teilnehmer über den Wahrscheinlichkeitsgrad der möglichen Einflußfaktoren und ihrer Wechselbeziehungen ab.

Die Szenario-Analyse macht die Unsicherheit der zukünftigen Entwicklung bewußt. Sie liefert in der Regel keine quantitativen Daten, sondern verbale Zukunftsbeschreibungen. Es bleibt deshalb dem Unternehmensbewerter überlassen, die Ergebnisse der Szenario-Analyse zu quantifizieren und mit Eintrittswahrscheinlichkeiten zu versehen.

Aufgrund der verschiedenen quantifizierten Szenarien kann der Unternehmensbewerter mehrere Werte errechnen, z.B. einen wahrscheinlichen, einen optimistischen und einen pessimistischen und evtl. sogar einen sehr optimistischen und einen sehr pessimistischen Wert.

Eine intensive Szenario-Analyse verlangt die Mitarbeit von verschiedenen Experten, die das Umfeld des zu bewertenden Unternehmens einschätzen können. Je größer die Mitarbeiterzahl, wobei ein Dutzend die Obergrenze sein dürfte, desto umfassender, vielschichtiger und objektiver ist das Ergebnis der Szenario-Analyse.

Im Rahmen der für eine Unternehmensbewertung zur Verfügung stehenden Zeit ist es meistens kaum möglich, eine intensive Szenario-Analyse zu erstellen. Falls keine intensive Szenario-Analyse zu Beginn der Unternehmensbewertung vorliegt, sollte der Unternehmensbewerter eine Szenario-Analyse in vereinfachter Form vornehmen, indem er versucht festzustellen, welche Einflußfaktoren in welchem Maße in Zukunft den Gesamtmarkt und den Umsatz des Unternehmens wahrscheinlich beeinflussen werden und welche alternativen Annahmen er deshalb machen sollte.

## f)   Entscheidungsbaumverfahren

Zu den Prognoseverfahren gehört auch das Entscheidungsbaumverfahren. Beim Entscheidungsbaumverfahren werden die Auswirkungen von Entscheidungen in unterschiedlich wahrscheinlichen künftigen Umweltzuständen baumartig verzweigt dargestellt. Es ist theoretisch das ideale Verfahren, da alle denkbaren Umweltzustände und Handlungsalternativen zu berücksichtigen sind, die den Erfolg des zu bewertenden Unternehmens beeinflussen können. Praktisch ist es jedoch für eine Unternehmensbewertung nicht brauchbar, da

– es kaum möglich ist, sämtliche Umweltzustände und Handlungsalternativen zu erfassen,

– sich – selbst bei Berücksichtigung nur eines Teiles der Umweltzustände und Handlungsalternativen und eines relativ kleinen Planungszeitraumes – eine Unzahl von End-Umweltzuständen ergeben, und

– die Wahrscheinlichkeiten auch beim Entscheidungsbaumverfahren subjektiv sind.

Bei der Szenario-Analyse dagegen werden die einzelnen Äste und Zweige des Entscheidungsbaumes so zusammengefaßt, daß sie mögliche Entwicklungstrends repräsentativ wiedergeben und keine Scheinvollständigkeit vortäuschen.

## g)   Schlußbemerkungen

Für weitere Einzelheiten bezüglich Prognoseverfahren wird auf die einschlägige Literatur verwiesen.

Abschließend sei darauf hingewiesen, daß die bei der Unternehmensbewertung zugrunde gelegten Werte hinreichend zu begründen sind, um deren logische Ableitung aus den Bewertungsprämissen und die verschiedenen Prognoseverfahren transparent und nachvollziehbar zu machen.

## 3.    Umsatz-, Kosten- und Investitionsplanung

Planung ist systematisches, vorausschauendes Denken und ein Formulieren von Zukunftsvorstellungen, Handlungsalternativen oder Zielen.

Eine ausführlichere Definition des Planungsbegriffes findet sich bei Schwaninger (Schwaninger, Markus: Integrale Unternehmensplanung, Frankfurt a. M./New York 1989, S. 27). Er definiert Planung wie folgt:

1.) **Die geistige Durchdringung und Strukturierung von Sachverhalten:**
*Es geht dabei darum, alle für ein Vorhaben und seine Ausführung wesentlichen Bedingungen, sowie die von der Realisierung des Vorhabens ausgehenden Wirkungen und Folgen soweit als möglich überschaubar zu machen. Dabei gilt es, zukünftige Sachverhalte und Zusammenhänge zu begreifen, Kausalitäten, Wirkungs- und Problemzusammenhänge zu erfassen und zu verstehen.*

2.) **Die Vorwegnahme von Zielen, Handlungen und Verhaltensweisen:**
*Planung besteht weiter:*
*– Im Herausfinden konkreter Ziele, die dem, was man will, am nächsten kommen,*
*– In der Erarbeitung des Lösungsweges und der konkreten Tätigkeiten, respektive Maßnahmen und Verhaltensweisen, welche am einfachsten und sichersten zu diesen Zielen führen.*

**Bei der Planung im Hinblick auf eine Unternehmensbewertung kommt es weniger auf eine Detailgenauigkeit der einzelnen Posten an, wie sie z.B. bei einem Budgetplan gefordert ist, sondern auf die vollständige Erfassung aller kritischen Faktoren und ihre unter den gegebenen Möglichkeiten angemessene und in sich schlüssige Umsetzung in voraussichtliche Einnahmen und Ausgaben.**

**Aufgabe einer Unternehmensplanung im Hinblick auf eine Unternehmensbewertung ist es, aufgrund der gegebenen Ressourcen und der Marktverhältnisse sowie der Anpassungsfähigkeit des Unternehmens das Erfolgspotential in Form des erwarteten Cash-flows zu ermitteln. Die einzelnen Bestandteile der Unternehmensplanung zeigen an, wie aus heutiger Sicht der zukünftige Cash-flow wahrscheinlich erzielt werden kann.**

Da die Rechnungslegung nach HGB nicht betriebswirtschaftlichen Forderungen entspricht, ist die Planung auf Basis der Bewertungsvorschriften der IAS oder der US-GAAP vorzunehmen. Um die Vergangenheitszahlen mit der Planung besser vergleichen zu können, sollten soweit wie möglich auch die Vergangenheitszahlen ggf. vom HGB auf IAS oder US-GAAP übergeleitet werden.

Die Planung sollte – außer in Ländern mit Hochinflation – in nominalen und nicht in realen Werten erfolgen, da eine Planung in realen Werten und die Abzinsung des Cash-flows mit einem realen Kapitalisierungszinsfuß wesentlich schwieriger, fehleranfälliger und weniger aussagefähig ist.

Keinesfalls darf es sich bei einer Planung um die Darstellung von Sollwerten oder Wunschvorstellungen handeln.

Je sorgfältiger bei der Ermittlung eines subjektiven Wertes die Strategie des zu bewertenden Unternehmens ausgearbeitet und die strategische Planung erstellt wurde und je weniger unverbindliche Allgemeinplätze sie enthält bzw. je genauer bei der Ermittlung eines objektivierten Wertes (Stand-alone-Wert) versucht wurde, die Fähigkeiten des Managements, die Strategie und die strategische Planung zu analysieren, desto leichter und konkreter kann man die strategische Planung in eine Einnahmen-/Ausgaben-Rechnung und somit in eine Discounted-cash-flow-Bewertung umsetzen.

Es ist offensichtlich, daß bei der Ermittlung eines subjektiven Wertes die Möglichkeit des Unternehmensbewerters zur Analyse und Beurteilung der Strategie und der strategischen Planung wesentlich größer ist als bei der Ermittlung eines sogenannten objektivierten Wertes, da der Unternehmensbewerter bei der Ermittlung des objektivierten Wertes die langfristigen Strategien des zu bewertenden Unternehmens kaum kennt.

**In der Bewertung sind sämtliche Annahmen darzulegen und zu begründen, damit sich der Empfänger der Unternehmensbewertung ein eigenes Urteil bilden kann.**

## a)   Umsatzplanung

Die Prognose der Entwicklung des relevanten Marktes des Unternehmens bzw. der einzelnen strategischen Geschäftseinheiten des Unternehmens ist die Basis für die Absatz- und Umsatzplanung des Unternehmens. Während das Unternehmen die Entwicklung des relevanten Marktes nicht oder kaum beeinflussen kann, lassen sich die Marktanteile am Gesamtmarkt, d.h. die Höhe des Umsatzes des Unternehmens, durch seine Strategie in einem gewissen Rahmen verändern. Die zukünftigen Umsätze des Unternehmens hängen somit von

– der Entwicklung des relevanten Marktes,
– den Stärken und Schwächen (Ressourcen) des Unternehmens und
– den von dem Management entwickelten Strategien und deren Umsetzung

ab.

Eine Umsatzplanung kann somit in aller Regel von der prognostizierten Entwicklung des relevanten Marktes ausgehen. Darauf aufbauend ist die Umsatzplanung nach einem Vergleich der Stärken und Schwächen (Ressourcen) und der Strategie des Unternehmens mit dem Branchendurchschnitt und/oder den Hauptkonkurrenten aufgrund von »Gesetzmäßigkeiten« und Erfahrungssätzen zu korrigieren, was eine Veränderung des Marktanteils des Unternehmens gegenüber der Gegenwart und Vergangenheit bedeutet.

Die Umsatzplanung, besonders wenn sie mit einer Marktanteilsänderung verbunden ist, sollte individuell nach Produktgruppen/Produkten, Absatzwegen und Regionen (soweit wie möglich mit Mengen- und Preisangaben) vorgenommen werden.

Falls Unternehmensplanungen vorgelegt werden, die von einer Marktanteilssteigerung des zu bewertenden Unternehmens ausgehen, sind die möglichen Gegenmaßnahmen der Wettbewerber genau zu untersuchen.

Jede Umsatzplanung ist durch Vergleich mit der Entwicklung des Umsatzes und des Marktanteils in der Vergangenheit im Detail auf Plausibilität zu prüfen.

Bei der Umsatzplanung sollte ebenso wie bei der Prognose des relevanten Marktes zusätzlich eine Expertenbefragung (intuitive Methode) vorgenommen werden.

### b)    Kostenplanung

Die Kostenplanung ist wie die Umsatzplanung im Detail vorzunehmen.

Die Höhe der zukünftigen Umsätze ist außer von der Verfügbarkeit der Produkte und Dienstleistungen im wesentlichen davon abhängig, inwieweit sich die Kunden bei gleichzeitigem Vorliegen von Konkurrenzangeboten entscheiden, die angebotenen Produkte und Dienstleistungen des Unternehmens zu kaufen. Die Höhe der zukünftigen Umsätze hängt somit in hohem Maße von dem Verhalten der anderen Marktteilnehmer (Kunden, Konkurrenten) ab. Laufende Veränderungen des Angebotes und des Bedarfs beeinträchtigen die Rückschlüsse, die man aus den Erfahrungen der Vergangenheit auf die Zukunft ziehen kann.

Bei den zukünftigen Kosten ist das anders, da ihre mengenmäßige Höhe durch die Höhe des geplanten Absatzes bestimmt wird und man in der Regel in stärkerem Maße auf Erfahrungen der Vergangenheit zurückgreifen kann. Somit sollte in der Regel die Planung der zukünftigen Kosten mit weniger Unsicherheiten behaftet sein als die Planung der Umsätze.

Um Rückschlüsse aus der Höhe der Kosten der Vergangenheit auf die Höhe der zukünftigen Kosten ziehen zu können, sollten die Kosten nach verschiedenen Kriterien analysiert werden, nämlich nach der

– Marktabhängigkeit,
– Produktivitätsentwicklung und
– Auslastung.

Soweit die Kosten marktabhängig sind, d.h. insbesondere die Preise für Roh-, Hilfs- und Betriebsstoffe und Handelswaren sowie die direkten und indirekten Lohnkosten, sind sie, wenn man z.B. von Standortverlagerungen oder der Wahl einer anderen Rohstoffbasis absieht, von dem Unternehmen wenig beeinflußbar.

Bei der Produktivitätsentwicklung handelt es sich um eine mengenmäßige Veränderung der Kosten bzw. um eine Veränderung der Ausbeute. Die Produktivitätsentwicklung wird in der Regel durch eine Vielzahl von Maßnahmen beeinflußt und muß deshalb individuell geplant werden.

Der Einfluß der Auslastung auf die Kosten läßt sich theoretisch mit der Break-even-Analyse (Gewinnschwellenanalyse) relativ einfach planen. In der Praxis ist die Planung jedoch meistens komplex, da

- der Anteil der fixen Kosten in den einzelnen Produktionsstufen unterschiedlich ist,
- viele Kostenarten nicht eindeutig fix oder variabel sind, sondern fixe und variable Teile enthalten,
- bei der Planung die sprungfixen Kosten zu berücksichtigen sind,
- die fixen Produktionskosten bei unterschiedlicher Sortimentsbreite variieren und
- die fixen Vertriebskosten oft stärker von der sich verändernden Markt- und Abnehmerstruktur als von der Absatzmenge beeinflußt werden.

Somit ist es nur in den seltensten Fällen möglich, aufgrund einer geplanten veränderten Auslastung eine pauschale Kostenveränderung zu planen. Man kommt somit um eine mehr oder weniger individuelle Planung nicht umhin.

Die Werbekosten lassen sich nur teilweise in obiges Schema »Marktabhängigkeit, Produktivitätsentwicklung, Auslastung« einfügen, da die Höhe des Umsatzes nicht nur die Höhe der notwendigen Werbekosten bestimmt, sondern sich auch durch eine Veränderung der Werbekosten – im Gegensatz zu einer Veränderung der anderen Kosten – die Höhe des Umsatzes verändern läßt. Es gilt somit, aufgrund von Erfahrungen die Werbekosten mit den Beträgen in die Planung einzusetzen, die in Verbindung mit den anderen Marketinginstrumenten über den dadurch wahrscheinlich erwirtschafteten Umsatz den höchsten diskontierten Cash-flow ergeben.

Bei den Forschungs- und Entwicklungskosten kann man weniger Rückschlüsse aus den Kosten der Vergangenheit ziehen, und sie passen schlecht in obiges Schema »Marktabhängigkeit, Produktivitätsentwicklung, Auslastung«, da sie in hohem Maße Investitionscharakter haben. Hier sollte man sich bei der Planung im klaren werden, inwieweit Forschungs-. und Entwicklungskosten in den einzelnen Jahren

- für die Weiterentwicklung bestehender Produktionsverfahren und Produkte und
- für neue Gebiete und neue Produkte

notwendig sind und welche Erfolgschancen man sich verspricht, um Hinweise auf das Risiko bei der Schätzung der Eintrittswahrscheinlichkeit von verschiedenen Planungen (optimistisch, wahrscheinlich, pessimistisch) zu erhalten.

## Exkurs: Erfahrungskurven-Effekt

Ein hilfreiches Mittel bei der Planung der Kosten und der Verkaufspreise kann der Erfahrungskurven-Effekt sein, wie er erstmals Ende der 60er Jahre des vorigen Jahrhunderts im Rahmen einer empirischen Untersuchung der Boston Consulting Group über die Preis- und Kostenentwicklung in verschiedenen Branchen festgestellt wurde (siehe Henderson, Bruce J.: Die Erfahrungskurve in der Unternehmensstrategie. 2., überarbeitete Auflage, Frankfurt/New York 1984; Übersetzung der 4., überarbeiteten Auflage von 1974).

Der Erfahrungskurven-Effekt besagt, daß die realen (nicht inflationierten) Stückkosten (Wertschöpfung) eines Produktes um potentiell 20 – 30 % zurückzugehen scheinen, sobald sich die in kumulierten Produktmengen ausgedrückte Produkterfahrung verdoppelt. Dabei wird unterstellt, daß alle Kostensenkungsmöglichkeiten, die sich durch Lerneffekte, Größendegression, technischen Fortschritt und Rationalisierungsmöglichkeiten ergeben, genutzt werden.

Henderson zeigt in seinem Buch 24 Beispiele aus den USA. Es handelt sich hauptsächlich um Produkte aus der elektronischen und chemischen Industrie. Bei diesen Beispielen gingen langfristig (anfangs geringer, später stärker) die Preise durchschnittlich zwischen 10-30 % mit jeder Verdoppelung der Produktmenge zurück.

Gemäß Buzell/Gale (Buzell, Robert D./Gale, Bradley T: Das PIMS-Programm, Strategien und Unternehmenserfolg. Wiesbaden 1989, S. 69-70) hat die Boston Consulting Group später (1978) ihre frühere Schätzung überprüft und festgestellt, »*daß der Kostenvorteil aus einem 2 : 1-Marktanteilsverhältnis nur ungefähr die Hälfte (10 % statt 20 %) dessen beträgt, was man eigentlich bei Zugrundelegung der Erfahrungskurve erwartet hätte*« (Boston Consulting Group: The Experience Curve Revised. In: Perspective No. 229, Boston 1978). Buzell/Gale weisen darauf hin, daß sie folgende tatsächliche durchschnittliche Umsatzrendite vor Steuern nach PIMS ermittelt haben:

*Marktanteil im Verhältnis zum größeren Wettbewerber*

| *in % vom Umsatz* | *0,25x* | *0,50x* | *1,0x* | *2,0x* | *4,0x* |
|---|---|---|---|---|---|
| *tatsächliche durchschnittliche Umsatzrendite nach PIMS* | 6 | 8 | 10 | 12 | 14 |

Die Erfahrung von PIMS zeigt somit, daß bei einer Verdoppelung des relativen Marktanteils die Umsatzrendite vor Steuern um 2 Prozentpunkte und bei einer vierfachen Verdoppelung um 8 Prozentpunkte steigt.

Das PIMS-Programm, Profit Impact of Market Strategies (= Die Wirkungen von Marktstrategien auf den Gewinn), wurde 1972 ins Leben gerufen. Es baute auf ein bei General Electric von Sidney Schoeffler entwickeltes statistisches Modell auf. Wirkungszusammenhänge im Bereich der strategischen Unternehmensplanung sollten empirisch belegt und quantifiziert werden.

Ohne auf die verschiedenen Literaturbeurteilungen des Erfahrungskurven-Effektes im einzelnen eingehen zu wollen, zeigt sich, daß eine enge positive Korrelation zwischen Marktanteil und Rentabilität besteht.

Die »Gesetzmäßigkeit« der Erfahrungskurve bedeutet, daß in dieser Größenordnung aufgrund einer Analyse und Due Diligence erahnte individuelle Kostensenkungsmöglichkeiten bei entsprechenden Anstrengungen wahrscheinlich auch realisiert und in der Planung berücksichtigt werden können.

Da man unterstellen sollte, daß sich längerfristig die Preise weitgehend parallel zu den Kosten entwickeln, ist der Erfahrungskurven-Effekt unter Berücksichtigung der jeweiligen Konkurrenzsituation auch bei der Planung der Verkaufspreise zu berücksichtigen, d.h. die Verkaufspreise sind in der Planung entsprechend zu reduzieren.

Der Erfahrungskurven-Effekt hat eine große Bedeutung bei Produkten mit einem hohen Marktwachstum, was in der Regel hochinnovative Produkte sind.

Der Erfahrungskurven-Effekt beweist, welche Auswirkungen die Höhe des relativen Marktanteils auf den Unternehmenswert haben kann, da den unterschiedlichen relativen

Marktanteilen unterschiedliche Erfahrungskurven zugrunde liegen, was folglich unterschiedliche Ergebnisse pro Stück und somit unterschiedliche Renditen der konkurrierenden Unternehmen bedeuten kann.

Falls Informationen über Umsätze, Kosten und Ergebnisse sowie Strategien in Verbindung mit der Entwicklung der Marktanteile der wichtigsten Konkurrenten beschaffbar sind, sollten sie analysiert werden, um evtl. Schlüsse für die Prognose der Kosten und folglich der möglichen Preispolitik der Konkurrenten und für die Prognose des Absatzes, der Preise und der Kosten des zu bewertenden Unternehmens auf der Grundlage des Erfahrungskurven-Effekts ziehen zu können.

## c) Plausibilitätsprüfung von Umsatz- und Kostenplanungen

Um selbsterstellte oder erhaltene Umsatz- und Kostenplanungen auf Plausibilität zu prüfen, empfiehlt es sich, die Veränderungen zwischen den Ergebnissen der letzten Geschäftsjahre und den geplanten Ergebnissen im Rahmen des Möglichen absolut und in % vom Umsatz aufzuschlüsseln und kritisch auf Plausibilität zu prüfen. In die Aufschlüsselung sollten folgende Positionen aufgenommen werden:

Ergebnisveränderungen aufgrund

– anderer Verkaufspreise

– anderer Einkaufspreise

– von Preisänderungen bei den anderen Kostenfaktoren

– der mengenmäßigen Veränderung der Kosten (Produktivitätsänderung)

– anderer Auslastung

– eines anderen Produkt-Mix

Anschließend sollte die geplante Umsatzrendite mit der Umsatzrendite der einzelnen Konkurrenten bzw. der Branche verglichen und untersucht werden, ob die geplante Umsatzrendite in Anbetracht der jetzigen und künftigen Marktstellung und des künftigen Verkaufssortiments des zu bewertenden Unternehmens sowie der Kostensituation der einzelnen Unternehmen als plausibel angesehen werden kann.

Um die Planergebnisrechnungen der ferneren Zukunft, d.h. die Planergebnisse ab etwa dem fünften Jahr, auf Plausibilität zu prüfen, empfiehlt es sich, die Betriebsergebnisse nach Ertragsteuern mit den Kapitalkosten der geschätzten Substanzwerte einschließlich geschätzter Investitionen in immaterielle Vermögensgegenstände zu Beginn des jeweiligen Geschäftsjahres zu vergleichen. Der Substanzwert einschließlich der immateriellen Vermögensgegenstände kann somit bei der Plausibilitätsrechnung als Kontrollwert dienen.

Beispielsweise wäre folgende Kontrollrechnung denkbar:

| | | |
|---|---:|---:|
| Buchwert der Vermögensgegenstände etwa ab dem 5. Planungsjahr | 500 | |
| Korrektur wegen betriebswirtschaftlich nicht | | |
|     angemessener Abschreibungen | 100 | |
| Zuschlag für Wiederbeschaffungskosten | <u>100</u> | 700 |
| Forschungs- und Entwicklungskosten der letzten zehn Jahre | 200 | |
| Aufzinsung | <u>100</u> | 300 |
| Werbekosten der letzten drei Jahre | 100 | |
| Aufzinsung | <u>10</u> | <u>110</u> |
| Geschätzter Substanzwert einschließlich | | |
|     immaterieller Vermögensgegenstände | | 1.110 |
| 10 % Kapitalkosten | | 111 |

Die Ergebnisplanung ist um so plausibler – sofern das Unternehmen keine besonderen Wettbewerbsvorteile hat – je mehr sich das Betriebsergebnis nach Ertragsteuern den Kapitalkosten nähert. Je stärker die Wettbewerbsvor- oder -nachteile des zu bewertenden Unternehmens von denen der wichtigsten Konkurrenten abweichen, um so stärker dürften auch, insbesondere in den ersten Jahren der Planung, die zukünftigen Betriebsergebnisse nach Ertragsteuern von den Kapitalkosten abweichen. Je ferner die Planungszeit liegt, um so geringer dürfte die Bedeutung der heutigen Wettbewerbsvorteile sein. Es ist jedoch möglich, daß sich das Unternehmen im Laufe der Jahre neue Wettbewerbsvorteile schafft.

Je mehr die folgenden Punkte zutreffen, desto näher dürfte das Betriebsergebnis nach Ertragsteuern in der Nähe der Kapitalkosten liegen:

– relativ geringer Marktanteil

– starke Marktmacht der Abnehmer

– niedrige Markteintrittsbarrieren

– kein Patentschutz, keine Know-how-Vorteile

– geringe oder keine Produktdifferenzierung (Commodity-Produkte, keine Markenprodukte)

– kurze Produktlebenszyklen

– Bedrohung durch Substitutionsprodukte

Sollte die Ergebnisplanung unplausibel sein, ist sie zu revidieren.

Von Dritten erstellte Ergebnisplanungen sollten auf folgende Punkte untersucht werden:

– Wurden alle Bereiche des Unternehmens und die Umwelt des Unternehmens analysiert?

– Wurden die einzelnen Bereiche des Unternehmens und seine Umwelt in einem für die Bewertungsaufgabe angemessenen Umfang untersucht?

– Wurden die Ergebnisse der Analysen klar, objektiv und nachprüfbar dargestellt?

- Sind sämtliche in den Planungen gemachten Erwartungen in sich widerspruchsfrei (z.B. Abstimmung der einzelnen Pläne, nämlich Umsatzplan, Produktionsplan, Forschungsplan, Personalplan, Investitionsplan untereinander; Abstimmung des im Zinssatz enthaltenen Inflationsanteils mit den bei den Erlösen und Kosten geschätzten Preissteigerungen, die jedoch nicht identisch sein müssen)?

- Können alle aufgrund der Analyseergebnisse in der Planung gemachten Annahmen von Personen mit umfangreichen wirtschaftlichen Kenntnissen und Erfahrungen nachvollzogen werden?

- Welchen Eindruck hat der Unternehmensbewerter von der Qualität der Analyse und den Planungen des Managements? (Die Qualität der Analyse und das Planungsvermögen der Manager geben Hinweise auf die Anpassungsfähigkeit des Managements bei Änderung der Marktgegebenheiten.)

Mit denselben Kriterien können auch Empfänger von Unternehmensbewertungen wie Käufer, Verkäufer, Vorstände, Geschäftsführer und Richter die Qualität von Unternehmensbewertungen beurteilen.

Ergebnisplanungen, die weitgehend der bisherigen Unternehmensentwicklung entsprechen, sind genauso zu prüfen wie von der bisherigen Ergebnisentwicklung stark abweichende Ergebnisplanungen. Bei Ergebnisplanungen, die wenig von der Vergangenheit abweichen, handelt es sich oft um einfache Trendextrapolationen, und es besteht die Gefahr, daß das Management nicht fähig ist, auf nicht erwartete Änderungen der Marktgegebenheiten angemessen zu reagieren.

Bei Ergebnisplänen, die in der Zukunft wesentlich bessere Ergebnisse als in der Vergangenheit zeigen, ist sehr intensiv zu untersuchen,

- warum solche Ergebnisse nicht schon in der Vergangenheit erzielt werden konnten, und

- ob die Konkurrenten nicht ebenfalls gleiche oder ähnliche Maßnahmen zur Verbesserung der Ertragslage ergreifen werden, so daß sich die Ertragslage des zu bewertenden Unternehmens gegenüber der Vergangenheit nicht wesentlich verändern dürfte.


## d)  Investitionsplanung

Bei einem bestehenden Produktionsunternehmen kann man zwischen Ersatz-, Rationalisierungs-, Erweiterungs- und Umweltschutzinvestitionen unterscheiden. Oft werden jedoch mehrere Investitionszwecke miteinander verbunden. Daneben können noch Investitionen im Verwaltungs- und Sozialbereich anfallen.

Bei der Investitionsplanung sind nicht nur die bereits eingeleiteten und beschlossenen Investitionen, sondern sämtliche notwendigen Investitionen zu berücksichtigen, die im Planungszeitraum und danach zur Erzielung des erwarteten nachhaltigen Cash-flows notwendig sind.

Mehr noch als bei der Umsatz- und Kostenplanung ist der Unternehmensbewerter bei der Investitionsplanung von der Unterstützung der Experten abhängig, da er wegen mangelnden technischen Sachverstandes und fehlender Branchenkenntnisse die Notwendigkeit und Höhe der Investitionen in den nächsten zehn und mehr Jahren schwer beurteilen kann. Für die Langfristplanung, d.h. für einen Zeitraum von über fünf Jahren, haben auch die Experten oft wenig konkrete Vorstellungen über die wahrscheinlich anfallenden Investitionsausgaben. Auf die Schnelle für Zwecke der Unternehmensbewertung angefertigte langfristige Investitionsplanungen enthalten deshalb meistens erhebliche Unter- oder Überschätzungen des Investitionsbedarfs und orientieren sich oft an der Höhe der Abschreibungen. Die Orientierung an den Abschreibungen ist selbst bei nicht unterstelltem Wachstum und ohne einen Bedarf von Investitionen für Rationalisierung und Umweltschutz falsch, da hierbei nicht den veränderten, meistens höheren Wiederbeschaffungskosten für neue Sachanlagen Rechnung getragen wird.

Wegen der großen Bedeutung der Investitionen für die Ermittlung des Unternehmenswertes können solche Fehleinschätzungen zu groben Bewertungsfehlern führen.

Der Unternehmensbewerter ist deshalb gehalten, aufgrund der Analyse der vorhandenen Daten und durch Besichtigung der Sachanlagen den vorgelegten Investitionsplan genau zu analysieren und ggf. mit den Experten zu revidieren.

Über die Notwendigkeit und angemessene Höhe der Ersatzinvestitionen sollte sich der Unternehmensbewerter durch einen Vergleich der Investitionen über einen langen Zeitraum in der Vergangenheit und Inaugenscheinnahme der Sachanlagen ein Bild machen.

Die Höhe der Rationalisierungsinvestitionen kann durch einen Vergleich mit der Kostenplanung und die Höhe der Erweiterungsinvestitionen durch einen Vergleich mit der Umsatzplanung überprüft werden.

Die Höhe der Umweltschutzinvestitionen ist durch Umweltschutzexperten aufgrund der vorliegenden und zu erwartenden Auflagen und der technischen Möglichkeiten zu analysieren.

Eine weitere Plausibilitätskontrolle besteht darin, über einen längeren Zeitraum in der Vergangenheit die Höhe des jeweiligen Sachanlagevermögens zu Anschaffungspreisen mit dem jeweiligen Jahresumsatz und die Höhe der geplanten Sachanlagenveränderung mit der geplanten Umsatzerhöhung in den einzelnen Jahren in Beziehung zu setzen. Ein Vergleich dieser Kennzahlen mit der Umsatzplanung gibt ebenfalls einen gewissen Anhaltspunkt für den zukünftigen Investitionsbedarf. Bei der Anwendung dieser Kennzahlen ist zu untersuchen, ob sie wegen

– eines besonders schlechten Zustandes der Sachanlagen,

– eines ungewöhnlichen Investitionsverhaltens in der Vergangenheit,

– eines Preisverfalls bei den verkauften Erzeugnissen,

– Preissteigerungen bei den Investitionsgütern,

– eines hohen Rationalisierungsbedarfs und/oder

– der Ausnutzung des Bewertungsspielraums bei selbsterstellten Anlagen

korrigiert werden müssen.

Der Investitionsplan ist um eventuelle Erlöse aus Anlageverkäufen zu kürzen.

Die Investitionen sind wie die Umsätze und Kosten mit den erwarteten nominellen Preisen zu planen.

## 4. Ermittlung des Cash-flows

### a) Cash-flow des Planungszeitraums

Der Cash-flow für die einzelnen Jahre des Planungszeitraums wird, wie bereits im Abschnitt C.I.1 gesagt, grundsätzlich wie folgt berechnet:

Betriebsergebnis (operatives Ergebnis) vor Zinsen und Ertragsteuern
(auch EBIT = earnings before interest and taxes genannt)

./. Ertragsteuern

= Betriebsergebnis vor Zinsen und nach Ertragsteuern

+ Abschreibungen

./. Investitionen

./././+ Zunahme/Abnahme des Nettoumlaufvermögens

= Cash-flow

Eventuell ist der Cash-flow um andere Posten zu erweitern. Auf diese Posten (Veränderung sonstige Rückstellungen, Veränderung Rückstellungen für Pensionsverpflichtungen, Veränderung Steuerrückstellungen, Veränderung sonstiges Vermögen und sonstige Verbindlichkeiten, sonstiger Cash-flow) wird weiter unten eingegangen.

Dieser Cash-flow steht für die Nettoausschüttungen an die Anteilseigner, das ist der Saldo aus Einnahmen (Gewinnausschüttungen und Kapitalrückzahlungen) und Ausgaben (Kapitaleinzahlungen), und – soweit eine Fremdkapitalfinanzierung beabsichtigt ist – für die Nettoauszahlungen an die Fremdkapitalgeber, das ist der Saldo aus Zinsen, Kreditrückzahlungen und Kreditaufnahmen, zur Verfügung. Die Abzugsfähigkeit der Zinsen bei der Steuerbemessungsgrundlage wurde hier nicht berücksichtigt; ihr wird bei der Ermittlung Fremdkapitalkosten (siehe C. I. 5b) Rechnung getragen.

Der so definierte Cash-flow, auch Netto-Cash-flow oder Free-Cash-flow genannt, ist nicht identisch mit der in Deutschland üblichen Cash-flow-Definition.

Da zunächst der Gesamtwert des Unternehmens (d.h. ohne Absetzung des verzinslichen Fremdkapitals) und nicht der Wert des Unternehmens = Wert des Eigenkapitals ermittelt wird, ist an dieser Stelle der Cash-flow vor Abzug der Fremdkapitalzinsen und dem Saldo aus Kreditrückzahlungen und Kreditaufnahmen, und nicht der zur Ausschüttung an die Anteilseigner zur Verfügung stehende Cash-flow zu berechnen.

Die auf den ersten Blick umständlich erscheinende Wertermittlung auf Basis des Cashflows vor Abzug der Fremdkapitalzinsen und dem Saldo aus Kreditrückzahlungen und Kreditaufnahmen und vor Berücksichtigung der Abzugsfähigkeit der Zinsen bei der

Steuerbemessungsgrundlage hat den Vorteil, zunächst den Gesamtwert des Unternehmens unabhängig von der Kapitalstruktur und des damit verbundenen Finanzierungsrisikos ermitteln zu können (siehe auch C. I. 5e).

Der zukünftige Cash-flow (Netto-Cash-flow) hängt von folgenden Komponenten ab:

– Höhe des Umsatzes bzw. Veränderung des Umsatzes gegenüber dem Vorjahr

– Betriebsergebnis + Abschreibungen, auch Brutto-Cash-flow, Cash inflow, operativer Cash-flow oder EBITDA (earnings before interest, taxes, depreciation and amortization) genannt (Marge)

– Ertragsteuersatz

– Bedarf an Investitionen

– Veränderung des Nettoumlaufvermögens

Die einzelnen obigen Komponenten, auch Wirkungsparameter oder Werttreiber (value driver) genannt, lassen sich weiter untergliedern. Hierzu gehören

– die Größe des relevanten Marktes, der Marktanteil und eine Aufteilung des Umsatzes,

– die Verkaufspreise und die Zusammensetzung und Höhe der das Betriebsergebnis beeinflussenden Kostenarten – insbesondere der Forschungs- und Entwicklungskosten, die Investitionscharakter haben – und

– die Aufteilung des Nettoumlaufvermögens.

Es ist wichtig, sich der Bedeutung oben genannter fünf Komponenten des Cash-flows (Netto-Cash-flow) bewußt zu werden, um das Ergebnis verschiedener Szenarien sowie von Sensitivitätsanalysen schnell und richtig beurteilen zu können.

Bei der Ermittlung des Cash-flows wurde unterstellt, daß das Betriebsergebnis nicht durch steuerrechtliche Bewertungsmöglichkeiten, eine besonders vorsichtige Bilanzierung (z.B. Rückstellungen) oder eine stille Auflösung von stillen Reserven verfälscht worden ist. Die Berechnung des Cash-flows ist ggf. zu korrigieren.

Der Planungszeitraum sollte so lang gewählt werden, wie individuelle Ergebnisse je Geschäftsjahr ermittelt werden können. Da das letzte Geschäftsjahr das Basisjahr für die Errechnung des Endwertes ist, sollte es ein »Normaljahr« sein, d.h. das Alter und die Auslastung der Anlagen, das Alter der Produkte und die Höhe der stark beeinflußbaren Kosten wie Forschungs- und Entwicklungskosten und Werbekosten sollten in dem letzten Planungsjahr möglichst dem nachhaltigen Durchschnitt der Zukunft entsprechen. Sofern wenige Jahre vor dem Ende oder unmittelbar nach dem Ende des Planungszeitraumes wesentliche Investitionsschübe geplant bzw. notwendig sind, muß der Planungszeitraum entsprechend verlängert werden, damit bei der Ermittlung des Endwertes für die zukünftigen Jahre ein weitgehendes Gleichgewicht von Investitionen und Abschreibungen unterstellt werden kann. Bei Unternehmen mit sehr langen Investitionszyklen (z.B. Energieversorgungsunternehmen) kann es deshalb notwendig sein, den Planungszeitraum wesentlich über zehn Jahre zu verlängern.

Die Planung sollte nicht nur eine operative Planung der nächsten Jahre und eine lineare Fortschreibung der operativen Planung für die darauffolgenden Jahre enthalten, sondern die individuelle Planung sollte so langfristig sein, daß sich in ihr die bei den Produkten und auf dem Markt heute abzeichnenden Änderungen sowie eingeleitete oder beabsichtigte strategische Maßnahmen niederschlagen. Ein Planungszeitraum von zehn Jahren dürfte deshalb in den meisten Fällen angebracht sein. Bei Unternehmen, die in reifen Märkten arbeiten, kann der Planungszeitraum kürzer sein, und bei Unternehmen, die demnächst neue Umsatz- und renditestarke Produkte (z.B. mit Patentschutz, speziellem Know-how) anbieten werden, kann der Planungszeitraum länger sein.

**Der Planungszeitraum braucht nur so lang zu sein, wie sich weitere Investitionen und eine weitere Erhöhung des Nettoumlaufvermögens über die Kapitalkosten hinaus verzinsen, d.h. solange man noch Wettbewerbsvorteile erwartet.**

### aa) Betriebsergebnis vor Zinsen und Ertragsteuern

Das Betriebsergebnis vor Zinsen und Ertragsteuern sollte nicht um eventuelle Abschreibungen auf einen Geschäfts- oder Firmenwert gekürzt sein. Abschreibungen auf einen Geschäfts- oder Firmenwert sind keine Kosten, sondern sind nur die buchmäßige Tilgung von bezahlten kapitalisierten erwarteten Gewinnen.

### ab) Ertragsteuern

Basis für die Ermittlung der Ertragsteuern ist das Betriebsergebnis vor Zinsen und Ertragsteuern, d.h. es wird zunächst eine vollständige Eigenkapitalfinanzierung des Unternehmens unterstellt. Die steuerliche Abzugsfähigkeit der Fremdkapitalkosten wird später im Kapitalisierungszinsfuß (WACC = weighted average cost of capital), bei dem der Steuervorteil aus Fremdfinanzierung (tax shield) gekürzt wird, berücksichtigt.

Da der Kapitalisierungszinsfuß für den Cash-flow von den Zinsen für risikofreie Kapitalanlagen vor Einkommensteuer abgeleitet wird, ist auch der Cash-flow nicht um die Einkommensteuer der Anteilseigner, sondern nur um die von dem Unternehmen zu zahlenden Ertragsteuern zu kürzen. (IDW Standard S 1 vom 28.6.2000 ist anderer Ansicht; siehe C. IX.)

Bei Personengesellschaften und Einzelunternehmen ist aufgrund der Unternehmenssteuerreform 2001 die gezahlte Gewerbeertragsteuer mit dem 1,8fachen des Gewerbesteuermeßbetrages bei der persönlichen Einkommensteuer, soweit diese aus gewerblichen Einkünften resultiert, anrechenbar. Um diesen Betrag ist die ermittelte Gewerbeertragsteuer bei der Unternehmensbewertung zu vermindern.

Die Ertragsteuern sind grundsätzlich nicht auf Basis der handelsrechtlichen Ergebnisse vor Zinsen und Ertragsteuern, sondern auf Basis der erwarteten steuerrechtlichen Ergebnisse vor Zinsen und Ertragsteuern zu ermitteln. Es sind die erwarteten zukünftigen Ertragsteuersätze anzuwenden. Bei der Ermittlung der Körperschaftsteuer ist bei deutschen Gesellschaften ggf. ein aufgrund des Steuersenkungsgesetzes vom 23.10.2000 entstandenes Körperschaftsteuerguthaben aus der Umwandlung eines positiven $EK_{40}$ während einer Übergangszeit von 15 Jahren zu berücksichtigen.

Grundsätzlich muß bei jeder Unternehmensbewertung die Frage gestellt werden, inwieweit es mit den zur Verfügung stehenden Informationen möglich oder notwendig ist, einer Veränderung der latenten Steuerforderungen oder Steuerverbindlichkeiten (z.B. wegen hoher steuerlicher Sonderabschreibungen) Rechnung zu tragen bzw. die Ertragsteuern nicht auf Basis der in der Cash-flow-Berechnung gezeigten Ergebnisse vor Zinsen und Steuern, sondern auf Basis der entsprechenden erwarteten steuerrechtlichen Ergebnisse zu ermitteln.

Außerdem sind die Ertragsteuern auf nicht abzugsfähige Aufwendungen zu berücksichtigen, sofern sie von Bedeutung sind.

Bei negativem Betriebsergebnis ist eine Steuergutschrift zu berücksichtigen, sofern die steuerlichen Verluste mit Gewinnen aus anderen Betriebsstätten, Gewinnen innerhalb eines steuerlichen Organkreises oder durch einen Verlustvortrag oder Verlustrücktrag verrechnet werden können.

Ein steuerlicher Verlustvortrag ist ggf. zu berücksichtigen.

Erwartete Nachzahlungen aus einer steuerlichen Außenprüfung sind – sofern nicht der Verkäufer dafür haftet – bei der Cash-flow-Berechnung ebenfalls zu berücksichtigen.

Für multinationale Unternehmen kann es – um die Nettoausschüttungen an die Anteilseigner zu maximieren – zweckmäßig sein, eine sehr grobe langfristige Steuer- und Finanzplanung des Konzerns aufgeteilt nach Ländern zu erstellen und die Konzernunternehmen in den verschiedenen Ländern unterschiedlich zu finanzieren. Falls aufgrund dieser langfristigen Steuer- und Finanzplanung zur Maximierung der Nettoausschüttungen an die Anteilseigner für ein einzelnes zu bewertendes Unternehmen eine andere Finanzierung als die Gesamtkonzernfinanzierung als optimal angesehen wird, beeinflußt dies die Finanzierung, die Besteuerung und somit den subjektiven Wert dieses Unternehmens.

Substanzsteuern (z.B. Grundsteuer) werden hier nicht berücksichtigt. Es wird unterstellt, daß sie in den Kosten enthalten sind.

### ac)    Betriebsergebnis vor Zinsen und nach Ertragsteuern

Das Betriebsergebnis vor Zinsen und nach Ertragsteuern wird in der Literatur auch NOPLAT = net operating profit less adjusted taxes genannt.

Zinsen sind, wie in Abschnitt C. I. 1ae ausgeführt, bei der Cash-flow-Rechnung nicht zu berücksichtigen.

### ad)    Abschreibungen

Es sind die erwarteten Abschreibungen, die das Betriebsergebnis gekürzt haben, anzusetzen.

Der Wert eines Unternehmens kann nicht durch eine unterschiedliche Bemessung der handelsrechtlichen Abschreibungen beeinflußt werden, sondern nur die Höhe der steuerlich anerkannten Abschreibungen hat Einfluß auf den Cash-flow und somit auf den Wert eines Unternehmens.

Da die Abschreibungen auf einen Geschäfts- oder Firmenwert das Betriebsergebnis vor Zinsen und Ertragsteuern nicht gemindert haben, sind sie hier nicht hinzuzurechnen. Abschreibungen auf immaterielle Vermögensgegenstände mit begrenzter Nutzungsdauer (z.B. Patente) sind jedoch hier anzusetzen.

Theoretisch wären die Abschreibungen um die Zuschreibungen, die das Betriebsergebnis erhöhen, zu kürzen. In der Praxis dürfte es aber wenig sinnvoll sein und kaum einen Grund geben, Zuschreibungen zu planen.

### ae) Investitionen

Die geplanten Investitionen sind um die eventuellen Erlöse (nicht die Restbuchwerte) aus Anlageverkäufen (abzüglich bzw. zuzüglich Ertragsteuern auf Buchgewinne bzw. Buchverluste) zu kürzen, sofern dies nicht bereits im Investitionsplan geschehen ist. Erwartete Buchgewinne und -verluste aus Anlageverkäufen sind deshalb nicht Bestandteil des Betriebsergebnisses.

### af) Veränderung Nettoumlaufvermögen

Das Nettoumlaufvermögen (working capital) setzt sich aus folgenden Posten zusammen:

Vorräte
+ Forderungen aus Lieferungen und Leistungen
./. erhaltene Anzahlungen
./. Lieferantenverbindlichkeiten

Zum Nettoumlaufvermögen gehört auch ein gewisser Mindestbestand an flüssigen Mitteln, die geringfügige Zinserträge bringen. Wegen der geringen Höhe der flüssigen Mittel und der Möglichkeit, sie teilweise zinsbringend anzulegen, kann in den meisten Fällen aus Vereinfachungsgründen auf eine Berücksichtigung der flüssigen Mittel bei der Veränderung des Nettoumlaufvermögens verzichtet werden.

Die Höhe des notwendigen Nettoumlaufvermögens ermittelt man wie folgt:

Roh-, Hilfs- und Betriebsstoffe:

$$\frac{\text{Roh-, Hilfs- und Betriebsstoffe zu Beginn des Geschäftsjahres}}{\text{Materialaufwand} : 365} = \text{Lagerdauer in Tagen}$$

unfertige Erzeugnisse, fertige Erzeugnisse und Waren:

$$\frac{\text{unfertige Erzeugnisse, fertige Erzeugnisse und Waren zu Beginn des Geschäftsjahres}}{\text{Herstellungskosten der zur Erzielung der Umsatzerlöse erbrachten Leistungen} : 365} = \text{Lagerdauer in Tagen}$$

Forderungen aus Lieferungen und Leistungen:

$$\frac{\text{Forderungen aus Lieferungen und Leistungen ohne Mehrwertsteuer zu Beginn des Geschäftsjahres}}{\text{Umsatzerlöse ohne Mehrwertsteuer} : 365} = \begin{array}{l}\text{in Anspruch genommenes} \\ \text{Zahlungsziel der Kunden} \\ \text{(Außenstandsdauer)}\end{array}$$

Verbindlichkeiten aus Lieferungen und Leistungen:

$$\frac{\text{Verbindlichkeiten aus Lieferungen und Leistungen ohne Mehrwertsteuer zu Beginn des Geschäftsjahres}}{\text{Materialaufwand ohne Mehrwertsteuer} : 365} = \begin{array}{l}\text{in Anspruch genommenes} \\ \text{Zahlungsziel bei Liefe-} \\ \text{ranten}\end{array}$$

Die Mehrwertsteuer wurde bei obiger Ermittlung des Nettoumlaufvermögens nicht berücksichtigt. Sie ist in dem sonstigen Vermögen bzw. in den sonstigen Verbindlichkeiten enthalten.

Besitzwechsel und Schuldwechsel wurden in das Nettoumlaufvermögen miteinbezogen. Es wurde unterstellt, daß der Wechseldiskont für die Besitzwechsel nicht von den Kunden und der Wechseldiskont für die Schuldwechsel nicht von dem Unternehmen zu zahlen sind. Sofern diese Unterstellung nicht zutrifft, sind in der Cash-flow-Rechnung Einnahmen und Ausgaben für Wechseldiskont zu berücksichtigen.

Falls die Lagerdauer und die Zahlungsziele während der ganzen Planungsdauer gleich bleiben und keine wesentliche Mengenänderung eintritt, kann man bei der Berechnung der Veränderung des Nettoumlaufvermögens aus Vereinfachungsgründen das Nettoumlauf vermögen in % des Umsatzes ausdrücken.

Beispiel:

| | | |
|---|---|---|
| Umsatz | | 100 Mio. € |
| Herstellungskosten | | 60 % des Umsatzes |
| Materialaufwand | | 40 % des Umsatzes |
| Lagerdauer Roh-, Hilfs- und Betriebsstoffe | | 30 Tage |
| Lagerdauer unfertige Erzeugnisse, fertige Erzeugnisse, Waren | | 60 Tage |
| Außenstandsdauer Forderungen aus Lieferungen und Leistungen | | 90 Tage |
| in Anspruch genommenes Zahlungsziel bei Lieferanten | | 30 Tage |
| Roh-, Hilfs- und Betriebsstoffe | 30 : 365 x 0,4 = | 3,3 % des Umsatzes |
| unfertige Erzeugnisse, fertige Erzeugnisse, Waren | 60 : 365 x 0,6 = | 10,0 % des Umsatzes |
| Forderungen aus Lieferungen und Leistungen | 90 : 365 x 1,0 = | 25,0 % des Umsatzes |
| ./. Lieferantenverbindlichkeiten | 30 : 365 x 0,4 = | 3,3 % des Umsatzes |
| | | 35,0 % des Umsatzes |

Das Nettoumlaufvermögen beträgt in diesem Fall 35 % des Umsatzes.

### ag)    Veränderung sonstige Rückstellungen

Rückstellungen sind grundsätzlich bei einer Cash-flow-Rechnung nicht zu berücksichtigen, da davon ausgegangen wird, daß in den Planergebnisrechnungen alle Aufwendungen – mit Ausnahme der Abschreibungen – auch Ausgaben darstellen. Sollte dies nicht der Fall sein, so sind die in die Planergebnisrechnungen einbezogenen Zuführungen zu Rückstellungen hinzuzufügen, und die Ausgaben, für die vorher Rückstellungen gebildet wurden und die somit nicht in den Planergebnisrechnungen erscheinen, sind abzuziehen.

### ah)    Veränderung Rückstellungen für Pensionsverpflichtungen

Obige Aussagen gelten auch für die Rückstellungen für Pensionsverpflichtungen. Zusätzliche Schwierigkeiten liegen jedoch darin, daß zwischen der Bildung der Rückstellung und der Zahlung von Pensionen mehrere Jahrzehnte vergehen können, d.h., daß z.B. die zum Bewertungsstichtag bestehenden Pensionsrückstellungen zu einem großen Teil erst nach dem Planungszeitraum von zehn Jahren zur Auszahlung gelangen. Um auch in diesem Falle von einer Aufwands- und Ertragsrechnung zu einer Einnahmen-/Ausgaben-Rechnung zu gelangen, sind bei der Ermittlung des Cash-flows die in den Personalkosten enthaltenen nicht mit Pensionszahlungen saldierten Zuführungen zu den Pensionsrückstellungen hinzuzufügen und eventuelle Auflösungen von Pensionsrückstellungen, d.h. die geplanten Pensionszahlungen abzüglich der in den Personalkosten enthaltenen Zuführungen zu den Pensionsrückstellungen, zu kürzen. Die Ermittlung der zukünftigen Pensionszahlungen sollte nicht nach dem HGB, sondern nach IAS (IFRS) oder US-GAAP erfolgen, da diese Berechnung realitätsnäher ist (z.B. wegen der Berücksichtigung der erwarteten Gehalts- und Rentensteigerungen). Eine Bewertung nach IAS (IFRS) bzw. US-GAAP führt deshalb in der Regel zu einem höheren Ansatz.

Die zukünftigen Aufwendungen für Pensionen sind teilweise keine Personalkosten, sondern bestehen in Höhe der jeweils notwendigen Pensionsrückstellungen multipliziert mit dem Abzinsungssatz aus Zinsen bzw. Kapitalkosten für das durch die Pensionsrückstellungen dem Unternehmen »zinsfrei« zur Verfügung gestellte Fremdkapital. Um diese Kapital- kosten sind die Personalkosten in den Planergebnisrechnungen zu kürzen, wodurch das Betriebsergebnis und somit der Gesamtwert des Unternehmens steigt. Als Ausgleich dafür sind die Rückstellungen für Pensionsverpflichtungen als Fremdkapital vom Gesamtwert des Unternehmens abzusetzen (siehe auch C. I. 8).

Da die letzte Ergebnisrechnung des Planungszeitraumes als nachhaltige Ergebnisrechnung zur Ermittlung des Endwertes benutzt wird und zu diesem Zeitpunkt der »Beharrungs- zustand« (Pensionszahlungen und Pensionsaufwendungen sind gleich) oft nicht erreicht ist, sind im nachhaltigen Ergebnis der Endwertberechnung die bis zur Erreichung des Beharrungszustandes anfallenden Zuführungen zu den Rückstellungen für Pensions- verpflichtungen in Form einer Annuität von den Personalkosten abzuziehen bzw. die über die Zuführungen zu den Rückstellungen hinausgehenden Pensionszahlungen den Personalkosten hinzuzufügen.

Um zu einer sowohl theoretisch fundierten als auch praktikablen Lösung zur Ermittlung des Wertes der zukünftigen Pensionszahlungen zu gelangen, dürfte es zweckmäßig sein, sich der Hilfe eines Versicherungsmathematikers zu bedienen. Gemeinsam sollten für die Bewertung auf Basis des Discounted cash-flows die zukünftigen Pensionszahlungen und die zukünftigen steuerlich anerkannten Zuführungen zu Pensionsrückstellungen, die zur Ermittlung der Ertragsteuern benötigt werden, ermittelt werden.

### ai) Veränderung Steuerrückstellungen

Falls die Position Ertragsteuern nicht nur die in den einzelnen Jahren zu zahlenden Ertragsteuern, sondern auch die Veränderung der Steuerrückstellungen und eventuell die Veränderung der aktiven und passiven latenten Steuern enthält, sind diese zusätzlichen Posten hier auszuweisen.

### aj) Veränderung sonstiges Vermögen/sonstige Verbindlichkeiten

Hierunter könnten fallen:

- Forderungen oder Verbindlichkeiten aus Mehrwertsteuer

- Darlehen an Belegschaftsangehörige

- Rechnungsabgrenzungsposten (sofern bedeutend)

Man kann die Veränderung sonstiges Vermögen/sonstige Verbindlichkeiten wie hier separat in der Cash-flow-Ermittlung berücksichtigen oder mit dem Nettoumlaufvermögen zusammenfassen.

### ak)    sonstiger Cash-flow

Hierunter könnten fallen:

- Erlöse aus Anlageverkäufen (sofern nicht bereits mit den Investitionen saldiert, wie in C. I. 4ae vorgeschlagen)

- Erlöse aus Lizenzen (sofern nicht in den Umsätzen enthalten)

- Erlöse aus nicht betriebsbedingter Tätigkeit (sofern nicht in den Umsätzen enthalten)

- Dividenden von nicht konsolidierten Tochterunternehmen

Diese Posten sind um die darin enthaltenen Ertragsteuern zu kürzen.

### al)    Körperschaftsteuer auf nicht ausgeschüttete Gewinne

Bei Ländern, die eine unterschiedliche Besteuerung der einbehaltenen und ausgeschütteten Gewinne kennen und bei denen der Dividendenempfänger eine Steuergutschrift für die vom Unternehmen gezahlte Körperschaftsteuer auf ausgeschüttete Gewinne erhält, wie in Deutschland bis zum 1.1.2001, ist an dieser Stelle die Körperschaftsteuer für einbehaltene Gewinne einzusetzen. Bei Ländern, die keine unterschiedliche Besteuerung kennen, entfällt dieser Posten.

Sollte aus dem bis zum 31.12.2000 in Deutschland geltenden Anrechnungsverfahren bei der Körperschaftsteuer noch ein Körperschaftsteuerguthaben vorhanden sein, ist es – mit dem Eigenkapitalkostensatz abgezinst – hinzuzufügen.

### am)    Steuervorteil durch Halbeinkünfteverfahren

Mit der Reform der Unternehmensbesteuerung zum 1.1.2001 wurde in Deutschland das Halbeinkünfteverfahren eingeführt. In Deutschland steuerpflichtige natürliche Personen, die Anteilseigner einer Kapitalgesellschaft sind, versteuern in Zukunft nur noch die Hälfte der Beteiligungserträge mit ihrem persönlichen Einkommensteuersatz zuzüglich Solidaritätszuschlag und ggf. Kirchensteuer. Das Halbeinkünfteverfahren ersetzt das in der Vergangenheit in Deutschland geltende Anrechnungsverfahren (auf Ausschüttungen gezahlte Körperschaftsteuer wurde bei der Einkommensteuer angerechnet). Die im Zusammenhang mit den Einkünften, die dem Halbeinkünfteverfahren unterliegen, anfallenden Ausgaben sind ebenfalls nur zur Hälfte abzugsfähig.

Da bei der Unternehmensbewertung die nur zur Hälfte steuerpflichtigen Erträge aus Kapitalgesellschaften mit voll steuerpflichtigen Zinseinkünften aus einer alternativen Investition verglichen werden, müßte dieser Steuervorteil bei in Deutschland Steuerpflichtigen berücksichtigt werden. Dies könnte dadurch geschehen, daß man den Wert des Unternehmens (der den Eigenkapitalgebern zufließende kapitalisierte zukünftige Cash-flow) um den Steuervorteil aus dem Halbeinkünfteverfahren erhöht. Das Problem hierbei ist jedoch, daß die Einkommensteuerbelastung der einzelnen deutschen Anteilseigner einer Kapitalgesellschaft unterschiedlich ist oder gar keine Steuerpflicht besteht und im Ausland steuerpflichtige Anteilseigner nicht von dem Vorteil des Halbeinkünfteverfahrens profitieren. Als Lösung bietet sich an, den Steuervorteil durch das Halbeinkünfteverfahren bei der Unternehmensbewertung nicht zu berücksichtigen und individuell die Vorteile aus dem Halbeinkünfteverfahren den einzelnen Anteilen der in Deutschland Steuerpflichtigen hinzuzurechnen.

## b) Ermittlung des Endwertes

### ba) Allgemeines

Für die Zeit nach der detaillierten Planungsperiode muß für die Planung des Endwertes (terminal oder continuing value) – auch Fortführungswert, Residualwert oder Restwert genannt – zwangsläufig von vereinfachenden Annahmen ausgegangen werden. Bei der Ermittlung des Endwertes kann allerdings nicht leichtfertig vorgegangen werden, da, insbesondere bei innovativen und wachstumsstarken Unternehmen, der Endwert meistens den größeren prozentualen Anteil zum abgezinsten Cash-flow beiträgt, weil in den ersten Jahren der detaillierten Planungsperiode oft ein großer Teil des Cash-flows zur Finanzierung des Wachstums benötigt wird.

Für die Ermittlung des Endwertes sind neben den Annahmen für das Basisjahr die Annahmen über die vier folgenden Größen von außergewöhnlicher Bedeutung:

- Höhe des nominellen und realen Wachstums nach der Planungsperiode
- Höhe des prozentualen Anteils des Betriebsergebnisses am Umsatz
- Höhe der notwendigen Investitionen und der Veränderung des Nettoumlaufvermögens zur Erzielung des Wachstums
- Höhe der Rentabilität der notwendigen Investitionen und der notwendigen Veränderung des Nettoumlaufvermögens

Für die übrigen Annahmen zur Ermittlung des Endwertes, nämlich die Höhe der gewichteten Kapitalkosten und die Höhe der Ertragsteuern, dürften die gleichen Annahmen wie für die Zeit der Planungsperiode zu machen sein.

Unterstellt werden sollte immer eine durchschnittliche Konjunkturentwicklung. Um keinen Bruch bei den Annahmen zur Ermittlung des Cash-flows zu haben, sollte diese Unterstellung auch schon beim letzten individuellen Planjahr gelten. Notfalls ist die individuelle Jahresplanung zu verlängern.

### bb) Annahmen für die Ermittlung des Endwertes

In der Schätzung des Endwertes sollte sich die erwartete langfristige wirtschaftliche Lage der Branche und die erwartete Wettbewerbsstellung des zu bewertenden Unternehmens am Ende der detaillierten Planungsperiode widerspiegeln.

Ausgehend von der Lage am Absatzmarkt am Ende der detaillierten Planungsperiode (Chancen und Risiken) und den Maßnahmen, die das Management während dieser Planungsperiode durchzuführen gedenkt, muß man gewisse Annahmen über die voraussichtlichen Stärken und Schwächen und den Marktanteil des Unternehmens am Ende der Planungsperiode machen, um darauf aufbauend plausible Annahmen über die Wachstumsrate des Betriebsergebnisses nach Ertragsteuern und über die Investitionsrendite zu unterstellen.

Angesichts der großen Unsicherheit bei Schätzungen für die Zeit nach zehn Jahren, liegt es nahe – sofern es sich nicht um eine langfristige Wachstumsbranche handelt und die Marktstellung des Unternehmens nicht überragend ist –, nur ein Wachstum anzunehmen, das in Höhe der Inflationsrate (= Zinsen für langfristige öffentliche Anleihen ./. nachhaltiger Realzins) liegt, und eine Investitionsrendite zu unterstellen, die aufgrund des Wettbewerbs den Kapitalkosten entspricht oder für einen gewissen Zeitraum sehr gering über den Kapitalkosten liegen dürfte. Eine Investitionsrendite in Höhe der Kapitalkosten bedeutet allerdings keine Wertsteigerung.

Ein reales Wachstum des Betriebsergebnisses nach der Planungsperiode wäre z.B. zu unterstellen, falls zu diesem Zeitpunkt ertragreiche Patente und/oder wesentliche Know-how-Vorsprünge vorliegen und/oder eine sehr starke Marktstellung des Unternehmens zu erwarten ist. In solchen Fällen wäre es allerdings richtiger und klarer, die Planungsperiode um einige Jahre zu verlängern.

Für die Ermittlung des Endwertes kann die Szenario-Analyse eine große Hilfe sein. Es bietet sich an, die Werte von verschiedenen Szenarien zu ermitteln. Sollte man tatsächlich zu der Überzeugung gelangen, daß nach Ablauf der Planungsperiode noch Wettbewerbsvorteile bestehen und ein Cash-flow-Wachstum erwartet werden kann, dürfte es angebracht sein – sofern man sich nicht, wie oben vorgeschlagen, für eine Verlängerung der Planungsperiode entschließt – nach der detaillierten Planungsperiode mit einem z.B. auf 5-10 Jahre begrenzten pauschalen Cash-flow-Wachstum und anschließend mit einem gleichbleibenden Betriebsergebnis nach Ertragsteuern = Cash-flow zu rechnen. Denn auch Unternehmen, die heute in den wachstumsträchtigsten Branchen tätig sind, die zur Zeit die besten Produkte anbieten können und von einem exzellenten Management geführt werden, dürften auf ewig keine Investitionsrendite über den Kapitalkosten erzielen. Wettbewerbsvorteile gelten niemals für die Ewigkeit. Sie müssen immer wieder neu erarbeitet werden. Überdurchschnittliche Renditen werden immer neue Wettbewerber anlocken, was tendenziell zu einer Senkung der Rendite führen wird.

Eventuell ist der Endwert noch um einen Pauschalbetrag für gerade in der Entstehung befindliche Geschäftsfelder zu erhöhen, für die bereits Vorleistungen (z.B. Forschung) getätigt wurden und bei denen ein hohes Marktwachstum nicht auszuschließen ist, aber eine Ergebnisplanung wegen zu vieler Unbekannten nicht möglich ist. Eine Expertenbefragung oder noch besser eine Szenario-Analyse könnte Hinweise für einen angemessenen Betrag geben.

### bc) Ermittlung des Endwertes auf Basis des Cash-flows

Das Wachstum des Betriebsergebnisses entspricht der Rendite aus den Nettoinvestitionen (notwendige Investitionen ./. Abschreibungen und notwendige Veränderung des Nettoumlaufvermögens) gemäß folgender Formel (mit Zahlenbeispiel):

$$\text{Wachstumsrate des Betriebsergebnisses} = \text{Investitionsrendite} \times \frac{\text{Nettoinvestitionen}}{\text{Betriebsergebnis}}$$

$$4\% = 10\% \times \frac{80}{200}$$

Umgeformt läßt sich daraus ableiten:

$$\text{Nettoinvestitionen} = \frac{\text{Wachstumsrate des Betriebsergebnisses}}{\text{Investitionsrendite}} \times \text{Betriebsergebnis}$$

$$80 = \frac{4\%}{10\%} \times 200$$

Die Formel zur Ermittlung des Endwertes lautet deshalb wie folgt:

$$\text{Endwert} = \frac{\text{Betriebsergebnis nach Ertragsteuern im 1. Jahr nach der Planungsperiode} \times \left(1 - \dfrac{\text{Wachstumsrate des Betriebsergebnisses}}{\text{Investitionsrendite}}\right)}{\text{gewichtete Kapitalkosten} - \text{Wachstumsrate des Betriebsergebnisses}}$$

$$2000 = \frac{200 \times \left(1 - \dfrac{4\%}{10\%}\right)}{10\% - 4\%}$$

Es handelt sich bei dieser Formel um eine konstant wachsende ewige Rente. Der Endwert ist auf den Bewertungszeitpunkt abzuzinsen.

Da es sich um die Abzinsung einer Rente und nicht um die Abzinsung eines Jahresertrages handelt, hat die Abzinsung vom Beginn der Rente zu erfolgen. Der Barwertfaktor für den letzten individuell ermittelten Cash-flow und den Endwert ist somit der gleiche.

Das Betriebsergebnis nach Ertragsteuern im 1. Jahr nach der Planungsperiode ist gleich dem letzten Betriebsergebnis nach Ertragsteuern der Planungsperiode. Deshalb sind in der Regel im letzten Jahr der Planungsperiode keine über die Abschreibungen hinausgehenden Investitionen mehr zu unterstellen, und es ist keine Veränderung des Nettoumlaufvermögens zu berücksichtigen.

Der Quotient Wachstumsrate des Betriebsergebnisses/Investitionsrendite im Zähler ist der Anteil der einbehaltenen Betriebsergebnisse nach Ertragsteuern, der zur Finanzierung des Wachstums benötigt wird (Investitionsrate). Folglich entspricht der Zähler insgesamt dem Cash-flow. Die Formel zur Ermittlung des Endwertes läßt sich somit auch wie folgt ausdrücken:

$$\text{Endwert} = \frac{\text{Cash-flow im 1. Jahr nach der Planungsperiode}}{\text{gewichtete Kapitalkosten} - \text{Wachstumsrate des Betriebsergebnisses}}$$

$$2000 = \frac{120}{10\% - 4\%}$$

Falls man der Ansicht ist, daß ein zu bewertendes Unternehmen kein Wachstum, d.h. auch kein nominelles (inflationäres) Wachstum, erfährt, reduziert sich die Formel auf

$$\text{Endwert} = \frac{\text{Betriebsergebnis nach Ertragsteuern}}{\text{gewichtete Kapitalkosten}}$$

$$2000 = \frac{200}{10\%}$$

Es handelt sich bei dieser Formel um eine gleichbleibende ewige Rente.

Der Ansatz einer Investitionsrendite erübrigt sich hier, da bei fehlendem Wachstum keine zusätzlichen Investitionen über die Abschreibungen hinaus notwendig sind. Betriebsergebnis nach Ertragsteuern und Cash-flow sind identisch.

**Falls sich bei einem Wachstum die Nettoinvestitionen nur mit den Kapitalkosten verzinsen, trifft obige einfache Formel ebenfalls zu, da sich der Endwert trotz Wachstum nicht erhöht. Da die Kapitalkosten von der Marktrendite abgeleitet werden, ist dies der Normalfall.**

**Daraus ergibt sich, daß sich Wachstum nur dann werterhöhend auswirkt, wenn die Verzinsung der zur Finanzierung des Wachstums notwendigen Nettoinvestitionen über den Kapitalkosten liegt, d.h. wenn der Kapitalwert dieser Investitionen über 0 liegt.**

Ein Trugschluß wäre es allerdings, wenn man, um dem nominellen (inflationären) Wachstum Rechnung zu tragen, obige Formel wie folgt abändern würde:

$$\text{Endwert} = \frac{\text{Betriebsergebnis nach Ertragssteuern}}{\text{gewichtete Kapitalkosten} - \text{Wachstumsrate des Betriebsergebnisses}} = \textbf{falsch}$$

$$3333 = \frac{200}{10\% - 4\%} = \textbf{falsch}$$

Bei dieser Berechnung wird außer acht gelassen, daß bei einem nominellen (inflationären) Wachstum die Reinvestitionen in das Anlage- und Nettoumlaufvermögen zu gestiegenen Wiederbeschaffungskosten zu erfolgen haben.

Aus dem vorher Gesagten läßt sich folgender Schluß ziehen:

**Eine konstant wachsende Rente des Cash-flows ergibt den gleichen Endwert wie eine gleichbleibende Rente des Betriebsergebnisses nach Ertragsteuern, sofern die Investitionsrendite den Kapitalkosten entspricht,**

das heißt

**Wachstum an sich hat keinen Wert, sondern nur die durch das Wachstum gegebenen Investitionsmöglichkeiten verkörpern einen Wert, sofern ihre Rendite über den Kapitalkosten liegt.**

*bd) Ermittlung des Endwertes auf anderer Basis*

Teilweise ist es üblich, den Endwert nicht auf Basis des Cash-flows, sondern mit Hilfe der folgenden Methoden zu ermitteln:

- Kurs-/Gewinn-Verhältnis (KGV)
- Marktwert-/Buchwert-Verhältnis
- Substanzwert
- Buchwert
- Liquidationswert

### Kurs-/Gewinn-Verhältnis (KGV)

Das Kurs-/Gewinn-Verhältnis ist eine Kennzahl, die bei der Ermittlung von Marktwerten (siehe C. III. 3. 1) verwendet wird. Beim Kurs-/Gewinn-Verhältnis unterstellt man, daß das Unternehmen ein Vielfaches des Gewinnes des letzten, des laufenden oder des nächsten Geschäftsjahres wert ist.

Das Kurs-/Gewinn-Verhältnis wird tatsächlich jedoch von mehreren Faktoren, nämlich dem Gewinn des letzten, des laufenden oder des nächsten Geschäftsjahres, dem Wachstum, der Rendite der Neuinvestitionen und den Kapitalkosten beeinflußt, die in der Berechnungsformel nicht enthalten sind. So erklären sich auch die zum Teil erheblich voneinander abweichenden Kurs-/Gewinn-Verhältnisse verschiedener Unternehmen.

Oft wird für die Ermittlung des Endwertes das aktuelle Kurs-/Gewinn-Verhältnis des Unternehmens oder vergleichbarer Unternehmen genommen. Dies ist jedoch falsch, da die gegenwärtigen Umstände und Aussichten, die das Wachstum des Gewinns bzw. des Cash-flows, die Rendite der Neuinvestitionen und die Kapitalkosten beeinflussen, am Ende der Planungsperiode, d.h. in der Regel nach zehn Jahren, vollkommen verschieden sein können. Zum Beispiel kann ein Unternehmen zur Zeit einen relativ geringen Gewinn erwirtschaften, jedoch aufgrund hoher Investitionen in Sachanlagen, Forschung und Entwicklung und Markteinführung neuer Produkte in Zukunft mit einem stark ansteigenden Gewinn rechnen. Folglich dürfte das Unternehmen zur Zeit ein sehr hohes Kurs-/Gewinn-Verhältnis haben. In mehreren Jahren allerdings, wenn die Gewinne wahrscheinlich ein Vielfaches der heutigen Gewinne betragen, wird selbst bei Erwartung eines weiteren Gewinnwachstums das Kurs-/Gewinn-Verhältnis niedriger sein.

In ein Kurs-/Gewinn-Verhältnis gehen grundsätzlich dieselben Annahmen (Wachstumsrate des Betriebsergebnisses, Investitionsrendite, Kapitalkosten) ein wie in die Formel zur Berechnung des Endwertes auf Basis des Cash-flows und führen deshalb zu demselben Ergebnis. Bei dem Kurs-/Gewinn-Verhältnis werden diese Annahmen allerdings nicht im einzelnen dargelegt, da das Kurs-/Gewinn-Verhältnis am Markt gebildet wird. Bei der Ermittlung des Endwertes auf Basis des Cash-flows sind die Annahmen explizit und nachvollziehbar darzustellen.

Das Kurs-/Gewinn-Verhältnis und der Endwert auf Basis des Cash-flows sind somit die gleichen Bewertungsmethoden.

Formelmäßig läßt sich das wie folgt darstellen:

$$\text{Endwert} = \frac{\begin{array}{l}\text{Betriebsergebnis nach} \\ \text{Ertragsteuern im} \\ \text{1. Jahr nach der} \\ \text{Planungsperiode}\end{array} \text{x} \left(1 - \dfrac{\text{Wachstumsrate des Betriebsergebnisses}}{\text{Investitionsrendite}}\right)}{\text{gewichtete Kapitalkosten} - \text{Wachstumsrate des Betriebsergebnisses}}$$

$$2000 = \frac{200 \text{ x} \left(1 - \dfrac{4\%}{10\%}\right)}{10\% - 4\%}$$

$$\text{Endwert} = \frac{\text{Cash-flow im 1. Jahr nach der Planungsperiode}}{\text{gewichtete Kapitalkosten} - \text{Wachstumsrate des Betriebsergebnisses}}$$

$$2000 = \frac{120}{10\% - 4\%}$$

$$\text{KGV} = \frac{\text{Kurswert}}{\begin{array}{l}\text{Betriebsergebnis nach} \\ \text{Ertragsteuern im 1. Jahr} \\ \text{nach der Planungsperiode}\end{array}} = 1 - \frac{\dfrac{\text{Wachstumsrate des Betriebsergebnisses}}{\text{Investitionsrendite}}}{\begin{array}{l}\text{gewichtete} \\ \text{Kapitalkosten}\end{array} - \begin{array}{l}\text{Wachstumsrate des} \\ \text{Betriebsergebnisses}\end{array}}$$

$$10 = \frac{2000}{200} \qquad\qquad = 1 - \frac{\dfrac{4\%}{10\%}}{10\% - 4\%}$$

Das Kurs-/Gewinn-Verhältnis soll einen wahrscheinlichen Verkaufspreis am Ende der Planungsperiode ausdrücken. Da es keine Anhaltspunkte dafür gibt, daß ein vermeintlicher Käufer in einigen Jahren andere Erwartungen hat als der jetzige Käufer und es heute keine vergleichbaren Kurs-/Gewinn-Verhältnisse für ein in zehn Jahren zu bewertendes Unternehmen gibt, liegt auch kein Grund vor, den Endwert auf Basis eines Kurs-/Gewinn-Verhältnisses anstatt auf Basis des Cash-flows zu ermitteln. Die Bewertung des Endwertes auf Basis von heutigen Kurs-/Gewinn-Verhältnissen ist somit Unfug. Sie kaschiert nur eine fehlende Analyse.

Diese Anmerkungen über die Anwendung des KGV zur Ermittlung eines wahrscheinlichen Verkaufspreises am Ende der Planungsperiode gelten auch, wenn statt des KGV das EBITDA benutzt wird.

## Marktwert-/Buchwert-Verhältnis

Bei dem Marktwert-/Buchwert-Verhältnis wird als Endwert ein Vielfaches des Buchwertes als Marktwert des Unternehmens angenommen. Meistens unterstellt man das heutige Marktwert-/Buchwert-Verhältnis des zu bewertenden Unternehmens oder Marktwert-/Buchwert-Verhältnisse vergleichbarer Unternehmen. Hier wird der gleiche Fehler gemacht wie bei dem Kurs-/Gewinn-Verhältnis, indem man eine heutige Kennzahl auf die Zeit in zehn Jahren überträgt. Auch hier kaschiert man eine fehlende Analyse.

## Substanzwert

Der Substanzwert ist eine vergangenheitsorientierte Größe und erfaßt nicht die immateriellen Vermögensgegenstände. Er ist deshalb nicht für eine Unternehmensbewertung, auch nicht zur Ermittlung des Endwertes, brauchbar.

Er kann jedoch eine Hilfsfunktion ausüben, da er einen Hinweis auf den Mindestkapitalbedarf für in den Markt eintretende neue Wettbewerber und für Erweiterungsinvestitionen der bisherigen Wettbewerber gibt. Dies kann zu der Annahme führen, daß das Betriebsergebnis nach Ertragsteuern nach dem Ende der Planungsperiode nachhaltig mindestens in Höhe der Kapitalkosten für den Substanzwert und einiger immaterieller Vermögensgegenstände liegen müßte (siehe C. I. 3c). Es bedarf aber einer genauen Analyse, ob man diese Annahme tatsächlich zugrunde legen darf, da andere Gründe (z.B. Verbundeffekte, niedrigere Betriebskosten) dagegen sprechen können.

## Buchwert

Der Buchwert ist ebenso wie der Substanzwert eine vergangenheitsorientierte Größe und erfaßt nicht die selbsterstellten immateriellen Vermögensgegenstände. Im Unterschied zu dem Substanzwert liegen ihm nicht die in der Regel höheren Wiederbeschaffungskosten, sondern die Anschaffungskosten zugrunde. Er ist zur Ermittlung des Endwertes unbrauchbar.

## Liquidationswert

Nur für den Fall, daß beabsichtigt sein sollte, das zu bewertende Unternehmen am Ende der Planungsperiode zu liquidieren, ist der Liquidationswert als Endwert anzusetzen.

# 5. Kapitalisierungszinsfuß

## a) Kapitalkosten

**Die Kapitalkosten sind die Mindestverzinsung, die das zu bewertende Unternehmen für die Kapitalgeber erwirtschaften muß, da die Kapitalkosten die Rendite sind, die Kapitalgeber bei Kapitalanlagen mit vergleichbarem Risiko erzielen können.**

In den Kapitalkosten werden die Erwartungen der Eigenkapitalgeber und die Ansprüche der Fremdkapitalgeber berücksichtigt. Deshalb ist bei der Unternehmensbewertung der erwartete Cash-flow vor Abzug der Fremdkapitalkosten abzuzinsen, d.h. der Cash-flow darf nicht um die Fremdkapitalkosten gekürzt sein.

Bei der Barwertermittlung des Cash-flows ist die ganze oder teilweise steuerliche Abzugsfähigkeit der Fremdkapitalzinsen (tax shield) zu berücksichtigen.

Die Kapitalkosten werden somit von den folgenden drei Komponenten bestimmt:

- Kapitalstruktur (d.h. Gewichtung Eigenkapital- und Fremdkapitalanteil),

- Kosten des Eigenkapitals und

- Kosten des Fremdkapitals (nach Ertragsteuern).

Aus dem abgezinsten zur Ausschüttung an die Anteilseigner verfügbaren Cash-flow einschließlich der abgezinsten Fremdkapitalkosten und dem abgezinsten Saldo aus Kreditrückzahlungen und Kreditaufnahmen ergibt sich der Gesamtwert des Unternehmens. Nach Abzug des tatsächlichen zum Marktwert bewerteten Fremdkapitals erhält man den Wert des Unternehmens = Wert des Eigenkapitals.

Die Kosten für das Eigenkapital und die Kosten für das Fremdkapital ergeben zusammen die gewichteten Kapitalkosten (weighted average cost of capital = WACC) des zu bewertenden Unternehmens. Die Berechnung der gewichteten Kapitalkosten erfolgt auf Basis der geplanten Kapitalstruktur (Zielkapitalstruktur) des Unternehmens. Durch die Festlegung der zukünftigen Kapitalstruktur des Unternehmens wird implizit auch die Ausschüttungspolitik des Unternehmens festgelegt.

Die Gewichtung des Eigen- und Fremdkapitals, d.h. die Festlegung der Zielkapitalstruktur, erfolgt nicht mit den Buchwerten, sondern auf Basis des Marktwertes des Eigen- und Fremdkapitals. Die Gewichtung der Eigenkapital- und Fremdkapitalkosten wird durch die bisherige Finanzierung des Unternehmens und durch die Finanzierungsmöglichkeiten des Käufers bestimmt, wobei das Kapitalstrukturrisiko entsprechend der geplanten Finanzierung bei der Risikoprämie zu berücksichtigen ist (siehe C. I. 5e).

Die gewichteten Kapitalkosten sind gemäß folgender Formel zu berechnen:

$$\begin{array}{l}\text{Gewichtete} \\ \text{Kapitalkosten}\end{array} = \begin{array}{l}\text{Eigenkapital-} \\ \text{kostensatz}\end{array} \ \text{x} \ \begin{array}{l}\text{Eigenkapital-} \\ \text{anteil}\end{array} + \begin{array}{l}\text{Fremdkapital-} \\ \text{kostensatz}\end{array} \ \text{x} \ (1./.\ \text{Ertragsteuersatz}) \ \text{x Fremdkapitalanteil}$$

In der obigen Formel wurden nur zwei Finanzierungsquellen angenommen. Möglich wären auch weitere Finanzierungsquellen, die unterschiedliche Kapitalkosten haben, wie z.B. Vorzugsaktien, Wandelschuldverschreibungen, Optionsanleihen, Leasingverträge, Anteile Dritter am konsolidierten Konzernunternehmen. Sie wären entsprechend zu gewichten.

Eine zusätzliche Berücksichtigung von Geldentwertung oder Inflation bei den gewichteten Kapitalkosten ist nicht notwendig, da der Einnahmen- und Ausgabenplanung die tatsächlich erwarteten Preisveränderungen zugrunde liegen und die Kapitalkosten auf einem Basiszinssatz zum Bewertungszeitpunkt aufbauen, der die Erwartungen über zukünftige Preisänderungen beinhaltet. Obwohl diese Erwartungen bei den einzelnen Einnahmen und Ausgaben unterschiedlich sein können, ist darauf zu achten, daß bei den Annahmen über die Preisänderungen bei den Umsätzen und bei den Kosten dieselben Annahmen über die allgemeine Inflation enthalten sind, wie sie bei den Kapitalkosten unterstellt sein dürften.

Wegen der zu erwartenden unterschiedlichen Höhe der Preisänderungen bei den einzelnen Einnahmen und Ausgaben ist es nicht möglich, die Planung ohne Berücksichtigung von Geldentwertung oder Inflation vorzunehmen und den Cash-flow mit einem Realzins statt mit dem Nominalzins abzuzinsen.

Bei der Ermittlung der gewichteten Kapitalkosten wird unterstellt, daß im langfristigen Durchschnitt alle Erweiterungsinvestitionen des zu bewertenden Unternehmens über den Kapitalmarkt zu finanzieren sind.

Kleine Unternehmen haben in der Regel höhere Kapitalkosten als größere Unternehmen (siehe C. I. 5d), da größere Unternehmen meistens stärker diversifiziert sind. Unter Umständen lassen sich deshalb durch den Kauf eines Unternehmens Synergieeffekte bei den Kapitalkosten verwirklichen. Für die Ermittlung der Preisobergrenze sollte deshalb eine mögliche Senkung der Kapitalkosten wegen der Größe des Käuferunternehmens analysiert und ggf. berücksichtigt werden.

## b) Fremdkapitalkosten

Ausgangspunkt für die Ermittlung der Fremdkapitalkosten ist der aktuelle Zinssatz für erstklassige Kreditnehmer.

Der Zinssatz für erstklassige Kreditnehmer liegt in der Regel etwas über dem Zinssatz für langfristige risikofreie Staatsanleihen. Je höher das Leverage-Risiko (Zinsdeckung), desto höher ist der Zuschlag auf den Zinssatz für erstklassige Kreditnehmer. Sofern von Ratingagenturen Ratings für Schuldverschreibungen des zu bewertenden Unternehmens vorliegen, sollten sie für die Ermittlung der Fremdkapitalkosten benutzt werden.

Es sind nicht die vom Unternehmen zu zahlenden Fremdkapitalkosten, sondern die zum Bewertungszeitpunkt am Markt zu zahlenden Fremdkapitalkosten anzusetzen.

Falls von Gesellschaftern oder ihnen nahestehenden Unternehmen oder Personen Bankbürgschaften, Patronatserklärungen o.ä. gegeben wurden, sind ihre zinsmindernden Auswirkungen nicht zu berücksichtigen.

Die Fremdkapitalkosten sind in dem Maße um Ertragsteuern zu kürzen, in dem sie steuerlich abzugsfähig sind. (In Deutschland sind die Kosten für langfristiges Fremdkapital bei der Gewerbeertragsteuer nur zu 50 % abzugsfähig. Kosten für kurzfristiges Fremdkapital und der Zinsanteil des Zuführungsbetrages zu den Pensionsrückstellungen sind dagegen voll abzugsfähig.)

Die Formel für die Fremdkapitalkosten lautet somit:

Fremdkapitalkosten = Fremdkapitalzinssatz x (1 ./. Ertragsteuersatz, soweit steuerlich abzugsfähig)

## c) Eigenkapitalkosten

**Während man die Fremdkapitalkosten von vertraglich vereinbarten Zinsen oder einer allgemein bekannten geforderten Verzinsung ableiten kann, liegen ähnliche Informationen für die Eigenkapitalkosten nicht vor.**

**Die Eigenkapitalkosten entsprechen den Renditeerwartungen von anderen Investitionsmöglichkeiten mit vergleichbarem Risiko.** Es ist aber kaum möglich, andere Investitionsmöglichkeiten ähnlicher Größenordnung mit vergleichbarem Risiko zu identifizieren, da dazu viele Investitionsmöglichkeiten vorhanden sein müßten, für die eine langfristige Planung zu erstellen und deren Risiko zu quantifizieren wären, was praktisch unmöglich ist.

**Die Eigenkapitalkosten sollten so hoch bemessen sein, daß die Anteilseigner des Unternehmens veranlaßt werden, ihre Anteile zu behalten und weitere zu erwerben.**

**Grundsätzlich setzt sich die Mindestverzinsungserwartung für das Eigenkapital aus der Rendite für risikofreie Kapitalanlagen zuzüglich einer Risikoprämie zusammen.**

Das Risiko besteht darin, daß die tatsächliche Rendite von der erwarteten Rendite abweichen kann, wobei die Höhe und die Wahrscheinlichkeit der möglichen Abweichung den Grad des Risikos bestimmt.

Die risikofreie Rendite kann man aus der Verzinsung von Staatsanleihen ableiten, deren Laufzeit etwa der der Planungsperiode, d.h. etwa zehn Jahre, entspricht. Die Staatsanleihen sollten nicht steuerbegünstigt sein, und man muß unterstellen können, daß der Staat unumschränkt solvent ist.

Der zweite Bestandteil der Eigenkapitalkosten, die Risikoprämie, hängt von der erwarteten durchschnittlichen Risikoprämie am Aktienmarkt, korrigiert um das gegenüber dem durchschnittlichen Risiko am Aktienmarkt höhere oder niedrigere individuelle Risiko, ab.

**Einen Ansatzpunkt zur Bestimmung der Eigenkapitalkosten liefert das Capital Asset Pricing Model, kurz CAPM genannt.** Mit Hilfe des CAPM wird die vom Markt erwartete Rendite aller an der Börse gehandelten Aktien erklärt.

Die Eigenkapitalkosten ergeben sich beim CAPM aus der erwarteten Mindestrendite (Dividenden und Kursgewinne) der Eigenkapitalgeber am Kapitalmarkt.

Das CAPM wurde Anfang der 60er Jahre des vorigen Jahrhunderts von Sharpe (Wirtschafts-Nobelpreisträger 1990), Lintner und Mossin entwickelt und baut auf Theorien von Markowitz (Wirtschafts-Nobelpreisträger 1990) auf.

Das Capital Asset Pricing Model stellt die Hypothese auf, daß in einem vollkommenen Kapitalmarkt der erwartete Ertrag des risikobehafteten Marktportefeuilles die Rendite einer risikofreien Kapitalanlage um einen Betrag, nämlich der Risikoprämie für das Marktrisiko (systematisches Risiko), übersteigt. Das Risiko der einzelnen Aktien kann von dem Marktrisiko des Marktportefeuilles abweichen. Die unterschiedlichen Risiken der einzelnen Aktien werden durch den Rendite-Schwankungskoeffizienten Beta($\beta$)-Faktor ausgedrückt. Es wird somit ein linearer Zusammenhang zwischen dem das Risiko ausdrückenden Beta($\beta$)-Faktor und der Rendite einer Aktie unterstellt. Ein $\beta$-Faktor von 1 liegt vor, wenn die Schwankungen der Marktrendite und der Aktienrendite eines Unternehmens gleich sind. Ist die Schwankung der Aktienrendite eines Unternehmens größer als die Marktrendite, dann liegt der $\beta$-Faktor über 1, und ist die Schwankung der Aktienrendite kleiner als die Marktrendite, dann liegt der $\beta$-Faktor unter 1. Der Gesamtmarkt hat somit immer – wie groß seine Schwankungen auch sein mögen – einen $\beta$-Faktor von 1.

Der die Volatilität (Schwankungsbreite) der Kurse eines Unternehmens im Verhältnis zur Volatilität der Kurse des gesamten Aktienmarktes ausdrückende ß-Faktor dient der Messung des unterschiedlichen Marktrisikos (systematisches Risiko) der einzelnen Aktien.

Die gesamten spezifischen Risiken der einzelnen Aktien, auch unsystematische Risiken genannt, d.h. Risiken, deren Höhe von dem Erfolg bzw. Mißerfolg des jeweiligen Unternehmens abhängt, sind im Gesamtmarkt und in einem risikobehafteten optimalen Wertpapierportefeuille wegdiversifiziert.

Das Marktrisiko (systematisches Risiko) hat seine Ursache in wirtschaftlichen und politischen Einflußfaktoren, die die Volkswirtschaft insgesamt betreffen, und kann deshalb nicht wegdiversifiziert werden (Einzelheiten siehe Schmidt, Reinhard H./Terberger, Eva: Grundzüge der Investitions- und Finanzierungstheorie. 4., aktualisierte Aufl., Wiesbaden 1997; Göppl, Hermann: Unternehmensbewertung und Capital-Asset-Pricing-Theorie. In: WPg, 33. Jg. (1980), S. 237-245 und neuere amerikanische Literatur über Unternehmensfinanzierung).

Die durchschnittliche Risikoprämie entspricht wie oben gesagt der Marktrendite des Gesamtmarktes abzüglich der Rendite für risikofreie Kapitalanlagen. Mit dem ß-Faktor werden die Schwankungen einer einzelnen Aktie um die Marktrendite des Gesamtmarktes gemessen, oder anders ausgedrückt, der ß-Faktor gibt an, wie stark die Rendite einer Aktie mit der Marktrendite schwankt. Der ß-Faktor drückt somit die unterschiedliche Sensitivität eines Wertpapieres gegenüber den Einflußfaktoren des Marktrisikos, d.h. wirtschaftliche und politische Einflußfaktoren, die die Volkswirtschaft insgesamt betreffen, und nicht unternehmensspezifische Risiken, aus, wobei keine Differenzierung nach verschiedenen Einflußfaktoren erfolgt.

**Der ß-Faktor dient in erster Linie der Planung eines optimalen Aktienportefeuilles, das laufend umgeschichtet werden kann, und weniger der Bewertung einzelner Aktien und noch weniger der Bewertung eines einzelnen Unternehmens, mit dem man langfristige Ziele verfolgt. Anders ausgedrückt heißt das, er eignet sich weniger für langfristig orientierte Investoren, d.h. für Käufer von Unternehmen mit beschränkten Möglichkeiten zur Diversifikation, sondern mehr für kurzfristig orientierte Spekulanten. Bei der Bewertung eines Unternehmens ist deshalb dem nur teilweise wegdiversifizierbaren unternehmensspezifischen (unsystematischen) Risiko neben dem vom Marktrisiko (systematisches Risiko) abweichenden Rendite-Schwankungskoeffizienten ß-Faktor entsprechend den individuellen Verhältnissen Rechnung zu tragen. Hinweise auf die Ermittlung des unternehmensspezifischen (unsystematischen) Risikos finden sich in Abschnitt C. I. 5f.**

Der ß-Faktor wird in der Literatur wie folgt definiert:

$$\text{ß} = \frac{\text{Kovarianz (Aktienrendite, Marktrendite)}}{\text{Varianz (Marktrendite)}}$$

Eine Erläuterung dieser Begriffe wird im folgenden Exkurs gegeben.

Bei der Bewertung von Unternehmen oder strategischen Geschäftseinheiten ist der ß-Faktor von börsennotierten Unternehmen in vergleichbarer Größe, mit vergleichbarem Kapitalstrukturrisiko bzw. mit vergleichbar gemachtem Kapitalstrukturrisiko und mit vergleichbaren Geschäftsrisiken abzuleiten, d.h. es ist ein Branchen-Beta zu ermitteln.

Die Formel für die Eigenkapitalkosten lautet somit:

| Eigenkapital-kosten | = | Rendite für risikofreie Kapitalanlagen | + | ( durchschnittliche Rendite des Aktienmarktes | − | Rendite für risikofreie Kapitalanlagen ) | x ß |

Bei der in der Formel für die Eigenkapitalkosten enthaltenen durchschnittlichen Rendite des Aktienmarktes ./. der Rendite für risikofreie Kapitalanlagen handelt es sich um die oben erwähnte durchschnittliche Risikoprämie.

Es muß gesagt werden, daß in der deutschsprachigen Literatur das zur Bestimmung der Eigenkapitalkosten herangezogene Capital Asset Pricing Model teilweise sehr kritisch betrachtet wird. Bei Schneider (Schneider, Dieter: Investition, Finanzierung und Besteuerung. 7., vollständig überarbeitete und erweiterte Aufl. Wiesbaden 1992, S. 526) heißt es sogar »*Viel Lärm um nichts!*«

In den USA werden ß-Faktoren für etwa 7.000 an der New Yorker Stock Exchange, der American Stock Exchange und der NASDAQ notierte Unternehmen ermittelt. In Deutschland werden ß-Faktoren im Handelsblatt (Dax 30) und in der Börsen-Zeitung (Dax 30, Tec-Dax, M-Dax, S-Dax, Euro Stoxx 50) veröffentlicht. Außerdem werden von verschiedenen Finanzdienstleistern ß-Faktoren gebührenfrei im Internet angegeben. Es wird jedoch nicht immer gesagt, auf welchen Index sie sich beziehen.

Da nicht immer bekannt ist, auf welchen Index sich die ß-Werte beziehen und die deutschen Indices nur relativ wenige, meistens nicht branchenreine Unternehmen umfassen, sind sie für die Bildung eines Branchen-Beta, um die Risikoprämie für ein nicht börsennotiertes Unternehmen festzusetzen, wenig hilfreich.

Hinzu kommt noch das Problem, daß der ß-Faktor der Unternehmen das Geschäftsrisiko und das Kapitalstrukturrisiko umfaßt (levered ß) und deshalb der ß-Faktor an die Zielkapitalstruktur des zu bewertenden Unternehmens angepaßt werden müßte (siehe C. I. 5e), was einen erheblichen Arbeitsaufwand verursachen würde.

Zu bemerken ist noch, daß bei der Berechnung von ß-Faktoren zum Teil unterschiedliche Zeiträume (z.B. Dreißig-Tages-Beta, Zweihundertfünfzig-Tages-Beta) und unterschiedliche Aktienindices herangezogen werden, und es somit unterschiedliche ß-Faktoren für den gleichen Börsenwert geben kann.

Marktrenditen und ß-Faktoren werden auf der Basis von historischen Daten ermittelt. Daraus läßt sich, wie bereits weiter oben gesagt, nicht ableiten, daß sie auch für die Zukunft zutreffen müssen.

Die Aussagefähigkeit des ß-Faktors wird auch in den USA (z.B. Fama, Eugene F./ French, Kenneth R.: The Cross-Section of Expected Stock Returns. In: The Journal of Finance, Vol. 47, 1992, S. 427-465) heftig kritisiert. In einer Untersuchung für den Zeitraum 1941 bis 1990 haben Fama/French herausgefunden, daß sich Aktien, die stärkere Kursausschläge aufwiesen als der Gesamtmarkt, langfristig nicht besser als der Gesamtmarkt entwickelt haben.

Trotz der Kritik am Capital Asset Pricing Model – es würde zu weit führen, hier im einzelnen darauf einzugehen – bleibt festzuhalten, daß eine kapitalmarktorientierte Ermittlung der Eigenkapitalkosten objektiver, nachvollziehbarer und marktgerechter ist als nur eine Willkür nicht ausschließende, unternehmensorientierte Festsetzung der Eigenkapitalkosten, die aus der Luft gegriffene Risikozuschläge enthalten.

Ein großer Mangel in Deutschland ist, wie bereits gesagt, die unzureichende Verfügbarkeit von ß-Faktoren börsennotierter Unternehmen mit vergleichbaren Geschäftsrisiken. Der

Unternehmensbewerter ist deshalb gezwungen, zusätzlich auf ß-Faktoren von vergleichbaren Unternehmen in den USA oder anderen Ländern zurückzugreifen. Wegen anderer Verhältnisse im Ausland kann die Vergleichbarkeit jedoch eingeschränkt sein.

Der Gedanke, den Kapitalisierungszinsfuß von der Marktrendite vergleichbarer Unternehmen abzuleiten, ist nicht so neu, wie es auf Anhieb scheint. Er wurde in ähnlicher Form – ohne den Ausdruck ß-Faktor zu verwenden – schon von Schmalenbach dargestellt (s. Schmalenbach, Eugen: Die Beteiligungsfinanzierung. 8., verbesserte Aufl., Köln und Opladen. 1954, S. 50). In beiden Fällen sind die Haupteinwände die gleichen: unzureichende Informationen, und die Unternehmen sind nur bedingt vergleichbar.

Die Eigenkapitalkosten sollten somit nicht rein schematisch nach dem Capital Asset Pricing Model – zumal das CAPM das Risiko nicht nach möglichen Ursachen aufschlüsselt – auf Basis evtl. ungenügender oder nicht ausreichender Informationen festgelegt werden. Falls der Unternehmensbewerter ausreichend begründete Annahmen dafür haben sollte (z.B. der ß-Faktor war über eine längere Zeit nicht stabil oder der sich aus einer kurzen Zeitspanne in der Vergangenheit ermittelte ß-Faktor beruht auf Ereignissen oder Risiken, die mit hoher Wahrscheinlichkeit nicht mehr eintreten dürften), daß die zukünftige Risikoprämie anders als in der Vergangenheit sein dürfte, kann oder muß er sogar eine andere Risikoprämie einsetzen. Weitere Einzelheiten hierzu finden sich in Abschnitt C. I. 5f.

Am Schluß sei erwähnt, daß in der amerikanischen wissenschaftlichen Literatur die von Stephen A. Ross (1976) dargestellte und von Richard Roll (1980) weiter entwickelte Arbitrage Pricing Theorie (APT) zur Berechnung der Eigenkapitalkosten diskutiert wird. Bei der APT wird das systematische Risiko nicht wie beim CAPM nur durch *einen* Faktor, nämlich das Marktrisiko, sondern durch *mehrere* verschiedene makroökonomische Faktoren, die auf Börsenkurse einen Einfluß haben, wie z.B. Index der Industrieproduktion, Zinsen und Inflation, erklärt. Da die einzelnen Faktoren nicht allgemein anerkannt feststehen und die ß-Faktoren für mehrere Faktoren geschätzt werden müssen, hat die APT in der Praxis so gut wie keinen Einzug gehalten.

## Exkurs: Varianz, Standardabweichung, Kovarianz

Varianz ($\sigma^2$) und Standardabweichung ($\sigma$) sind Maße für die Volatilität, d.h. Varianz und Standardabweichung werden als statistische Beschreibungen der Schwankungsbreite von Aktien benutzt. Sie dienen somit zur Messung der Unsicherheit des Zukunftsertrages.

Die Formel für die Varianz lautet

$$\text{Varianz} \ (\sigma^2) = \frac{1}{n-1} \sum_{t=1}^{n} (R_t - \overline{R})^2$$

Die Varianz ist somit der Durchschnitt (n ist die Anzahl der Beobachtungen) der quadratischen Abweichungen der Erträge $R_t$ von ihrem Mittelwert R. (Die Quadrierung erfolgt, damit sich positive und negative Abweichungen nicht gegenseitig aufheben.)

Je mehr der Ertrag um den Mittelwert (Erwartungswert) variiert, desto risikoreicher ist der Ertrag. Die aus vergangenen Daten ermittelte Varianz wird verwendet, um einen Hinweis dafür zu bekommen, wie risikohaft eine Kapitalanlage in der Zukunft ist, bzw.

wie stark die Erträge um den erwarteten Wert wahrscheinlich schwanken werden. Je größer die Schwankung wird, desto größer ist die Varianz und somit das bei der Kapitalanlage eingegangene Risiko.

Da durch die Quadrierung die Maßeinheit anders ist als die zugrunde gelegten Daten, wird der Risikobegriff in der Regel nicht mit der Varianz selbst angegeben, sondern mit der Wurzel davon, der sogenannten Standardabweichung:

Beispiel:

| Ertrag | Durchschnittsertrag | Abweichung | Varianz |
|--------|---------------------|------------|---------|
| 0,03 | 0,04 | -0,01 | 0,0001 |
| 0,10 | 0,04 | 0,06 | 0,0036 |
| 0,12 | 0,04 | 0,08 | 0,0064 |
| -0.09 | 0,04 | -0.13 | 0.0169 |
| 0,16 | | 0,00 | 0,0270 |

Varianz $(\sigma^2) = 0,0270 : (4-1) = 0,009$

Standardabweichung $(\sigma) = \sqrt{0,009} = 0,09487$

Diese Standardabweichung wird Stichproben-Standardabweichung genannt. In der deutschen Literatur wird in der Regel die Grundgesamtheits-Standardabweichung benutzt, deren Formel für die Varianz wie folgt lautet:

$$\text{Varianz } (\sigma^2) = \frac{1}{n} \sum_{t=1}^{n} (R_t - \bar{R})^2$$

Unterstellt man eine Normalverteilung, dann läßt sich aus der statistischen Theorie ableiten, daß man erwarten darf – sofern sich eine ausreichende Zahl von unsicheren Ereignissen wiederholen würde –, daß das unsichere Ereignis = die in Zukunft realisierten Erträge mit 68% Wahrscheinlichkeit innerhalb einer Standardabweichung, mit 95% Wahrscheinlichkeit innerhalb von zwei Standardabweichungen und mit über 99% innerhalb von drei Standardabweichungen über oder unter dem erwarteten Wert liegt. Das Risiko betrifft sowohl das Verlustrisiko als auch die Gewinnchance.

Die Kovarianz (COV) von zwei Zufallsvariablen ist der Erwartungswert des Produktes der beiden Zufallsvariablen von ihrem jeweiligen Mittelwert, oder anders ausgedrückt: Kovarianz ist ein Maß zur Beurteilung des Zusammenhangs zweier Entwicklungen, d.h. in welchem Maße sie sich miteinander nach oben oder unten bzw. über oder unter dem Durchschnitt bewegen.

Die Formel für die Kovarianz lautet:

$$\text{COV}_{ij} = \sum \frac{(i-\bar{i}) \cdot (j-\bar{j})}{n}$$

Beispiel:

| Beobachtung | $i$ | $j$ | $i-\bar{i}$ | $j-\bar{j}$ | $(i-\bar{i}) \cdot (j-\bar{j})$ |
|---|---|---|---|---|---|
| 1 | 2 | 7 | −4 | −4 | 16 |
| 2 | 5 | 9 | −1 | −2 | 2 |
| 3 | 7 | 13 | +1 | +2 | 2 |
| 4 | 4 | 11 | −2 | 0 | 0 |
| 5 | 8 | 12 | +2 | +1 | 2 |
| 6 | 10 | 14 | +4 | +3 | 12 |
| | 36 | 66 | | | 34 |
| Mittelwert | 6 | 11 | | | |

$$COV_{ij} = \frac{34}{6} = 5{,}6667$$

## d)     Marktrenditen und ß-Faktoren in der Vergangenheit

Wie bereits am Beginn des Abschnitts C. I. 5c ausgeführt, entsprechen die Eigenkapitalkosten den Renditeerwartungen von anderen Investitionsmöglichkeiten mit vergleichbarem Risiko. In der Regel wird es bei einer Unternehmensbewertung jedoch nicht möglich sein, die Renditeerwartung exakt von einer anderen Investitionsmöglichkeit mit vergleichbarem Risiko abzuleiten, da die Renditen von anderen Investitionsmöglichkeiten ebenfalls mit Unsicherheiten behaftet sind. Als Ersatz bleibt nur übrig, die Renditeerwartung aus Renditen zu ermitteln, die in der Vergangenheit unter ähnlichen politischen und wirtschaftlichen Umständen aus Investitionen mit vergleichbarem Risiko ermittelt wurden. Das heißt, die zu ermittelnde Risikoprämie sollte möglichst auf zeitnahen Daten beruhen und keine Risikoprämien der ferneren Vergangenheit enthalten. Dem steht entgegen, daß man eine repräsentative Risikoprämie nur aus Investitionen über einen längeren Zeitraum mit vielen verschiedenen Daten des Investitionsbeginns und des Investitionsendes ermitteln kann. Welche Bedeutung die verschiedenen Daten des Investitionsbeginns und des Investitionsendes und eine längere Investitionsdauer haben, zeigen die erheblichen Kursausschläge an den Aktienbörsen nach oben in den Jahren 1996 – 1999 und die erheblichen Kursausschläge nach unten in den Jahren 2000 – 2002 sehr deutlich.

Nachstehend werden einige Marktrisiken der Vergangenheit in Deutschland und den USA wiedergegeben. Es werden nur geometrische Mittel der Renditen (Rendite aus Anfangs- und Endwert unter Berücksichtigung der Anzahl der Jahre) angegeben, weil die arithmetischen Mittel der Renditen (einfacher Mittelwert der einperiodischen Rendite) fehlerbehaftet sind. Der Unterschied zwischen arithmetischem und geometrischem Mittel wird in der Fußnote in einem einfachen Beispiel gezeigt.\*)

---

\*)   arithmetisches Mittel

| Jahr | Anfangswert | Endwert | Prozentuale Rendite |
|---|---|---|---|
| 1 | 100 | 200 | 100 |
| 2 | 200 | 100 | −50 |
| 3 | 100 | 150 | 50 |

$$\frac{100 - 50 + 50}{3} = \frac{100}{3} = 33{,}33\ \%$$

geometrisches Mittel

$$\sqrt[3]{\frac{150}{100}} - 1 = 1{,}1447 = 1 = 0{,}14471 \text{ bzw. } 14{,}471\ \%$$

Deutschland

In Deutschland gibt es nur wenige statistische Erhebungen über die Rentabilität von Aktien und Bundesanleihen. Die aktuellste Untersuchung liegt von Prof. R. Stehle, Ph. D. (www.wiwi.hu-berlin.de/finance) vor. Er ermittelte eine Risikoprämie von 2,6% für die Zeit von Ende 1954 bis Oktober 2002. Diese Risikoprämie enthält sowohl das Investitionsrisiko (Geschäftsrisiko) als auch das Finanzierungsrisiko (Kapitalstrukturrisiko). Die Aussagefähigkeit dieser Risikoprämie als Basis für Renditeerwartungen wird jedoch durch die im folgenden Absatz dargelegte Änderungen der Besteuerung eingeschränkt.

In der Vergangenheit gab es in Deutschland mehrere Änderungen bzw. beabsichtigte Änderungen der Besteuerung, die Einfluß auf die Renditeerwartungen vor Einkommensteuer bzw. auf die Risikoprämie gehabt haben dürften, nämlich die Einführung des Anrechnungsverfahrens bei der Körperschaftsteuer im Jahre 1977, die Abschaffung des Anrechnungsverfahrens bei der Körperschaftsteuer und die Einführung des Halbeinkünfteverfahrens im Jahre 2001, die Erhöhung der Spekulationsfrist für Gewinne aus Kapitalvermögen von ½ auf ein Jahr im Jahre 1998 sowie die Diskussion über die beabsichtigte Abschaffung der Spekulationsfrist für Gewinne aus Kapitalvermögen und über die beabsichtigte Einführung einer Zinsabgeltungssteuer.

Aufgrund des immer höheren Anteils ausländischer Investoren und somit der Globalisierung der Kapitalmärkte werden die Renditeerwartungen immer weniger von in Deutschland unbeschränkt Steuerpflichtigen, sondern immer mehr von ausländischen Investoren sowie vom amerikanischen Kapitalmarkt bestimmt.

Wegen

– der geringen statistischen Erhebungen über die Rentabilität von Aktien und Bundesanleihen und somit über die Risikoprämie in Deutschland,
– der wiederholten Änderung der Besteuerung in Deutschland und ihres Einflusses auf die Renditeerwartungen und
– der Globalisierung der Kapitalmärkte

wird auf die folgenden Ausführungen über den amerikanischen Kapitalmarkt verwiesen.


USA

Seit über 25 Jahren werden von Ibbotson Associates, Chicago, in dem jährlich erscheinenden Yearbook »Stocks, Bonds, Bills, and Inflation. Market Results for 1926 –....« die Renditen verschiedener Kapitalanlagen in den USA von 1926 bis zum jeweils letzten Jahr ausführlich dargestellt.

Ausgehend von den im 2003 Yearbook in Table 2 – 5 Basic Series – Annual Total Returns angegebenen Jahresrenditen – sie sind auch in dem von Ibbotson Associates seit 1999 jährlich herausgegebenen Buch »Stocks, Bonds, Bills, and Inflation«. Valuation-Edition, 2003 Yearbook, enthalten – wurden die in der folgenden Tabelle gezeigten Risikoprämien ermittelt. Es wurde jeweils eine Kapitalanlagedauer von 20 Jahren unterstellt.

Die Risikoprämien wurden gemäß folgender Formel aus dem Unterschied zwischen der Nominalrendite amerikanischer Aktien großer Gesellschaften und langfristigen, d.h. 20 Jahre laufenden Staatsanleihen errechnet.

$$\text{Risikoprämie} = \left( \frac{1 + \text{Rendite große Gesellschaften}}{1 + \text{Rendite langfristige Staatsanleihen}} \right)$$

| Kapitalanlagedauer | Risikoprämie | | |
|---|---|---|---|
| 1983-2002 | 1,4% | | |
| 1982-2001 | 2,8% | | |
| 1981-2000 | 3,4% | Ø 4,0% | |
| 1980-1999 | 6,5% | | |
| 1979-1998 | 5,9% | | |
| 1978-1997 | 5,7% | | |
| 1977-1996 | 4,6% | | |
| 1976-1995 | 3,7% | Ø 4,2% | |
| 1975-1994 | 4,7% | | |
| 1974-1993 | 2,4% | | |
| 1973-1992 | 2,0% | | Ø 3,4% |
| 1972-1991 | 2,7% | | |
| 1971-1990 | 2,2% | Ø 2,4% | |
| 1970-1989 | 2,3% | | |
| 1969-1988 | 1,6% | | |
| 1968-1987 | 1,8% | | |
| 1967-1986 | 3,0% | | |
| 1966-1985 | 2,5% | Ø 2,9% | |
| 1965-1984 | 3,1% | | |
| 1964-1983 | 4,1% | | |

Wie aus der obigen Tabelle zu entnehmen ist, ergibt sich bei einem Investitionsbeginn in den Jahren 1964-1983 und einer Investitionsdauer von 20 Jahren eine durchschnittliche Risikoprämie von 3,4%. Diese Risikoprämie enthält sowohl das Investitionsrisiko (Geschäftsrisiko) als auch das Finanzierungsrisiko (Kapitalstrukturrisiko).

Es dürfte wohl kaum angebracht sein, in weiter zurückliegender Zeit erzielte Risikoprämien als Basis für jetzt und in Zukunft zu erwartende Risikoprämien zugrunde zu legen. Es soll jedoch nicht verschwiegen werden, daß in der weiter zurückliegenden Zeit die Risikoprämie ansteigt (bei einem Kapitalanlagebeginn in den Jahren 1959-1963 beträgt sie 4,0% und bei einem Kapitalanlagebeginn in den Jahren 1954-1958 beträgt sie 5,4%).

Wie man aus obiger Tabelle entnehmen kann, werden durch die Verteilung des Beginns und des Endes der Kapitalanlage auf 20 Jahre (von 1964-1983 bzw. von 1983-2002) die konjunkturellen Zufälligkeiten und die unterschiedliche Kapitalmarktlage zu den einzelnen Zeitpunkten des Beginns und des Endes der Kapitalanlage, die die durchschnittliche Rendite und die Risikoprämie sehr verzerren können, weitgehend ausgeschaltet. Durch den Beginn der Anlageperiode vor 20-40 Jahren, das Ende der Anlageperiode vor 0-20 Jahren und die Wiederanlage der Erträge konnten sowohl ein genügend langer Zeitraum als auch die Erwartungen der jüngsten Vergangenheit angemessen berücksichtigt werden.

Aus Ibbotson Associates: Stocks, Bonds, Bills, and Inflation. 2003 Yearbook, Market Results for 1926-2002 (S. 112) ist zu entnehmen, daß die Rendite und somit die Risikoprämie kleiner Gesellschaften im langjährigen Durchschnitt höher liegt, wobei die Rendite um so höher liegt, je kleiner die Gesellschaft ist (S. 124). Ibbotson erklärt (S. 135), daß die höhere Rendite kleiner Gesellschaften nicht mit den Capital Asset Pricing Model (CAPM) zu erklären ist. Deshalb ist bei der Ermittlung der Eigenkapitalkosten nach dem CAPM (siehe C. I. 5c) zusätzlich der Größe des zu bewertenden Unternehmens Rechnung zu tragen (siehe Ibbotson Associates: Stocks, Bonds, Bills, and Inflation. Valuation Edition, 2003 Yearbook, S. 54, 117 ff und 248).

Zu einem ähnlichen Ergebnis kommt Beiker (Beiker, Hartmut: Überrenditen und Risiken kleiner Aktiengesellschaften – Eine theoretische und empirische Analyse des deutschen Kapitalmarktes von 1966 bis 1989. Diss. Köln 1992) für kleine deutsche Aktiengesellschaften, die er zu folgenden Aussagen zusammenfaßt:

*»Der Aussagegehalt von empirisch ermittelten Beta-Faktoren für kleine Aktiengesellschaften ist, wenn sie als alleiniger bewertungsrelevanter Risikomaßstab verwendet werden, mit größeren Mängeln behaftet.« (S. 460)*

*Aufgrund dieser Ergebnisse ist*

*die Bedeutung des empirisch ermittelten Beta-Faktors als bewertungsrelevanter Risikomaßstab für kleine Aktiengesellschaften gering. Die unsystematischen Risiken von Aktiengesellschaften gewinnen um so mehr an Bewertungsrelevanz, je kleiner die entsprechenden Aktiengesellschaften sind.« (S. 465)*

Neben Informationen zu der Risikoprämie bei kleinen Unternehmen veröffentlicht Ibbotson Associates in Stocks, Bonds, Bills, and Inflation. Valuation Edition, 2003 Yearbook auch Informationen zu den Branchenrisiken (Industry Premia).

Die höheren Risikoprämien bei Aktien kleiner Gesellschaften dürften nicht zuletzt darauf zurückzuführen sein, daß bei großen Gesellschaften das spezifische (unsystematische Risiko) zum Teil wegdiversifiziert ist, und bei kleinen Gesellschaften der Verschuldungsgrad höher liegen dürfte.

Ibbotson Associates: Stocks, Bonds, Bills, and Inflation. 2003 Yearbook, Market Results for 1926-2002, zeigt, daß die Standardabweichung der jährlichen Erträge (S. 124) und der ß-Faktor (S. 136) um so mehr steigen, je kleiner die Unternehmen sind, wobei der ß-Faktor nicht in gleichem Maße zunimmt wie die Standardabweichung der Erträge.

### e)    Kapitalstruktur und ß-Faktor

ß-Faktoren messen das systematische Risiko (Marktrisiko) börsennotierter Unternehmen, die mehr oder weniger verschuldet sein können.

ß-Faktoren enthalten somit ein Investitionsrisiko (Geschäftsrisiko) und ein Finanzierungsrisiko (Kapitalstrukturrisiko).

Der Anteil der beiden Risiken am ß-Faktor hängt von der Kapitalstruktur der einzelnen Unternehmen ab. Da das Geschäftsrisiko grundsätzlich vom Eigenkapital zu tragen ist, steigt bei zunehmender Verschuldung wegen des relativ geringeren Anteils des Eigenkapitals am Gesamtkapital der ß-Faktor des Unternehmens, was eine Steigerung des Risikos der Eigenkapitalgeber bedeutet. Der auf der Basis von Marktrenditen ermittelte ß-Faktor macht somit eine Aussage über das Eigenkapitalrisiko bei gegebenem Verschuldungsgrad.

Wenn ein Unternehmen in mehreren Geschäftsbereichen tätig ist, setzt sich das Geschäftsrisiko aus dem gewichteten Durchschnitt der ß-Faktoren der verschiedenen Geschäftsbereiche zusammen, wobei die einzelnen Geschäftsbereiche mit dem Marktwert gewichtet werden. Die ß-Faktoren der einzelnen Geschäftsbereiche kann man in solchen Fällen nur mit Hilfe der Segmentberichterstattung und durch Vergleich mit börsennotierten Unternehmen, die in einem vergleichbaren Geschäftsbereich tätig sind, schätzen.

Beispiel für das Finanzierungsrisiko bei unterschiedlicher Kapitalstruktur:

|  | optimistisch | wahrscheinlich | pessimistisch |
|---|---|---|---|
| **Finanzierung ohne Fremdkapital** | | | |
| Betriebsergebnis nach Ertragsteuern | | | |
| = Jahresüberschuß | 2.000.000 | 1.600.000 | 600.000 |
| Grundkapital | 20.000.000 | 20.000.000 | 20.000.000 |
| Rendite | 10 % | 8 % | 3 % |
| | | | |
| **Finanzierung mit Fremdkapital** | | | |
| Betriebsergebnis nach Ertragsteuern | 2.000.000 | 1.600.000 | 600.000 |
| Zinsaufwendungen nach Ertragsteuern | 800.000 | 800.000 | 800.000 |
| Jahresüberschuß | 1.200.000 | 800.000 | -200.000 |
| Eigenkapital | 10.000.000 | 10.000.000 | 10.000.000 |
| Rendite | 12 % | 8 % | - 2 % |

Bei der Bewertung eines Unternehmens ist eine Kapitalstruktur zu Marktwerten festzulegen. Diese Zielkapitalstruktur muß nicht mit der jetzigen Kapitalstruktur des zu bewertenden Unternehmens oder mit der Kapitalstruktur vergleichbarer Unternehmen übereinstimmen. Sie orientiert sich eher an der Kapitalstruktur und den finanziellen Möglichkeiten des Käuferunternehmens.

Durch die Festlegung einer Zielkapitalstruktur ist auch keine Ermittlung von unterschiedlichen Kapitalstrukturen für die einzelnen Jahre des Planungszeitraumes notwendig, wodurch das Zirkularitätsproblem bei der Ermittlung der gewichteten Kapitalkosten (WACC) für die einzelnen Jahre des Planungszeitraumes vermieden wird. Das Zirkularitätsproblem entsteht dadurch, daß für die einzelnen Jahre des Planungszeitraumes bei der Ermittlung des WACC die Marktwerte des Eigenkapitals und bei der Ermittlung des Eigenkapitals der WACC benötigt werden. Sollte eine unterschiedliche Kapitalstruktur für die einzelnen Jahre des Planungszeitraumes vorgesehen sein, könnte man das Problem mit einer Iterationsrechnung lösen. Die bessere Lösung ist jedoch, anstelle des WACC-Ansatzes den APV-Ansatz zu wählen (siehe C. I. 1b).

Wenn die Zielkapitalstruktur nicht der Kapitalstruktur von vergleichbaren börsennotierten Unternehmen entspricht, ist der aus vergleichbaren börsennotierten Unternehmen gewonnene ß-Faktor anzupassen. Dazu muß man zunächst die ß-Faktoren für vergleichbare

Unternehmen ohne Verschuldung (d.h. nur Geschäftsrisiko) ermitteln, und anschließend aus dem Durchschnitt der ß-Faktoren der vergleichbaren Unternehmen ohne Finanzierungsrisiko den ß-Faktor für das zu bewertende Unternehmen mit der Zielkapitalstruktur, d.h. mit dem Finanzierungsrisiko, errechnen.

Der ß-Faktor wird auf folgende Art und Weise angepaßt:

1. Ermittlung des ß-Faktors von Vergleichsunternehmen ohne Verschuldung (unlevered beta):

| Beta ohne Verschuldung (nur Geschäftsrisiko) von Vergleichsunternehmen | = | Beta mit Verschuldung von Vergleichsunternehmen | : [1 + (1 − Ertragsteuersatz) x Verschuldungsgrad des Vergleichsunternehmens] |
|---|---|---|---|

2. Ermittlung des ß-Faktors des zu bewertenden Unternehmens einschließlich Verschuldung (levered beta):

| Beta mit Verschuldung des zu bewertenden Unternehmens | = | Durchschnittliches Beta ohne Verschuldung der Vergleichsunternehmen | x [1 + (1 − Ertragsteuersatz) x Verschuldungsgrad des zu bewertenden Unternehmens] |
|---|---|---|---|

Den verwendeten Faktor

1 + (1 − Ertragsteuersatz) x Verschuldungsgrad

bezeichnet man als Levering Faktor. Mit Hilfe dieses Levering Faktors kann man das Beta eines Unternehmens ohne Verschuldung (unlevered beta) in das Beta mit Verschuldung (levered beta) umrechnen bzw. umgekehrt.

Der Ertragsteuersatz ist nur in der Höhe zu berücksichtigen, in der die Ertragsteuern steuerlich abzugsfähig sind.

Der Verschuldungsgrad ist wie folgt zu ermitteln:

$$\frac{\text{Fremdkapital zum Marktwert}}{\text{Eigenkapital zum Marktwert}}$$

Zum Fremdkapital zählen auch die Rückstellungen für Pensionsverpflichtungen (siehe C. I. 4ah und C. I. 8).

Es wurde hier davon ausgegangen, daß das Fremdkapital nicht risikobehaftet ist, d.h. daß der ß-Faktor des Fremdkapitals = 0 ist, und somit das gesamte Risiko durch die Eigenkapitalgeber getragen wird. Sollte dies nicht der Fall sein, d.h. wenn der ß-Faktor des Fremdkapitals über 0 liegt, sind die obigen Formeln zu erweitern um »./. Beta Fremdkapital x Verschuldungsgrad«.

Beispiel für die Umrechnung des ß-Faktors:

Das Beispiel wurde entnommen aus Damodaran, Aswath: Damodaran on Valuation: Security Analysis for Investment and Corporate Finance, S. 157 ff., da es in Deutschland zu wenig publizierte und allgemein bekannte Daten gibt, die die Zusammenhänge erläutern können. Es handelt sich bei dem Beispiel um Zahlen der Firma Boeing von März 1990.

Allgemeine Informationen:

| | |
|---|---|
| Marktwert Eigenkapital | 16.182 Mio. US$ = 98,32 % |
| Marktwert Fremdkapital | 277 Mio. US$ = 1,68 % |
| Gesamtwert | 16.459 Mio. US$ = 100.00 % |

| | |
|---|---|
| ß-Faktor | 0,95 |
| Zinssatz für risikofreie Kapitalanlagen (Treasury-Bonds) | 9 % |
| Risikoprämie | 5,5 % |
| Ertragsteuersatz | 34 % |
| Eigenkapitalkosten | 9 + (0,95 x 5,5) = 14,23 % |
| Fremdkapitalkosten (AA) | 9,7 (1 − 0,34) = 6,40 % |
| Gewichtete Kapitalkosten | 14,23 x 0,9832 + 6,4 x 0,0168 = 14,09 % |
| Verschuldungsgrad | 277 : 16.182 = 0,0171 |

Umrechnung ß-Faktor:

Beta ohne Verschuldung        0,95 : (1 + (1 − 0,34) x 0,0171 = 0,94

Die folgenden Tabellen erläutern die Zusammenhänge zwischen

− Fremdkapitalquote, Beta mit Verschuldung und Eigenkapitalkosten,

− Leverage-Risiko (Zinsdeckung) und wahrscheinliches Bond-Rating,

− Bond-Rating und Zinssatz für Fremdkapital.

Die Tabellen stehen in Zusammenhang mit obigem Beispiel.

1. Fremdkapitalquote (Marktwert Fremdkapital zu Gesamtwert). Beta mit Verschuldung. Eigenkapitalkosten

| Marktwert Fremdkapital zu Gesamtwert | Fremdkapital in Mio.US$ | Beta mit Verschuldung | Eigenkapital- kosten |
|---|---|---|---|
| 0% | 0 | 0,94 | 14,17 % |
| 10% | 1.646 | 1,01 | 14,55 % |
| 20% | 3.292 | 1,09 | 15,02 % |
| 30% | 4.938 | 1,21 | 15,63 % |
| 40% | 6.584 | 1.35 | 16,44 % |
| 50% | 8.230 | 1,56 | 17,58 % |
| 60% | 9.876 | 1,87 | 19,29 % |
| 70% | 11.522 | 2,39 | 22,15 % |
| 80% | 13.168 | 3,42 | 27,81 % |
| 90% | 14.814 | 6,52 | 44,86 % |

2. <u>Leverage-Risiko (Zinsdeckung) und wahrscheinliches Bond-Rating</u>

| Leverage-Risiko | wahrscheinliches Bond Rating |
|---|---|
| > 9,65 | AAA |
| 6,85 – 9,65 | AA |
| 5,65 – 6,85 | A+ |
| 4,49 – 5,65 | A |
| 3,29 – 4,49 | A- |
| 2,76 – 3,29 | BBB |
| 2,18 – 2,76 | BB |
| 1,87 – 2,17 | B+ |
| 1,57 – 1,87 | B |
| 1,27 – 1,57 | B- |
| 0,87 – 1,27 | CCC |
| 0,67 – 0,87 | CC |
| 0,25 – 0,67 | C |
| < 0,25 | D |

Das Leverage-Risiko (Zinsdeckung) wird wie folgt ermittelt:

$$\frac{\text{Betriebsergebnis vor Zinsen und Ertragsteuem}}{\text{Zinsen}}$$

3. <u>Bond-Rating und Zinssatz für Fremdkapital</u>

| Bond Rating | Zinssatz für Fremdkapital | Spanne über Zinssatz für risikofreie Kapital- anlagen (Treasury-Bonds) |
|---|---|---|
| AAA | 9,30 % | 0,30 % |
| AA | 9,70 % | 0,70 % |
| A+ | 10,00 % | 1,00 % |
| A | 10,25 % | 1,25 % |
| A- | 10,50 % | 1,50 % |
| BBB | 11,00 % | 2,00 % |
| BB | 11,50 % | 2,50 % |
| B+ | 12,00 % | 3,00 % |
| B | 13,00 % | 4,00 % |
| B- | 14,00 % | 5,00 % |
| CCC | 15,00 % | 6,00 % |
| CC | 16,50 % | 7,50 % |
| C | 18,00 % | 9,00 % |
| D | 21,00 % | 12,00 % |

## f) Ermittlung individueller Risikoprämien auf Basis des ß-Faktors, der höheren Rendite bei kleinen Unternehmen, des unternehmensspezifischen Geschäftsrisikos und der möglichen Ertragsbandbreite

### fa) CAPM und ß-Faktor

Wie aus den vorhergehenden Abschnitten zu entnehmen ist,

- wird die Aussagefähigkeit des ß-Faktors, insbesondere bei kleineren Unternehmen, kritisiert (andererseits eignen sich kleinere börsennotierte Unternehmen für einen Vergleich, da sie meistens »branchenreiner« als größere Unternehmen sind),

- handelt es sich bei dem ß-Faktor um einen Renditeschwankungs-Koeffizienten der Vergangenheit, der nur bedingt etwas über das zukünftige Risiko aussagt,

- werden unterschiedliche Zeiträume und unterschiedliche Aktienindices für die Berechnung des ß-Faktors herangezogen,

- kann der ß-Faktor im Zeitablauf Schwankungen unterliegen,

- sind negative ß-Faktoren möglich,

- sind nur für wenige deutsche Unternehmen ß-Faktoren bekannt, wobei die meisten Unternehmen in mehreren Geschäftsbereichen, die unterschiedliche ß-Faktoren haben, tätig sind,

- gibt es für neue Branchen keine ß-Faktoren,

- kann sich der ß-Faktor eines Unternehmens oder einer strategischen Geschäftseinheit durch Änderung der Geschäftstätigkeit verändern (z.B. forschendes Pharmaunternehmen steigt in erheblichem Umfang in das Geschäft mit Nachahmer-Produkten, auch Generika genannt, ein),

- wird durch das CAPM und somit durch den ß-Faktor nur das systematische und nicht das spezifische, d.h. unsystematische Risiko erfaßt (das spezifische Risiko läßt sich nicht eindeutig von dem systematischen Risiko trennen),

- erklärt das CAPM die Renditen von Wertpapieren nur als Funktion *eines* Faktors, nämlich des Marktrisikos.

Es ist deshalb notwendig, nach Möglichkeiten zu suchen, wie man die beschränkten Informationen über den ß-Faktor überprüfen und einen angemessenen ß-Faktor festlegen bzw. eine individuelle Risikoprämie ermitteln kann.

Bei den mit Hilfe des CAPM ermittelten Kapitalkosten handelt es sich um in der Vergangenheit erzielte Marktrenditen. Die Unsicherheit der Zukunft läßt sich aber nicht durch Statistiken aus Vergangenheitszahlen austricksen. Die in der Vergangenheit erzielten Marktrenditen setzen sich aus unter- und überdurchschnittlichen Investitionsrenditen zusammen. Bei Unternehmenskäufen werden aber nur Investitionsrenditen unterstellt, die über oder mindestens in Höhe der Marktrenditen liegen. Tatsächlich wird von den Marktteilnehmern insgesamt aber nur die Marktrendite erreicht. Es fehlt das Planungsrisiko, das darin besteht, daß der Planung unsichere Annahmen zugrunde liegen. Die Höhe des Planungsrisikos hängt von der unterstellten Planungssicherheit ab. Es läßt sich durch vorsichtige Schätzung der Eintrittswahrscheinlichkeiten bei der

Ermittlung des Erwartungswertes (siehe C. I. 10) berücksichtigen. Diese unterschiedlichen Eintrittswahrscheinlichkeiten zeigen – im Gegensatz zum ß-Faktor – den Umfang des Risikos deutlich an, was man von einer in Wirklichkeit nicht existierenden einwertigen Eintrittswahrscheinlichkeit nicht sagen kann.

### fb)  Modifiziertes CAPM (MCAPM) wegen höherer Rendite bei kleinen Unternehmen

Bei kleinen Unternehmen sollte wegen ihrer in Abschnitt C. I. 5d erwähnten höheren Rendite die in Abschnitt C. I. 5c gezeigte Formel zur Ermittlung der Eigenkapitalkosten um eine Risikoprämie für kleine Unternehmen erweitert werden.

Die Formel zur Ermittlung der Eigenkapitalkosten würde dann wie folgt lauten:

| Eigenkapital-<br>kosten | = | Rendite für risikofreie<br>Kapitalanlagen | + | Risikoprämie x ß | + | Risikoprämie für<br>kleine Unternehmen |
|---|---|---|---|---|---|---|

Bei dieser Formel sollte in der Regel der β-Faktor mit 1 angesetzt werden, um eine Doppelzählung zu vermeiden.

Wenn man zur Ermittlung der Eigenkapitalkosten eine Risikoprämie für kleine Unternehmen ansetzt, ist darauf zu achten, daß der wahrscheinlich höhere Verschuldungsgrad von kleinen Unternehmen bei dem modifizierten CAPM richtig berücksichtigt wird (siehe C I. 5e). Hinweise über die Höhe der Risikoprämie bei kleinen Unternehmen können Ibbotson Associates: Stocks, Bonds, Bills, and Inflation. 2003 Yearbook. Market Results for 1926-2002 (S. 112) entnommen werden.

### fc)  Modifiziertes CAPM (MCAPM) wegen eines unternehmensspezifischen Geschäftsrisikos (unsystematisches Risiko)

Bei Unternehmen mit einem unternehmensspezifischen Geschäftsrisiko sollte die in Abschnitt C. I. 5c gezeigte Formel zur Ermittlung der Eigenkapitalkosten um eine zusätzliche Risikoprämie erweitert werden.

Die Formel zur Ermittlung der Eigenkapitalkosten würde dann wie folgt lauten:

| Eigenkapital-<br>kosten | = | Rendite für risikofreie<br>Kapitalanlagen | + | Risikoprämie x ß | + | Risikoprämie für<br>unternehmens-<br>spezifisches<br>Geschäftsrisiko |
|---|---|---|---|---|---|---|

Bei dieser Formel sollte der β-Faktor mit 1 angesetzt werden, wenn man annimmt, daß das gesamte systematische Risiko im unternehmensspezifischen Geschäftsrisiko und in einer eventuellen Risikoprämie für kleine Unternehmen enthalten ist. Die Nichtberücksichtigung des Beta-Faktors würde das vollkommene Verlassen des CAPM bei der Ermittlung der Eigenkapitalkosten bedeuten.

Hinweise auf die Höhe des unternehmensspezifischen Geschäftsrisikos können – zumindest soweit es sich um ein Branchenrisiko handelt – Ibbotson Associates: Stocks, Bonds, Bills, and Inflation. Valuation Edition, 2003 Yearbook, Table 3-5, Industry Premia Estimates, entnommen werden.

Hinweise für mögliche niedrige und hohe Geschäftsrisiken, was niedrige und hohe ß-Faktoren bedeuten könnte, gibt folgende Tabelle:

| geringes Geschäftsrisiko | hohes Geschäftsrisiko |
|---|---|
| geringe Anfälligkeit für Konjunktur-schwankungen (z.B. Kraftwerke, Lebensmittelhandel) | hohe Anfälligkeiten für Konjunktur-schwankungen (z.B. Chemie- und Automobilindustrie) |
| Produkte mit langem Lebenszyklus (z.B. bekannte Markenartikel) | Produkte mit kurzem Lebenszyklus (z.B. EDV, Modeartikel) |
| nicht oder kaum substituierbare Produkte | substituierbare Produkte |
| wenige Wettbewerber, geringe Markt-anteilsschwankungen, hohe Markt-eintrittsbarrieren | viele Mitbewerber, hohe Marktanteils-schwankungen, geringe Markteintritts-barrieren |
| viele Kunden aus unterschiedlichen Kundengruppen | wenige Großkunden (z.B. Zulieferer der Automobilindustrie), Lieferungen an den Staat und staatliche Organisationen |
| geringe Fixkosten | hohe Fixkosten |
| geringe erwartete Wertsteigerung in der ferneren Zukunft | hohe erwartete Wertsteigerung in der ferneren Zukunft |
| große Unternehmen mit einem diversifizierten Produkt-Portefeuille und geografischer Diversifikation | kleine Unternehmen mit einem wenig diversifizierten Produkt-Portefeuille und geringer geografischer Diversifikation, »Ein-Produkt-Unternehmen« |
| keine staatlichen Eingriffe | mögliche staatliche Eingriffe (z.B. Preiskontrollen, Änderung der Subventionspolitik, Änderung von Quotenregelungen, Gefahr der Verstaatlichung) |
| | Erfolg des Unternehmens ist stark abhängig von einer oder sehr wenigen Personen |

### fd) mögliche Ertragsbandbreite

In der Regel dürfte die Ertragsbandbreite bei Unternehmen aus Branchen mit hohem Geschäftsrisiko größer sein als bei Unternehmen aus Branchen mit geringem Geschäfts-risiko.

Die Berücksichtigung der Ertragsbandbreite bei den Eigenkapitalkosten ist somit nichts anderes als eine individuell aufgrund der Cash-flow-Planung ermittelte Risikoprämie für ein unternehmensspezifisches Geschäftsrisiko und ersetzt somit die im vorigen Abschnitt besprochene mit einem großen Ermessensspielraum global und somit angreifbar festzulegende Risikoprämie für ein unternehmensspezifisches Geschäftsrisiko.

Ertragsbandbreiten und daraus abgeleitete Erwartungswerte werden wie folgt berechnet:

|  | Unternehmens-wert | | Eintrittswahr-scheinlichkeit | | |
|---|---|---|---|---|---|
| ungünstige Entwicklung = pessimistischer Wert | 1.800 | x | 0,25 | = | 450 |
| normale Entwicklung = wahrscheinlicher Wert | 3.000 | x | 0,50 | = | 1.500 |
| günstige Entwicklung = optimistischer Wert | 3.700 | x | 0,25 | = | 925 |
|  |  |  | Erwartungswert | = | 2.875 |

Bei dem Erwartungswert handelt es sich um einen gewichteten Durchschnittswert.

Unterschiedliche Ertragsbandbreiten können zu demselben Erwartungswert führen, wie die folgenden zusätzlichen Beispiele zeigen:

|  | Unternehmens-wert | | Eintrittswahr-scheinlichkeit | | |
|---|---|---|---|---|---|
| ungünstige Entwicklung = pessimistischer Wert | 2.400 | x | 0,25 | = | 600 |
| normale Entwicklung = wahrscheinlicher Wert | 3.000 | x | 0,50 | = | 1.500 |
| günstige Entwicklung = optimistischer Wert | 3.100 | x | 0,25 | = | 775 |
|  |  |  | Erwartungswert | = | 2.875 |

|  | Unternehmens-wert | | Eintrittswahr-scheinlichkeit | | |
|---|---|---|---|---|---|
| ungünstige Entwicklung = pessimistischer Wert | 800 | x | 0,25 | = | 200 |
| normale Entwicklung = wahrscheinlicher Wert | 3.000 | x | 0,50 | = | 1.500 |
| günstige Entwicklung = optimistischer Wert | 4.700 | x | 0,25 | = | 1.175 |
|  |  |  | Erwartungswert | = | 2.875 |

Obwohl alle drei Beispiele denselben wahrscheinlichen Wert, denselben Durchschnittswert und denselben Erwartungswert haben, darf unterstellt werden, daß ein normaler risikoscheuer, jedoch nicht extrem risikofeindlicher Investor das zweite Beispiel, was die geringste Streuung der Wahrscheinlichkeiten um den Erwartungswert vorziehen wird, da er in diesem Falle das geringste Risiko bei allerdings auch wenig zusätzlichen Chancen eingeht.

Um Investoren bei gleichem Erwartungswert zum Eingehen eines höheren Risikos zu bewegen – auch wenn damit höhere Chancen verbunden sind –, erwarten sie eine höhere Risikoprämie beim Kapitalisierungszinsfuß.

Eine Möglichkeit, die Angemessenheit der Risikoprämie zu überprüfen, kann der Vergleich des mit dem Zinssatz für risikofreie Kapitalanlagen ermittelten Barwertes des Cash-flows bei ungünstiger Entwicklung mit dem Erwartungswert sein. Falls der Erwartungswert unter dem mit dem Zinssatz für risikofreie Kapitalanlagen bei ungünstiger Entwicklung (was allerdings nicht die schlechtestmögliche Entwicklung bedeuten muß) ermittelten Barwert liegt, ist in Anbetracht der Chancen bei normaler oder günstiger Entwicklung die der Risikoprämie ggf. zu verringern. Für eine bessere Risikoeinschätzung ist es deshalb angebracht, wenn der Unternehmensbewerter aufgrund der Analyse des Unternehmens und seiner Umwelt noch verbale Schätzungen über die Höhe und die Eintrittswahrscheinlichkeit der schlechtestmöglichen und bestmöglichen Entwicklung abgibt. Die schlechtestmögliche Entwicklung besteht meistens in der zeitlich begrenzten Weiterführung des Unternehmens unter weitgehendem Verzicht auf Ersatzinvestitionen und der anschließenden Liquidation des Unternehmens.

An dieser Stelle sollte noch erwähnt werden, daß in der deutschen Literatur (Moxter, Adolf: Grundsätze ordnungsmäßiger Unternehmensbewertung. 2., vollständig umgearbeitete Aufl., Wiesbaden 1983 und Ballwieser, Wolfgang: Verschiedene Literaturbeiträge, u.a. in: Unternehmensbewertung und Komplexitätsreduktion) die Berücksichtigung des Risikos anstatt durch einen Zuschlag zum risikofreien Kapitalisierungszinsfuß durch einen Abschlag vom Erwartungswert des Ertrags, was einen sicherheitsäquivalenten Ertrag ergibt, diskutiert wird. Bei dem sicherheitsäquivalenten Ertrag handelt es sich um den Ertrag innerhalb einer Ertragsbandbreite, bei dem aus subjektiver Sicht das Risiko niedrigerer Erträge durch die Chance höherer Erträge ausgeglichen wird.

Diese Methode ist für die Praxis nicht geeignet, da

– der sicherheitsäquivalente Ertrag nicht die Risikobandbreite zeigt,

– diese Methode keine zusätzlichen Erkenntnisse bringt und

– sie die Kenntnis von Risikopräferenzfunktionen der einzelnen Investoren voraussetzt, die man in der Regel nicht kennt.

Der sicherheitsäquivalente Ertrag ist ebenfalls ein subjektiv ermittelter Wert.

### fe) individuelle Risikoprämie

Der Verfasser hält es für angebracht, die aus einer historischen Marktrendite abgeleitete erwartete durchschnittliche Risikoprämie für Aktien um einen Ab- oder Aufschlag zu verändern, falls

- die ß-Faktoren vergleichbarer Unternehmen wesentlich unter oder über 1 liegen,

- das Geschäftsrisiko des zu bewertenden Unternehmens eindeutig geringer oder höher als der Durchschnitt der gesamten Wirtschaft angesehen wird und

- die Ertragsbandbreite des zu bewertenden Unternehmens wesentlich unter oder wesentlich über dem Durchschnitt der gesamten Wirtschaft liegt.

In der Regel dürften sich die drei oben genannten Punkte gegenseitig bestätigen, müssen es jedoch nicht. Ein Widerspruch kann z.B. darauf zurückzuführen sein, daß ß-Faktoren stark die unterschiedliche Konjunkturempfindlichkeit des Unternehmens ausdrücken, während das Geschäftsrisiko und die Ertragsbandbreite nur teilweise durch das Konjunkturrisiko beeinflußt werden. Sollte ein Widerspruch vorliegen, ist nachzuprüfen, worauf er zurück-zuführen ist. Unter Umständen müssen die getroffenen Annahmen korrigiert werden.

**Diese Art der Ermittlung individueller Risikoprämien soll kein Verlassen der kapital-marktorientierten Ermittlung der Eigenkapitalkosten bedeuten, sondern es sollen die unzureichenden Informationen des Kapitalmarktes durch individuelle Schätzungen ergänzt werden. Es ist der Versuch festzulegen, wie der Kapitalmarkt wahrscheinlich reagiert hätte, wenn ihm diese Informationen bekannt gewesen wären.**

**Bei Unternehmensbewertungen für Anteilseigner, die selbst ihr Kapital weitgehend diversifizieren können (börsennotierte Unternehmen), sollte die Risikoprämie stär-ker nach Punkt fa (ß-Faktor) bemessen werden, bei Unternehmensbewertungen für Anteilseigner, die ihr Kapital weniger diversifizieren können, sollte die Risikoprämie stärker nach Punkt fe (individuelle Risikoprämie) bemessen werden.**

**Bei Unternehmensbewertungen für Anteilseigner, die ihr Kapital weniger diversifizieren können, kann es angebracht sein, darüber hinaus bei der Bemessung der Risikoprämie der geringeren Mobilität des eingesetzten Kapitals im Verhältnis zu börsennotierten Kapitalanlagen entsprechend den individuellen Verhältnissen Rechnung zu tragen. Dies kann durch eine Erhöhung des Risikozuschlags beim Kapitalisierungszinsfuß oder wie beim Marktwert (siehe C. III. 4) durch einen Immobilitätsabschlag vom ermittelten Wert geschehen. Eine wesentlich über der durchschnittlichen Marktrendite von Aktien liegende Risikoprämie (z.B. höhere Risikoprämie bei kleinen Unternehmen) kann teilweise als Äquivalent für eine angebrachte Erhöhung der Risikoprämie wegen geringerer Mobilität gesehen werden. Hinweise auf eine angemessene Berücksichtigung der Immobilität finden sich in Abschnitt C. III. 4.**

Eigenkapitalkosten sind immer Renditeerwartungen. Renditeerwartungen sind immer subjektiv. Deshalb gibt es keine objektiv richtige Formel oder Regel für die Festsetzung von Renditeerwartungen bzw. erwarteten Risikoprämien. Die Abschnitte C. I. 5c-f haben die verschiedenen Aspekte, die bei der Festsetzung einer Risikoprämie eine Rolle spielen können, behandelt. Dem Unternehmensbewerter bleibt es überlassen, auf Basis der in den obigen Abschnitten dargelegten Erfahrungen und Erkenntnisse unter Abwägung aller Umstände die »richtige« Risikoprämie anzuwenden.

## 6.    Gesamtwert des Unternehmens

Durch Abzinsung des Cash-flows des Planungszeitraumes und des Endwertes mit den gewichteten Kapitalkosten erhält man den Gesamtwert des Unternehmens.

## 7.    Nicht betriebsnotwendiges Vermögen

Die Erträge aus dem nicht betriebsnotwendigen Vermögen sind nicht im Cash-flow und somit nicht im Gesamtwert des Unternehmens enthalten. Aus diesem Grund ist der Marktwert des nicht betriebsnotwendigen Vermögens (./. eventueller Veräußerungskosten und Ertragsteuern auf Veräußerungsgewinne) dem Gesamtwert des Unternehmens hinzuzurechnen.

Zum nicht betriebsnotwendigen Vermögen zählen hauptsächlich

– flüssige Mittel über dem Mindestbestand,
– nicht betriebsnotwendige Wertpapiere abzüglich eventueller Ertragsteuern auf realisierte Gewinne,
– spekulative Vorräte, d.h. Vorräte, deren erwartete Spekulationsgewinne abzüglich Ertragsteuern auf realisierte Gewinne nicht im Cash-flow enthalten sind und die nicht zur Aufrechterhaltung eines nachhaltig gesicherten Geschäftsbetriebs notwendig sind,
– Sachanlagen und Geschäftsfelder, von denen sich das Unternehmen in absehbarer Zeit trennen will, abzüglich eventueller Ertragsteuern auf realisierte Gewinne.

Flüssige Mittel über dem Mindestbestand sollten nicht unter dem nicht betriebsnotwendigen Vermögen aufgeführt, sondern vom Fremdkapital abgesetzt werden.

## 8.    Fremdkapital

Der mit den gewichteten Kapitalkosten des Eigen- und Fremdkapitals abgezinste Cash-flow ergibt den Gesamtwert des Unternehmens, der ggf. um das nicht betriebsnotwendige Vermögen zu erhöhen ist. Um den Unternehmenswert = Wert des Eigenkapitals zu ermitteln, ist das von dem Unternehmen aufgenommene Fremd-kapital (ohne Lieferantenverbindlichkeiten) zum Marktwert von dem Gesamtwert des Unternehmens abzusetzen. Bei der Ermittlung des Marktwertes des Fremdkapitals ist den Kreditbedingungen und dem Risiko Rechnung zu tragen. Das bedeutet, daß Kredite, die über dem aktuellen Marktzins zu verzinsen sind, in Höhe des kapitalisierten Zinsnachteils aufzuwerten sind, und Kredite, die unter dem aktuellen Marktzins zu verzinsen sind, in Höhe des kapitalisierten Zinsvorteils abzuwerten sind. Falls der Zinsunterschied zwischen den tatsächlich durchschnittlich zu zahlenden Zinsen und den Marktzinsen unbedeutend ist und bei den Fremdkapitalkosten die tatsächlich zu zahlenden Zinsen angesetzt wurden, kann das Fremdkapital anstatt mit dem Marktwert mit dem Buchwert bewertet werden.

Zum Fremdkapital gehören auch die Rückstellungen für Pensionsverpflichtungen. Sie sind vom Gesamtwert des Unternehmens abzusetzen und gleichzeitig sind die Personalkosten um die Kapitalkosten für die »zinsfrei« zur Verfügung gestellten Pensionsrückstellungen zu mindern (siehe C. I. 4ah). Die Rückstellungen für Pensionsverpflichtungen werden somit als verzinsliches Fremdkapital betrachtet.

Falls eine Pensionskasse unterdotiert ist, ist der Barwert der Unterdotierung abzüglich Ertragsteuern hier abzusetzen.

Anteile Dritter an Konzernunternehmen sind ebenfalls als Fremdkapital zu behandeln.

Die nicht betriebsnotwendigen flüssigen Mittel, d.h. flüssige Mittel über dem Mindestbestand, werden in der Praxis meistens mit dem Fremdkapital saldiert.

Falls nur das Stammkapital zu bewerten ist, ist der Wert der Vorzugsaktien vom Gesamtwert abzusetzen. Sie sind entsprechend ihrer Rechte zu bewerten.

Um die Vermögens- und Kapitalstruktur des zu bewertenden Unternehmens richtig darzustellen und die aufgrund der Kapitalstruktur angemessene Risikoprämie ermitteln zu können, sollten bei Leasingverträgen das Anlagevermögen und die Verbindlichkeiten in den einzelnen Jahren um die Anschaffungskosten abzüglich Abschreibungen bzw. um die Tilgungsverpflichtungen erhöht und die Leasingraten in Abschreibungen und Zinsaufwendungen aufgeteilt werden.

## 9.    Wert des Unternehmens = Wert des Eigenkapitals

Der Gesamtwert des Unternehmens zuzüglich des nicht betriebsnotwendigen Vermögens abzüglich des Fremdkapitals ergeben den Wert des Unternehmens = Wert des Eigenkapitals.

Falls die Rechte des Eigenkapitals in irgendeiner Form beschränkt sind (z.B. durch Optionen von Dritten, Genußscheine oder Verfügungsbeschränkungen), sind Wertabschläge vorzunehmen.

### Exkurs: Ertragsteuern auf den Veräußerungsgewinn

Bei einer Bewertung zum Zwecke des Verkaufes ist der subjektive Wert eines Unternehmens, eines Unternehmensanteils, einer Betriebsstätte, einer strategischen Geschäftseinheit, einer Produktgruppe oder einer Marke in der Regel höher als der steuerliche Buchwert. In manchen Fällen, z.B. bei Marken, gibt es gar keinen steuerlichen Buchwert. Der Unterschied zwischen dem Veräußerungspreis und dem steuerlichen Buchwert ist in der Regel ertragsteuerpflichtig, d.h. bisher nicht versteuerte Gewinne sind bei dem Verkauf nachzuversteuern. Folglich übersteigt die Preisuntergrenze des Verkäufers den subjektiven Wert des Verkäufers um die zu zahlenden Ertragsteuern auf den Veräußerungsgewinn. Nur falls der Verkäufer einen Preis erhält, der neben dem subjektiven Wert noch die zu zahlenden Ertragsteuern auf den Buchgewinn beinhaltet, kann er erwarten, daß ihm bzw. seinen Anteilseignern in Zukunft der gleiche diskontierte Cash-flow zufließt wie bei Nichtveräußerung des Unternehmens, des Unternehmensanteils, der Betriebsstätte, der strategischen Geschäftseinheit, der Produktgruppe oder der Marke.

Als Ertragsteuern sind in Deutschland die Gewerbeertragsteuer und die Körperschaftsteuer bzw. Einkommensteuer (einschl. Solidaritätszuschlag) zugrunde zu legen, ggf. ist eine Steuervergünstigung für Veräußerungsgewinne zu berücksichtigen.

Die Preisuntergrenze wird wie folgt ermittelt:

Preisuntergrenze = subjektiver Wert + (Preisuntergrenze ./. steuerlicher Buchwert) x Steuersatz

bzw.

$$\text{Preisuntergrenze} = \frac{\text{subjektiver Wert ./. steuerlicher Buchwert x Steuersatz}}{1 ./. \text{Steuersatz}}$$

Beispiel:

$$\text{Preisuntergrenze} = \frac{100 ./. 40 \times 0,40}{1 ./. 0,40} = \frac{84}{0,60} = 140,0$$

Kontrollrechnung:

| | |
|---|---|
| 100,0 | subjektiver Wert |
| 40,0 | Ertragsteuern auf Veräußerungsgewinn |
| 140,0 | Preisuntergrenze |

Der Verkäufer muß somit 140,0 als Verkaufserlös erzielen, damit er 100 zur Wiederanlage zur Verfügung hat und damit ihm bzw. seinen Anteilseignern in Zukunft der gleiche diskontierte Cash-flow zufließt wie bei Nichtveräußerung des Unternehmens, des Unternehmensanteils, der Betriebsstätte, der strategischen Geschäftseinheit, der Produktgruppe oder der Marke.

Die Berücksichtigung der Versteuerung des Veräußerungsgewinns im Rahmen der Unternehmensbewertung ist deshalb geboten, weil es sich bei einem Veräußerungsgewinn nicht um der Einkommensteuer noch unterliegende Gewinne auf ein versteuertes Kapital handelt, sondern der Veräußerungsgewinn nicht versteuertes Kapital darstellt. Bei einer Fortführung des Geschäftes wäre die Versteuerung der stillen Reserven nicht erforderlich gewesen.

## 10. Erwartungswert

In vielen Fällen kann man zum Bewertungszeitpunkt schon absehen, daß die Entwicklung des zu bewertenden Unternehmens in der nahen oder fernen Zukunft (siehe C. I. 2e Szenario-Analyse) von der als wahrscheinlich erachteten Entwicklung erheblich abweichen kann (z.B. möglicher Markteintritt oder Marktaustritt von Konkurrenten, Zeitpunkt der Einführung neuer Produkte durch das zu bewertende Unternehmen oder durch Konkurrenten, Ergebnisse der Forschung, Dauer eines Know-how-Vorsprungs). In solchen Fällen ist es angebracht, neben einem wahrscheinlichen (realistic case) noch einen pessimistischen (worst case) und einen optimistischen (best case) Unternehmenswert zu ermitteln (siehe C. I. 5fd). In besonderen Fällen ist es auch nicht abwegig, zusätzlich noch einen sehr pessimistischen und einen sehr optimistischen Wert zu ermitteln.

Sinn einer solchen mehrwertigen Unternehmenswertermittlung ist es in erster Linie, dem Empfänger der Unternehmensbewertung die Risiken und Chancen des Unternehmens zu verdeutlichen.

Es kann sein, daß der Unternehmensbewerter der Ansicht ist, daß aufgrund der Analyse des Unternehmens und seiner Umwelt der pessimistische und der optimistische Unternehmenswert nicht weit vom wahrscheinlichen Unternehmenswert abweichen. Da in solchen Fällen die Ermittlung des pessimistischen und optimistischen Unternehmenswertes zur Zahlenspielerei gerät, ist es besser, nur verbale Aussagen über die mögliche Bewertungsbandbreite zu machen.

Will man aufgrund der verschiedenen möglichen Unternehmensentwicklungen einen sogenannten Erwartungswert (siehe C. I. 5fd) ermitteln, muß man die einzelnen als möglich erachteten Unternehmensentwicklungen mit Eintrittswahrscheinlichkeiten versehen. Man muß sich dabei bewußt sein, daß eine solche Verteilung von Eintrittswahrscheinlichkeiten in hohem Maße subjektiv ist.

Der Unternehmensbewerter sollte deshalb bei der Ermittlung des Erwartungswertes auf die Subjektivität der angegebenen Eintrittswahrscheinlichkeiten hinweisen, damit der Empfänger der Unternehmensbewertung nicht das Opfer einer Scheingenauigkeit wird.

**Alle Empfänger einer Unternehmensbewertung, d.h. die Entscheidungsträger (z.B. Käufer, Verkäufer, Vorstand, Geschäftsführung oder Richter), können, falls sie eine andere Meinung über die Eintrittswahrscheinlichkeiten haben, ohne Aufwand die Eintrittswahrscheinlichkeiten ändern und einen anderen Erwartungswert errechnen. Selbstverständliche Voraussetzung dafür ist es natürlich, daß die eingehende Analyse des Unternehmens und seiner Umwelt und die Annahmen und Begründungen für die möglichen Unternehmensentwicklungen dargelegt wurden.**

## 11. Realoptionsansatz

In der deutschen Literatur über Unternehmensbewertung wird in letzter Zeit auch der Realoptionsansatz dargestellt (z.B. Peemöller, Volker H.: Praxishandbuch der Unternehmensbewertung; Auge-Dickhut, Stefanie/Moser, Ulrich/Widmann, Bernd: Praxis der Unternehmensbewertung; Krag, Joachim/Kasperzak, Rainer: Grundzüge der Unternehmensbewertung). Brauchbare praktische Anwendungsbeispiele werden aber nirgends gezeigt.

Realoptionen sind die zukünftigen Handlungsalternativen eines Unternehmens und die Fähigkeit der Unternehmensleitung, wirtschaftliche Entscheidungen veränderten Umweltbedingungen anzupassen. Mit dem Realoptionsansatz sollen zukünftige Handlungsalternativen, die mit dem Kauf eines Unternehmens verbunden sind, bewertet werden. Sinn kann die Anwendung des Realoptionsansatzes machen, wenn die Umweltbedingungen zum Bewertungsstichtag in hohem Maße unsicher sind (z.B. stark schwankende Preise der Produkte) und die Unternehmensleitung auf Basis erst in Zukunft anfallender Informationen in großem Umfang Handlungsalternativen hat, d.h. Gestaltungsmöglichkeiten (hohe Investitionen/Desinvestitionen) wahrnehmen kann.

Bei der Anwendung des Realoptionsansatzes wird unterstellt, diese Handlungsalternativen seien nicht bereits durch einen nach der DCF-Methode errechneten Unternehmenswert berücksichtigt und sie seien dem Wert des Unternehmens noch gesondert hinzuzufügen. Das ist in der Regel aber falsch und praxisfern, denn in einer Unternehmensplanung, die zur Ermittlung eines Entscheidungswertes dient, wird unterstellt, daß die Unternehmensleitung die möglichen Handlungsalternativen (z.B. Investitionen in neue Produkte und Märkte) aufgrund neuer Informationen optimal ausnutzt und die Unternehmensleitung nicht Sklave einer Planung ist. Es wäre naiv zu unterstellen, eine Unternehmensleitung würde nur versuchen, die in einer Unternehmensplanung enthaltenen Erwartungen zu erfüllen, ohne die laufend eintretenden positiven und negativen Umwelteinflüsse und die dadurch gegebenen Handlungsalternativen zu berücksichtigen.

Auf dieser falschen und naiven Unterstellung, daß die Unternehmensleitung passiv ist, d.h. auf Umwelteinflüsse nicht reagiert, beruht der Realoptionsansatz bei der Unternehmensbewertung.

Mögliche Handlungsalternativen wären nur anzusetzen, wenn es sich bei der Planung lediglich um eine gedankenlose Fortschreibung der Vergangenheit handelte oder wenn noch nicht eingeleitete Maßnahmen (z.B. Erweiterungsinvestitionen/Desinvestitionen), wie es IDW Standard S 1 Abschnitt 4.4.2.1 vorschlägt, nicht berücksichtigt wurden.

Mögliche Handlungsalternativen lassen sich in der Praxis am besten in einer DCF-Bewertung durch die Annahme verschiedener Eintrittswahrscheinlichkeiten, z.B. durch einen wahrscheinlichen, pessimistischen und optimistischen Unternehmenswert, darstellen. Dabei dürfte der optimistische Wert dem wahrscheinlichen Wert zuzüglich des Realoptionswertes nahekommen. Diese Methode hat außerdem für die Empfänger der Unternehmensbewertung den Vorteil, daß das ganze Chancen- und Risikospektrum transparent und verständlich dargestellt wird.

Abschließend sei vermerkt, daß für die Anwendung des Realoptionsansatzes bei der Unternehmensbewertung in den meisten Fällen die notwendigen Daten nicht vorliegen. Das wird in dem Abschnitt C. I. 11c Kritik an der Anwendung des Realoptionsansatzes bei der Unternehmensbewertung weiter unten gezeigt.

## a) Finanzoptionen

Eine Finanzoption ist ein Vertrag, der das Recht aber nicht die Pflicht beinhaltet, während einer bestimmten Zeit (amerikanische Option) oder zu einem bestimmten Zeitpunkt (europäische Option) einen bestimmten Vermögensgegenstand, das sogenannte Basisobjekt oder das Underlying, zu einem im voraus vereinbarten Preis (Basispreis oder Ausübungspreis) zu kaufen (Kaufoption bzw. Call-Option) oder zu verkaufen (Verkaufsoption bzw. Put-Option). Bei den Vermögensgegenständen kann es sich z.B. um Aktien, Anleihen, Währungen oder Indices handeln. Finanzoptionen sind Verträge zwischen einem Käufer (Halter der Option) und einem Verkäufer (Stillhalter).

Da der Halter einer Finanzoption das Recht und nicht die Pflicht hat, die Option auszuüben, d.h. er kann mit einer Investitionsentscheidung bis zum Bekanntwerden neuer Informationen warten, hat die Option einen Wert.

Die Risiko-/Ertragsstruktur des Halters einer Option ist asymmetrisch verteilt. Das heißt, die Gewinnmöglichkeiten sind nach oben offen, während der maximale Verlust auf den zu Beginn der Optionslaufzeit gezahlten Optionspreis begrenzt ist.

Der Wert einer Finanzoption setzt sich additiv aus dem inneren Wert, das ist der Unterschied zwischen dem Wert des Basisobjektes (Underlying) und dem Basispreis (Ausübungspreis), und dem Zeitwert, das ist die Möglichkeit, mit der Optionsausübung warten zu können, zusammen. Bei Ende der Optionslaufzeit ist der Zeitwert Null.

Der Wert einer Finanzoption wird durch folgende Einflußfaktoren bestimmt (Beispiel Call-Option einer Aktie):

– aktueller Wert des Basisobjektes/Underlying (Aktienkurs)

– Basispreis/Ausübungspreis der Option
  Je höher der aktuelle Wert des Basisobjektes über dem Basispreis liegt, desto höher ist der Wert der Option.

– Restlaufzeit der Option
  Je länger die Restlaufzeit der Option ist, desto höher sind die Gewinnchancen.

– Volatilität, d.h. Standardabweichung (Streuung bzw. Risiko des Aktienkurses)
  Je höher die Streuung, desto höher ist der Wert der Call-Option, da dadurch die Wahrscheinlichkeit steigt, daß der Aktienkurs den Basispreis wesentlich übersteigt. Durch die asymmetrische Risiko-/Ertragsstruktur der Option sind nur die zusätzlichen Gewinnchancen bewertungsrelevant.

– risikoloser Zinssatz
  Je höher der Zinssatz, desto höher ist der Wert der Call-Option, da man bis zur Ausübung der Option die Zinsen für die Investition in das Basisobjekt spart.

– zwischenzeitlicher Cash-flow des Basisobjektes, z.B. Dividende.

## b)    Realoptionen

Von Myers (Myers, Stewart C.: Determinants of Corporate Borrowing. In: Journal of Financial Economics, November 1977, S. 146-175) wurde der Gedanke entwickelt, die Optionspreisidee in geeigneten Fällen auf andere, nämlich reale Bereiche des Wirtschaftslebens zur Bewertung von operativen und strategischen Wahlmöglichkeiten zu übertragen. Solche Optionen werden als Realoptionen bezeichnet. Als eine Anwendungsmöglichkeit wird in der Literatur die Unternehmensbewertung betrachtet.

Während eine Finanzoption aus dem Recht besteht, während einer bestimmten Zeit oder zu einem bestimmten Zeitpunkt einen bestimmten Vermögensgegenstand (Basisobjekt) zu einem im voraus bestimmten Preis (Basispreis) zu kaufen (Call-Option), ist eine Realoption das »Recht« oder besser gesagt die Möglichkeit, während einer bestimmten Zeit aus einer Folgeinvestition gegen Zahlung der Investitionssumme Cash-flows zu »erwerben«.

Im folgenden werden die Einflußfaktoren einer Finanzoption den Einflußfaktoren einer Realoption gegenübergestellt.

|  | Finanzoption | Realoption |
|---|---|---|
| Basisobjekt | aktueller Wert des Underlying (z.B. Aktienkurs) | Gegenwartswert der erwarteten Brutto-Cash-flows bei Durchführung des Investitionsprojektes |
| Basispreis | Ausübungspreis der Option | Kosten des Investitionsprojektes zum Ausübungszeitpunkt |
| Laufzeit | Restlaufzeit der Option | Zeitraum, bis zu dessen Ende mit der Investitionsentscheidung gewartet werden kann |
| Volatilität | Standardabweichung (Kursrisiko) | Unsicherheit des Gegenwartswertes des Investitionsprojektes |
| Zinssatz | risikoloser Zinssatz | risikoloser Zinssatz |
| Zahlungen während der Laufzeit | Dividende | entgangener Gewinn aus dem Investitionsprojekt vor Ausübungszeitpunkt der Realoption |

Da nach Ansicht des Verfassers bei einer Unternehmensbewertung mögliche Handlungsalternativen (d.h. Realoptionen) – außer evtl. in speziellen Fällen (siehe nächster Abschnitt) – nicht zusätzlich gesondert zu bewerten sind und in den meisten Fällen die notwendigen Daten für die Anwendung des Realoptionsansatzes bei einer Unternehmensbewertung fehlen, wird auf eine Darstellung der in der Literatur beschriebenen Verfahren zur Bewertung von Optionen, nämlich des Binomial-Modells und des Black/Scholes-Modells, verzichtet.

## c) Kritik an der Anwendung des Realoptionsansatzes bei der Unternehmensbewertung

Die Anwendbarkeit des Realoptionsansatzes bei der Unternehmensbewertung wird durch folgende Kritikpunkte eingeschränkt oder sogar ausgeschlossen:

– Während bei einer Finanzoption das Basisobjekt klar definiert und quantifiziert ist (z.B. Aktienkurs), ist das bei der Anwendung des Realoptionsansatzes bei der Unternehmensbewertung nicht der Fall. Das Basisobjekt bei Anwendung des Realoptionsansatzes bei der Unternehmensbewertung, nämlich der Gegenwartswert der erwarteten Brutto-Cash-flows bei Durchführung des Investitionsprojektes (z.B. Erweiterungsinvestition), wird nicht am Kapitalmarkt gehandelt, ja es existiert noch gar nicht und sein Wert kann nur mit einer Planungsrechnung und der DCF-Methode geschätzt werden. Allein aufgrund dieses Kritikpunktes dürfte der Realoptionsansatz in der Regel bei Unternehmensbewertungen nicht anwendbar sein.

– Die Höhe des Basispreises bei einer Finanzoption, d.h. der Ausübungspreis der Option, ist genau festgelegt. Der Basispreis bei einer Realoption, d.h. die Kosten des Investitionsprojektes, muß dagegen geschätzt werden.

– Die Laufzeit einer Realoption steht zum Bewertungszeitpunkt in der Regel nicht fest.

– Während es für die Ermittlung der Volatilität bei Finanzoptionen gewisse Anhaltspunkte aus der Vergangenheit gibt (z.B. Standardabweichung), ist dies bei einer Realoption nicht oder zumindest noch weniger der Fall. Für die Ermittlung der Volatilität bei Realoptionen müssen deshalb sehr fragwürdige Vergleiche und Schätzungen vorgenommen werden.

– Oft bestehen gleichzeitig, insbesondere bei der Bewertung von Unternehmen, mehrere Realoptionen. Diese Realoptionen sind eng miteinander verbunden und beeinflussen sich gegenseitig. Sie können nicht additiv betrachtet werden.

– Der entgangene Gewinn aus dem Investitionsprojekt während der Wartezeit, d.h. vor Ausübung der Option, ist schwierig zu berechnen.

– Das Basisobjekt einer Realoption bei einer Unternehmensbewertung wird nicht wie das Basisobjekt einer Finanzoption an einer Börse gehandelt, was bedeutet, daß ein Immobilitätsabschlag vorgenommen werden müßte.

– Bei einer Realoption gibt es keinen bindenden Vertrag mit einem Verkäufer (Stillhalter).

– Dem Halter einer Realoption steht nicht wie dem Halter einer Finanzoption das Exklusivrecht auf Ausübung zu, da die Realoption auch von anderen, insbesondere von Konkurrenten, ausgeübt werden kann. Dadurch kann sich der Wert der Realoption erheblich mindern.

Diese Kritikpunkte zeigen, daß der Realoptionsansatz bei der Unternehmensbewertung auf sehr tönernen Füßen steht, und lassen den in der Literatur erhobenen Anspruch, den Realoptionsansatz bei einer Unternehmensbewertung anwenden zu können, sehr fragwürdig erscheinen.

Der Realoptionsansatz kann aber bei der Bewertung von einzelnen Investitionsentscheidungen, die in der Zukunft Handlungsalternativen lassen, z.B. bei Forschungs- und Entwicklungsprojekten, eine Hilfe bedeuten. Mit dem Realoptionsansatz kann versucht werden, den Wert der Flexibilität bei einem Forschungs- und Entwicklungsprojekt, d.h. Entscheidungen aufgrund des jeweils aktuellen Informationsstandes in der Zukunft zu treffen (z.B. Fortsetzung oder Abbruch des Projektes), zu erfassen.

Sinnvoll könnte die zusätzliche Anwendung des Realoptionsansatzes neben der DCF-Bewertung bei der Bewertung von Erdölunternehmen sein, da hierbei die obengenannten Kritikpunkte nicht in vollem Umfang zutreffen (Erdöl wird auf organisierten Märken gehandelt). Bei diesen Unternehmen besteht die Möglichkeit (Option), bei einem in der Zukunft über dem geplanten Preis liegenden Marktpreis die Förderung kurzfristig zu erhöhen und bei einem unter dem geplanten Preis liegenden Marktpreis die Förderung kurzfristig zu drosseln. Man muß aber in solchen Fällen genau darauf achten, daß diese Option nicht indirekt bereits durch pauschale Annahmen (z.B. erwartete hohe oder niedrige Preise) in der Cash-flow-Planung enthalten ist.

Da die Befürworter des Realoptionsansatzes nicht die DCF-Methode durch den Realoptionsansatz ersetzen wollen, sondern nur in gewissen Fällen die DCF-Methode um einen eventuellen zusätzlichen Cash-flow, von dem man glaubt, ihn mit dem Realoptionsansatz ermitteln zu können, erweitern wollen, scheint es dem Verfasser einfacher und sinnvoller, solche eventuellen zusätzlichen Cash-flows durch einen mit der Szenariotechnik ermittelten wahrscheinlichen, pessimistischen und optimistischen und evtl. zusätzlich durch einen sehr pessimistischen und sehr optimistischen Unternehmenswert zu ermitteln, und anschließend Eintrittswahrscheinlichkeiten anzunehmen und evtl. Synergien festzustellen.

Bei Copeland, Tom/Koller, Tim/Murrin, Jack/McKinsey & Company: Unternehmenswert – Methoden und Strategien für eine wertorientierte Unternehmensführung, 3., völlig überarbeitete und erweiterte Auflage, Frankfurt/New York 2002, finden sich in Kapitel 20 »Optionspreismodelle zur Bewertung von Flexibilität« zu den Realoptionen folgende Sätze: »*Optionspreismethoden sind herkömmlichen DCF-Modellen überlegen, weil sie auch den Wert der Flexibilität erfassen. Wir sind daher der Meinung, dass Optionspreismethoden die DCF-Ansätze allmählich ablösen werden, wenn es um die Bewertung von Investitionsentscheidungen mit erheblicher Entwicklungsflexibilität geht. Dass Optionspreismodelle die DCF-Ansätze auch im Hinblick auf die Bewertung ganzer Unternehmen verdrängen könnten, ist hingegen nicht zu erwarten. Nach dem derzeitigen Kenntnisstand ist es nicht praktikabel, die vielfältigen Vermögenswerte und Chancen eines Unternehmens als Optionen zu bewerten.*« Der Verfasser schließt sich dieser Auffassung an.

## II. Substanzwert

### 1. Allgemeines

In Abschnitt A. III. 2 Substanzwert hieß es, daß der Substanzwert für die Ermittlung eines Unternehmenswertes nicht brauchbar sei; es ist jedoch möglich, daß er im Rahmen eines Vertrages oder als Ergebnis von Verhandlungen vereinbart wurde. Außerdem kann der Substanzwert im Rahmen einer Unternehmensbewertung eine gewisse Hilfsfunktion erfüllen und als Orientierungshilfe in gewissen Fällen dienen. Aus diesen Gründen werden weiter unten die einzelnen Posten des Substanzwertes besprochen.

Bei der Zusammenstellung der einzelnen Posten des Substanzwertes sollten das betriebsnotwendige und das nicht betriebsnotwendige Vermögen getrennt erfaßt und bewertet werden. Das ist besonders wichtig bei den Kombinationsverfahren, da nur der Substanzwert des betriebsnotwendigen Vermögens in die Bewertungsformel einzubeziehen und das nicht betriebsnotwendige Vermögen getrennt hinzuzurechnen ist.

Wenn das Sachanlagevermögen überaltert ist und deshalb in nächster Zeit erhebliche Ersatzinvestitionen anfallen dürften, sollte bei der Ermittlung des Substanzwertes darauf verbal hingewiesen werden. Dieser Hinweis soll dazu dienen festzustellen, ob die Konsequenzen aus den notwendigen Ersatzinvestitionen (in Zukunft höhere Abschreibungen und Zinsen) bei der Ermittlung des Ertragswertes angemessen berücksichtigt wurden.

## 2.    Reproduktionswerte der einzelnen Posten des Substanzwertes

### a)    Grundstücke

Als Ausgangsbasis und Vergleichswerte können in Deutschland die von den Gutachter-ausschüssen in den Städten und Kreisen aufgrund von Kaufpreissammlungen für die einzelnen Teile des Gemeindegebietes ermittelten Richtwerte dienen. Die Geschäftsstellen der Gutachterausschüsse haben jedermann Auskunft zu geben.

Im Ausland kann man oft nur Architekten und Makler nach zeitnah gezahlten Kaufpreisen für vergleichbare Grundstücke befragen bzw. von ihnen ein Gutachten erstellen lassen. Dabei sollte auf eine möglichst umfangreiche Kaufpreissammlung für vergleichbare Grundstücke Wert gelegt werden.

Auch Richtwertkarteien und Gutachten müssen nicht unbedingt die tatsächlichen Werte widerspiegeln, da bei Grundstücksübertragungen oft irgendwelche speziellen Verhältnisse eine Rolle spielen. Beispielsweise wurden mehrere verschiedenartige Vermögensgegen-stände gleichzeitig verkauft und dabei wurde aus steuerlichen Gründen (Einsparung von Grunderwerbsteuer, Abschreibungsfähigkeit von Gebäuden) ein möglichst niedriger Preis für das Grundstück vereinbart, oder ein Unternehmen kaufte zur Erweiterung dringend benötigte Nachbargrundstücke und mußte dafür einen hohen Preis zahlen.

Für bebaute Grundstücke gelten obige Richtwerte nur mit einem Abschlag, da über diese Grundstücke durch die Bebauung verfügt wurde. Bebaute Grundstücke sind nur eingeschränkt nutzbar, da individuelle Bauwünsche nicht mehr realisierbar sind. Dies trifft insbesondere für Industriegrundstücke inmitten von Wohn- oder Geschäftsvier-teln zu, da die hohen Grundstückspreise auf erzielbare hohe Mietpreise für Wohn- und Geschäftsgebäude in der Nachbarschaft zurückzuführen sind. In solchen Fällen ist der qm-Preis für Industriegelände zuzüglich Anschaffungsnebenkosten in Stadtrandlage oder benachbarten Gemeinden einzusetzen. Voraussetzung ist natürlich, daß diese Grundstücke am Stadtrand oder in benachbarten Gemeinden die gleichen Möglich-keiten (z.B. Verkehrswege, Arbeitskräfte) bieten wie das tatsächlich genutzte und zu bewertende Grundstück. Eventuell sind sogar Abschläge von den Vergleichswerten für Grundstücke in Stadtrandlage oder benachbarten Gemeinden zu machen, wenn das tatsächlich genutzte Grundstück Nachteile wegen bestehender oder zu erwartender behördlicher Auflagen (z.B. nächtliche Transportverbote, strenge Anforderungen an Abluft) aufweist und nur ungenügende und kostspielige Erweiterungsmöglichkeiten bestehen. Eine Ableitung der Bewertung von den in unmittelbarer Umgebung erziel-ten Grundstückspreisen ist nur in solchen Fällen angebracht, wenn eine tatsächliche Verlagerung geplant ist und ihre Konsequenzen (Wegfall der Nutzung der Gebäude, Abbruchkosten der Gebäude, Sanierung des Geländes, Verlagerungskosten) als Abschlag in die Bewertung des Grundstücks einfließen.

Folgende stichwortartig aufgezählten Punkte haben einen wesentlichen Einfluß auf die Bewertung von Grundstücken:

– Lage und Verkehrsverhältnisse
   Umgebung, vorhandene und geplante Verkehrswege, wie Autobahn, Straße, Wasser, Bahnen und deren nächster Anschlußpunkt, Zustand der Straßen und Wege, Nähe zu

öffentlichen Verkehrsmitteln, zum Flughafen, zum Zentrum, zur nächsten Großstadt und zu Erholungsmöglichkeiten, Entfernung für die Arbeitskräfte (bei Industriegrundstücken), Entfernung zu den Arbeitsstätten (bei Wohngrundstücken), Beeinträchtigung durch Nachbarschaft (Lärm, Abgase)

– Ver- und Entsorgungsmöglichkeiten
  Strom-, Gas- und Wasserversorgung, Kanalisation, Wassernutzungsrechte

– Bodenbeschaffenheit und Topografie
  Baugrund, Wasserverhältnisse, Höhe, Flach- oder Hanglage

– Behördliche Auflagen
  vorgeschriebene Bauweise, Immissionsschutz

– Nutzungsbeschränkungen durch Grunddienstbarkeiten
  Wegerechte, Vorkaufsrecht, Wohnrechte, Mietvertragsverpflichtungen, Erbbaurechte, Verfügungsbeschränkungen (dagegen Nutzungserweiterungen und somit Werterhöhung bei berechtigten Grundstücken)

Des weiteren kann es bei der Bewertung eine Rolle spielen, daß andere Gemeinden und Länder Vergünstigungen für die Industrieansiedlung gewähren.

Sachverständigengutachten sind nach den in diesem Abschnitt besprochenen Punkten zu durchleuchten; ggf. sind geänderte Werte anzusetzen. Für eine kritische Durchsicht und Wertänderung kommen z.B. folgende Gründe in Frage:

– Es besteht ein erheblicher Bewertungsspielraum.

– Die tatsächlich gezahlten in der Regel höheren Preise der Vergleichsgrundstücke sind nicht bekannt, oder es handelt sich um Arrondierungsgrundstücke zu besonders hohen qm-Preisen.

– Der Gutachter kann den Wert im Hinblick auf eine andere als die beabsichtigte Nutzung festgesetzt haben.

– Der Sachverständige ist nicht vereidigt, hat wenig Orts- und Marktkenntnisse oder hat ein Gefälligkeitsgutachten erstellt.

– Das Honorar des Gutachters wird nach dem ermittelten Wert festgesetzt.

## b)   Gebäude

Gebäude sind mit dem Wiederbeschaffungszeitwert anzusetzen. Er ergibt sich aus dem

Wiederbeschaffungsneuwert

./. Abschlag für bisherige Nutzung (unter Zugrundelegung der wirtschaftlichen und nicht der technischen oder steuerlichen Nutzungsdauer)

./. Abschlag für unorganischen Aufbau oder technisch überholte Ausführung

./. Abschlag für schlechten Erhaltungszustand oder evtl. unangemessen teure Ausstattung.

Die Bewertung der Gebäude kann

– einzeln durch technische Sachverständige nach cbm-umbautem Raum oder qm-Nutzfläche oder
– jahrgangsweise global durch indizierte Anschaffungs- oder Herstellungskosten unter Berücksichtigung zeitanteiliger Abschreibungen

erfolgen.

Feuerversicherungswerte sind kaum für eine Unternehmensbewertung geeignet, da es sich hierbei in der Regel um großzügig bemessene Wiederbeschaffungsneuwerte handelt. Steuerliche Einheitswerte eignen sich ebenfalls nicht für eine Zeitwertberechnung.

Grundsätzlich ist eine Einzelbewertung einer Globalbewertung vorzuziehen. Dagegen spricht jedoch, daß

– es dazu in der Regel eines technischen Sachverständigen bedarf und
– für technische Sachverständige die technische und nicht die wirtschaftliche Nutzungsdauer im Vordergrund steht.

Erstrebenswert ist eine gemeinsam mit einem technischen Sachverständigen durchgeführte Einzelbewertung.

**Einzelbewertung der Gebäude**

Technische Sachverständige gehen davon aus, daß die Abnutzung am Anfang gering ist und sich nach und nach steigert. Sie benutzen deshalb oft für die Wertminderung eine progressive (!) Abschreibung, wobei die Progression je nach Instandhaltung unterschiedlich sein kann. Durch die progressive Abschreibung wird eine gleichmäßige Belastung der einzelnen Jahre mit Abschreibung und Verzinsung des Restwertes (Kapitaldienstrate oder Annuität) erreicht. Nicht angemessen berücksichtigt werden durch diese Bewertungsmethode die zunehmenden Unterhaltungskosten.

Die technische Lebensdauer von Industriebauten wird vielfach bis 80 Jahre angenommen. Gebäuden, die hohen Belastungen ausgesetzt sind, wie z.B. durch Einwirkung von Dampf und Chemikalien, wird eine geringere technische Lebensdauer gegeben. Nähere Einzelheiten hierzu können z.B. Ross, Franz Wilhelm/Brachmann, Rolf/Holzner, Peter: Ermittlung des Bauwertes von Gebäuden und des Verkehrswertes von Grundstücken entnommen werden.

Ein wie oben errechneter technischer Sachwert kann nicht ohne weiteres für eine Unternehmensbewertung übernommen werden, da hier ein zukunftsorientierter Fort-führungswert – das ist ein wirtschaftlicher Wert – zu berücksichtigen ist. Deshalb ist eine geringere Nutzungsdauer und in der Regel keine progressive Abschreibung anzusetzen. Eine wirtschaftliche Lebensdauer von 60 – 80 Jahren dürfte zu hoch sein. Im Durchschnitt sollte die wirtschaftliche Nutzungsdauer bei Geschäfts-, Büro- und Industriebauten mit 25-40 Jahren, höchstens jedoch mit 50 Jahren angesetzt werden. Dem widerspricht keinesfalls die Tatsache, daß es Gebäude gibt, die wesentlich älter sind. Hier haben aber in der Regel erhebliche Umbauten und Großreparaturen stattgefunden oder sind demnächst fällig, sofern die Gebäude noch wirtschaftlich genutzt werden können. Außerdem spielen bei einer Durchschnittsrechnung auch die bereits vor der geschätzten Lebensdauer abgerissenen oder umgebauten Gebäude eine Rolle.

Bei Anwendung der progressiven Abschreibung zur Berücksichtigung der Wertminderung für Alter und Abnutzung wird zwar eine gleichmäßige Belastung der einzelnen Jahre mit Abschreibung und Verzinsung des Restwertes (Kapitaldienstrate oder Annuität) erreicht, die im Laufe der Zeit steigenden Reparaturen sowie die in Zukunft voraussichtlich unergiebigere Nutzungsmöglichkeit wegen der durch den technischen Fortschritt bedingten Produktionsänderungen werden aber nicht berücksichtigt. Um diesen Tatsachen Rechnung zu tragen, ist die Anwendung von linearen Abschreibungen bei der Substanzbewertung angebracht.

Bei sehr alten Gebäuden, d.h. die die obengenannte wirtschaftliche Nutzungsdauer erreicht haben oder bald erreichen werden, ist ein vom Erhaltungszustand und von den zukünftigen Nutzungsmöglichkeiten abhängiger Anhaltewert als Bewertungsuntergrenze anzusetzen.

Entscheidend ist in jedem Falle die wirtschaftlich sinnvolle Restnutzungsdauer, ggf. unter Berücksichtigung der Abbruchkosten.

Eine korrekte Bewertung wäre eine Bewertung durch einen Wirtschaftlichkeitsvergleich mit einem optimalen Neubau. In der Praxis liegen oft nur ungenügende Unterlagen für eine solche Bewertung vor oder sie ist nur zusammen mit den in dem Gebäude installierten Maschinen durchführbar (Einzelheiten siehe Abschnitt technische Anlagen und Maschinen).

### Globalbewertung der Gebäude

Ausgangspunkt der Globalbewertung sind die aktivierten Anschaffungs- oder Herstellungskosten der einzelnen Geschäftsjahre. Sofern keine Anlagenliste oder -kartei vorliegt, sind die Zugänge der einzelnen Geschäftsjahre zu nehmen, abzüglich der inzwischen erfolgten Abgänge zu Anschaffungswerten, die oft nur geschätzt werden können. Manchmal kann ein Zuschlag bei den Anschaffungs- und Herstellungskosten für nicht aktivierte Herstellungskosten angebracht sein.

Die Anschaffungs- oder Herstellungskosten sind mittels Preisindizes (siehe Statistisches Jahrbuch der Bundesrepublik Deutschland) auf Wiederbeschaffungsneupreise umzurechnen.

Im allgemeinen kann von folgender wirtschaftlicher Nutzungsdauer ausgegangen werden:

| | |
|---|---|
| Fabrikations-, Energie-, Werkstatt-, Lager-, Sozial- und Forschungsgebäude | ca. 25 Jahre |
| Geschäftsgebäude | ca. 40 Jahre |
| Wohngebäude | ca. 50 Jahre |

Bei den Fabrikations-, Energie-, Werkstatt-, Lager-, Sozial- und Forschungsgebäuden kann unter Umständen (keine hohe Belastung, besonders guter Erhaltungszustand, Vielzweckbau) eine längere Nutzungsdauer (z.B. $33^1/_3$ Jahre) angemessen sein.

Gegebenenfalls ist ein Abschlag für unorganischen Aufbau, technisch überholte Ausführung, schlechten Erhaltungszustand oder unangemessen teure Ausstattung vorzunehmen.

Diese Art der Bewertung führt bestenfalls für Fabrikations-, Energie-, Werkstatt-, Lager-, Sozial- und Forschungsgebäude, die in den letzten 15 Jahren errichtet wurden, und für Geschäfts- und Wohngebäude, die in den letzten 20-25 Jahren errichtet wurden, zu brauchbaren Ergebnissen. Für ältere Gebäude ist eine solche Wertermittlung aus folgenden Gründen mit erheblichen Vorbehalten anzuwenden:

– Gebäudeteile sind teilweise abgerissen und umgebaut worden

– unorganischer Aufbau und schlechte Nutzung des Gebäudes

– schlechter Erhaltungszustand

– hohe Unterhaltungskosten

– baldiger Abbruch notwendig

### c)    technische Anlagen und Maschinen

Technische Anlagen und Maschinen sollten einzeln durch einen Wirtschaftlichkeitsvergleich oder aufgrund von Preis- oder Schätzlisten für gebrauchte Maschinen bewertet werden. Falls die fachlichen oder zeitlichen Voraussetzungen nicht vorliegen, sind sie notgedrungen jahrgangsweise global durch indizierte Anschaffungs- oder Herstellungskosten unter Berücksichtigung zeitanteiliger Abschreibungen zu bewerten.

Feuerversicherungswerte sind ungeeignet, da es sich hierbei in der Regel um großzügig bemessene Wiederbeschaffungsneuwerte handelt.

### Einzelbewertung der technischen Anlagen und Maschinen

Gutachten von technischen Sachverständigen sind ähnlich wie bei der Gebäudebewertung nicht kritiklos zu übernehmen. Wichtig ist, ob eine solche Maschinenbewertung im Prinzip auf Basis eines Wirtschaftlichkeitsvergleiches erfolgte.

Der Vergleich ist mit einer neuen gleich leistungsfähigen Anlage durchzuführen. Falls neuere Anlagen leistungsfähiger sind oder wirtschaftlicher arbeiten, ist der höheren Produktivität bei dem Vergleich Rechnung zu tragen.

Die Berechnung des Wertes durch einen Vergleich mit einer gleich leistungsfähigen Anlage wird durch folgendes kurzes Beispiel erläutert:

Annahmen:

| | |
|---|---|
| Anschaffungswert neue Anlage | € 100.000 |
| jährliche Betriebskosten neue Anlage | € 10.000 |
| jährliche Betriebskosten alte Anlage | € 15.000 |
| Lebensdauer neue Anlage | 10 Jahre |
| Restlebensdauer alte Anlage | 5 Jahre |
| Kapitalkosten (= Kosten des Eigen- und Fremdkapitals, das zur Finanzierung der Anlage notwendig ist) | 10 % |

Der Wert der alten Anlage ergibt sich wie folgt:

| | |
|---|---|
| Wert der neuen Anlage multipliziert mit der jährlichen Kapitaldienstrate (Abschreibung und Verzinsung des Restwertes) 100.000 € x 0.1627[1] | € 16.270 |
| + jährliche Unterhaltskosten für die neue Anlage | € 10.000 |
| ./. jährliche Unterhaltskosten für die alte Anlage | € 15.000 |
| | € 11.270 |

5 Jahresraten zu € 11.270 abgezinst mit 10 % entsprechen dem Wert der alten Anlage:

3,79082[2] x 11.270 = € 42.700

Der Wert der alten Anlage würde somit € 42.700 betragen.

Der Vergleich mit einer leistungsfähigeren Anlage oder einem wirtschaftlicheren Produktionsverfahren wird im Grunde genauso durchgeführt. Die Rechnung ist nur umfangreicher. Bei einem Vergleich mit einer leistungsfähigeren Anlage ergibt sich das Problem der Kapazitätsauslastung. Macht man einen Vergleich mit einem wirtschaftlicheren Produktionsverfahren, so entsteht das Problem der unterschiedlichen Restnutzungsdauer von verschiedenen miteinander verbundenen Anlagen sowie die Berücksichtigung des Einflusses auf übrige Teile des Unternehmens (z.B. die Einrichtung eines wirtschaftlicheren Produktionsverfahren ist nicht möglich, da sie auch den Abbruch bestehender wirtschaftlich arbeitender Betriebsteile erzwingen würde). Da es sich hierbei nicht um ein spezielles Problem der Unternehmensbewertung, sondern um Probleme der Wirtschaftlichkeitsberechnung bei Investitionen handelt, wird auf die einschlägige Literatur verwiesen.

### Globalbewertung der technischen Anlagen und Maschinen

Wie bei den Gebäuden sind die aktivierten Anschaffungs- oder Herstellungskosten der einzelnen Geschäftsjahre Ausgangspunkt der Globalbewertung. Sofern keine Anlagenliste oder -kartei vorliegt, sind die Zugänge der einzelnen Geschäftsjahre zu nehmen, abzüglich der inzwischen erfolgten Abgänge (verkaufte, verschrottete oder unbrauchbar gewordene Maschinen) zu Anschaffungswerten, die oft nur geschätzt werden können. Bei selbsterstellten Anlagen kann manchmal ein Zuschlag zu diesem Wert für nicht aktivierte Herstellungskosten sowie für Entwicklungs- und Verwaltungskosten angebracht sein. Andererseits kann es bei nachhaltig wesentlich zu geringer Kapazitätsauslastung (Betriebseinschränkung, Kurzarbeit) angebracht sein, einen Abschlag auf die Anschaffungs- und Herstellungskosten vorzunehmen.

Sofern kein anderer spezieller Index der Erzeugerpreise industrieller Produkte des Statistischen Bundesamtes in Frage kommt, ist der Index für gewerbliche Arbeitsmaschinen anzuwenden. Der Index der Erzeugerpreise industrieller Produkte des Statistischen Bundesamtes berücksichtigt in seiner Gesamtheit auch die technische Leistungsfähigkeit. Sollte im Einzelfall aber anzunehmen sein, daß der technische Fortschritt stärker als

---

1) Annuität bei 10 Jahren und 10 % Zinsen
2) Rentenbarwertfaktor für 5 Jahre und 10% Kapitalkosten

der Durchschnitt ist, so ist ein zusätzlicher Abschlag für technische Überholung zu machen.

Die Abschreibungen sind nicht aufgrund der seinerzeit angenommenen Gesamtlebensdauer, sondern aufgrund der zum Bewertungszeitpunkt angenommenen Restlebensdauer linear anzusetzen.

Sofern keine genügenden Angaben über Restnutzungsdauer, Unterhaltungsgrad, Wertminderung durch technische Überholung u.ä. vorliegen, ist die in der Handels- und Steuerbilanz angenommene Gesamtnutzungsdauer zugrunde zu legen.

Bei technischen Anlagen und Maschinen, bei denen die seinerzeit geschätzte Gesamtnutzungsdauer abgelaufen ist oder bald ablaufen wird und deren baldige Erneuerung bevorsteht, sind nicht die von der steuerlichen Einheitsbewertung bekannten Anhaltewerte von 15 oder 30 % anzuwenden. Hier sind je nach den Umständen 1/2-2 Jahresabschreibungen als Wert angemessen.

In manchen Industrien (chemische Industrie, Raffinerien) kann die tatsächliche Nutzungsdauer wegen der intensiven Wartung und Instandhaltung zum Teil erheblich über der handels- und steuerrechtlichen Nutzungsdauer liegen. Legt man bei der Globalbewertung eine längere als die in der Handels- und Steuerbilanz vorgesehene Nutzungsdauer zugrunde, muß andererseits auch der Wertminderung wegen des technischen Fortschritts und der geringeren Leistungsfähigkeit Rechnung getragen werden.

Im allgemeinen dürfte bei gewinnbringenden Unternehmen die tatsächliche Nutzung eher etwas länger sein, als sie für die Bemessung der Abschreibungen in der Handels- und Steuerbilanz geschätzt wurde, da wahrscheinlich immer alle Abschreibungsmöglichkeiten ausgenutzt wurden. Gewisse Aufschlüsse über die Abschreibungspolitik ergeben sich aus einer intensiven Bilanzanalyse.

Bei der Globalbewertung der technischen Anlagen und Maschinen wie auch der Gebäude ist immer zu bedenken, daß es sich um eine Hilfsmethode handelt, die nicht gedankenlos schematisch angewendet werden kann. Es ist zu versuchen, dem Gedanken der Wirtschaftlichkeitsrechnung für Investitionen Rechnung zu tragen.

### d)    sonstige Gegenstände des Sachanlagevermögens

Bei den sonstigen Gegenständen des Sachanlagevermögens wie Betriebs- und Geschäftsausstattung, Kraftfahrzeuge und geringwertige Wirtschaftsgüter ist sinngemäß wie bei den Maschinen zu verfahren.

Bei EDV-Anlagen ist der Preisverfall und die wesentlich höhere Leistungsfähigkeit neuerer Anlagen bei einer Globalbewertung durch entsprechend hohe Abschläge zu berücksichtigen.

Bei den Kraftfahrzeugen kann in der Regel der Buchwert übernommen werden. Bei im Verhältnis zur Unternehmensgröße bedeutendem Kraftfahrzeugbestand sind die Gebrauchtwagenpreise anzusetzen. Als Orientierungspunkt können in Deutschland die Schwacke-Listen genommen werden.

Falls keine besonderen Umstände vorliegen, sollten geringwertige Wirtschaftsgüter pro Zugangsjahr bewertet werden, unter Anwendung eines Abschreibungssatzes von 20 % jährlich und des Indexes des Statistischen Bundesamtes sowie unter Verrechnung einer halben Jahresabschreibung im Jahr des Zuganges.

Bei Einbauten in gemieteten Räumen darf der Abschreibungszeitraum die Dauer des Mietvertrages nicht überschreiten.

Anlagen im Bau und Anzahlungen auf Anlagen sind mit den Herstellungskosten oder den gezahlten Beträgen anzusetzen. Selbstverständliche Voraussetzung ist jedoch, daß man sich aufgrund einer neuen Wirtschaftlichkeitsrechnung noch zum Bau dieser Anlagen entschließen würde.

### e)    immaterielle Vermögensgegenstände

Zur Substanz eines Unternehmens gehören auch dessen immaterielle Vermögensgegenstände, auch wenn es schwierig oder manchmal fast unmöglich ist, immaterielle Vermögensgegenstände zu bewerten. Da vorhandene immaterielle Vermögensgegenstände eine zukünftige Ersparnis sonst notwendiger Ausgaben bedeuten, stellen sie auch einen Wert für das Unternehmen dar. Eine teilweise fehlende Bilanzierungsfähigkeit der immateriellen Vermögensgegenstände aufgrund der Grundsätze des Handels- und Steuerrechtes (vergangenheitsorientierte Anschaffungswerte, Gläubigerschutz) hat keine Bedeutung für die Unternehmensbewertung.

Es sollte deshalb bei einer Unternehmensbewertung nicht  nach originären immateriellen Vermögensgegenständen (für die ein Kaufpreis gezahlt wurde) und derivativen immateriellen Vermögensgegenständen (die selbst erstellt wurden) unterschieden werden.

Gerade wegen des Vorhandenseins bestimmter immaterieller Vermögensgegenstände werden in vielen Fällen Unternehmen gekauft.

In Verträgen wird jedoch die Einbeziehung der immateriellen Vermögensgegenstände meistens ganz oder teilweise ausgeschlossen.

Ein Weglassen der immateriellen Vermögensgegenstände rückt den Substanzwert in die Nähe des Liquidationswertes. Ein Weglassen der immateriellen Vermögensgegenstände im Substanzwert würde auch bedeuten, daß bei den unter Abschnitt A. VII. erläuterten Kombinationsverfahren Werte mit unterschiedlichem Inhalt (Substanzwert ohne immaterielle Vermögensgegenstände, Ertragswert einschließlich Erträge aus immateriellen Vermögensgegenständen) verglichen würden.

Eine Bewertung von immateriellen Vermögensgegenständen setzt in hohem Maße Detailkenntnisse der Branche und Informationen voraus, die die normalerweise von einem Rechnungswesen gelieferten Informationen in Form von Bilanzen, Gewinn- und Verlustrechnungen und Ergebnisrechnungen weit übersteigen.

**Patente, Lizenzen, Gebrauchsmuster und Warenzeichen, Erfindungen, Rezepte, Geheimverfahren, Know-how**

Diese Position ließe sich auf Basis des Barwertes der, falls das Unternehmen Lizenznehmer wäre, ggf. zu zahlenden branchenüblichen und für das Unternehmen tragbaren Lizenzgebühren ermitteln. Tragbar soll heißen, daß das Geschäft bei dem zu bewertenden Unternehmen (= imaginärer Lizenznehmer) mindestens die Kapitalkosten erwirtschaftet. Bei einer solchen Bewertung wären nicht nur die laufend genutzten Patente usw. mit ihrer wahrscheinlichen Nutzungsdauer, sondern auch der jetzige Stand der Forschung und Entwicklung im Hinblick auf eine zukünftige Nutzung in die Bewertung einzubeziehen.

Ein Vergleich dieser imaginären jährlichen Lizenzgebühren mit den jährlich anfallenden Forschungs- und Entwicklungskosten gäbe einen interessanten Aufschluß darüber, ob das Unternehmen heute von vergangenen Leistungen zehrt oder versucht, durch hohe Aufwendungen für Forschung und Entwicklung die zukünftigen Erträge zu sichern. Für die Beurteilung der Nachhaltigkeit der Erträge wäre eine solche Untersuchung wichtig.

Beispiel für eine Bewertung: Für die bestehenden Patente usw. wäre für etwa 8 Jahre ein Satz von 3 % vom Umsatz von 10 Mio. € als Lizenzgebühr branchenüblich und tragbar. Eine jährliche Lizenzsumme von € 300.000 ergäbe kapitalisiert mit 10 % einen Barwert von 1,6 Mio. € (5,3349 x 300.000). Sofern man glaubt, daß der derzeitige Forschungsstand in nächster Zeit keine weiteren ertragswirksamen Patente usw. hervorbringt, wäre der Substanzwert für Patente usw. 1,6 Mio. €.

**Sonstige Rechte (z.B. Verlagsrechte, Konzessionen, Nutzungsrechte, Optionen) und langfristige Liefer-, Miet-, Pacht- und Leasingverträge**

Bei den Rechten müßte versucht werden festzustellen, welchen Verkehrswert ein solches Recht in der Branche hat. Gleichzeitig wäre aber auch zu prüfen, ob die Zahlung eines entsprechenden Preises seitens des Unternehmens notwendig oder angemessen wäre.

Bei langfristigen Verträgen ist festzustellen, ob die vereinbarten Preise von den derzeitigen abweichen. Der nachhaltige Vorteil oder Nachteil ist zu bewerten, wobei es möglich ist, daß diese Position zu einem Passivum wird.

**Markteinführung des Unternehmens und seiner Erzeugnisse**

Der Wert dieser Position ist meistens in langer Zeit entstanden. Man kann ihn selten von den tatsächlichen Aufwendungen ableiten. Es wäre deshalb die Summe der Werbeaufwendungen zu schätzen, die notwendig wäre, um die heutige Marktposition zu erreichen. Hierbei müßte man sich auf in der Branche bekannte Kennziffern und auf die Erfolgswirksamkeit der von dem Unternehmen selbst für einzelne Produkte, Absatzwege oder Absatzgebiete durchgeführten Werbeaktionen stützen. Besondere Bedeutung hat diese Position für Markenartikelunternehmen.

In der Praxis wird diese Position so gut wie nie berücksichtigt, da sie kaum zuverlässig ermittelbar ist. Bei Markenartikelunternehmen stellt sie aber oft das wichtigste Aktivum dar.

Diese Position zeigt, daß der Substanzwert nicht nur theoretisch nicht haltbar, sondern auch praktisch als eigenständiger Wert unbrauchbar ist.

**Sonstige Posten (z.B. Anlaufkosten, Geschäfts- oder Firmenwert, Verschmelzungs-mehrwert)**

Diese Posten sind nicht zu berücksichtigen, da sie vergangenheitsorientiert sind und entweder in den anderen immateriellen Wirtschaftsgütern enthalten oder im Rahmen eines Kombinationsverfahrens noch zu ermitteln sind.

### f)  Anteile an verbundenen Unternehmen

Es ist eine weitgehende Konsolidierung der Tochterunternehmen anzustreben. Falls sich hierbei Schwierigkeiten ergeben sollten, muß mindestens bei den wesentlichen Positionen auf die zeitliche Abstimmung geachtet werden, damit Werte nicht doppelt oder gar nicht berücksichtigt werden.

Für wesentliche Beteiligungen, bei denen keine Konsolidierung möglich und kein Bör-senkurs bekannt ist, ist eine eigene Unternehmensbewertung zu erstellen.

Bei unbedeutenden Beteiligungen erfolgt die Bewertung der Einfachheit halber durch Kapitalisierung der Zukunftserträge, die im wesentlichen aus den Vergangenheitserträgen abgeleitet werden können.

Um eine einwandfreie Bewertung durchzuführen, ist es in allen Fällen wichtig festzustellen, aus welchen Gründen die Beteiligung gehalten wird, welche geschäftlichen Beziehungen zu den Beteiligungen bestehen und ob Zuschüsse gezahlt bzw. ob marktgerechte Preise und Lizenzgebühren verrechnet werden. Diese Untersuchungen können dazu führen, daß Beteiligungen mit 0 oder sogar unter 0 zu bewerten sind.

### g)  Wertpapiere des Anlagevermögens

Der vorherige Abschnitt ist sinngemäß anzuwenden.

### h)  langfristige Forderungen

Bei den langfristigen Forderungen ist die Differenz zwischen dem vereinbarten Zins und dem langfristigen Kapitalmarktzins entsprechend der Sicherheit der Forderung zu kapitalisieren und die Differenz dem Nominalwert der tatsächlichen Forderung hinzu-zurechnen oder von ihm abzuziehen.

### i)  Vorräte

**Allgemeines**

Da für die Vorräte in der Handelsbilanz das Niederstwertprinzip gilt, dürften bei der Ermittlung des Substanzwertes nur Bewertungskorrekturen nach oben möglich sein.

In den meisten Fällen dürften die Bewertungsunterschiede relativ gering sein und nicht genügend Daten für eine Bewertungskorrektur vorliegen. Deshalb wird man meistens auf eine Bewertungskorrektur verzichten.

Bei Vorliegen folgender Tatbestände ist in der Regel eine Bewertungskorrektur notwendig:

- starke Rohstoffpreisschwankungen
- langfristige Fertigung
- lange Lagerdauer der Vorräte
- übertriebene Bewertungsabschläge
- Festwerte
- Inflation

**Roh-, Hilfs- und Betriebsstoffe sowie Waren**

Roh-, Hilfs- und Betriebsstoffe sowie Waren sind zum Tagesbeschaffungspreis zu bewerten, sofern sie in ihrer Gesamtheit gewinnbringend (kapitalkostendeckend) zu verwenden sind.

**Fertige Erzeugnisse**

Die fertigen Erzeugnisse sind mit dem Verkaufspreis abzüglich der noch anfallenden Lagerkosten, anteiliger Verwaltungs- und Vertriebskosten und Gewinnabschlag zu bewerten. Falls sämtliche auf Lager befindlichen Erzeugnisse noch bis zu ihrem voraussichtlichen Verkauf die gleiche Lagerdauer haben, ergäbe sich bei einem mit Gewinn arbeitenden Unternehmen gegenüber einer Bewertung zu Reproduktionskosten am Bewertungsstichtag einschließlich auf die Herstellung entfallender Verwaltungskosten kein Unterschied.

Die vom Verkaufspreis ausgehende Bewertung ist deshalb richtig, weil die vorhandene Substanz so zu bewerten ist, daß sie bei ihrer Umwandlung zu Geld nach dem Bewertungsstichtag genau den Gewinn bringt, der die Kapitalkosten deckt.

**Unfertige Erzeugnisse**

Unfertige Erzeugnisse sind mit den Herstellungskosten zu Tagespreisen einschließlich eines angemessenen Teiles der Verwaltungskosten anzusetzen. Auf eine verlustfreie Bewertung ist wie bei den fertigen Erzeugnissen zu achten.

### j) andere Gegenstände des Umlaufvermögens einschließlich Rechnungsabgrenzungsposten

Sofern diese Positionen keine willkürlichen Unterbewertungen enthalten, dürfte sich in der Regel gegenüber der Handelsbilanz – mit Ausnahme von nicht kursgesicherten Fremdwährungsforderungen sowie Wertpapieren, die zum Tages- bzw. Börsenkurs anzusetzen sind – kaum die Notwendigkeit zu einer Bewertungsänderung ergeben.

Sofern bei den kurzfristigen Forderungen und den Wechseln der Zinsverlust nicht durch eine pauschale Wertberichtigung oder einen Zinsgewinn ähnlicher Größenordnung bei den kurzfristigen unverzinslichen Verbindlichkeiten ausgeglichen wird, ist darauf eine Wertberichtigung vorzunehmen.

## k)    Bilanzverlust

Diese Position selbst ist bei einer Unternehmensbewertung nicht zu berücksichtigen, da sie einen Korrekturposten des in der Bilanz ausgewiesenen Eigenkapitals darstellt.

Der jedoch im Bilanzverlust enthaltene steuerliche Verlustvortrag stellt in Höhe der abgezinsten Steuerersparnis auf die erwarteten Gewinne einen Wert dar, weil er bei Fortführung des Unternehmens die zukünftigen Ertragsteuerzahlungen mindert. Die zukünftige Steuerersparnis ist deshalb abgezinst zu berücksichtigen.

## l)    Sonderposten mit Rücklageanteil

Die nach verschiedenen steuerlichen Vorschriften gebildeten Rücklagen sind mit dem abgezinsten Ertragsteueranteil als Schulden anzusetzen. Die Ertragsteuern sind fällig bei der Auflösung des Sonderpostens oder bei der Abschreibung oder dem Verkauf der Anlagegegenstände, auf die sie übertragen werden.

## m)    Rückstellungen

Die Rückstellungen sind im einzelnen zu durchleuchten. Um ihre angemessene Höhe beurteilen zu können, ist es notwendig, über mehrere Jahre ihre Bildung und Inanspruchnahme zu analysieren (z.B. Rückstellung für Garantien).

Wegen des Vorsichtsprinzips kann im allgemeinen angenommen werden, daß die in deutschen Handels- und Steuerbilanzen berücksichtigten Rückstellungen für eine Unternehmensbewertung eher zu hoch als zu niedrig anzusehen sind.

Bei ertragsschwachen Unternehmen ist es angebracht, die Gewinn- und Verlustrechnungen der letzten Jahre und des laufenden Jahres besonders intensiv durchzusehen, um festzustellen, ob die Rückstellungen ausreichend bemessen sind.

Rückstellungen für unterlassene Instandhaltungen sind nicht zu berücksichtigen, da ihnen bei der Bewertung des Anlagevermögens Rechnung zu tragen ist.

Andererseits ist zu untersuchen, ob Rückstellungen für bestehende oder drohende Auflagen für Umweltschutz und Rückstellungen für Abraumbeseitigung bis in letzter Konsequenz berücksichtigt wurden (z.B. in Betrieben lagernde und noch nicht abtransportierte Abfälle, wegen Abfallhalden nicht nutzbare Grundstücke).

Langfristige Rückstellungen sind mit dem Barwert anzusetzen.

## n)    Rückstellungen für Pensionen und ähnliche Verpflichtungen

Die Rückstellungen für Pensionen und ähnliche Verpflichtungen sind der Wert der in der Vergangenheit von den Arbeitnehmern erdienten zukünftigen Ruhegeldzahlungen des Unternehmens. Sie sind Teil der Gegenleistung des Arbeitgebers für frühere Dienste des Arbeitnehmers. Sie haben eindeutigen Schuldcharakter und sind unabhängig von der Ertragslage des Unternehmens zu zahlen und deshalb bei der Unternehmensbewertung zu berücksichtigen.

In Deutschland besteht in der Handelsbilanz eine Rückstellungspflicht nur für Neuzusagen seit dem Inkrafttreten des Bilanzrichtliniengesetzes am 1.1.1986. Unterdeckungen für Altzusagen sind im Anhang auszuweisen.

Es handelt sich bei den Rückstellungen für Pensionen und ähnliche Verpflichtungen sowohl um Anwartschaften als auch um eingetretene Versorgungsfälle. Da der anzusetzende Wert zu einem wesentlichen Teil von Ereignissen in der Zukunft (Lohn- und Gehaltsentwicklung, Steuer- und Sozialgesetzgebung, zukünftige Zinshöhe auf dem Kapitalmarkt, durchschnittliche Sterblichkeit) abhängt, ist die Bewertung mit erheblichen Unsicherheitsmomenten behaftet.

Laut § 16 des Betriebsrentengesetzes sind in Abständen von 3 Jahren eine Überprüfung und Anpassung der Betriebsrenten vorzunehmen. Diese gesetzlich vorgeschriebene Rentendynamik kann durchaus im Laufe der Zeit bis zu einer Verdopplung der zum Stichtag der Unternehmensbewertung zugesagten Renten führen. Diese ungenügende Rückstellung trifft für die laufenden Renten voll und für die Anwartschaften im Verhältnis der bisherigen Dienstzeit zur Gesamtdienstzeit zu.

Des weiteren kann bei den Rückstellungen für Pensionen und ähnliche Verpflichtungen eine Unterbewertung vorliegen, wenn die Bezüge vor dem Pensionszeitpunkt Berechnungsgrundlage der Pensionszusagen sind, die Pensionsrückstellungen aber nur die jetzigen Bezüge berücksichtigen.

Wenn möglich, sollte die Bewertung der Pensionsrückstellungen nicht nach dem HGB, sondern nach IAS (IFRS) oder US-GAAP erfolgen, da diese Berechnung realitätsnäher ist (z.B. wegen der Berücksichtigung der erwarteten Gehalts- und Rentensteigerungen). Eine Berechnung nach IAS (IFRS) oder US-GAAP führt in der Regel zu einem höheren Ansatz.

Unter Abwägung aller Umstände kann die nach § 6a Abs. 3 des Einkommensteuergesetzes vorgenommene Bewertung der Pensionsrückstellungen für Neuzusagen deshalb weitgehend als angemessen gelten.

Bestehen keine rechtsverbindlichen Pensionszusagen, so ist zu prüfen, ob Rückstellungen für Pensionen oder ähnliche Verpflichtungen aus anderen Gründen in der Unternehmensbewertung einzusetzen sind. Solche Rückstellungen sollten bei der Substanzwertberechnung berücksichtigt werden, wenn bisher aufgrund betrieblicher Übung Pensionen gezahlt wurden, nach dem Grundsatz der Gleichbehandlung Pensionen wahrscheinlich sind, widerrufliche Pensionszusagen bestehen oder der Belegschaft bzw. dem Betriebsrat bekannt ist, daß eine betriebliche Pensionsregelung beabsichtigt ist.

Da man kaum sagen kann, daß Unternehmen genau in dem Moment der Einführung einer betrieblichen Altersversorgung um den Teilwert der Pensionsrückstellungen weniger wert werden, ist eine Rückstellung schon zu berücksichtigen, wenn eine betriebliche Altersversorgung »fällig« ist. Als Orientierungsmerkmale für eine solche Rückstellung können die betriebliche Altersversorgung von Unternehmen ähnlicher Größenordnung, gleicher Branche und die lokale Arbeitsmarktlage dienen. Der für Bewertungszwecke angenommene Beginn der betrieblichen Altersversorgung ist dabei nicht auf den Bewertungsstichtag, sondern in der Zukunft festzusetzen.

Sofern eine Pensionszusage an den Unternehmer selbst besteht, für die eine Rückstellung steuerrechtlich nicht gebildet werden kann, ist eine solche Rückstellung in der Unternehmensbewertung anzusetzen.

Falls man eine Korrektur der Bewertung der Pensionsrückstellungen vornimmt, sind die aufgrund der Pensionszahlungen sich ergebenden Ertragsteuerersparnisse von den in der Bilanz fehlenden, jedoch bei der Unternehmensbewertung zu berücksichtigenden Rückstellungen abzuziehen. Die Höhe der Barwertminderung hängt davon ab, in welcher Höhe mit steuerlicher Wirkung gebildete Pensionsrückstellungen zum Bewertungsstichtag bestanden haben.

Bei ausländischen Unternehmen ist zu prüfen, in welcher Höhe ggf. Rückstellungen für Pensionen und Entlassungsentschädigungen bei einer Unternehmensbewertung einzusetzen sind.

## o)   Rückstellungen für latente Steuerschulden auf stille Reserven

Wenn bei der Substanzbewertung sogenannte stille Reserven offengelegt werden, so handelt es sich dabei um unversteuertes Eigenkapital.

Sofern der Erwerber die stillen Reserven als unversteuerte Reserven übernimmt, d.h. im Rahmen des Erwerbs die ermittelten Substanzwerte steuerlich nicht geltend machen kann, sondern an die niedrigeren steuerlichen Buchwerte gebunden bleibt, sind die darauf in der Zukunft anfallenden Ertragsteuern mit ihrem Barwert als Schuldposten anzusetzen. Dies gilt bei dem Erwerb von Kapitalgesellschaften und bei Erbschaften.

Eine Rückstellung für latente Steuerschulden auf stille Reserven ist deshalb anzusetzen, weil der Erwerber entweder wegen fehlender Abschreibungen laufend mehr Ertragsteuern zahlen muß als dem tatsächlichen Ergebnis entspricht, oder er im Falle einer späteren Veräußerung der mit stillen Reserven behafteten Wirtschaftsgüter Ertragsteuern auf die stillen Reserven zu zahlen hat.

Sofern die stillen Reserven beim Erwerber zu einer Aufstockung der steuerlichen Buchwerte führen und der Veräußerer die Ertragsteuern auf den Buchgewinn trägt (Erwerb von Einzelunternehmen und von Personengesellschaften) oder die stillen Reserven zeitlich oder quasi zeitlich unbeschränkt bestehen bleiben (betriebsnotwendige Grundstücke), ist bei der Substanzbewertung keine Rückstellung für latente Steuerschulden auf stille Reserven zu bilden.

Da auf die latenten Steuerschulden bis zu ihrer Fälligkeit keine Zinsen zu zahlen sind, sind die latenten Steuerschulden mit ihrem Barwert anzusetzen.

Der Barwert ist wie folgt zu berechnen

für Vermögensgegenstände, die der Abnutzung unterliegen:

$$\text{Barwert der latenten Steuerschuld} = \text{Ertragsteuersatz} \times \frac{\text{nachschüssiger Rentenbarwertfaktor} \; (1-v^n):1 \; \text{(Spitzer IV)}}{} \times \frac{\text{Substanzwert} ./. \text{ steuerlicher Buchwert}}{\text{Restnutzungsdauer}}$$

für Vermögensgegenstände, die veräußert werden:

| Barwert der latenten Steuer- schuld | = Ertragsteuersatz x | Kapitalbar- wertfaktor $V^n = 1 : r^n$ (Spitzer II) | x | Substanzwert./. steuerlicher Buchwert |

### p)   Verbindlichkeiten

Soweit Verbindlichkeiten mit den aktuellen marktüblichen Konditionen zu verzinsen sind, sind sie mit ihrem Rückzahlungsbetrag anzusetzen.

Entspricht bei langfristigen Verbindlichkeiten der Zinssatz nicht dem gegenwärtigen Zins für langfristig aufgenommenes Fremdkapital, so ist dem Zinsvorteil oder Zinsnachteil in Form einer Wertberichtigung Rechnung zu tragen. Ein evtl. bestehendes Disagio ist dann aufzulösen.

Kurzfristige unverzinsliche Verbindlichkeiten wird man in der Regel wegen Geringfügigkeit und dem Vorhandensein unverzinslicher mit dem Nennwert angesetzter kurzfristiger Forderungen ähnlicher Größenordnung ebenfalls mit dem Nennwert ansetzen.

Nicht kursgesicherte Fremdwährungsverbindlichkeiten sind mit dem Tageskurs anzusetzen.

Bei Gesellschafterdarlehen ist zu klären, ob sie Eigenkapital oder Fremdkapital darstellen.

Wird der Bilanzgewinn bei der Bewertung voll als Eigenkapital behandelt, so dürfen zwischen Bewertungsstichtag und dem Tag des Verkaufs keine Gewinnausschüttungen vorgenommen werden. Falls dies geschehen sollte, mindern sie den Wert des Unternehmens.

Andererseits wäre jedoch dem Verkäufer für das Halten der Kapitalanteile vom Bewertungsstichtag bis zum Tag der Zahlung des Kaufpreises ein Anspruch auf Verzinsung zuzubilligen.

## 3.   Liquidationswert (Veräußerungswert der Substanz)

Die Bewertung der Substanz eines Unternehmens unter der Annahme der Liquidation bezeichnet man als Liquidationswert (Veräußerungswert der Substanz).

Der Liquidationswert stellt den Wert dar, der sich aus dem Verkauf der einzelnen Vermögensgegenstände nach Abzug der Schulden und Liquidationskosten (z.B. Kosten eines Sozialplanes) ergibt. Er ist dann anzusetzen, wenn die Liquidation eines Unternehmens einen höheren Wert als die Weiterführung des Unternehmens ergibt und die Liquidation auch tatsächlich realisiert wird.

Bei dem Liquidationswert handelt es sich wie bei dem Barwert der zukünftigen Nettoausschüttungen um die Bewertung von abgezinsten Nettoeinnahmen.

Bei der Ermittlung des Liquidationswertes ist die bestmögliche Verwertung der Vermögensgegenstände zu unterstellen. So kann es z.B. günstiger sein, ein Unternehmen nicht sofort zu liquidieren, sondern das Unternehmen unter weitestgehendem Verzicht auf Ersatzinvestitionen zeitlich begrenzt weiterzuführen.

Auch kann es möglich sein, daß ein Wettbewerber für ein verlustbringendes Unternehmen oder eine verlustbringende strategische Geschäftseinheit ohne Verkauf oder nur teilweisen Verkauf der Sachanlagen und ohne oder nur teilweise Übernahme der Beschäftigten einen relativ hohen Preis zu zahlen bereit ist. Der Unternehmensbewerter sollte deshalb versuchen festzustellen, welchen Preis interessierte Wettbewerber aufgrund ihrer Strategie, ihrer Kapazitätsauslastung und ihres Anteils an fixen und variablen Kosten wahrscheinlich zahlen könnten.

Bei der Ermittlung des Liquidationswertes sind die auf einen ggf. entstehenden Liquidationsgewinn anfallenden Ertragsteuern zu kürzen.

Der Liquidationswert ist die Wertuntergrenze eines Unternehmens, sofern eine aus betriebswirtschaftlichen Gründen angebrachte Liquidation gewollt und möglich ist. Es kann somit sein, daß die Wertuntergrenze unter dem Liquidationswert liegt (z.B. Fortführung des Unternehmens zur Erhaltung von Arbeitsplätzen; testamentarische Auflagen; Bewertung von Minderheitsanteilen an liquidationsreifen Unternehmen, deren Liquidation der Minderheitsanteilseigner jedoch nicht durchsetzen kann).

# III. Marktwert

## 1. Ermittlung durch Verhältniskennzahlen (Multiplikatoren)

Der Marktwert, auch fairer Marktwert genannt, ist bei börsennotierten Unternehmen der Börsenwert. Im Börsenwert spiegeln sich alle verfügbaren Informationen über das börsennotierte Unternehmen und seine Umwelt wider.

Der Marktwert von nicht an der Börse notierten Unternehmen wird durch Vergleich mit Verhältniskennzahlen (Multiplikatoren) von möglichst vielen vergleichbaren Unternehmen, deren Anteile an der Börse notiert werden (similar public company) oder die kürzlich den Eigentümer gewechselt haben und deren Kaufpreise bekannt sind (recent acquisition), abgeleitet. Bei Börseneinführungen wird außerdem noch der Emissionskurs von kürzlich an der Börse eingeführten vergleichbaren Unternehmen herangezogen (initial public offering = IPO). Bei den Vergleichen ist zu berücksichtigen, daß es sich bei den an der Börse notierten Unternehmen um breit gestreute Anteile handelt, die keinen Einfluß auf die Unternehmensleitung zulassen, während die Preise für Unternehmen, die kürzlich den Eigentümer gewechselt haben, oft einen Paketzuschlag bzw. strategischen Zuschlag enthalten (siehe C. III. 5).

Der Ermittlung eines fiktiven Marktwertes mit Hilfe von Verhältniskennzahlen liegt die Annahme zugrunde, daß der Markt die an der Börse notierten Wettbewerbsunternehmen bzw. Unternehmen aus der gleichen Branche richtig bewertet und daß sich das zu bewertende Unternehmen in Zukunft ähnlich entwickeln wird wie die Wettbewerbsunternehmen. Besondere Schwächen und Stärken des zu bewertenden Unternehmens, die eine andere

Gewinnentwicklung als der Durchschnitt der Wettbewerbsunternehmen wahrscheinlich erscheinen lassen, müssen durch Zu- oder Abschläge berücksichtigt werden.

In der Vergangenheit waren das Kurs-/Gewinn-Verhältnis, die Dividendenrendite, das Verhältnis Umsatz zu Unternehmenswert und das Verhältnis Bilanzkurs zu Börsenkurs die in Deutschland am meisten benutzten Verhältniskennzahlen. Die genannten Kennzahlen haben unterschiedliche Schwächen. Da die Kennzahl Kurs-/Gewinn-Verhältnis durch eine unterschiedliche Abschreibungspolitik, eine unterschiedliche Finanzierung und eine unterschiedliche Höhe der Ertragsteuern beeinflußt ist, insbesondere bei Vergleichen mit ausländischen Unternehmen, fanden deshalb zusätzliche Verhältniskennzahlen, wie Unternehmenswert/EBIT, Unternehmenswert/EBITA und Unternehmenswert/EBITDA, in die Marktbewertung von Aktien und Unternehmen Eingang.

## a)    Kurs-/Gewinn-Verhältnis

Das Kurs-/Gewinn-Verhältnis (KGV), auch price-earnings ratio (PER) genannt, wird wie folgt ermittelt:

$$\text{Kurs-/Gewinn-Verhältnis} = \frac{\text{Börsenkurs}}{\text{Gewinn je Aktie}} = \frac{\text{Marktkapitalisierung}}{\text{Gewinn}}$$

Der Gewinn je Aktie des letzten Geschäftsjahres wird bei deutschen Aktiengesellschaften aus dem Ergebnis nach DVFA/SG abgeleitet (DVFA = Deutsche Vereinigung für Finanzanalyse und Anlageberatung, SG = Schmalenbach-Gesellschaft – Deutsche Gesellschaft für Betriebswirtschaft). Das Ergebnis je Aktie nach DVFA/SG wird wie folgt ermittelt:

Konzern-Jahresergebnis
./.+ zu bereinigende Sondereinflüsse gemäß DVFA/SG
= DVFA/SG-Konzernergebnis für das Gesamtunternehmen
./.+ Ergebnisanteile Dritter
= DVFA-Konzernergebnis für Aktionäre der Muttergesellschaft
: Anzahl der zugrunde zu legenden Aktien (gewichteter Durchschnitt)
= Ergebnis nach DVFA/SG

Analysten von Investmentbanken versuchen, den Gewinn bzw. den bereinigten Gewinn (pro forma Ergebnis) des laufenden und des nächsten Jahres zu ermitteln. Über die Ermittlungsmethode schweigen sie sich jedoch aus.

Das Kurs-/Gewinn-Verhältnis hat den Nachteil, daß es den Verschuldungsgrad (Leverage) nicht berücksichtigt und sich somit Unternehmen mit unterschiedlicher Kapitalstruktur schlecht vergleichen lassen. Das Kurs-/Gewinn-Verhältnis sagt nichts darüber aus, inwieweit die Gewinne den Investoren tatsächlich zur Verfügung stehen bzw. inwieweit sie für Investitionen benötigt werden. Das Kurs-/Gewinn-Verhältnis ist deshalb für Branchen mit relativ hohem Kapitaleinsatz ungeeignet.

**b)  Dividendenrendite** $= \dfrac{\text{Dividende}}{\text{Börsenkurs}}$

Die Dividendenrendite drückt zwar die tatsächliche Barrendite (ohne Kursveränderungen) aus und sollte auch den Investitionsbedarf berücksichtigen, ist aber durch unterschiedliche möglicherweise willkürlich durch die Unternehmensleitung festgesetzte Ausschüttungsquoten sehr beeinflußbar und deshalb für eine Vergleichsbewertung wenig geeignet.

**c)  Unternehmenswert**
**EBIT**

Um die Abhängigkeit des Kurs-/Gewinn-Verhältnisses von dem Verschuldungsgrad auszuschalten, vergleicht man die Marktkapitalisierung + Finanzschulden = Unternehmenswert, auch enterprise value (EV) genannt, mit dem EBIT (earnings before interest and taxes), d.h. mit dem Ergebnis des Unternehmens vor Finanzergebnis und vor Ertragsteuern.

Dieser Verhältniskennzahl liegt nur das operative Ergebnis zugrunde, und die Vergleichbarkeit wird nicht durch unterschiedliche Kapitalstrukturen und eine unterschiedliche Steuerquote beeinträchtigt. Die Aussagekraft dieser Verhältniskennzahl, wie auch die des Kurs-/Gewinn-Verhältnisses, kann allerdings durch Ausnutzung bilanzpolitischer Spielräume, insbesondere bei einer Bilanzierung nach dem HGB, erheblich eingeschränkt sein. Um mindestens die unterschiedliche Abschreibungspolitik auszuschalten, bedient man sich der folgenden Verhältniskennzahl:

**d)  Unternehmenswert**
**EBITA**

Diese Verhältniskennzahl unterscheidet sich von der vorherigen dadurch, daß im Nenner die Abschreibungen auf die immateriellen Vermögensgegenstände (amortization) hinzugefügt werden, insbesondere die Abschreibungen auf entgeltlich erworbene Geschäfts- oder Firmenwerte (Goodwill). Abschreibungen auf den Geschäfts- oder Firmenwert sind keine Kosten, sondern es handelt sich um die Verteilung von vorausbezahlten erwarteten kapitalisierten Übergewinnen.

**e)  Unternehmenswert**
**EBITDA**

Bei dieser Verhältniskennzahl werden im Nenner außerdem noch die Abschreibungen auf das Sachanlagevermögen (depreciation) hinzugefügt. (Das EBITDA entspricht annähernd dem operativen Cash-flow vor Zinsen und Ertragsteuern.) EBITDA dürfte heute, insbesondere bei Vergleichen mit ausländischen Unternehmen, die in der Praxis am häufigsten verwendete Verhältniskennzahl (Multiplikator) sein, da sie eine unterschiedliche Abschreibungspolitik neutralisiert. Nachteil dieser Kennzahl ist, daß ein zukünftiger unterschiedlicher Investitionsbedarf nicht berücksichtigt wird.

### f)    Unternehmenswert
         Umsatz

Diese Verhältniskennzahl hat den Vorteil, daß sie kaum durch bilanzpolitische Maßnahmen manipuliert werden kann. Sie ist aber keine Renditekennzahl. Sinn hat diese
Verhältniskennzahl nur dann – sofern man keine Anpassung vornimmt –, wenn man
unterstellt, daß alle Unternehmen der Branche etwa die gleiche Umsatzrendite, die
gleichen Wachstumserwartungen und den gleichen Investitionsbedarf haben, wie es z.B.
bei Freiberuflerpraxen der Fall sein kann.

Die Verhältniskennzahl Unternehmenswert : Umsatz  kann auch bei einem Vergleich
von jungen Unternehmen einer Branche, die noch keinen Gewinn erzielen, mit anderen
Unternehmen der Branche, die vergleichbare Produkte oder Dienstleistungen erbringen und
die die Gewinnschwelle bereits überschritten haben, von einer gewissen Bedeutung sein.

### g)    Börsenkurs
         Bilanzkurs

Der Bilanzkurs und der Börsenkurs werden wie folgt ermittelt:

$$\text{Bilanzkurs} = \frac{\text{bilanziertes Eigenkapital}}{\text{gezeichnetes Kapital}} \times 100$$

$$\text{Börsenkurs} = \frac{\text{Preis (Kurs) einer Aktie}}{\text{Nominalwert einer Aktie}} \times 100$$

Falls die Aktie keinen Nominalwert hat, ist dieser wie folgt zu ermitteln:

gezeichnetes Kapital : Anzahl der Aktien

Diese Verhältniskennzahl zeigt, in welchem Verhältnis die kapitalisierten Ertragserwartungen der Börse (Marktwert = bilanziertes Eigenkapital + stille Reserven + Goodwill)
von dem bilanzierten Eigenkapital abweichen. Diese Verhältniskennzahl sagt nichts über
die Ertragskraft und somit über den Wert eines Unternehmens aus, zumal der Bilanzkurs
durch Bilanzierungs- und Bewertungswahlrechte, Ermessensspielräume und Sachverhalts-
gestaltungen (z.B. Leasing) manipulierbar ist. Der Vergleich des Bilanzkurses bereinigt
um den Goodwill (substanzorientierte Größe) mit dem Börsenkurs (ertragsorientierte
Größe) kann aber Hinweise bei der Analyse der einzelnen Unternehmen geben.

## 2.    Vergleichbarkeit der Verhältniskennzahlen

Die Vergleichbarkeit wird in erster Linie durch die Geschäftstätigkeit und die wirtschaftlichen Aussichten bestimmt. Zu berücksichtigen sind auch: Geschichtliche Entwicklung
der Unternehmen, Größe und Image der Unternehmen, Management, Verkaufssortiment,
Absatzmarkt, Konkurrenzverhältnisse, Forschungstätigkeit, außergewöhnliche Umstände
und Ereignisse, Höhe des nicht betriebsnotwendigen Vermögens, Umsatz-, Kosten- und
Ergebnisentwicklung im Verhältnis zur Branche, Stetigkeit der Entwicklung, Finanzierung,
Aktiengattung.

Die Bewertung zum Marktwert verlangt ähnlich wie die Ermittlung des Barwertes der zukünftigen Nettoausschüttungen gute Kenntnisse der Geschäftstätigkeit des zu bewertenden Unternehmens sowie gute Kenntnisse der Branchen- und Wettbewerbsverhältnisse.

Sofern ausländische Unternehmen in den Vergleich einbezogen werden – was in der Regel notwendig ist, da die Zahl von vergleichbaren deutschen Unternehmen, von denen man Kurse oder Kaufpreise kennt, zu gering ist –, sind die andere gesamtwirtschaftliche Lage, insbesondere das Wirtschaftswachstum und die Inflation, sowie die anderen Verhältnisse am Kredit- und Kapitalmarkt und die anderen Rechnungslegungsgrundsätze bei der Interpretation der Verhältniskennzahlen zu berücksichtigen.

Vor Ermittlung der Verhältniskennzahlen der vergleichbaren Unternehmen und des zu bewertenden Unternehmens sind diese, soweit Ergebnisse darin eingehen, um außerordentliche Posten zu bereinigen.

Um Hinweise auf mögliche Trends zu erhalten und um insbesondere außerordentliche Posten, Zufälligkeiten und Manipulationen besser ausschalten zu können, sollte man die Verhältniskennzahlen von mehr als einem Geschäftsjahr in der Vergangenheit ermitteln und die des laufenden Geschäftsjahres und der unmittelbaren Zukunft schätzen.

Neben den obengenannten finanziellen Verhältniskennzahlen können bei einigen Branchen, insbesondere wenn es sich um junge Unternehmen handelt, auch nicht finanzielle Verhältniskennzahlen (z.B. Anzahl der Kunden von Online-Banken oder von Telekommunikationsunternehmen) Hinweise auf den Marktwert geben.

Bei der Ermittlung eines Marktwertes ist der Tatsache Rechnung zu tragen, daß es bei dem Börsenkurs – sofern er nicht durch Käufe oder erwartete Käufe eines Großaktionärs überhöht ist – um die Bewertung von einzelnen Aktien geht, die praktisch keinen Einfluß auf die Geschäftspolitik gewähren, während bei den Preisen für Unternehmen oder Anteile an Unternehmen für den Einfluß auf die Geschäftspolitik und erwartete Synergieeffekte ein Paketzuschlag enthalten ist, der meistens zwischen 20 und 50 % liegt (siehe C. III. 5).

Grundsätzlich kann man aus der Übertragung des Durchschnitts der oben angegebenen Verhältniskennzahlen oder des Durchschnitts der am meisten geeigneten Kennzahl auf das zu bewertende Unternehmen einen Hinweis auf den Marktwert des Unternehmens erhalten. In der Praxis ergibt sich jedoch in den meisten Fällen, daß sowohl die einzelnen Verhältniskennzahlen der Vergleichsunternehmen mehr oder weniger stark voneinander abweichen, als auch die sich aus den sechs Verhältniskennzahlen ergebenden Werte für das zu bewertende Unternehmen mehr oder weniger unterschiedlich sind. Die Ursachen für solche Unterschiede müssen unbedingt geklärt werden. Andernfalls wäre eine solche Bewertung höchst fragwürdig.

Beispiel (nur börsennotierte Unternehmen):

|  | Vergleichsunternehmen | | | | | zu bewertendes Unternehmen |
|---|---|---|---|---|---|---|
|  | A | B | C | D | Ø |  |
| Börsenkurs | 72 | 150 | 180 | 324 | – | – |
| Gewinn | 6 | 10 | 10 | 12 | – | 8 |
| Kurs-/Gewinn- Verhältnis | 12 | 15 | 18 | 27 | 18 |  |
| Unternehmenswert (EV) | 147 | 225 | 180 | 352 | – |  |
| Dividende | 3,00 | 4,50 | 4,50 | 4,80 |  | 3,00 |
| Dividendenrendite | 4,17% | 3% | 2,5% | 1,48% | 2,79% |  |
| EBIT | 15 | 25 | 15 | 16 |  | 20 |
| EV/EBIT | 9,8 | 9,0 | 12,0 | 22,0 | 13,2 |  |
| EBITA | 18 | 35 | 25 | 30 |  | 27 |
| EV/EBITA | 8,2 | 6,4 | 7,2 | 11,7 | 8,4 |  |
| EBITDA | 23 | 39 | 30 | 32 |  | 31 |
| EV/EBITDA | 6,4 | 5,8 | 6,0 | 11,0 | 7,3 |  |
| Umsatz | 210 | 320 | 250 | 350 |  | 240 |
| EV/Umsatz | 0,70 | 0,70 | 0,72 | 0,98 | 0,78 |  |

Aufgrund der obigen durchschnittlichen Verhältniskennzahlen ergäben sich für das zu bewertende Unternehmen folgende Werte:

| Gewinn x Kurs-/Gewinn-Verhältnis | 8,00 x 18,0 | = | 144,0 |
|---|---|---|---|
| Dividende : ø Dividendenrendite x 100 | 3,00 : 2,79 x 100,0 | = | 107,5 |

EV/EBIT

| | 20 x 13,2 | = | 264,0 |
|---|---|---|---|
| ./. verzinsliche Verbindlichkeiten | | | 80,0 |
| | | | 184,0 |

EV/EBITA

| | 27 x 8,4 | = | 226,8 |
|---|---|---|---|
| ./. verzinsliche Verbindlichkeiten | | | 80,0 |
| | | | 146,8 |

EV/EBITDA

| | 31 x 7,3 | = | 226,3 |
|---|---|---|---|
| ./. verzinsliche Verbindlichkeiten | | | 80,0 |
| | | | 146,3 |

EV/Umsatz

| | 240 x 0,78 | = | 187,2 |
|---|---|---|---|
| ./. verzinsliche Verbindlichkeiten | | | 80,0 |
| | | | 107,2 |

Angesichts der großen Unterschiede bei den Verhältniskennzahlen der vier Vergleichs-unternehmen und des Auseinanderklaffens der sich ergebenden Werte für das zu bewer-tende Unternehmen ist das Ergebnis einer solchen Bewertung unbefriedigend und von zweifelhaftem Aussagegehalt.

Man sollte deshalb versuchen, die Ursachen für die Wertunterschiede zu ergründen. Hierbei sind zwei wesentliche Punkte zu beachten:

1. Kein Vergleichsunternehmen dürfte mit dem zu bewertenden Unternehmen uneinge-schränkt vergleichbar sein.

2. Bei den Verhältniskennzahlen handelt es sich um vergangenheits- und substanzorien-tierte Verhältniskennzahlen. Der Kurs der Aktien der Vergleichsunternehmen wird aber nur durch die in Zukunft erwarteten Erfolge der Unternehmen bestimmt.

Nur durch das Herausfinden der Unterschiede zwischen den einzelnen Unternehmen und somit der Gründe für die unterschiedlichen Verhältniskennzahlen und der Gründe für das Abweichen der sechs Werte für das zu bewertende Unternehmen kann ein akzeptabler Marktwert gefunden werden. Die Ermittlung eines Marktwertes erfordert neben der ausführlichen Analyse des zu bewertenden Unternehmens eine eingehende Analyse der Vergleichsunternehmen und eine große Erfahrung und gute Urteilsfähigkeit des Bewerters.

Im vorliegenden Beispiel könnten die großen Unterschiede bei den Werten z.B. auf eine unterschiedliche Forschungsintensität, insbesondere des Unternehmens D, zurückzuführen sein, die unterschiedliche Wachstumserwartungen begründet und deshalb zu unterschied-lichen Verhältniskennzahlen und Werten führt.

Würde man nur die Verhältniskennzahlen der Vergleichsunternehmen A – C für die Bewertung heranziehen, so ergäben sich folgende Werte:

| | | | |
|---|---|---|---|
| Gewinn x Kurs-/Gewinn-Verhältnis | 8,00 x | 15,0 = | 120,0 |
| Dividende : ø Dividendenrendite x 100 | 3,00 : 3,22 x | 100,0 = | 93,2 |
| Bilanzkurs x Verhältnis Bilanzkurs zu 0 Börsenkurs | 120,00 x | 1,03 = | 123,6 |

| | | |
|---|---|---|
| EV/EBIT | 20 x 10,27 = | 205,4 |
| ./. verzinsliche Verbindlichkeiten | | 80,0 |
| | | 125,4 |

| | | |
|---|---|---|
| EV/EBITA | 26 x 7,27 = | 189,0 |
| ./. verzinsliche Verbindlichkeiten | | 80,0 |
| | | 109,0 |

| | | |
|---|---|---|
| EV/EBITDA | 30,7 x 6,07 = | 186,3 |
| ./. verzinsliche Verbindlichkeiten | | 80,0 |
| | | 106,3 |

| | | |
|---|---|---|
| EV/Umsatz | 240 x 0,71 = | 170,4 |
| ./. verzinsliche Verbindlichkeiten | | 80,0 |
| | | 90,4 |

Man könnte auf Basis der oben ermittelten Werte, die man noch unterschiedlich gewichten kann, einen Durchschnittswert errechnen. Richtiger dürfte es aber sein, nur eine
Verhältniskennzahl, und zwar die Verhältniskennzahl, die sich aufgrund der gegebenen
Verhältnisse am besten für einen Vergleich eignet, zur Ermittlung des Marktwertes zu
benutzen. Hierbei kann es angebracht sein, besondere Schwächen und Stärken des zu
bewertenden Unternehmens, die eine andere Gewinnentwicklung als der Durchschnitt
der Wettbewerbsunternehmen wahrscheinlich erwarten lassen, durch einen Zu- oder
Abschlag bei der Verhältniskennzahl zu berücksichtigen.

Sinn einer eingehenden Analyse der Vergleichsunternehmen ist es nicht – wie die vorstehenden Ausführungen vielleicht den Anschein erwecken könnten -, weniger vergleichbare
Unternehmen nicht in den Vergleich einzubeziehen, sondern in Ermangelung vollständig
vergleichbarer Unternehmen die Gründe für die unterschiedlichen Verhältniskennzahlen
herauszufinden. Es geht darum, zu erkennen, warum die einzelnen Verhältniskennzahlen und die Gewinnerwartungen gegenüber den Vergangenheitsergebnissen mehr oder
weniger unterschiedlich sind, um dadurch Aussagen für die Unternehmensbewertung
zu machen.

Aufgrund der Schwierigkeiten, vergleichbare Unternehmen zu finden, sollten deshalb die
weniger vergleichbaren Unternehmen möglichst nicht ausgesondert werden, sondern die
Verhältniskennzahlen dieser Unternehmen sind wegen der besseren oder schlechteren
Ertragserwartungen nach oben oder unten anzupassen, um sie für einen Vergleich nutzen
zu können.

Das würde im vorliegenden Fall bedeuten, daß festzustellen ist, wie der Kurs und die
Verhältniskennzahlen für das Unternehmen D wären, wenn die Forschungstätigkeit und
folglich die Wachstumserwartungen eine ähnliche Größenordnung hätten wie die übrigen
Vergleichsunternehmen und das zu bewertende Unternehmen. Dies ist letztendlich nur
möglich, wenn man für die einzelnen Unternehmen zumindest überschlägige Cash-flow-
Rechnungen für die Zukunft erstellt.

Der Vorteil der Ermittlung eines Marktwertes eines Unternehmens durch eine Ableitung
aus den Verhältniskennzahlen von möglichst vielen vergleichbaren Unternehmen gegenüber
einer Bewertung mit der Discounted-cash-flow-Methode liegt auf den ersten Blick in der
einfachen und schnellen Ermittlung. Nimmt man jedoch die erforderliche Analyse des
zu bewertenden Unternehmens und der Vergleichsunternehmen vor, geht dieser Vorteil
weitgehend verloren. Ein mit Hilfe von Verhältniskennzahlen ermittelter Marktwert kann
jedoch zur Plausibilitätsprüfung eines mit der Discounted-cash-flow-Methode ermittelten
Unternehmenswertes dienen.

## 3.  Berücksichtigung des Wachstums

Eine Möglichkeit, die Kurs-/Gewinn-Verhältnisse anzupassen und dadurch vergleichbar
zu machen, ist es, die unterschiedlichen Wachstumsraten der Gewinne und die unterschiedliche Rendite der Nettoinvestitionen in das KGV einzubeziehen. Dies kann gemäß
folgender Formel geschehen:

$$KGV = \frac{Kurswert}{Betriebsergebnis\ nach\ Ertragsteuern} = 1 - \frac{\dfrac{Wachstumsrate\ des\ Gewinnes}{Investitionsrendite}}{gewichtete\ Kapitalkosten - Wachstumsrate\ des\ Betriebsergebnisses}$$

Der Quotient Wachtumsrate des Gewinnes/Investitonsrendite im Zähler beinhaltet den Anteil der einbehaltenen Betriebsergebnisse nach Ertragsteuern, der zur Finanzierung des Wachstums benötigt wird.

Weitere Einzelheiten zum Wachstum siehe Abschnitt C. I. 4 bd Ermittlung des Endwertes auf anderer Basis – Kurs-/Gewinn-Verhältnis.

Eine genaue Anpassung ist natürlich nur möglich, wenn die Wachstumsrate der Gewinne und die Investitionen in der Zukunft immer gleichmäßig ansteigen. Unter diesen vereinfachenden Annahmen käme man auf Basis des Kurs-/Gewinn-Verhältnisses zu dem gleichen Unternehmenswert wie auf Basis der arbeitsintensiven Discounted-cash-flow-Methode. Ein solcher auf ewig anzunehmender gleichmäßiger Verlauf des Gewinnwachstums und der Investitionen dürfte jedoch nicht realistisch sein.

Das Kurs-/Gewinn-Verhältnis (KGV) beruht grundsätzlich auf denselben Annahmen wie eine Bewertung auf Basis des Discounted-Cash-flows; der Unterschied ist lediglich, daß man die Annahmen der Marktteilnehmer über das Wachstum, den Anteil der ausgeschütteten Gewinne und die Höhe und Zusammensetzung des Kapitalisierungszinsfußes im Kurs enthalten sind und nicht im einzelnen aus dem KGV entnehmen kann.

Zu warnen ist in diesem Zusammenhang vor der Anwendung der in der Literatur (z.B. Wullenkord, Axel: New Economy Valuation. In: FB, Heft 7/8, Juli/August 2000, S. 522-527, Schwetzler, Bernhard: Probleme der Multiple-Bewertung. In: FB, Heft 2, Februar 2003, S. 79-90, Peemöller, Volker H.: Praxishandbuch der Unternehmensbewertung) dargestellten Price Earnings to Growth Ratio (PEG-Ratio). Die PEG-Ratio setzt das KGV zu der Compounded Annual Growth Rate (CAGR), d.h. der geschätzten Ergebniswachstumsrate, in Beziehung. Sie berücksichtigt aber nicht einen möglichen Unterschied zwischen den Kapitalkosten und der Investitionsrendite auf die Erweiterungsinvestitionen und kann deshalb zu sehr falschen Unternehmenswerten führen.

## 4. Immobilitätsabschlag

Anteile an börsennotierten Unternehmen sind in der Regel jederzeit verkäuflich. Bei nicht börsennotierten Unternehmen oder Anteilen an nicht börsennotierten Unternehmen trifft das nicht zu. Diese geringere Mobilität des in dem zu bewertenden Unternehmen gebundenen Eigenkapitals ist bei der Unternehmensbewertung – insbesondere bei der Bewertung von Minderheitsanteilen, sofern sie nicht strategisch begründet sind – zu berücksichtigen. Bei der Berechnung des Marktwertes geschieht dies durch einen Abschlag vom Unternehmenswert; dagegen ist bei der Berechnung des Barwertes der zukünftigen Nettoausschüttungen ein Zuschlag zum Kapitalisierungszinsfuß vorzunehmen, da als Basiszinsfuß der Zinsfuß für langfristige, jedoch jederzeit verkäufliche Staatsanleihen zugrunde liegt.

Bei der Ermittlung des Marktwertes von nicht börsennotierten Unternehmen oder Anteilen an solchen Unternehmen durch Vergleich mit Verhältniskennzahlen von an der Börse notierten Unternehmen ist deshalb auf den ermittelten Wert noch ein Abschlag wegen mangelnder Mobilität und ggf. wegen möglicher zusätzlicher vertraglicher Beschränkungen im Gesellschaftsvertrag vorzunehmen. Ein objektives Maß für die Höhe des Immobilitätsabschlags gibt es nicht. Seine Höhe ist deshalb individuell festzusetzen, wobei Unternehmensform und Unternehmensgröße eine gewisse Rolle spielen. In Deutschland sind keine neueren Publikationen über praktizierte Immobilitätsabschläge bekannt. In den USA sind Abschläge von 25-50 % bei Minderheitsbeteiligungen üblich. Der Immobilitätsabschlag hängt von der Höhe der Beteiligung und den Einflußmöglichkeiten des Anteilseigners ab, und ist deshalb bei Mehrheitsbeteiligungen geringer (bis zu 15 %) als bei Minderheitsbeteiligungen (siehe Pratt, Shannon, P./Reilly, Robert F./Schweihs, Robert P.: Valuing Small Businesses and Professional Practices. Second edition, Burr Ridge, Ill. und New York 1993, S. 178). Weitere Informationen über empfohlene und in den USA in der Vergangenheit angewendete Immobilitätsabschläge finden sich bei Pratt (Pratt, Shannon P: Valuing a Business – The Analysis and Appraisal of Closely Held Companies. 4th edition, New York u.a. 2000, S. 391-423).

## 5.  Paketzuschlag

Sofern ein oder mehrere Interessenten auftreten, die aus unternehmerischem Interesse die Mehrheit der Anteile an einem Unternehmen erwerben wollen, kann je nach Anzahl und Absichten der Interessenten, ein Paketzuschlag von 20-50 %, und in speziellen Fällen auch mehr, auf einen von börsennotierten Unternehmen abgeleiteten Wert erzielt werden.

## 6.  Schwierigkeiten bei der Ermittlung eines Marktwertes in Deutschland

Bewertungen zum Marktwert sind in Deutschland wenig üblich, da in Deutschland die aggregierte Börsenbewertung inländischer Aktien im Verhältnis zum Bruttosozialprodukt, anders als z.B. in den USA, Großbritannien und Japan, sehr gering ist. Insbesondere ist die Anzahl der an der Börse notierten inländischen Unternehmen in diesen Ländern um ein Vielfaches höher als in Deutschland, so daß in diesen Ländern in viel höherem Maße börsennotierte mittlere und kleinere nur in einem engen Geschäftsfeld tätige Unternehmen und deshalb mehr vergleichbare Unternehmen zur Ermittlung eines Marktwertes zur Verfügung stehen. Außerdem sind in den USA anders als in Deutschland mehr Preise über Unternehmenskäufe außerhalb der Börse bekannt.

## 7. Kritik an der Bewertung mit Verhältniskennzahlen (Multiplikatoren)

Es handelt sich gar nicht um eine Bewertung, d.h. eine Ermittlung der in der Zukunft ausschüttungsfähigen Gewinne. Vielmehr glaubt man, durch die Übertragung des Verhältnisses der Gewinne bzw. Gewinne vor Zinsen, Ertragsteuern und Abschreibungen zum Börsenwert der Wettbewerbsunternehmen auf das zu bewertende Unternehmen und somit auf die in Zukunft von dem zu bewertenden Unternehmen ausschüttungsfähigen Gewinne schließen und daraus einen fiktiven Marktwert ableiten zu können. Das bedeutet, daß die Spekulationen der Marktteilnehmer an der Börse hinsichtlich der Wettbewerbsunternehmen – über diese Wettbewerbsunternehmen liegen in der Regel nicht mehr Informationen vor als über das zu bewertende Unternehmen – auf das zu bewertende Unternehmen übertragen werden. Spitz gesagt heißt das, daß die Analysten, die den Wert des zu bewertenden Unternehmens ermitteln und begründen sollten, d.h. die die »Aufklärer« der »dummen nicht wissenden Kapitalanleger« sein sollten, ihr Bewertungsurteil von den auf Nichtwissen beruhenden Spekulationen der Kapitalanleger in Aktien von mehr oder weniger vergleichbaren Wettbewerbsunternehmen ableiten. Hinzu kommt, daß der Kurs des zu bewertenden Unternehmens wieder zur Wertfindung der Wettbewerbsunternehmen dient, so daß hier ein Circulus vitiosus vorliegt. Der beste Beweis dafür sind die überhöhten Börsenkurse, insbesondere die astronomischen Kurse des Neuen Marktes, in den Jahren 1999/2000.

Zu- und Abschläge bei den Verhältniskennzahlen, die die oft sehr unterschiedlichen individuellen Verhältnisse berücksichtigen sollen, sind weitgehend willkürlich. Die Zu- und Abschläge sollen neben der unterschiedlichen Finanzierung und einem möglichen unterschiedlichen Risiko besonders die erwarteten unterschiedlichen prozentualen Gewinnzuwachsraten ausdrücken.

Um die Angemessenheit der Bewertung mit Hilfe von Verhältniskennzahlen und der darauf gemachten Zu- und Abschläge beurteilen zu können, müßte man auf Basis der vorhandenen Informationen sowohl für das zu bewertende Unternehmen bzw. den zu bewertenden Unternehmensbereich als auch für die Wettbewerbsunternehmen, so gut es geht, DCF-Bewertungen erstellen.

# IV. Bewertung von Unternehmensanteilen

Die Bewertung von Unternehmensanteilen erfolgt grundsätzlich nach der gleichen Methode wie die Bewertung ganzer Unternehmen. Der Unterschied liegt lediglich darin, inwieweit durch die Höhe des Anteils bzw. das geringfügige Über- oder Unterschreiten gewisser Anteilshöhen (z.B. bei deutschen Kapitalgesellschaften: 75 % + 1 Anteil = qualifizierte Mehrheit, 50 % + 1 Anteil = Mehrheit, 25 % + 1 Anteil Sperrminorität) und aufgrund vertraglicher Regelungen (unterschiedliche Stimmrechte, Geschäftsführungsrecht, Komplementär/Kommanditist, Vorzugsdividende, Gewinngarantie, Verfügungsbeschränkungen, Abfindungsklausel) mehr oder weniger Einfluß auf die Geschäftspolitik genommen werden kann, was die Höhe des Cash-flows und die Ausschüttungspolitik des Unternehmens beeinflussen und andere Vor- und Nachteile ergeben oder vermeiden kann. Abhängig von der Höhe des zu bewertenden Anteils, der Besitzverhältnisse bei den übrigen Anteilseignern (Mehrheitsbeteiligung, Minderheits-beteiligung, Streubesitz) und vertraglicher Regelungen kann ein Zu- oder Abschlag auf den prozentualen Anteilswert angebracht sein, der die Vor- oder Nachteile einer Mehrheits- oder Minderheitsbetei-ligung im konkreten Fall berücksichtigt. Bei der Ermittlung eines Zu- oder Abschlags, der individuell zu ermitteln ist, können zusätzliche Optionen, Vorkaufsrechte und Andienungsrechte eine Rolle spielen.

Diese Zu- und Abschläge sind nicht mit dem in Abschnitt C. III. 4 erwähnten Immo-bilitätsabschlag zu verwechseln, da es sich um zwei verschiedene Abschläge handelt; eine gewisse Wechselbeziehung ist jedoch nicht zu leugnen. Bei der Bewertung von Mehrheitsbeteiligungen von nicht börsennotierten Unternehmen auf Basis von Markt-werten saldiert sich der Zuschlag für die Mehrheitsbeteiligung weitgehend mit dem Immobilitätsabschlag.

Aufgrund der unterschiedlichen Bewertung von Mehrheits- und Minderheitsbeteiligungen muß die Summe der Werte der einzelnen Anteilseigner nicht unbedingt dem Wert des Unternehmens entsprechen, falls das Unternehmen nur einen Anteilseigner hätte.

Bezüglich der Rechtsfragen bei der Bewertung von Unternehmensanteilen siehe Großfeld, Bernhard: Unternehmens- und Anteilsbewertung im Gesellschaftsrecht und Piltz, Detlev, J.: Die Unternehmensbewertung in der Rechtsprechung.

# V.  Leveraged Buy-out (LBO) und Management Buy-out (MBO)

Einer gewissen Vollständigkeit wegen sollen an dieser Stelle auch die Begriffe Leveraged Buy-out (LBO) und Management Buy-out (MBO), die in der Literatur über Unterneh-mensakquisitionen oft benutzt werden, kurz erläutert werden.

Bei einem LBO handelt es sich um den Kauf eines Unternehmens oder Unternehmens-teiles, bei dem der Kaufpreis weitgehend aus dem zu übernehmenden Unternehmen selbst finanziert wird. Dies geschieht durch den Verkauf nicht betriebsnotwendigen Vermögens, den Abbau flüssiger Mittel und eine hohe Fremdfinanzierung. Bei einem MBO handelt es sich ebenfalls um ein LBO, bei dem jedoch das Management einen wesentlichen Teil der Kapitalanteile übernimmt.

Besondere Merkmale eines LBO und eines MBO sind die mit der hohen Fremdfinan-zierung verbundenen hohen Fremdkapitalkosten und das überdurchschnittlich hohe Finanzierungsrisiko.

Die Käufer eines LBO und eines MBO gehen in der Regel davon aus, daß sie aus dem erwarteten Cash-flow außer den hohen Fremdkapitalzinsen einen Teil des Fremdkapitals bezahlen und durch erwirtschaftetes Eigenkapital ersetzen können.

Weil die Finanzierung bei einem LBO und einem MBO eine so hohe Bedeutung hat, ist für die Bewertung eines LBO und eines MBO nur der Barwert der zukünftigen Nettoausschüttungen, und zwar der APV-Ansatz, in Verbindung mit einem detaillierten Finanzierungsplan und nicht die Marktwertmethode anzuwenden.

Bei der Bewertung eines LBO und eines MBO ist besonders darauf zu achten, daß sowohl für das Eigen- als auch für das Fremdkapital Zinssätze verwendet werden, die der beabsichtigten Finanzierung zugrunde liegen.

# VI.  Bewertung ausländischer Unternehmen

Ausländische Unternehmen bzw. ausländische Tochterunternehmen sind grundsätzlich genauso zu bewerten wie deutsche Unternehmen.

Zusätzliche Besonderheiten ergeben sich aus

- den unterschiedlichen Verhältnissen am Kapitalmarkt, die man kennen muß, um angemessene Kapitalkosten zu ermitteln,
- eventuellen besonderen politischen und wirtschaftlichen Risiken, die Auswirkungen auf einen Länderrisikozuschlag bei den Kapitalkosten haben,
- einer anderen Rechts- und Wirtschaftsordnung, insbesondere des Steuer- und Bilanzrechts, die Auswirkungen auf die zukünftigen Erträge und somit auf die Ermittlung des zukünftigen Cash-flows haben,
- der Umrechnung von Fremdwährungen (Probleme der Währungsumrechnung kann es auch bei inländischen Unternehmen geben).

Bei ausländischen Tochterunternehmen könnte zusätzlich noch das Problem der Verrechnungspreise im Zusammenhang mit Steuern bestehen.

Bei der Bewertung von ausländischen Unternehmen sollten die erwarteten nominellen (nicht realen) Einnahmen und Ausgaben jeweils in der Währung geplant werden, in der sie anfallen. Bei der Ermittlung der Einnahmen und Ausgaben in ausländischer Währung sollten die Inflationsannahmen des jeweiligen Landes zugrunde gelegt werden. Entsprechend der Fälligkeit sind die Einnahmen und Ausgaben mit den entsprechenden Devisenterminkursen, die mit Hilfe des Zinsunterschiedes der beiden Währungen ermittelt werden können, in die Landeswährung des zu bewertenden Unternehmens umzurechnen. Anschließend ist der Cash-flow mit den Kapitalkosten des zu bewertenden ausländischen Unternehmens abzuzinsen. Dieser Barwert des Cash-flows kann zum Devisenkassakurs des Bewertungsstichtages in € umgerechnet werden. Falls der Staat nicht uneingeschränkt solvent ist und/oder es in diesem Land nur steuerbegünstigte Staatsanleihen gibt, ist der Basiszinssatz hilfsweise aus dem €-Zinssatz für langfristige deutsche Staatsanleihen zuzüglich des Zinsunterschiedes, errechnet aus der Differenz zwischen Devisenkassakurs und Devisenterminkurs für ein Jahr, abzuleiten.

Bei Hochinflationsländern ist es angebracht, die Einnahmen und Ausgaben nicht in der Landeswährung, sondern in der Leitwährung, was in der Regel der US$ sein dürfte, zu planen bzw. umzurechnen.

Die Eigenkapitalkosten sind ggf. noch um einen Länderrisikozuschlag zu erhöhen. Dies ist dann der Fall, wenn Banken US$-Kredite in gewisse Länder (z.B. Südamerika) zu einem höheren Zinssatz vergeben als in den USA. In diesen Fällen sollte die Cash-flow-Rechnung in US$ erfolgen und der Zinssatz für US-Staatsanleihen als Basiszinssatz genommen werden.

Auf die Betriebsergebnisse sind die Ertragsteuersätze des Landes anzuwenden, in denen das Unternehmen liegt. Korrekturen der im Ausland zu zahlenden Ertragsteuern ergeben sich, falls es aufgrund der Tätigkeit der ausländischen Gesellschaft zu Steuernachzahlungen oder Steuervergünstigungen bei dem inländischen Anteilseigner kommt. Außerdem sind auf die Ausschüttungen des ausländischen Unternehmens definitiv zu zahlende Kapitalertragsteuern vom Cash-flow abzusetzen.

In diesem Zusammenhang wird abschließend auf die Ausführungen am Schluß des Abschnitts C. I. 4ab bezüglich einer langfristigen Steuer- und Finanzplanung zur Maximierung der Nettoausschüttungen bei multinationalen Unternehmen hingewiesen.

## VII. Unternehmensbewertung in Ländern mit hochentwickelten Aktienmärkten, insbesondere in den USA

Es gibt keinen Grund, daß man in anderen Ländern Unternehmen grundsätzlich anders bewerten sollte als in Deutschland, oder daß man in Deutschland Unternehmen anders bewerten sollte als im Ausland.

In den vorhergehenden Ausführungen wurde dargestellt, wie Unternehmen zu bewerten sind und wie in Deutschland Unternehmen bewertet wurden und werden. Die bisher in Deutschland praktizierten Bewertungsverfahren wurden dabei kritisch untersucht. Es wurde festgestellt, daß der Unternehmenswert vom Zweck der Wertermittlung bestimmt wird (siehe A. I. 4 und A. VI. 5). Das ist die Ermittlung eines Entscheidungswertes zum Zwecke der Kapitalanlage oder zum Zwecke der unternehmerischen Tätigkeit.

Zu den Ländern mit hoch entwickelten Aktienmärkten, d.h. Länder, bei denen das Verhältnis der aggregierten Börsenkapitalisierung im Verhältnis zum Bruttosozialprodukt relativ hoch ist, zählen die USA, Großbritannien und Japan.

In diesen Ländern, insbesondere in den USA, stehen wesentlich umfangreichere Informationen über Kaufpreise und Börsenwerte vergleichbarer Unternehmen zur Verfügung. Unternehmensbewertungen können deshalb dort eher als in Deutschland kapitalmarktorientiert durchgeführt werden. Das heißt, in diesen Ländern werden

– Unternehmensbewertungen zum Zwecke der Kapitalanlage auf Basis des Marktwertes und

– Unternehmensbewertungen zum Zwecke einer unternehmerischen Tätigkeit auf Basis des Barwertes der zukünftigen Nettoausschüttungen (Discounted-cash-flow-Methode)

ermittelt.

Für Unternehmensbewertungen zum Zwecke der unternehmerischen Tätigkeit auf Basis des Discounted Cash-flows erübrigen sich zusätzliche Erläuterungen, da sie in diesem Buch beschrieben werden. Für Unternehmensbewertungen zum Zwecke der Kapitalanlage ist folgendes zu vermerken:

In den USA hat das Steuerrecht auf die Art und Weise der Ermittlung des Marktwertes durch das Revenue Ruling 59-60, 1959-I C.B. 237 des Internal Revenue Code (IRC), das die Bewertung von nicht an der Börse gehandelten Geschäftsanteilen (closely held companies) regelt, einen großen Einfluß genommen, da es auch für andere Bewertungsanlässe zugrunde gelegt wird. Während das deutsche steuerliche Bewertungsverfahren »Stuttgarter Verfahren« sehr schematisch anzuwenden ist und zu etwa 2/3 vom Substanzwert und zu etwa 1/3 von den vergangenen Erträgen bestimmt wird, und somit für einen Entscheidungswert nicht brauchbar ist, ist das nicht formelhaft vorgehende Revenue Ruling 59-60 der USA eine brauchbare Vorgabe zur Ermittlung von Marktwerten und kann sehr flexibel angewandt werden. Im Gegensatz zu dem schematisch anzuwendenden »Stuttgarter Verfahren« bedarf die Anwendung des Revenue Ruling 59-60 wirtschaftlich gut ausgebildeter und erfahrener Unternehmensbewerter.

Der Marktwert (fair market value) wird in den USA wie folgt definiert (revenue ruling 59-60, section 2):

» ... as the price at which the property would change hands between a willing buyer and willing seller when the former is not under any compulsion to buy and the latter is not under any compulsion to sell, both parties having reasonable knowledge of relevant facts.«

Das Revenue Ruling 59-60, section 2 sieht folgende acht Faktoren als wesentliche Größen an, die den Wert des Unternehmens stark beeinflussen und die deshalb sorgfältig zu analysieren sind:

»The nature of the business and the history of the enterprise from its inception.

The economic outlook in general and the condition and outlook of the specific industry in particular.

The book value of the stock and the financial condition of the business.

The earning capacity of the company.

The dividend-paying capacity.

Whether or not the enterprise has goodwill or other intangible value.

Sales of the stock and the size of the block of stock to be valued.

The market price of stocks of corporations engaged in the same or a similar line of business having their stocks actively traded in a free and open market, either on an exchange or over-the-counter.«

Die Bedeutung der einzelnen Faktoren für die Analyse und Bewertung werden in Revenue Ruling 59-60 näher erläutert.

Marktwerte werden abgeleitet von

– Kursen für vergleichbare an der Börse notierte Unternehmen (similar public company method) und

– Preisen für abgeschlossene Akquisitionen (recent acquisitions method).

Eine nicht schematische Ableitung des Marktwertes aus den Kursen für vergleichbare an der Börse notierte Unternehmen und Preisen für abgeschlossene Akquisitionen mittels einer sorgfältigen Analyse und Interpretation der acht Faktoren kann auch ohne Erstellung individueller Cash-flow-Erwartungen für die Bewertungsanlässe, bei denen kein langfristiger Einfluß auf die unternehmerische Tätigkeit beabsichtigt ist, sondern bei denen die Kapitalanlage im Vordergrund steht, zu einem brauchbaren Wert führen.

Die Berechnung eines Marktwertes wird in diesen Ländern – außer für steuerliche Zwecke – vorgenommen, wenn

– die Kenntnisse über das Bewertungsobjekt (noch) nicht ausreichen, eine langfristige Unternehmensplanung vorzunehmen,

– der unternehmerische Einfluß auf das Bewertungsobjekt für die Bewertung nicht von Bedeutung ist,

– Rechtsstreitigkeiten über den Wert des Unternehmens vorliegen und

– das Unternehmen bzw. der Anteil am Unternehmen relativ leicht wiederverkäuflich ist, d.h. der Verkaufserlös für das zu bewertende Unternehmen bzw. der Anteil am zu bewertenden Unternehmen ein wesentlicher Teil des Discounted cash-flows ist.

Von Interesse ist in den USA noch das Aufgeld (premium), das man auf den Börsenwert zahlen muß. Das Aufgeld (premium) oder strategischer Zuschlag ist der Unterschied zwischen dem Wert einschließlich Synergieeffekte (subjektiver Wert in der deutschen Literatur) und dem Börsenwert, d.h. dem Stand-alone-Wert (ungefähr vergleichbar mit dem objektiven oder objektivierten Wert in der deutschen Literatur).

In den USA haben die Wirtschaftsprüfer an der Diskussion über Unternehmensbewertung kaum teilgenommen. Dadurch ist die Literatur über Unternehmensbewertung nicht rechnungswesen-, sondern sehr finanzorientiert.

Aufgrund der kapitalmarktorientierten Unternehmensbewertung und der Unternehmensbewertung auf Basis der Investitionsrechnung mit Hilfe des Discounted cash-flows hat in den USA

– die kontroverse Diskussion über den objektiven, objektivierten und subjektiven Wert nicht stattgefunden,

– ist die funktionale Unternehmensbewertung unbekannt bzw. sie wird als selbstverständlich angesehen und

– spielen der Substanzwert und die Kombinationsverfahren bei der Unternehmensbewertung kaum eine Rolle.

# VIII. Unternehmensbewertung in sogenannten besonderen Fällen (z.B. junge Unternehmen, ertragsschwache Unternehmen, kleine Unternehmen, Freiberuflerpraxen, Konzernunternehmen)

## 1. Allgemeines

Es gibt bei der Unternehmensbewertung keine besonderen Fälle, die eine besondere Methode der Unternehmensbewertung erfordern. Auch bei den in der Literatur genannten besonderen Fällen (z.B. junge Unternehmen, ertragsschwache Unternehmen, kleine Unternehmen, Freiberuflerpraxen, Konzernunternehmen) ist die Discounted-cash-flow-Methode, d.h. die Ermittlung des Barwertes der zukünftigen Nettoausschüttungen, die einzige richtige Art der Unternehmensbewertung.

## 2. Junge Unternehmen und ertragsschwache Unternehmen

Wer junge Unternehmen und ertragsschwache Unternehmen als besondere Fälle bei einer Unternehmensbewertung ansieht, setzt sich dem Verdacht aus, daß er die Unternehmensanalyse und eine darauf aufbauende Unternehmensplanung nicht als den wichtigsten Teil einer Unternehmensbewertung ansieht, sondern die Unternehmensplanung lediglich als Fortschreibung der Vergangenheit versteht.

Bei jungen Unternehmen und ertragsschwachen Unternehmen kann man aus der gegenwärtigen Ertragslage kaum Schlüsse auf die zukünftige Ertragslage ziehen, d.h. die gegenwärtige Ertragslage ist nur wenig für eine Plausibilitätsprüfung der Unternehmensplanung geeignet ist. Diese Tatsache darf aber nicht davon abhalten, eine Unternehmensplanung zu machen.

Die Kunst der Bewertung von jungen und ertragsschwachen Unternehmen, insbesondere Internet-Unternehmen, Biotechnologie-Unternehmen, besteht deshalb darin festzustellen,

– inwieweit es sich bei den als Aufwendungen gebuchten Beträgen der letzten und nächsten Jahre um Aufwendungen oder wirtschaftlich gesehen um »Investitionen« handelt, die jedoch nach den Grundsätzen ordnungsmäßiger Buchführung aus Vorsichtsgründen nicht als solche gebucht werden dürfen, und

– welchen Wert diese »Investitionen« (z.B. gewonnene Kunden, Patente, Know-how) nach der Aufbauphase für das Unternehmen haben werden.

Aufgrund der Trennung der Aufwendungen in tatsächliche Aufwendungen und »Investitionen« und der genauen Analyse des Marktvolumens für die Produkte oder Dienstleistungen des Unternehmens, des wirtschaftlichen Umfeldes (z.B. aktuelle Konkurrenten, potentielle Konkurrenten, regulatorische Rahmenbedingungen), und der Strategie des Unternehmens gilt es zu ermitteln, wie nach Abschluß der Zeit der Verluste und eines oft starken Wachstums des Unternehmens die Ergebnis- und Cash-flow-Planung in der nahen und fernen Zukunft aussehen könnte. Wegen der großen Unsicherheit wird man die Werte von mehreren sehr voneinander abweichenden Szenarien ermitteln und durch Angabe von Eintrittswahrscheinlichkeiten einen Erwartungswert bilden (siehe C. I. 10). Eine solche Bewertung nach der DCF-Methode hätte unzählige Aktionäre, die Ende der 90er Jahre und Anfang 2000 in Aktien des Neuen Marktes und in Unternehmen der Telekommunikation investierten, vor großen Vermögensverlusten bewahrt.

Mit keiner anderen Methode als der Discounted-cash-flow-Methode läßt sich besser dem bei ertragsschwachen Unternehmen in Zukunft zeitlich sehr unterschiedlichen Anfall des freien Cash-flows Rechnung tragen. Deshalb ist es abwegig, bei ertragsschwachen Unternehmen von besonderen Fällen zu sprechen. Einzige Besonderheit ist, daß wegen der in Zukunft in der Regel sich ändernden Kapitalstruktur nicht der WACC-Ansatz, sondern der APV-Ansatz angewandt werden muß.

Alte nachhaltig ertragsschwache Unternehmen, die nicht sanierungsfähig sind, sind mit dem Liquidationswert zu bewerten (siehe C. II. 3). Alte ertragsschwache Unternehmen, die sanierungsfähig sind, d.h. deren Unternehmenswert über dem Liquidationswert liegt, sind wie normale ertragbringende Unternehmen mit dem diskontierten Cash-flow zu bewerten. Der Unterschied ist lediglich, daß in den nächsten Jahren wegen der Umstrukturierung nur ein geringer oder sogar ein negativer Cash-flow anfällt.

## 3.  Kleine Unternehmen

Bei kleinen Unternehmen besteht die Besonderheit, den Wert der Tätigkeit des Unternehmers von dem Wert des Unternehmens zu trennen. Dies kann nur durch eine eingehende Analyse des Unternehmens und des Beitrages des Unternehmers zum Ertrag des Unternehmens, d.h. der angemessenen Höhe des Unternehmerlohnes, sowie der Feststellung der Auswirkungen eines Eigentümerwechsels auf die zukünftige Ertragslage des Unternehmens, geschehen. Teilweise werden auch Vermögensgegenstände (z.B. Immobilien) aus dem Privatbesitz von dem Unternehmen genutzt, für die keine angemessene Vergütung (Miete) verrechnet wird. In einem solchen Falle ist die Vergütung anzupassen oder die Vermögensgegenstände sind in das zu bewertende Unternehmen einzubeziehen.

Da in den einzelnen Branchen meistens die erzielten Preise für vergleichbare Unternehmen und somit in der Regel die Umsatzmultiplikatoren und manchmal die Gewinnmultiplikatoren bekannt sind und in vielen Branchen auch nicht finanzielle Kennzahlen (z.B. Verkaufsflächen bei Einzelhandelsunternehmen, Anzahl der Betten bei Hotels) eine Rolle spielen, haben diese Multiplikatoren und Kennzahlen bei der Preisverhandlung oft eine Bedeutung und geben Hinweise, in welcher Wertbandbreite ein Kauf bzw. Verkauf nur möglich ist. Entscheidungswerte sind diese Multiplikatoren jedoch nicht. Das heißt, die Multiplikatoren ersetzen keine Discounted-cash-flow-Rechnung.

## 4.　Freiberuflerpraxen

Bei Freiberuflerpraxen, aber auch bei Handwerksbetrieben ist es ähnlich wie bei kleinen Unternehmen. Der wesentliche Unterschied ist der, daß der Wert der Tätigkeit des Freiberuflers/Handwerkers im Verhältnis zum Wert der Freiberuflerpraxis/des Handwerksbetriebes verglichen mit kleinen Unternehmen noch höher ist und viele Vergleichspreise für die Freiberuflerpraxen der einzelnen Berufsgruppen (z.b. Ärzte, Rechtsanwälte, Wirtschaftsprüfer, Steuerberater) bekannt sind. Daraus ergibt sich, daß Freiberuflerpraxen, aber auch Handwerksbetriebe in der Regel auf der Basis von Umsatz- und Gewinnmultiplikatoren, d.h. mit dem Marktwert, bewertet werden. Nähere Einzelheiten dazu können von den Kammern der einzelnen Berufsgruppen in Erfahrung gebracht werden. Die Multiplikatoren, die der jeweiligen Kammer bekannt sind, haben natürlich eine gewisse Bandbreite. In ihr drückt sich die Ertragsfähigkeit des Umsatzes (z.B. Höhe des Umsatzes mit Privatpatienten, lukrative Berateraufträge) und der Wert der im Verhältnis zum Umsatz zu übernehmenden Substanz und Schulden aus. Es ist deshalb zweckmäßig, die Substanz und die Schulden getrennt zu bewerten und die Multiplikatoren nur für den Goodwill (Geschäfts- oder Firmenwert) anzuwenden. Die Usance, Freiberuflerpraxen und Handwerksbetriebe auf der Basis von Multiplikatoren zu bewerten, sollte einen interessierten Käufer nicht daran hindern, sowohl für die angebotene Freiberuflerpraxis/Handwerksbetrieb als auch für eine selbst zu gründende Freiberuflerpraxis/Handwerksbetrieb eine Bewertung auf der Basis einer Discounted-cash-flow-Rechnung vorzunehmen und die beiden Bewertungen miteinander zu vergleichen.

## 5.　Konzernunternehmen

Konzernunternehmen sind wie jedes andere Unternehmen mit dem Discounted cash-flow zu bewerten. Es ist jedoch festzustellen, inwieweit Lieferungen und Leistungen an das zu bewertende Konzernunternehmen und von dem zu bewertenden Konzernunternehmen in Zukunft möglicherweise wegfallen oder zusätzliche Lieferungen und Leistungen an Dritte möglich sind, und es müssen sämtliche zukünftigen Lieferungen und Leistungen an das und von dem Konzernunternehmen nicht mit Konzernverrechnungspreisen, sondern mit Marktpreisen bewertet werden.

Des weiteren ist genau zu untersuchen, ob die von der Konzernzentrale in Anspruch genommenen Dienstleistungen (z.B. Rechnungswesen, EDV, Rechts- und Steuerberatung) in der Vergangenheit marktgerecht belastet wurden, in Zukunft in gleichem Umfang benötigt werden und von wem und zu welchen Bedingungen sie nach dem Ausscheiden aus dem Konzern im Falle der Selbständigkeit des Konzernunternehmens erbracht werden.

Nicht zuletzt sollte untersucht werden, ob die Mitgliedschaft im Konzern, für die die Konzernzentrale keine Kosten belastet hat (z.B. Gehälter und sonstige Vergütungen des Vorstandes und anderer Führungskräfte der Konzernzentrale, Kosten für Konzernwerbung), für das Konzernunternehmen einen Wert, z.B. in Form von günstigen Finanzierungsmöglichkeiten, Steuervorteilen durch Aufrechnung von Gewinnen oder Verlusten mit den Ergebnissen anderer Konzerngesellschaften, besserer Ausschöpfung von Synergiemöglichkeiten, Informationsvorteilen, Imagevorteilen, hat.

Die Bewertung eines Konzerns insgesamt ist kein spezielles Problem, da sich der Wert des Konzerns aus der Summe der individuell ermittelten Gesamtwerte der einzelnen Geschäftsbereiche einschließlich der Anteile an nicht voll konsolidierten Beteiligungen (möglichst bewertet zum anteiligen Barwert der zukünftigen Nettoausschüttungen, andernfalls zum Buchwert) und dem Wert des nicht betriebsnotwendigen Vermögens zusammensetzt, wovon das gesamte Fremdkapital, die Anteile Dritter an vollkonsolidierten Tochterunternehmen (möglichst bewertet zum anteiligen Barwert der zukünftigen Nettoausschüttungen, andernfalls zum Buchwert) und – falls nicht sämtliche Kosten der Konzernzentrale den einzelnen Geschäftsbereichen belastet werden – der negative Wert der Konzernzentrale abzusetzen ist. In der Praxis wird eine solche Bewertung auch Sum-of-the-Parts-Bewertung genannt.

## IX. Kommentar zum IDW Standard: Grundsätze zur Durchführung von Unternehmensbewertungen (IDW S 1) vom 28.6.2000

Gegen den IDW Standard: Grundsätze zur Durchführung von Unternehmensbewertungen (IDW S 1) bestehen nach Ansicht des Verfassers folgende Einwände:

(1) Der IDW Standard S 1 läßt weiterhin das rechnungswesenorientierte Ertragswertverfahren zu, obwohl es theoretisch anfechtbar und weniger transparent als die Bewertung nach der finanzorientierten Discounted-cash-flow-Methode (DCF-Methode) ist, da

   – die der Bewertung zugrunde gelegten Erträge durch bilanzpolitische Maßnahmen und steuerrechtliche Vorschriften beeinflußt sein können,
   – eine ergänzende langfristige Finanzbedarfsrechnung (IDW S 1, Abschnitt 4.4.1.1), d.h. aufeinander abgestimmte Planbilanzen, Plan-Gewinn- und Verlustrechnungen sowie eine Finanzplanung, für das zeitliche Auseinanderfallen der Einzahlungen und Auszahlungen von den Einnahmen bzw. Erträgen und den Ausgaben bzw. Aufwendungen notwendig ist und
   – eine Korrekturrechnung erforderlich ist, falls die Vollausschüttungsannahme nicht zutrifft, was die Regel sein dürfte.

   Die ergänzende Finanzbedarfsrechnung und die Korrekturrechnung komplizieren die Erstellung der Bewertung und machen sie für Fehler anfällig. Es stellt sich die Frage, warum eine Bewertung auf der Basis von Ertragsüberschüssen vorgenommen werden soll, wenn relativ einfach auf der Grundlage von Plan-Gewinn- und Verlustrechnungen direkt eine Bewertung der zukünftigen Nettoausschüttungen, d.h. eine zahlungsstromorientierte Bewertung, abgeleitet werden kann.

(2) In Abschnitt 7. 1 des IDW Standards S 1 wird behauptet, daß bei gleichen Bewertungsannahmen bzw. -vereinfachungen, insbesondere hinsichtlich der Finanzierung, das Ertragswertverfahren und das Discounted-cash-flow-Verfahren zu gleichen Unternehmenswerten führen. Diese Aussage ist nur bedingt richtig, da die Annahmen

beim Ertragswertverfahren, sofern sie überhaupt ausreichend angegeben werden, auf Buchwerten und beim DCF-Verfahren auf Marktwerten basieren und darüber hinaus beim Ertragswertverfahren das Kapitalstrukturrisiko nicht eindeutig berücksichtigt wird. Der IDW Standard S 1 ist für seine Aussage den Beweis schuldig geblieben, da er weder eine Überleitung vom Ertragswertverfahren auf das Discounted-cash-flow-Verfahren bzw. umgekehrt zeigt noch einen entsprechenden Literaturhinweis gibt.

Eine Überleitung vom Ertragswertverfahren auf das Discounted-cash-flow-Verfahren, d.h. von einem theoretisch falschen Verfahren auf ein theoretisch richtiges Verfahren, ist nämlich ohne eine umständliche Berücksichtigung des Kapitalstrukturrisikos in jeder einzelnen Periode beim Ertragswertverfahren nicht möglich. Es scheitert insbesondere an der fehlenden Berücksichtigung des sich in den einzelnen Perioden ändernden Kapitalstrukturrisikos beim Ertragswertverfahren. Eine Überleitung vom Discounted-cash-flow-Verfahren auf das Ertragswertverfahren, d.h. von einem theoretisch richtigen Verfahren auf ein theoretisch falsches Verfahren, ist möglich, da beim DCF-Verfahren, dem theoretisch richtigen Verfahren, präzise Finanzierungsannahmen gemacht werden und das Kapitalstrukturrisiko berücksichtigt wird. Eine solche Überleitung wird in C. X. gezeigt.

(3) Es werden keine klaren Aussagen zum Kapitalstrukturrisiko gemacht. Die Berücksichtigung einer Veränderung des Kapitalstrukturrisikos ist beim Ertragswertverfahren, das ein Nettoverfahren ist, nicht eindeutig vorgesehen und auch schwierig vorzunehmen.

(4) Der verwendete Begriff »*objektivierter Unternehmenswert*« ist theoretisch anfechtbar und praktisch von geringem Nutzen.

(5) Der IDW Standard S 1 (Abschnitt 4.4.2.5) schreibt im Gegensatz zur vorher gültigen Stellungnahme des Hauptfachausschusses des Instituts der Wirtschaftsprüfer 2/1983: Grundsätze zur Durchführung von Unternehmensbewertungen bei der Ermittlung objektivierter Unternehmenswerte die Berücksichtigung einer typisierten persönlichen Ertragsteuer der Unternehmenseigner, sowohl bei den Zuflüssen als auch bei dem Kapitalisierungszinssatz in Höhe von 35 % vor, auch wenn die persönlichen steuerlichen Verhältnisse der Unternehmenseigner bekannt sind. Bei der Ermittlung subjektiver Entscheidungswerte gemäß Abschnitt 4.4.3.5 des IDW Standards S 1 ist die persönliche Ertragsteuerbelastung der Unternehmenseigner – soweit bekannt – durch die tatsächliche Steuerbelastung zu ersetzen.

Die Berücksichtigung der Ertragsteuern der Unternehmenseigner verquickt unnötigerweise die Bewertung des Unternehmens mit einer typisierten oder der individuellen Steuerbelastung der Unternehmenseigner und macht die Bewertung eines Unternehmens wegen geringerer Aufgliederung der Wertkomponenten weniger aussagefähig und dadurch unverständlicher. Sie kommt bei der typisierten Steuerbelastung zu einem falschen Wert, da die typisierte Steuerbelastung aus der durchschnittlichen Einkommensteuerbelastung abgeleitet wird und somit willkürlich ist. Sie kann deshalb die sehr unterschiedliche Steuerbelastung der verschiedenen Unternehmenseigner (z.B. unbeschränkt und beschränkt Steuerpflichtige, Privatvermögen oder Betriebsvermögen, Steuerpflichtige wie beispielsweise Rentner, die nicht oder nur gering besteuert werden,

»Spitzenverdiener«, Kirchenmitgliedschaft, Berücksichtigung des Sparer-Freibetrages, des progressiven Steuertarifes bei Verlusten aus anderen Einkünften) und die sich im Laufe der Zeit ändernden Steuersätze nicht berücksichtigen. Bei der Ermittlung eines subjektiven Entscheidungswertes ist es für die Entscheidungsfindung wesentlich einfacher, wenn das Unternehmen und die Vergleichsinvestition vor Berücksichtigung der Ertragsteuern der Unternehmenseigner korrekt bewertet und ggf. anschließend in einem zweiten Bewertungsschritt – sofern die Ertragsteuerpflicht bei dem zu bewertenden Unternehmen und der Vergleichsinvestition unterschiedlich ist – die Auswirkungen der Ertragsteuern der Unternehmenseigner korrekt berücksichtigt werden (z.B. bei im Privatvermögen gehaltenenen Unternehmensanteilen mögliche steuerfreie Kursgewinne und Anwendung des Halbeinkünfteverfahrens nur bei dem zu bewertenden Unternehmen und nicht bei der Vergleichsinvestition).

International ist bei der Bewertung von Unternehmen die Berücksichtigung von Ertragsteuern der Unternehmenseigner nicht üblich, d.h. sowohl die Nettoausschüttungen als auch der Kapitalisierungszinssatz berücksichtigen keine persönlichen Ertragsteuern. Dieser »neue deutsche Sonderweg des IDW bei Unternehmensbewertungen« führt in der Praxis nur zu unnötigen, unfruchtbaren, langen Diskussionen und lenkt von anderen Problemen beim Unternehmenskauf bzw. -verkauf ab, was für den Auftraggeber des Bewertungsgutachtens nachteilig ist.

(6) In Abschnitt 6.4 wird ein ewiges Wachstum der finanziellen Überschüsse in der ferneren Phase für möglich gehalten. Das ist falsch. Ein ewiges Wachstum der finanziellen Überschüsse kann nur unterstellt werden, wenn erwartet wird, daß die Verzinsung der zur Finanzierung des Wachstums notwendigen Nettoinvestitionen ewig über den Kapitalkosten liegt. Das ist unrealistisch.

(7) Gemäß Abschnitt 4.4.2.1 des IDW Standards S 1 basiert die Bewertung beim objektivierten Unternehmenswert auf der am Bewertungsstichtag vorhandenen Ertragskraft, d.h. mögliche, aber noch nicht eingeleitete Maßnahmen (z.B. Erweiterungsinvestitionen/ Desinvestitionen), sowie die daraus vermutlich resultierenden finanziellen Überschüsse sind nicht zu berücksichtigen. Dies kann in manchen Fällen zu einer erheblichen Verfälschung des Unternehmenswertes führen.

# X.  Überleitung von der Discounted-cash-flow-Methode (DCF-Methode) zur Ertragswertmethode

## 1.  Allgemeines

Im IDW Standard: Grundsätze zur Durchführung von Unternehmensbewertungen (IDW S 1) vom 28.6.2000 und im Wirtschaftsprüfer-Handbuch 2002, 12. Aufl., Band II, S. 3, wird behauptet, daß bei gleichen Bewertungsannahmen bzw. -vereinfachungen die Ertragswertmethode (dort Ertragswertverfahren genannt) und die Discounted-cash-flow-

Methode (dort Discounted-cash-flow-Verfahren genannt) zu gleichen Unternehmenswerten führen. Diese Aussage ist nur bedingt richtig. Ähnliche Aussagen werden in vielen anderen Literaturbeiträgen gemacht. Gemeinsam ist diesen Publikationen, daß sie keine praktisch nachvollziehbare Überleitung enthalten und somit keinen brauchbaren Nachweis für ihre Behauptung erbringen. Dies ist kein Wunder, da der Ertragswertmethode ein Bilanzdenken zugrunde liegt, von dem besonders die Wirtschaftsprüfer beherrscht sind, und der DCF-Methode ein ungewohntes, oft noch nicht vorhandenes, aber sich immer mehr in den Unternehmen durchsetzendes Marktwertdenken, wie es das Shareholder-Value-Konzept beinhaltet. Um eine solche Überleitung zu verstehen oder durchführen zu können, muß man sich der grundlegenden Unterschiede und der ihnen zugrunde liegenden Denkweisen hinsichtlich der Finanzierung bewußt werden. Diese Unterschiede werden zum besseren Verständnis nachstehend kurz dargestellt:

– Ertragswertmethode: Bei der Ertragswertmethode werden die zukünftigen Erträge nach Zinsen und nach Ertragsteuern abgezinst. Konkrete Finanzierungsannahmen unterbleiben meist oder werden unzureichend begründet.

– DCF-Methode: Bei der DCF-Methode werden die zukünftigen Betriebsergebnisse vor Zinsen und nach Ertragsteuern ./. Investitionen + Abschreibungen +/- Veränderungen des Nettoumlaufvermögens mit den gewichteten Kapitalkosten (entsprechend dem jeweiligen Marktwert des Eigenkapitals und des Fremdkapitals korrigiert um den »Steuerschild« des Fremdkapitals) abgezinst. Die vorhandenen verzinslichen Verbindlichkeiten sind von diesem Gesamtwert abzuziehen.

Der wesentliche Unterschied zwischen beiden Methoden liegt in den auf verschiedene Art und Weise festgelegten Kosten der Eigenkapital- und Fremdkapitalfinanzierung.

Die DCF-Methode zwingt dazu, klare und leicht verständliche Finanzierungsannahmen zu machen. Bei der Ertragswertmethode ist die angenommene Finanzierung nicht sehr durchsichtig, da entweder eine langfristige Finanzbedarfsrechnung erstellt werden muß und eine zusätzliche Korrekturrechnung notwendig ist (falls die in der Regel nicht zutreffende Vollausschüttungshypothese nicht zutrifft) oder aber genau festgelegte nachvollziehbare Finanzierungsannahmen unterbleiben.

## 2. Empirische Untersuchungen über angewendete Bewertungsverfahren in der Praxis

Bevor eine rechentechnische Überleitung der beiden Methoden gezeigt wird, werden nachstehend Informationen über angewendete Bewertungsverfahren in der Praxis gegeben. Sie sind dem Aufsatz von Peemöller, Volker H./Bömelburg, Peter/Denkmann, Andreas: Unternehmensbewertung in Deutschland – Eine empirische Untersuchung. In: WPg 1994, S. 741–749, entnommen worden. Nach dieser Erhebung werden in Deutschland von den befragten sieben Gruppen von Unternehmen folgende Verfahren bzw. Methoden angewendet:

| | Wirtschafts-prüfungsge-sellschaften | M&A-Beratungen | Unterneh-mensbera-tungen | Investment-banken | Beteili-gungsunter-nehmen | Industrie-unterneh-men | Banken | Σ |
|---|---|---|---|---|---|---|---|---|
| Reproduktionswert | 0 % | 1 % | 0 % | 0 % | 0 % | 0 % | 4 % | 1 % |
| Liquidationswert | 8 % | 1 % | 2 % | 1 % | 0 % | 0 % | 1 % | 2 % |
| Substanzwertverfahren | 3 % | 3 % | 8 % | 3 % | 1 % | 4 % | 3 % | 4 % |
| Ertragswertverfahren | 80 % | 72 % | 15 % | 1 % | 45 % | 42 % | 40 % | 39 % |
| Kombinationsverfahren | 0 % | 6 % | 1 % | 0 % | 0 % | 1 % | 0 % | 1 % |
| DCF-Methoden | 4 % | 14 % | 57 % | 46 % | 34 % | 39 % | 23 % | 33 % |
| »APV«-Ansatz | 0 % | 0 % | 1 % | 1 % | 6 % | 0 % | 0 % | 1 % |
| Börsenwert | 1 % | 0 % | 3 % | 17 % | 4 % | 3 % | 12 % | 6 % |
| Vergleichspreise | 2 % | 3 % | 7 % | 24 % | 6 % | 3 % | 10 % | 8 % |
| Umsatzverfahren | 0 % | 0 % | 1 % | 0 % | 0 % | 0 % | 2 % | 0 % |
| Vergleichszahlen | 2 % | 0 % | 5 % | 7 % | 4 % | 8 % | 5 % | 5 % |
| Σ | 100 % | 100 % | 100 % | 100 % | 100 % | 100 % | 100 % | 100 % |
| Anzahl der Fragebögen | 8 | 7 | 12 | 9 | 7 | 6 | 10 | 59 |

## 3.  Erläuterung der Überleitung

Die Überleitung erfolgt anhand der in Abschnitt D. Berechnungsbeispiel einer Unternehmensbewertung dargestellten Tabellen. Auf den Seiten 188-189 werden die Cash-flow-Planung und die Ermittlung des Unternehmenswertes nach der DCF-Methode gezeigt.

Die Seiten 191-193 enthalten die Berechnung des Unterschiedes zwischen dem Gesamtvermögen laut Bilanz und dem Gesamtwert (Marktwert) des Unternehmens (= immaterieller Wert bzw. Goodwill) und die Berechnung der Finanzierung des immateriellen Wertes. Diese Berechnung ist notwendig, um in der Bewertung nach der Ertragswertmethode die Fremdkapitalkosten entsprechend den Annahmen bei der DCF-Methode ermitteln zu können. In dieser Tabelle zeigt sich die unterschiedliche Denkweise hinsichtlich der Finanzierung.

Die Seiten 194-195 enthalten die Planbilanzen. Diese Tabelle und die letzte Bilanz auf Seite 183 zeigen die Finanzierung zu Buchwerten und ermöglichen ein besseres Verständnis der Überleitung.

Die Tabelle auf Seite 196 beinhaltet die Planergebnisrechnungen mit Darstellung der zu zahlenden Zinsen (unter Zugrundelegung der nach der DCF-Methode gemachten Finanzierungsannahmen) und der Ergebnisse vor und nach Ertragsteuern.

Seite 197 enthält die Cash-flow-Rechnung mit Darstellung der Vermögens- und Fremdkapitalveränderungen.

Die Kontrollrechnung in der Tabelle auf Seite 198, d.h. das Endergebnis der Überleitung, zeigt, daß der nach der  DCF-Methode ermittelte Wert des Eigenkapitals dem Unternehmenswert nach der Ertragswertmethode entspricht, wenn man die bei der DCF-Methode gemachten Finanzierungsannahmen zugrunde legt.

Schließlich wird auf Seite 199 noch eine Überleitung der Nettoausschüttungen an Eigenkapitalgeber zur Cash-flow-Planung, die die Basis für den Ertragswert bilden, auf den Cash-flow, der die Basis für die DCF-Methode bildet, gezeigt.

Mit dieser Überleitung bzw. Kontrollrechnung läßt sich auch beweisen, daß die von Sieben (FS. Havermann 1995) und Schmidt (ZfbF 1995, S. 1088) unterstellten Fehler und Vorbehalte gegenüber der DCF-Methode nicht haltbar sind.

## 4.   Zusammenfassung

Die DCF-Methode und Ertragswertmethode ergeben immer den gleichen Unternehmenswert, sofern dieselben Annahmen gemacht werden. Da aber die Finanzierungsannahmen bei der DCF-Methode marktwertorientiert und bei der Ertragswertmethode bilanzorientiert festgelegt werden, unterstellt man praktisch niemals die gleichen Finanzierungsannahmen. Um den Beweis zu erbringen, daß bei gleichen Annahmen die DCF-Methode und die Ertragswertmethode den gleichen Unternehmenswert ergeben, wurden im vorliegenden Fall die eindeutigen Finanzierungsannahmen der DCF-Methode auch bei der Ertragswertmethode zugrunde gelegt. Dies erfordert eine relativ aufwendige Berechnung. Gleichzeitig zeigt diese Berechnung auch die Fragwürdigkeit der bei der Ertragswertmethode gemachten unzureichenden oder nicht präzisen Finanzierungsannahmen.

# D. Berechnungsbeispiel einer Unternehmens-bewertung

## I. Allgemeines

Nachfolgend wird ein Berechnungsbeispiel für eine Unternehmensbewertung nach der Discounted-cash-flow-Methode gegeben.

In der Praxis dürfte sich oft der Unternehmenswert aus dem Wert mehrerer Geschäftsbereiche zusammensetzen, die addiert werden (Sum-of-the-parts-Bewertung).

Das Berechnungsbeispiel enthält die Ermittlung des Unternehmenswertes auf Basis des Discounted Cash-flows sowie weitere notwendige oder nützliche Tabellen und Berechnungen für eine Unternehmensbewertung.

Falls der Kauf des zu bewertenden Unternehmens durch einen Aktientausch erfolgen soll, ist es zweckmäßig, die Ergebnisrechnung, Bilanz und Kapitalflußrechnung des letzten Geschäftsjahres des Käuferunternehmens hinzuzufügen.

Es wird an dieser Stelle nochmals darauf hingewiesen, daß die wesentliche Arbeit einer Unternehmensbewertung in der Analyse des Unternehmens und seiner Umwelt und den daraus gezogenen Schlüssen für die Planung besteht. Wegen der Individualität jeder einzelnen Unternehmensbewertung wird auf die Darstellung einer Analyse eines Unternehmens und seiner Umwelt sowie die daraus gezogenen Schlüsse für die Planung verzichtet.

Um die Ausführungen der Unterabschnitte IV. bis V. besser verstehen zu können, sei dem Leser empfohlen, parallel dazu die Ausführungen des Abschnitts C. I. 4a durchzuarbeiten.

## II. Ergebnisrechnungen, Bilanzen und Kapitalfluß-rechnungen der Vergangenheit

Damit der Leser die Unternehmensbewertung besser beurteilen kann, ist es angebracht, der Unternehmensbewertung

- Ergebnisrechnungen,
- Bilanzen und
- Kapitalflußrechnungen

der letzten fünf Jahre des zu bewertenden Unternehmens mit einer Kennzahlenanalyse beizufügen. Nach dem HGB erstellte Jahresabschlüsse sollten auf IAS (IFRS) übergeleitet werden.

## 1.    Ergebnisrechnungen 1998 – 2002

|  | 1998<br>Mio.€ | 1999<br>Mio.€ | 2000<br>Mio.€ | 2001<br>Mio.€ | 2002<br>Mio.€ |
|---|---|---|---|---|---|
| Umsatzerlöse | 1.702 | 1.685 | 1.639 | 1.631 | 1.713 |
| Umsatzwachstum p.a. in % |  | -1,0 | -2,7 | -0,5 | 5,0 |
| Herstellungskosten | 982 | 974 | 951 | 946 | 992 |
| in % vom Umsatz | 57,7 | 57,8 | 58,0 | 58,0 | 57,9 |
| Bruttoergebnis | 720 | 711 | 688 | 685 | 721 |
| in % vom Umsatz | 42,3 | 42,2 | 42,0 | 42,0 | 42,1 |
| Vertriebskosten | 353 | 373 | 372 | 370 | 373 |
| in % vom Umsatz | 20,7 | 22,1 | 22,7 | 22,7 | 21,8 |
| Verwaltungskosten | 64 | 68 | 67 | 66 | 67 |
| in % vom Umsatz | 3,8 | 4,0 | 4,1 | 4,0 | 3,9 |
| Forschungskosten | 91 | 92 | 93 | 94 | 94 |
| in % vom Umsatz | 5,3 | 5,5 | 5,7 | 5,8 | 5,5 |
| Betriebsergebnis | 212 | 178 | 156 | 155 | 187 |
| in % vom Umsatz | 12,5 | 10,6 | 9,5 | 9,5 | 10,9 |
| a.o. Aufwendungen und<br>Erträge | -5 | 11 | 7 | -9 | -7 |
| Zinsaufwendungen | 40 | 45 | 43 | 41 | 41 |
| Ertragsteuern | 95 | 71 | 62 | 43 | 73 |
| Jahresüberschuß | 72 | 73 | 58 | 62 | 66 |

Falls das laufende Geschäftsjahr nicht Bestandteil der Cash-flow-Berechnung ist, sollte das Budget des laufenden Jahres ebenfalls in diese Darstellung einbezogen werden.

## 2.    Bilanzen der Jahre 1998 - 2002

| | 1998<br>Mio.€ | 1999<br>Mio.€ | 2000<br>Mio.€ | 2001<br>Mio.€ | 2002<br>Mio.€ |
|---|---|---|---|---|---|
| **A k t i v a** | | | | | |
| Sachanlagen (netto) | 361 | 365 | 361 | 369 | 371 |
| | 28,7 % | 29,1 % | 28,8 % | 29,8 % | 29,2 % |
| sonstiges Anlagevermögen | 100 | 100 | 100 | 100 | 100 |
| | 8,0 % | 8,0 % | 8,0 % | 8,1 % | 7,9 % |
| Vorräte | 356 | 351 | 340 | 343 | 358 |
| | 28,3 % | 28,0 % | 27,1 % | 27,7 % | 28,1 % |
| Forderungen aus Lieferungen | 340 | 339 | 330 | 329 | 343 |
| und Leistungen | 27,1 % | 27,0 % | 26,3 % | 26,6 % | 27,0 % |
| sonstige Vermögensgegenstände | 65 | 65 | 64 | 64 | 66 |
| und übrige Forderungen | 5,2 % | 5,2 % | 5,1 % | 5,2 % | 5,2 % |
| flüssige Mittel | 34 | 34 | 58 | 33 | 34 |
| | 2,7 % | 2,7 % | 4,6 % | 2,7 % | 2,7 % |
| **Summe Aktiva** | **1.256** | **1.254** | **1.253** | **1.238** | **1.272** |
| | 100,0 % | 100,0 % | 100,0 % | 100,0 % | 100,0 % |
| **P a s s i v a** | | | | | |
| Eigenkapital | 634 | 634 | 634 | 634 | 643 |
| | 50,5 % | 50,6 % | 50,6 % | 51,2 % | 50,6 % |
| verzinsliche Verbindlichkeiten | 457 | 456 | 456 | 441 | 462 |
| | 36,4 % | 36,4 % | 36,4 % | 35,6 % | 36,3 % |
| Verbindlichkeiten aus Lieferungen | 83 | 82 | 81 | 82 | 84 |
| und Leistungen | 6,6 % | 6,5 % | 6,5 % | 6,6 % | 6,6 % |
| übrige Verbindlichkeiten | 82 | 82 | 82 | 81 | 83 |
| | 6,5 % | 6,5 % | 6,5 % | 6,5 % | 6,5 % |
| **Summe Passiva** | **1.256** | **1.254** | **1.253** | **1.238** | **1.272** |
| | 100,0 % | 100,0 % | 100,0 % | 100,0 % | 100,0 % |

## 3.  Kapitalflußrechnungen der Jahre 1998 - 2002

|  | 1998 Mio.€ | 1999 Mio.€ | 2000 Mio.€ | 2001 Mio.€ | 2002 Mio.€ |
|---|---|---|---|---|---|
| Betriebsergebnis | 212 | 178 | 156 | 155 | 187 |
| ./.  Zinsen | 40 | 45 | 43 | 41 | 41 |
| ./.  /+ a.o. Aufwendungen/Erträge | -5 | 11 | 7 | -9 | -7 |
| ./.  Ertragsteuern | 95 | 71 | 62 | 43 | 73 |
| =  Jahresüberschuß | 72 | 73 | 58 | 62 | 66 |
| +  Abschreibungen | 100 | 96 | 94 | 95 | 98 |
| +  Abgang Anlagevermögen | 0 | 0 | 0 | 0 | 0 |
| +  Erhöhung langfristige Verbindlichkeiten | 0 | 0 | 0 | 0 | 21 |
| ./.  Zugang Anlagevermögen | 103 | 100 | 90 | 103 | 100 |
| ./.  Abnahme langfristige Verbindlichkeiten | 2 | 1 | 0 | 15 | 0 |
| ./.  Dividendenvorschlag | 80 | 73 | 58 | 62 | 57 |
| =  **Veränderung Nettoumlaufvermögen** | **-13** | **-5** | **4** | **-23** | **28** |

### Ursachen der Veränderung des Nettoumlaufvermögens 1999 - 2002

|  | 1999 Mio.€ | 2000 Mio.€ | 2001 Mio.€ | 2002 Mio.€ |
|---|---|---|---|---|
| Zunahme aus |  |  |  |  |
| Erhöhung flüssige Mittel | 0 | 24 | 0 | 1 |
| Erhöhung Forderungen aus Lieferungen und Leistungen | 0 | 0 | 0 | 14 |
| Erhöhung übrige Forderungen und sonstige Vermögensgegenstände | 0 | 0 | 0 | 2 |
| Erhöhung Vorräte | 0 | 0 | 3 | 15 |
| Verminderung Verbindlichkeiten aus Lieferungen und Leistungen | 1 | 1 | 0 | 0 |
| Verminderung übrige Verbindlichkeiten | 0 | 0 | 1 | 0 |
| **gesamte Zunahmen** | **1** | **25** | **4** | **32** |
| Abnahme aus |  |  |  |  |
| Verminderung flüssige Mittel | 0 | 0 | 25 | 0 |
| Verminderung Forderungen aus Lieferungen und Leistungen | 1 | 9 | 1 | 0 |
| Verminderung übrige Forderungen und sonstige Vermögensgegenstände | 0 | 1 | 0 | 0 |
| Verminderung Vorräte | 5 | 11 | 0 | 0 |
| Erhöhung Verbindlichkeiten aus Lieferungen und Leistungen | 0 | 0 | 1 | 2 |
| Erhöhung übrige Verbindlichkeiten | 0 | 0 | 0 | 2 |
| **gesamte Abnahmen** | **6** | **21** | **27** | **4** |
| **Veränderung Nettoumlaufvermögen** | **-5** | **4** | **-23** | **28** |

# III.  Ermittlung des Kapitalisierungszinsfußes

Der Kapitalisierungszinsfuß, d.h. die gewichteten Kapitalkosten des zu bewertenden Unternehmens, ist nach der im Abschnitt C. I. 5a dargestellten Formel zu errechnen.

Im vorliegenden Falle wurden die gewichteten Kapitalkosten wie folgt ermittelt:

**Allgemeine Annahmen**

Finanzierung:

| | |
|---|---|
| Eigenkapital | 75,0 % |
| Fremdkapital | 25,0 % |

Steuern:

| | |
|---|---|
| Körperschaftsteuer | 25,0 % |
| Solidaritätszuschlag | 5,5 % |
| anzuwendender Hebesatz für die Gewerbesteuer | 400 % |

Abzugsfähigkeit der Fremdkapitalzinsen

| | |
|---|---|
| bei der Körperschaftsteuer | 100,0 % |
| bei der Gewerbesteuer | 50,0 % |

| | |
|---|---|
| (gewichtete) Ertragsbesteuerung | 38,6 % |
| (gewichtete) Abzugsfähigkeit der Zinsen bei der Ertragsbesteuerung | 78,4 % |

**Ermittlung der Kapitalkosten**

Eigenkapitalkosten:

| | |
|---|---|
| Zinssatz für 10-jährige Staatsanleihen | 4,2% |
| Risikozuschlag | <u>3,0 %</u> |
| | 7,2 % |

| | |
|---|---|
| Fremdkapitalkosten: | 5,2 % |

gewichtete Kapitalkosten:

| | | |
|---|---|---|
| Eigenkapital | 0,75 x 7,2 % = | 5,4 % |
| Fremdkapital | 0,25 x 3,6 %* = | <u>0,9 %</u> |
| **Kapitalisierungszinsfuß** | | **6,3 %** |

* $1 - (0{,}386 \times 0{,}784) \times 5{,}2 = 3{,}626$

## IV. Ermittlung des Wertes des Unternehmens auf Basis des Cash-flows

Die der Cash-flow-Rechnung zugrunde liegende Planergebnisrechnung ist in der Regel eine Zusammenfassung von Planergebnisrechnungen nach Geschäftsfeldern, Produktgruppen und Regionen. Auf die Darstellung von einzelnen Planergebnisrechnungen nach Geschäftsfeldern, Produktgruppen und Regionen wurde in diesem Beispiel verzichtet und nur die Zusammenfassung wiedergegeben.

Sämtliche bei der Planung gemachten Annahmen sind nachvollziehbar zu erläutern und zu begründen.

Um die mit einem Unternehmenskauf verbundenen Risiken und Chancen zeigen zu können, sollte eine Unternehmensbewertung mehrere Versionen enthalten. Unter Abwägung aller Umstände dürften in den meisten Fällen drei Versionen angebracht sein, nämlich

- eine wahrscheinliche Version,

- eine optimistische Version und

- eine pessimistische Version.

Die optimistische und die pessimistische Version sollten sich in möglichst wenigen aber entscheidenden Punkten, wie sie sich z.B. aufgrund einer Szenario-Analyse ergeben könnten, voneinander unterscheiden. Die unterschiedlichen Chancen und Risiken sind zu begründen, und es sollten Aussagen über die Eintrittswahrscheinlichkeit der verschiedenen Versionen gemacht werden.

Zusätzlich zu der Berechnung des Unternehmenswertes im Sinne eines subjektiven Entscheidungswertes kann noch ein objektiver bzw. objektivierter Unternehmenswert (Stand-alone-Wert) ermittelt werden.

Auf die Darstellung einer optimistischen und pessimistischen Version sowie eines objektiven bzw. objektivierten Unternehmenswertes wurde im folgenden verzichtet.

# 1. Ergebnisplanung 2003 - 2012

| | 2003 Mio.€ | 2004 Mio.€ | 2005 Mio.€ | 2006 Mio.€ | 2007 Mio.€ | 2008 Mio.€ | 2009 Mio.€ | 2010 Mio.€ | 2011 Mio.€ | 2012 Mio.€ |
|---|---|---|---|---|---|---|---|---|---|---|
| Umsatzerlöse | 1.799 | 1.854 | 1.914 | 1.980 | 2.023 | 2.063 | 2.082 | 2.120 | 2.225 | 2.292 |
| Umsatzwachstum p.a. in % | 5,0 | 3,1 | 3,2 | 3,4 | 2,2 | 2,0 | 0,9 | 1,8 | 5,0 | 3,0 |
| Herstellungskosten | 1.049 | 1.088 | 1.120 | 1.162 | 1.181 | 1.199 | 1.208 | 1.227 | 1.263 | 1.302 |
| in % vom Umsatz | 58,3 | 58,7 | 58,5 | 58,7 | 58,4 | 58,1 | 58,0 | 57,9 | 56,8 | 56,8 |
| Bruttoergebnis | 750 | 766 | 794 | 818 | 842 | 864 | 874 | 893 | 962 | 990 |
| in % vom Umsatz | 41,7 | 41,3 | 41,5 | 41,3 | 41,6 | 41,9 | 42,0 | 42,1 | 43,2 | 43,2 |
| Vertriebskosten | 379 | 386 | 398 | 408 | 414 | 421 | 427 | 434 | 446 | 458 |
| in % vom Umsatz | 21,1 | 20,8 | 20,8 | 20,6 | 20,5 | 20,4 | 20,5 | 20,5 | 20,0 | 20,0 |
| Verwaltungskosten | 68 | 70 | 71 | 71 | 71 | 72 | 72 | 73 | 75 | 78 |
| in % vom Umsatz | 3,8 | 3,8 | 3,7 | 3,6 | 3,5 | 3,5 | 3,5 | 3,4 | 3,4 | 3,4 |
| Forschungskosten | 98 | 103 | 108 | 117 | 123 | 132 | 137 | 140 | 144 | 148 |
| in % vom Umsatz | 5,4 | 5,6 | 5,6 | 5,9 | 6,1 | 6,4 | 6,6 | 6,6 | 6,5 | 6,5 |
| Betriebsergebnis | 205 | 207 | 217 | 222 | 234 | 239 | 238 | 246 | 297 | 306 |
| in % vom Umsatz | 11,4 | 11,2 | 11,3 | 11,2 | 11,6 | 11,6 | 11,4 | 11,6 | 13,3 | 13,4 |
| Ertragsteuern 38,6% | 79 | 80 | 84 | 86 | 90 | 92 | 92 | 95 | 115 | 118 |
| Betriebsergebnis nach Ertragsteuern | 126 | 127 | 133 | 136 | 144 | 147 | 146 | 151 | 182 | 188 |

Bei der Ermittlung der Ertragsteuern wurde angenommen, daß die geplanten Ergebnisse den steuerlichen Ergebnissen entsprechen. Falls dies nicht der Fall ist, sind für die Berechnung der Ertragsteuern nicht die geplanten, sondern die steuerrechtlichen Ergebnisse als Basis zugrunde zu legen. In diesem Fall müßte der Berechnung des Unternehmenswertes noch eine Anlage beigefügt werden, aus der die steuerlichen Abschreibungen, die handelsrechtlichen Abschreibungen sowie die sich ergebenden zeitlichen Differenzen und die latenten Steuern hervorgehen.

## 2. Cash-flow-Planung 2003 – 2012 und Ermittlung des notwendigen Nettoumlaufvermögens

### Cash-flow-Planung

| | 2003 Mio.€ | 2004 Mio.€ | 2005 Mio.€ | 2006 Mio.€ | 2007 Mio.€ | 2008 Mio.€ | 2009 Mio.€ | 2010 Mio.€ | 2011 Mio.€ | 2012 Mio.€ |
|---|---|---|---|---|---|---|---|---|---|---|
| Betriebsergebnis nach Ertragsteuern | 125,8 | 127,0 | 133,1 | 136,2 | 143,6 | 146,6 | 146,0 | 150,9 | 182,2 | 187,7 |
| Abschreibungen | 96,0 | 100,0 | 100,0 | 106,0 | 116,0 | 121,0 | 129,0 | 134,0 | 136,0 | 134,0 |
| Investitionen | 92,0 | 109,0 | 120,0 | 128,0 | 157,0 | 172,0 | 184,0 | 154,0 | 143,0 | 158,0 |
| Veränderungen im Nettoumlauf-vermögen | 19,3 | 21,0 | 23,1 | 15,1 | 14,0 | 6,7 | 13,3 | 36,8 | 23,5 | 0,0 |
| **Cash-flow** | **110,6** | **97,0** | **90,0** | **99,1** | **88,6** | **89,0** | **77,7** | **94,2** | **151,8** | **163,7** |
| Barwertfaktor 6,3 % | 0,9407 | 0,8849 | 0,8324 | 0,7830 | 0,7366 | 0,6929 | 0,6518 | 0,6131 | 0,5767 | 0,5425 |
| **diskontierter Cash-flow** | **104,0** | **85,8** | **74,9** | **77,6** | **65,2** | **61,7** | **50,7** | **57,7** | **87,5** | **88,8** |

### Ermittlung des notwendigen Nettoumlaufvermögens
(Angaben lt. Jahresabschluß zum 31.12.2002)

| | Mio.€ | in % des Umsatzes |
|---|---|---|
| Vorräte | 358 | 20,9 |
| Forderungen aus Lieferungen und Leistungen | 343 | 20,0 |
| sonstige Forderungen und übrige Vermögensgegenstände | 66 | 3,8 |
| Verbindlichkeiten aus Lieferungen und Leistungen | -84 | -4,9 |
| übrige Verbindlichkeiten | -83 | -4,8 |
| Nettoumlaufvermögen gesamt | 600 | 35,0 |
| Umsatzerlöse gesamt | 1.713 | |

Bei der Cash-flow-Planung wurde wie im Jahresabschluß zum 31.12.2002 ein notwendiges Nettoumlaufvermögen von 35 % der Umsatzerlöse angesetzt.

## 3. Ermittlung des Unternehmenswertes

| | Mio.€ |
|---|---|
| Barwert der Cash-flows 2003–2012 | 753,96 |
| Barwert der Cash-flows ab 2013 (Endwert) *) | 1.615,25 |
| **Gesamtwert des Unternehmens** | **2.369,22** |
| ./. verzinsliche Verbindlichkeiten | 462,00 |
| + flüssige Mittel (nicht betriebsnotwendig) | 34,00 |
| **Wert des Unternehmens** | **1.941,22** |

*) Ermittlung des Endwertes:

$$\frac{187{,}74 \times 0{,}5425}{6{,}3\,\%} = 1.615{,}25$$

| | Mio.€ |
|---|---|
| Gesamtwert des Unternehmens | 2.369,22 |
| davon 75 % finanziert durch Eigenkapital | 1.776,91 |
| davon 25 % finanziert durch Fremd-kapital | 592,30 |

## V.     Kontrollrechnung

Die Ermittlung des Unternehmenswertes auf Basis des Cash-flows ergibt den Gesamtwert des Unternehmens.

Bei der DCF-Methode wird zunächst eine 100%ige Eigenkapitalfinanzierung angenommen, d.h. die Fremdkapitalkosten und die Steuerentlastung durch die Fremdkapitalkosten werden in der DCF-Planung nicht explizit gezeigt, da die Finanzierung durch Fremdkapital und die Steuerentlastung durch die Fremdkapitalkosten (Steuerschild) bei der Ermittlung des Kapitalisierungszinsfußes auf Basis der gewichteten Kapitalkosten berücksichtigt werden.

Aus der Berechnung des Cash-flows und der Ermittlung des Unternehmenswertes kann man deshalb nicht die zu zahlenden Zinsen, die erwarteten zukünftigen Ergebnisse des Eigenkapitals vor und nach Ertragsteuern sowie die zukünftige Vermögens- und Finanzlage entnehmen. Auch kann man daraus rechtliche Restriktionen für die Ausschüttungsfähigkeit der Cash-flows (z.B. Bildung gesetzlicher Rücklagen, handelsrechtliche Verlustvorträge) nicht erkennen. Aus diesem Grunde sollte eine Unternehmensbewertung um folgende Tabellen ergänzt werden:

– Berechnung der Finanzierung des immateriellen Wertes,

– Planbilanzen,

– Darstellung der zu zahlenden Zinsen und der Ergebnisse vor und nach Ertragsteuern,

– Cash-flow-Rechnung mit Darstellung der Vermögens- und Fremdkapitalveränderungen

Die Berechnung der Finanzierung des immateriellen Wertes ergibt sich aus dem Wert des Gesamtvermögens laut Bilanz und dem Gesamtwert (Marktwert) des Unternehmens. Diese Berechnung ist zur Ermittlung der vom bewerteten Unternehmen und vom Käufer zu zahlenden Zinsen notwendig.

Mit Hilfe dieser Tabellen läßt sich eine Kontrollrechnung erstellen, aus der hervorgeht, daß der Wert des Eigenkapitals auf Basis der in der Cash-flow-Rechnung mit Darstellung der Vermögens- und Fremdkapitalveränderungen ausgewiesenen abgezinsten Nettoausschüttungen an die Eigenkapitalgeber (Wert nach der Ertragswertmethode) mit dem Wert des durch Eigenkapital finanzierten Kaufpreises (Wert nach der DCF-Methode) übereinstimmt.

Außerdem läßt sich aus den Planbilanzen entnehmen, ob möglicherweise rechtliche Restriktionen der Ausschüttungsfähigkeit des Cash-flows in dem einen oder anderen Jahr entgegenstehen. Da es sich in der Regel nur um verhältnismäßig kleine Beträge und kleine zeitliche Verschiebungen der Ausschüttungsfähigkeit handelt, die keine oder nur unbedeutende Auswirkungen auf den Wert des Unternehmens haben, kann in fast allen Fällen auf eine Korrektur der geplanten Annahmen und somit der Bewertung verzichtet werden. Sollte es sich um größere Beträge und größere zeitliche Verschiebungen handeln, müßte die Zielkapitalstruktur geändert werden.

**1. Berechnung des Unterschiedes zwischen dem Gesamtvermögen laut Bilanz und dem Gesamtwert (Marktwert) des Unternehmens der Jahre 2003 – 2013 (= immaterieller Wert bzw. Goodwill) und die Berechnung der Finanzierung des immateriellen Wertes**

| | 1.1.2003 | | | 1.1.2004 | | | 1.1.2005 | | | 1.1.2006 | | |
|---|---|---|---|---|---|---|---|---|---|---|---|---|
| | Cash-flow | Barwert-faktor | diskontierter Cash-flow | Cash-flow | Barwert-faktor | diskontierter Cash-flow | Cash-flow | Barwert-faktor | diskontierter Cash-flow | Cash-flow | Barwert-faktor | diskontierter Cash-flow |
| | Mio.€ | | Mio.€ | Mio.€ | | Mio.€ | Mio.€ | | Mio.€ | Mio.€ | | Mio.€ |
| 2003 | 110,51 | 0,9407 | 103,96 | | | | | | | | | |
| 2004 | 96,99 | 0,8849 | 85,82 | 96,99 | 0,9407 | 91,23 | | | | | | |
| 2005 | 90,02 | 0,8324 | 74,93 | 90,02 | 0,8849 | 79,66 | 90,02 | 0,9407 | 84,68 | | | |
| 2006 | 99,14 | 0,7830 | 77,63 | 99,14 | 0,8324 | 82,53 | 99,14 | 0,8849 | 87,73 | 99,14 | 0,9407 | 93,26 |
| 2007 | 88,56 | 0,7366 | 65,23 | 88,56 | 0,7830 | 69,34 | 88,56 | 0,8324 | 73,72 | 88,56 | 0,8849 | 78,36 |
| 2008 | 88,98 | 0,6929 | 61,65 | 88,98 | 0,7366 | 65,54 | 88,98 | 0,7830 | 69,67 | 88,98 | 0,8324 | 74,07 |
| 2009 | 77,71 | 0,6518 | 50,65 | 77,71 | 0,6929 | 53,85 | 77,71 | 0,7366 | 57,24 | 77,71 | 0,7830 | 60,85 |
| 2010 | 94,15 | 0,6131 | 57,73 | 94,15 | 0,6518 | 61,37 | 94,15 | 0,6929 | 65,24 | 94,15 | 0,7366 | 69,35 |
| 2011 | 151,75 | 0,5767 | 87,52 | 151,75 | 0,6131 | 93,04 | 151,75 | 0,6518 | 98,91 | 151,75 | 0,6929 | 105,15 |
| 2012 | 163,74 | 0,5425 | 88,84 | 163,74 | 0,5767 | 94,44 | 163,74 | 0,6131 | 100,39 | 163,74 | 0,6518 | 106,72 |
| Barwert Cash-flow bis 2012 | | | 753,96 | | | 691,00 | | | 637,58 | | | 587,77 |
| Barwert ab 2013 | | | 1.615,25 | | | 1.717,11 | | | 1.825,39 | | | 1.940,50 |
| Gesamtwert (Marktwert) | | | 2.369,22 | | | 2.408,11 | | | 2.462,97 | | | 2.528,26 |
| ./. Gesamtvermögen (lt. Bilanz/Planbilanz) | | | 1.071,00 | | | 1.086,25 | | | 1.116,28 | | | 1.159,40 |
| = immaterieller Wert (Goodwill) | | | **1.298,22** | | | **1.321,84** | | | **1.346,69** | | | **1.368,87** |
| davon Finanzierung durch | | | | | | | | | | | | |
| Eigenkapital = 75,0 % | | | 973,66 | | | 991,38 | | | 1.010,02 | | | 1.026,65 |
| Fremdkapital = 25,0 % | | | 324,55 | | | 330,46 | | | 336,67 | | | 342,22 |

| | 1.1.2007 | | | 1.1.2008 | | | 1.1.2009 | | | 1.1.2010 | | |
|---|---|---|---|---|---|---|---|---|---|---|---|---|
| | Cash-flow | Barwert-faktor | diskontierter Cash-flow | Cash-flow | Barwert-faktor | diskontierter Cash-flow | Cash-flow | Barwert-faktor | diskontierter Cash-flow | Cash-flow | Barwert-faktor | diskontierter Cash-flow |
| | Mio.€ | | Mio.€ | Mio.€ | | Mio.€ | Mio.€ | | Mio.€ | Mio.€ | | Mio.€ |
| 2007 | 88,56 | 0,9407 | 83,31 | | | | | | | | | |
| 2008 | 88,98 | 0,8849 | 78,74 | 88,98 | 0,9407 | 83,70 | | | | | | |
| 2009 | 77,71 | 0,8324 | 64,69 | 77,71 | 0,8849 | 68,77 | 77,71 | 0,9407 | 73,10 | | | |
| 2010 | 94,15 | 0,7830 | 73,72 | 94,15 | 0,8324 | 78,37 | 94,15 | 0,8849 | 83,31 | 94,15 | 0,9407 | 88,57 |
| 2011 | 151,75 | 0,7366 | 111,78 | 151,75 | 0,7830 | 118,83 | 151,75 | 0,8324 | 126,32 | 151,75 | 0,8849 | 134,28 |
| 2012 | 163,74 | 0,6929 | 113,45 | 163,74 | 0,7366 | 120,61 | 163,74 | 0,7830 | 128,21 | 163,74 | 0,8324 | 136,30 |
| | | | | | | | | | | | | |
| Barwert Cash-flow bis 2012 | | | 525,69 | | | 470,28 | | | 410,95 | | | 359,15 |
| Barwert ab 2013 | | | 2.062,86 | | | 2.192,95 | | | 2.331,23 | | | 2.478,24 |
| Gesamtwert (Marktwert) | | | 2.588,55 | | | 2.663,22 | | | 2.742,18 | | | 2.837,39 |
| ./. Gesamtvermögen (lt. Bilanz/Planbilanz) | | | 1.196,46 | | | 1.251,47 | | | 1.309,12 | | | 1.377,12 |
| = **immaterieller Wert (Goodwill)** | | | **1.392,09** | | | **1.411,75** | | | **1.433,06** | | | **1.459,96** |
| davon Finanzierung durch | | | | | | | | | | | | |
| Eigenkapital = 75,0 % | | | 1.044,07 | | | 1.058,82 | | | 1.074,79 | | | 1.094,97 |
| Fremdkapital = 25,0 % | | | 348,02 | | | 352,94 | | | 358,26 | | | 364,99 |

| | 1.1.2011 | | | 1.1.2012 | | | 1.1.2013 | |
|---|---|---|---|---|---|---|---|---|
| | Cash-flow | Barwert-faktor | diskontierter Cash-flow | Cash-flow | Barwert-faktor | diskontierter Cash-flow | Cash-flow | diskontierter Cash-flow |
| | Mio.€ | | Mio.€ | Mio.€ | | Mio.€ | Mio.€ | Mio.€ |
| 2011 | 151,75 | 0,9407 | 142,75 | | | | | |
| 2012 | 163,74 | 0,8849 | 144,89 | 163,74 | 0,9407 | 154,03 | | 0,00 |
| Barwert Cash-flow bis 2012 | | | 287,65 | | | 154,03 | | 0,00 |
| Barwert ab 2013 | | | 2.634,52 | | | 2.800,65 | | 2.977,25 |
| Gesamtwert (Marktwert) | | | 2.922,16 | | | 2.954,68 | | 2.977,25 |
| ./. Gesamtvermögen (lt. Bilanz/Planbilanz) | | | 1.434,21 | | | 1.464,68 | | 1.488,68 |
| **= immaterieller Wert (Goodwill)** | | | **1.487,95** | | | **1.490,00** | | **1.488,57** |
| davon Finanzierung durch | | | | | | | | |
| Eigenkapital = 75,0 % | | | 1.115,96 | | | 1.117,50 | | 1.116,43 |
| Fremdkapital = 25,0 % | | | 371,99 | | | 372,50 | | 372,14 |

Diese jährliche Berechnung des immateriellen Wertes (Goodwill) und seiner Finanzierung ist notwendig, um in den Planergebnisrechnungen die konsolidierten Fremdkapitalkosten zeigen zu können.

## 2. Planbilanzen der Jahre 2003-2012

| | 2003 Mio.€ | 2004 Mio.€ | 2005 Mio.€ | 2006 Mio.€ | 2007 Mio.€ | 2008 Mio.€ | 2009 Mio.€ | 2010 Mio.€ | 2011 Mio.€ |
|---|---|---|---|---|---|---|---|---|---|
| **Aktiva** | | | | | | | | | |
| Sachanlagen (netto) | 367 / 36,1 % | 376 / 35,8 % | 396 / 36,0 % | 418 / 36,5 % | 459 / 37,8 % | 510 / 39,7 % | 565 / 41,3 % | 585 / 40,9 % | 592 / 40,4 % |
| sonstiges Anlagevermögen | 100 / 7,7 % | 100 / 7,5 % | 100 / 7,3 % | 100 / 7,0 % | 100 / 6,8 % | 100 / 6,5 % | 100 / 6,2 % | 100 / 6,0 % | 100 / 5,8 % |
| Vorräte | 369 / 28,6 % | 382 / 28,8 % | 396 / 28,7 % | 405 / 28,5 % | 413 / 28,0 % | 417 / 27,1 % | 425 / 26,4 % | 447 / 26,7 % | 461 / 26,9 % |
| Forderungen aus Lieferungen und Leistungen | 354 / 27,4 % | 366 / 27,6 % | 379 / 27,5 % | 388 / 27,3 % | 396 / 26,8 % | 400 / 26,0 % | 407 / 25,3 % | 428 / 25,5 % | 442 / 25,8 % |
| sonstige Vermögensgegenstände und übrige Forderungen | 68 / 5,3 % | 70 / 5,3 % | 73 / 5,3 % | 75 / 5,3 % | 76 / 5,2 % | 77 / 5,0 % | 78 / 4,9 % | 82 / 4,9 % | 85 / 5,0 % |
| flüssige Mittel | 34 / 2,6 % | 34 / 2,6 % | 34 / 2,5 % | 34 / 2,4 % | 34 / 2,3 % | 34 / 2,2 % | 34 / 2,1 % | 34 / 2,0 % | 34 / 2,0 % |
| **Summe Aktiva** | **1.293** / 100,0 % | **1.328** / 100,0 % | **1.378** / 100,0 % | **1.419** / 100,0 % | **1.478** / 100,0 % | **1.538** / 100,0 % | **1.610** / 100,0 % | **1.677** / 100,0 % | **1.714** / 100,0 % |

| | 2003 Mio.€ | 2004 Mio.€ | 2005 Mio.€ | 2006 Mio.€ | 2007 Mio.€ | 2008 Mio.€ | 2009 Mio.€ | 2010 Mio.€ | 2011 Mio.€ | 2012 Mio.€ |
|---|---|---|---|---|---|---|---|---|---|---|
| **P a s s i v a** | | | | | | | | | | |
| Eigenkapital | 815 63,0 % | 837 63,0 % | 870 63,1 % | 897 63,2 % | 939 63,5 % | 982 63,9 % | 1.033 64,2 % | 1.076 64,2 % | 1.099 64,1 % | 1.117 64,3 % |
| verzinsliche Verbindlichkeiten | 306 23,6 % | 313 23,6 % | 324 23,5 % | 333 23,5 % | 347 23,5 % | 361 23,5 % | 378 23,5 % | 393 23,4 % | 400 23,4 % | 406 23,4 % |
| Verbindlichkeiten aus Lieferungen und Leistungen | 87 6,7 % | 90 6,7 % | 93 6,7 % | 95 6,7 % | 97 6,6 % | 98 6,4 % | 100 6,2 % | 105 6,3 % | 108 6,3 % | 108 6,2 % |
| übrige Verbindlichkeiten | 86 6,6 % | 89 6,7 % | 92 6,7 % | 94 6,6 % | 96 6,5 % | 97 6,3 % | 99 6,1 % | 104 6,2 % | 107 6,2 % | 107 6,2 % |
| **Summe Passiva** | **1.293** 100,0 % | **1.328** 100,0 % | **1.378** 100,0 % | **1.419** 100,0 % | **1.478** 100,0 % | **1.538** 100,0 % | **1.610** 100,0 % | **1.677** 100,0 % | **1.714** 100,0 % | **1.738** 100,0 % |
| Gesamtvermögen | 1.086,26 | 1.116,28 | 1.159,40 | 1.196,46 | 1.251,47 | 1.309,12 | 1.377,43 | 1.434,21 | 1.464,68 | 1.488,68 |

Anmerkung:  Das Gesamtvermögen ergibt sich aus Bilanzsumme ./. flüssige Mittel ./. Verbindlichkeiten aus Lieferungen und Leistungen ./. übrige Verbindlichkeiten

## 3. Darstellung der zu zahlenden Zinsen und der Ergebnisse vor und nach Ertragsteuern 2003 – 2013

| | 2003 | 2004 | 2005 | 2006 | 2007 | 2008 | 2009 | 2010 | 2011 | 2012 | ab 2013 |
|---|---|---|---|---|---|---|---|---|---|---|---|
| | Mio.€ | Mio.€ | Mio.€ | Mio.€ | Mio.€ | Mio.€ | Mio.€ | Mio.€ | Mio.€ | Mio.€ | Mio.€ |
| Betriebsergebnis | 205,00 | 207,00 | 217,00 | 222,00 | 234,00 | 239,00 | 238,00 | 246,00 | 297,00 | 306,00 | 306,00 |
| ./. FK-Zinsen auf bilanzielles FK *(vom zu bewertenden Unternehmen zu zahlen)* | 13,92 | 14,12 | 14,51 | 15,07 | 15,55 | 16,27 | 17,02 | 17,91 | 18,64 | 19,04 | 19,35 |
| ./. FK-Zinsen auf immat. Wert *(vom Käufer zu zahlen)* | 16,88 | 17,18 | 17,51 | 17,80 | 18,10 | 18,35 | 18,63 | 18,98 | 19,34 | 19,37 | 19,35 |
| **= Ergebnis vor Ertragsteuern** | 174,20 | 175,69 | 184,98 | 198,13 | 200,35 | 204,38 | 202,35 | 209,11 | 259,01 | 267,59 | 267,30 |
| ./. Ertragsteuern | 69,89 | 70,51 | 74,16 | 75,83 | 80,23 | 81,87 | 81,17 | 83,89 | 103,26 | 106,61 | 106,52 |
| **= Ergebnis nach Ertragsteuern** | 104,31 | 105,19 | 110,83 | 113,30 | 120,12 | 122,51 | 121,18 | 125,23 | 155,75 | 160,98 | 160,77 |

## 4. Cash-flow-Rechnung der Jahre 2003 – 2012 mit Darstellung der Vermögens- und Fremdkapitalveränderungen

| | 2003 Mio.€ | 2004 Mio.€ | 2005 Mio.€ | 2006 Mio.€ | 2007 Mio.€ | 2008 Mio.€ | 2009 Mio.€ | 2010 Mio.€ | 2011 Mio.€ | 2012 Mio.€ |
|---|---|---|---|---|---|---|---|---|---|---|
| **Ergebnis nach Ertragsteuern** | 104,31 | 105,19 | 110,83 | 113,30 | 120,12 | 122,51 | 121,18 | 125,23 | 155,75 | 160,98 |
| ./. Erhöhung Vermögen* | 15,26 | 30,02 | 43,12 | 37,06 | 55,01 | 57,65 | 68,31 | 56,78 | 30,47 | 24,00 |
| + Aufnahme 25 % Fremdkapital | 3,82 | 7,50 | 10,78 | 9,27 | 13,75 | 14,41 | 17,08 | 14,19 | 7,62 | 6,00 |
| + Aufnahme 25 % Fremdkapital auf Veränderung immater. Wert | 5,91 | 6,21 | 5,54 | 5,81 | 4,92 | 5,33 | 6,72 | 7,00 | 0,51 | -0,36 |
| **= Nettoausschüttungen an Eigenkapitalgeber** | 98,77 | 88,89 | 84,03 | 91,31 | 83,78 | 84,59 | 76,67 | 89,64 | 133,41 | 142,62 |
| Barwertfaktor 7,2 % | 0,9328 | 0,8264 | 0,7513 | 0,6830 | 0,6209 | 0,5645 | 0,5132 | 0,4665 | 0,4241 | 0,3855 |
| **abgezinste Nettoausschüttungen an Eigenkapitalgeber** | 92,14 | 77,35 | 68,21 | 69,14 | 59,18 | 55,74 | 47,13 | 51,40 | 71,36 | 71,16 |

*Die Erhöhung des Vermögens setzt sich aus der Veränderung des Anlagevermögens und des Nettoumlaufvermögens zusammen.

Die Erhöhung des Vermögens abzügl. Aufnahme 25 % Fremdkapital entspricht der Veränderung des Eigenkapitals (= Bildung Rücklagen) laut Planbilanz.

## 5. Kontrollrechnung (Vergleich Wert nach der DCF-Methode mit Wert nach der Ertragswertmethode)

### Wert nach der DCF-Methode

| | |
|---|---|
| Gesamtwert des Unternehmens lt. Cash-flow-Planung | 2.369,22 |
| ./. durch Fremdkapital finanzierter Kaufpreis | 592,30 |
| **durch Eigenkapital finanzierter Kaufpreis lt. Cash-flow-Planung** | **1.776,91 = Wert nach der DCF-Methode** |

### Zum Vergleich

**Ermittlung des Wertes nach der Ertragswertmethode unter Zugrundelegung der nach der DCF-Methode gemachten Finanzierungsannahmen**

| | |
|---|---|
| Barwert der Nettoausschüttungen 2003 – 2012 (lt. Cash-flow-Rechnung): | 662,80 |
| Barwert der Nettoausschüttungen ab 2013*: | 1.114,11 |
| abgezinste Nettoausschüttungen an Eigenkapitalgeber | **1.776,91 = Wert nach der Ertragswertmethode** |

\* Barwert Nettoausschüttungen ab 2013

Ergebnis nach Ertragsteuern ab 2013: 160,77 Mio.€

$$\frac{160,77 \times 100}{7,2} = 2232,92 \times 0,4989 = 1.114,11 \text{ Mio.€}$$

## 6. Überleitung der Nettoausschüttungen an Eigenkapitalgeber zur Cash-flow-Planung

|  | 2003 Mio.€ | 2004 Mio.€ | 2005 Mio.€ | 2006 Mio.€ | 2007 Mio.€ | 2008 Mio.€ | 2009 Mio.€ | 2010 Mio.€ | 2011 Mio.€ | 2012 Mio.€ |
|---|---|---|---|---|---|---|---|---|---|---|
| **Nettoausschüttungen an Eigenkapitalgeber lt. Kapitalflußrechnung** | 98,77 | 88,89 | 84,03 | 91,31 | 83,78 | 84,59 | 76,67 | 89,64 | 133,41 | 142,62 |
| + Zinsen an Fremdkapitalgeber *(vom zu bewertenden Unternehmen zu zahlen)* | 13,92 | 14,12 | 14.51 | 15,07 | 15,55 | 16,27 | 17,02 | 17,91 | 18,64 | 19,04 |
| + Zinsen an Fremdkapitalgeber *(vom Käufer zu zahlen)* | 16,88 | 17,18 | 17,51 | 17,80 | 18,10 | 18,35 | 18,63 | 18,98 | 19,34 | 19,37 |
| ./. Aufnahme Fremdkapital | 3,82 | 7,50 | 10,78 | 9,27 | 13,75 | 14,41 | 17,08 | 14,19 | 7,62 | 6,00 |
| ./. Aufnahme Fremdkapital (auf Veränderung immaterieller Wert) | 5,91 | 6,21 | 5,54 | 5,81 | 4,92 | 5,33 | 6,72 | 7,00 | 0,51 | -0,36 |
| ./. (gewichtete) Abzugsfähigkeit der Zinsen bei der Ertragsbesteuerung (Steuerschild) | 9,34 | 9,49 | 9,71 | 9,96 | 10,20 | 10,49 | 10,81 | 11,18 | 11,52 | 11,64 |
| **Cash-flow lt. Cash-flow-Planung** | 110,51 | 96,99 | 90,02 | 99,14 | 88,56 | 88,98 | 77,71 | 94,15 | 151,75 | 163,74 |

## 7.    Erläuterung der Finanzierung und der Konsolidierung

Zum besseren Verständnis werden die Finanzierung und die Konsolidierung näher erläutert.

| Erläuterung der Finanzierung: | Mio. € | Mio. € |
|---|---|---|

An den Verkäufer sind, falls der Grenzpreis als Kaufpreis vereinbart wird, zu zahlen:

| | | |
|---|---|---|
| Gesamtwert des Unternehmens (Marktwert) | | 2.369,22 |
| ./. übernommene verzinsliche Verbindlichkeiten | 462,00 | |
| + vorhandene flüssige Mittel | 34,00 | |
| = verzinsliche Verbindlichkeiten netto | | 428,00 |
| Zahlung an den Verkäufer (= Beteiligungsbuchwert beim Käufer) | | 1.941,22 |

Der Kauf wird finanziert durch

| | |
|---|---|
| Eigenkapital des Käufers (= 75 % des Marktwertes des Unternehmens) | 1.776,91 |
| aufzunehmendes Fremdkapital des Käufers | 164,30 |
| | 1.941,22 |

Die bei der Ermittlung des Gesamtwertes des Unternehmens vorgesehene Fremdfinanzierung in Höhe von 25 % des Marktwertes des Unternehmens ergibt sich wie folgt:

| | |
|---|---|
| verzinsliche Verbindlichkeiten des Unternehmens netto | 428,00 |
| Aufnahme Fremdkapital des Käufers | 164,30 |
| | 592,30 |

Um die Kapitalstruktur des zu bewertenden Unternehmens zu verbessern, wurde die Fremdfinanzierung beim Käufer auf 25 % des Goodwill erhöht und dieser Betrag bei dem zu bewertenden, d.h. dem gekauften Unternehmen, als Eigenkapital eingebracht. Dadurch konnte das Fremdkapital des gekauften Unternehmens entsprechend verringert werden. Die Fremdkapitalaufnahme und die damit verbundene Eigenkapitalerhöhung bei dem gekauften Unternehmen wurde wie folgt ermittelt:

| | |
|---|---|
| Wert des Goodwill (immaterieller Wert) | 1.298,22 |
| | |
| bereits aufgenommenes Fremdkapital | 164,30 |
| Erhöhung des Fremdkapitalanteils auf 25 % des Goodwill | 160,25 |
| Fremdkapital (= 25 % des Goodwill) | 324,55 |

Durch die Eigenkapitalerhöhung bei dem gekauften Unternehmen können die verzinslichen Verbindlichkeiten (netto = 462 ./. 34 Mio. €) bei dem gekauften Unternehmen um 160,25 Mio. € auf 267,75 Mio. € abgebaut werden.

Erläuterung der Kapital- und Schuldenkonsolidierung

## Bilanz des Käufers vor Kauf

|  | Mio.€ |  | Mio.€ |
|---|---|---|---|
| flüssige Mittel | 1.776,91 | Eigenkapital | 1.776,91 |

## Bilanz des Käufers nach Kauf und Kapitalerhöhung

| | | | |
|---|---|---|---|
| Beteiligungsbuchwert (Kaufpreis) | 1.941,22 | Eigenkapital | 1.776,91 |
| Beteiligungsbuchwert (Kapitalerhöhung) | 160,25 | Fremdkapital | 164,30 |
| | | Fremdkapitalerhöhung | 160,25 |
| | 2.101,47 | | 2.101,47 |

## Bilanz des bewerteten Unternehmens vor Kauf

| | | | |
|---|---|---|---|
| Sachanlagen | 371,00 | Eigenkapital | 643,00 |
| sonstiges Anlagevermögen | 100,00 | verzinsliche Verbindlichk. | 462,00 |
| Vorräte | 358,00 | Verbindlichkeiten aus Liefe- | |
| Forderungen aus Lieferungen | | rungen und Leistungen | 84,00 |
| und Leistungen | 343,00 | übrige Verbindlichkeiten | 83,00 |
| sonstige Vermögensgegen- | | | |
| stände und Forderungen | 66,00 | | |
| flüssige Mittel | 34,00 | | |
| | 1.272,00 | | 1.272,00 |

## Bilanz des bewerteten Unternehmens nach Kauf und Kapitalerhöhung

| | | | | |
|---|---|---|---|---|
| Sachanlagen | 371,00 | Eigenkapital | 643,00 | |
| sonstiges Anlagevermögen | 100,00 | Kapitalerhöhung | 160,25 | 803,25 |
| Vorräte | 358,00 | verzinsliche Ver- | | |
| Forderungen aus Lieferungen | | bindlichkeiten | 462,00 | |
| und Leistungen | 343,00 | Kredittilgung | 160,25 | 301,75 |
| sonstige Vermögensgegen- | | Verbindlichkeiten aus Lie- | | |
| stände und Forderungen | 66,00 | ferungen und Leistungen | | 84,00 |
| flüssige Mittel | 34,00 | übrige Verbindlichkeiten | | 83,00 |
| | 1.272,00 | | | 1.272,00 |

### Konsolidierte Bilanz nach Kauf und Kapitalerhöhung

| | | | |
|---|---|---|---|
| Sachanlagen | 371,00 | Eigenkapital | 1.776,91 |
| sonstiges Anlagevermögen | 100,00 | verzinsliche Verbindlichkeiten | |
| Vorräte | 358,00 | (Tochter) | 301,75 |
| Forderungen aus Lieferungen | | (Mutter) | 324,55 |
| und Leistungen | 343,00 | Verbindlichkeiten aus Liefe- | |
| sonstige Vermögensgegen- | | rungen und Leistungen | 84,00 |
| stände und Forderungen | 66,00 | übrige Verbindlichkeiten | 83,00 |
| flüssige Mittel | 34,00 | | |
| Goodwill | 1.298,22 | | |
| | 2.570,22 | | 2.570,22 |

Kapitalzusammensetzung zum Marktwert

| | | Mio. € | |
|---|---|---|---|
| Eigenkapital | | 1.776,91 | = 75 % |
| verzinsliche Verbindlichkeiten | 626,30 | | |
| ./. flüssige Mittel | 34,00 | | |
| Fremdkapital | | 592,30 | = 25 % |
| Gesamtwert (Marktwert) | | 2.369,22 | |

## VI. Unternehmenswerte bei unterschiedlichen Kapitalisierungszinsfüßen bzw. Kapitalisierungszinsfüße bei unterschiedlichen Kaufpreisforderungen oder Kaufpreisangeboten

Empfänger von Unternehmensbewertungen legen oft Wert darauf, in einer Unternehmensbewertung eine Aufstellung zu finden, aus der

– die Unternehmenswerte bei unterschiedlichen Kapitalisierungszinsfüßen bzw.

– die Kapitalisierungszinsfüße bei unterschiedlichen Kaufpreisforderungen oder Kaufpreisangeboten

hervorgehen.

Im vorliegenden Fall könnte eine solche Tabelle wie folgt aussehen:

| | Kapitalisierungszinsfuß | | | | | | | |
|---|---|---|---|---|---|---|---|---|
| | 4,8 % | 5,3 % | 5,8 % | 6,3 % | 6,8 % | 7,3 % | 7,8 % | 8,3 % |
| Barwert des Cash-flows 2003-2012 | 813,77 | 793,06 | 773,14 | 753,96 | 735,50 | 717,73 | 700,61 | 684,11 |
| Barwert des Cash-flows ab 2013 | 2.443,03 | 2.109,96 | 1.839,05 | 1.615,25 | 1.427,98 | 1.269,56 | 1.134,26 | 1.017,78 |
| Gesamtwert des Unternehmens | 3.256,80 | 2.903,03 | 2.612,18 | 2.369,22 | 2.163,49 | 1.987,29 | 1.834,87 | 1.701,89 |
| ./. verzinsliche Verbindlichkeiten | 462,00 | 462,00 | 462,00 | 462,00 | 462,00 | 462,00 | 462,00 | 462,00 |
| + flüssige Mittel | 34,00 | 34,00 | 34,00 | 34,00 | 34,00 | 34,00 | 34,00 | 34,00 |
| **Wert des Unternehmens** | **2.828,80** | **2.475,03** | **2.184,18** | **1.941,22** | **1.735,49** | **1.559,29** | **1.406,87** | **1.273,89** |

# VII. Berechnung der Synergien

Um durch einen Unternehmenskauf mögliche Synergien beim Käufer ermitteln zu können, ist zusätzlich das Unternehmen bzw. das entsprechende Geschäftsfeld des Unternehmens des Käufers ohne und mit dem zu erwerbenden Unternehmen zu bewerten. Die Differenz zwischen den beiden Werten sind die Synergieeffekte, welche dem Unternehmenswert des Kaufobjektes hinzuzurechnen sind. Hieraus ergibt sich die Preisobergrenze des Kaufobjektes. Bei den Kaufverhandlungen sollte natürlich versucht werden, unter der Preisobergrenze zu bleiben; anderenfalls kämen die gesamten vom Käufer erhofften und durch ihn zu schaffenden Synergieeffekte dem Verkäufer zugute.

Der Unternehmensbewerter sollte die Synergieeffekte ausführlich beschreiben und begründen sowie darlegen, welche Maßnahmen im einzelnen notwendig sind, um sie zu realisieren. Außerdem sollte er festhalten, wer für die Verwirklichung der Synergieeffekte nach dem Kauf verantwortlich ist, damit aus vermuteten Synergiemöglichkeiten auch tatsächlich Synergieeffekte werden. Ferner sollte dargelegt werden, in welchem Umfang nach dem Kauf Managementkapazität für die Realisierung der Synergieeffekte gebunden wird.

Mögliche negative Synergieeffekte (z.B. Verlust von Kunden, Abwanderung von Führungskräften) sollten bei der Errechnung der Synergien nicht übersehen werden.

Die Bewertung der Synergieeffekte bei dem Käuferunternehmen kann auch – anstatt durch den Vergleich von zwei Unternehmensbewertungen – durch eine isolierte Ermittlung von Synergieeffekten geschehen. Dieses Verfahren ist weniger zeitaufwendig. Klarer und fehlerfreier dürfte obiger Vergleich von zwei Unternehmensbewertungen sein, da der Unternehmensbewerter und alle die an der Unternehmensbewertung mitarbeiten, zu einer viel intensiveren Analyse des Käuferunternehmens gezwungen werden.

Sofern das Käuferunternehmen börsennotiert ist, kann man durch Vergleich der Bewertung des Käuferunternehmens mit dem Börsenwert feststellen, ob das Käuferunternehmen nach Meinung seines Managements an der Börse über- oder unterbewertet ist. Ist es überbewertet, sollte das Management versuchen, das Kaufobjekt nicht durch Barzahlung, sondern durch Aktientausch zu erwerben.

## VIII. Berechnung der Auswirkungen des Unternehmenskaufs auf die Finanzlage des Käuferunternehmens

Falls der voraussichtliche Kaufpreis für das zu bewertende Unternehmen im Verhältnis zum Wert des Käuferunternehmens relativ hoch ist oder das Käuferunternehmen nur geringe nicht betriebsnotwendige flüssige Mittel besitzt und einen hohen Verschuldungsgrad hat, müssen auch die Auswirkungen des Unternehmenskaufs auf die Finanzlage des Käuferunternehmens genau analysiert werden.

Zur Analyse der Auswirkungen des Unternehmenskaufs auf die Finanzlage des Käuferunternehmens sind konsolidierte Planbilanzen (Käuferunternehmen und zu bewertendes Unternehmen) für die Planungsperiode zu erstellen. Aus ihnen läßt sich entnehmen, wie hoch der Bedarf an flüssigen Mitteln zum Kaufzeitpunkt und in Zukunft ist und wie sich der Verschuldungsgrad zum Kaufzeitpunkt und in Zukunft verändern wird.

## IX. Marktwerte und Verhältniskennzahlen vergleichbarer Unternehmen

Die Darstellung der Marktwerte und Verhältniskennzahlen vergleichbarer Unternehmen sollte um eine Analyse vergleichbarer in- und ausländischer Unternehmen ergänzt werden, um die meistens unterschiedlichen Verhältniskennzahlen der vergleichbaren Unternehmen für eine Unternehmensbewertung brauchbar zu machen.

Die Marktwerte und Verhältniskennzahlen vergleichbarer Unternehmen könnten etwa wie folgt dargestellt werden:

## a) Bekanntgewordene Kaufpreise vergleichbarer Unternehmen

| verkauftes Unternehmen | Tätigkeit | Käufer | Daten der Transaktion | Kaufpreis | Kaufpreis + verzinsliche Verbindlichkeiten ./. flüssige Mittel | Umsatz | Umsatzrendite vor Ertragsteuern | Ø Umsatzwachstum fünf letzte Jahre in % |
|---|---|---|---|---|---|---|---|---|
| A | | | | | | | | |
| B | | | | | | | | |
| C | | | | | | | | |
| D | | | | | | | | |
| E | | | | | | | | |

| verkauftes Unternehmen | Verhältnis Kaufpreis + verzinsliche Verbindlichkeiten ./. flüssige Mittel zu | | | | Verhältnis Kaufpreis zu | |
|---|---|---|---|---|---|---|
| | Umsatz | EBIT | EBITA | EBITDA | Ergebnis nach Ertragsteuern | Buchwert des Eigenkapitals |
| A | | | | | | |
| B | | | | | | |
| C | | | | | | |
| D | | | | | | |
| E | | | | | | |

höchste
  Verhältniskennzahl
durchschnittliche
  Verhältniskennzahl
niedrigste
  Verhältniskennzahl

Kurze Analyse dieser vergleichbaren Unternehmen und Kommentar zu den unterschiedlichen Verhältniskennzahlen:

| zu bewertendes Unternehmen | Mio. € | aufgrund der Analyse als vergleichbar angesehene Verhältniskennzahl | | ./. verzinsliche Verbindlichkeiten + flüssige Mittel Mio. € | Unternehmenswert auf Basis Verhältniskennzahlen vergleichbarer Unternehmen Mio. € | |
|---|---|---|---|---|---|---|
| | | von | bis | | von | bis |
| Umsatz | x | | | | | |
| EBIT | x | | | | | |
| EBITA | x | | | | | |
| EBITDA | x | | | | | |
| Ergebnis nach Ertragsteuern | x | | | – | | |
| Buchwert des Eigenkapitals | x | | | – | | |

## b)    Börsenwerte vergleichbarer Unternehmen

| Unterneh-men | Tätigkeit | Börsen-kurs am | Börsenwert | Börsenwert + verzinsliches Fremdkapital ./. flüssige Mittel | Umsatz | Umsatzren-dite vor Ertrag-steuern | Ø Umsatz-wachstum fünf letzte Jahre in % |
|---|---|---|---|---|---|---|---|
| A | | | | | | | |
| B | | | | | | | |
| C | | | | | | | |
| D | | | | | | | |
| E | | | | | | | |

| | Verhältnis Börsenwert + verzinsliche Verbindlichkeiten ./. flüssige Mittel zu | | | | Verhältnis Börsenwert zu | | |
| Unternehmen | Umsatz | EBIT | EBITA | EBITDA | Ergebnis nach Ertrag-steuern | Divi-dende | Buchwert des Eigen-kapitals |
|---|---|---|---|---|---|---|---|
| A | | | | | | | |
| B | | | | | | | |
| C | | | | | | | |
| D | | | | | | | |
| E | | | | | | | |

höchste
 Verhältniskennzahl
durchschnittliche
 Verhältniskennzahl
niedrigste
 Verhältniskennzahl

Kurze Analyse dieser vergleichbaren Unternehmen und Kommentar zu den unterschiedlichen Verhältniskennzahlen:

| zu bewertendes Unternehmen | | aufgrund der Analyse als ver-gleichbar an-gesehene Ver-hältniskennzahl börsennotierter Unternehmen *) | | ./. verzinsliche Verbindlichkei-ten + flüssige Mittel | Unternehmens-wert auf Basis Verhältniskenn-zahlen vergleich-barer Unterneh-men | |
| | Mio. € | von | bis | Mio. € | von | bis |
|---|---|---|---|---|---|---|
| Umsatz | | x | | | | |
| EBIT | | x | | | | |
| EBITA | | x | | | | |
| EBITDA | | x | | | | |
| Ergebnis nach Ertragsteuern | | x | | – | | |
| Dividende | | – | | | | |
| Buchwert des Eigenkapitals | | x | | – | | |

*) ohne wahrscheinlich zu zahlenden Paketaufschlag

# E. Bewertung strategischer Geschäftseinheiten des eigenen Unternehmens

## I. Allgemeines

In den bisherigen Kapiteln wurde Unternehmensbewertung im Hinblick auf eine Änderung der Eigentumsverhältnisse eines Unternehmens gesehen.

Man kann Unternehmensbewertungen auch zur Bewertung der strategischen Geschäftseinheiten des eigenen Unternehmens und als Controllinginstrument im eigenen Unternehmen einsetzen.

Die erste ausführliche Darstellung über die Bewertung des eigenen Unternehmens auf Basis des Discounted cash-flows stammt von Rappaport (Rappaport, Alfred: Creating Shareholder Value – The New Standard for Business Performance. New York/London 1986; deutsche Übersetzung unter dem Titel: Shareholder Value – Wertsteigerung als Maßstab für die Unternehmensführung. Stuttgart 1995). Eine Weiterentwicklung dieser Gedanken findet sich bei Copeland, Tom/Koller, Tim/Murrin, Jack/McKinsey & Company: Valuation – Measuring and Managing the Value of Companies, 3. Aufl., New York 2000; deutsche Übersetzung unter dem Titel: Unternehmenswert – Methoden und Strategien für eine wertorientierte Unternehmensführung. Frankfurt/ New York 2002. Außerdem ist noch auf Bühner, Rolf: Das Management-Wert-Konzept – Strategien zur Schaffung von mehr Wert im Unternehmen. Stuttgart 1990, hinzuweisen.

In Abschnitt D. VII. Berechnung der Synergien wurde bereits kurz darauf eingegangen, daß eine Bewertung des eigenen Unternehmens bzw. eines Geschäftsfeldes des Käufers angebracht ist, falls durch den Kauf eines Unternehmens Synergieeffekte im eigenen Unternehmen erwartet werden.

**Eine regelmäßige Bewertung der eigenen strategischen Geschäftseinheiten, ggf. aufgeteilt nach Geschäftsfeldern/Produktgruppen und nach Regionen, auf Basis eingehender Analysen bei verschiedenen Strategien und ein Controlling auf Basis des geplanten Discounted cash-flows, denen die individuellen Kapitalkosten der einzelnen strategischen Geschäftseinheiten zugrunde gelegt wurden, kann ein wesentlicher Beitrag zur optimalen Strategie und zur gewinnorientierten und wertsteigernden Führung des eigenen Unternehmens sein.**

**Aus der Bewertung der eigenen strategischen Geschäftseinheiten können sich Hinweise auf notwendige Akquisitionen, Desinvestitionen und Umstrukturierungen ergeben.**

**Nicht zuletzt ermöglichen vorliegende Bewertungen der strategischen Geschäftseinheiten des eigenen Unternehmens eine schnelle und richtige Antwort auf Übernahmeangebote.**

## II.    Nachteile üblicher Verfahren zur Beurteilung und Renditemessung strategischer Konzepte

### 1.    Bewertung verschiedener strategischer Konzepte des eigenen Unternehmens

Bisher war es üblich, bei der strategischen Analyse des eigenen Unternehmens für die strategische Planung meistens nur qualitative und kaum quantitative Aussagen zu machen.

Auch unter Berücksichtigung der Schwierigkeiten, Strategien in Planergebnisrechnungen umzusetzen und der damit verbundenen möglichen Berechnungsfehler, hat die quantitative Berechnung von strategischen Konzepten den Vorteil, daß

- strategische Konzepte nicht nur unverbindliche verbale Allgemeinplätze darstellen, sondern bis zum Ende durchdacht werden müssen und konkrete Aktionspläne aufzustellen sind,

- auf Voreingenommenheit beruhende Wunschstrategien aufgedeckt werden,

- der wahrscheinliche Erfolg verschiedener strategischer Konzepte verglichen werden kann und

- der Erfolg der eingeschlagenen Strategie laufend überwacht und die Strategie ggf. kurzfristig geändert werden kann.

Durch eine kapitalmarktorientierte Bewertung der strategischen Geschäftseinheiten kann festgestellt werden,

- ob Investitionen in den durch die strategische Planung bevorzugten Wachstumsbranchen wahrscheinlich auch Renditen über den Kapitalkosten erzielen werden.

Es kann vermieden werden, daß

- bisher erfolgreiche strategische Geschäftseinheiten durch falsche (zu geringe) Bemessung der Kapitalkosten ihres risikoreichen Geschäftes und durch Selbstfinanzierung Fehlinvestitionen vornehmen können und

- weniger risikoreiche strategische Geschäftseinheiten durch eine falsche (zu hohe) Bemessung der Kapitalkosten ertragreiche Investitionen unterlassen.

Die Bewertung und das Controlling von strategischen Geschäftseinheiten machen eine gesonderte Renditeprüfung und -kontrolle der Investitionen in Sachanlagen, die in der Regel durch statische Investitionsrechnungen erfolgen, überflüssig. Die Renditeprüfung und -kontrolle der Sachanlageinvestitionen erfolgt automatisch und wesentlich effektiver im Rahmen der Bewertung und des Controllings von strategischen Geschäftseinheiten. Es bedarf allenfalls einer Prüfung, ob die beabsichtigte Investition mit der geplanten Strategie in Einklang steht.

Durch die Bewertung und das Controlling der strategischen Geschäftseinheiten werden auch sogenannte nicht produktive aber notwendige Investitionen (z.B. in die Logistik, in den Umweltschutz, in die Forschung und die Verwaltung), für die keine isolierten

Rentabilitätsberechnungen möglich sind, in die Bewertung und das Controlling miteinbezogen.

Kostenvergleiche bei reinen Rationalisierungsinvestitionen fallen nicht unter die Bewertung strategischer Geschäftseinheiten, da sie technische Entscheidungen sind.

Selbstverständlich ist auch bei der Bewertung von verschiedenen strategischen Konzepten der finanziellen Machbarkeit der Strategie, d.h. der Finanzlage, Rechnung zu tragen.

## 2.   Renditemessung

Die bisher üblichen Verfahren der Renditemessung – oder richtiger gesagt der buchhalterischen Rentabilitätsanalyse – haben folgende wesentliche Nachteile:

| | |
|---|---|
| Umsatzrendite | keine Berücksichtigung der Kapitalkosten |
| Eigenkapitalrendite | keine Berücksichtigung der Kapitalstruktur, bewertungsabhängig |
| Gesamtkapitalrendite | keine Berücksichtigung der Kapitalkosten von Pensionsrückstellungen, mögliche Verfälschung durch Lieferantenkredite, bewertungsabhängig |

Darüber hinaus berücksichtigen diese Renditemessungen nicht

- den Faktor Zeit (z.B. Anlaufverluste, unterschiedliche Renditen zu verschiedenen Zeitpunkten nach der Investition anstatt der wirtschaftlich richtigen Gesamtrendite),

- unterschiedliche Geschäftsrisiken,

- den Investitionsbedarf im Anlage- und Nettoumlaufvermögen.

Außerdem kann die Renditemessung durch Veränderung von kurzfristig stark beeinflußbaren Kosten (z.B. Instandhaltungs- und Reparaturaufwendungen, Forschungs- und Entwicklungsaufwendungen, Werbeaufwendungen) beeinträchtigt oder sogar manipuliert werden.

Wie untauglich und somit für strategische Entscheidungen gefährlich z.B. die Renditemessung auf Basis der Gesamtkapitalrendite (return on investment) im Verhältnis zur Discounted-cash-flow-Methode ist, zeigt folgendes Beispiel einer Renditemessung.

Das Beispiel wurde der besseren Vergleichbarkeit wegen mit der Internen-Zinsfuß-Methode durchgeführt und der Kapitalwert der Investition mit 0 angenommen, da dann die Kapitalkosten dem internen Zinsfuß entsprechen.

## a)    Rendite auf Basis interner Zinsfuß

|  | 1. Jahr | 2. Jahr | 3. Jahr | 4. Jahr | 5. Jahr |
|---|---|---|---|---|---|
| 1) Cash-flow | 8.000 | 12.000 | 15.000 | 18.000 | 14.891 |
| 2) Barwert der Investition zu Beginn des Jahres | 50.000 | 47.000 | 39.700 | 28.670 | 13.537 |
| 3) Barwert der Investition am Ende des Jahres | 47.000 | 39.700 | 28.670 | 13.537 | 0 |
| 4) Veränderung des Barwertes (3-2) | –3.000 | –7.300 | –11.030 | –15.133 | –13.537 |
| 5) Ertrag (Cash-flow ./. Veränderung des Barwertes) (1+4) | 5.000 | 4.700 | 3.970 | 2.867 | 1.354 |
| Interner Zinsfuß (%) | 10 | 10 | 10 | 10 | 10 |

## b)    Rendite auf Basis Return on Investment (ROI)

|  | 1. Jahr | 2. Jahr | 3. Jahr | 4. Jahr | 5. Jahr |
|---|---|---|---|---|---|
| Cash-flow | 8.000 | 12.000 | 15.000 | 18.000 | 14.891 |
| ./. Abschreibung | 10.000 | 10.000 | 10.000 | 10.000 | 10.000 |
| Ertrag | -2.000 | 2.000 | 5.000 | 18.000 | 4.891 |
| Buchwert zu Beginn des Jahres | 50.000 | 40.000 | 30.000 | 20.000 | 10.000 |
| ./. Abschreibung | 10.000 | 10.000 | 10.000 | 10.000 | 10.000 |
| Buchwert am Ende des Jahres | 40.000 | 30.000 | 20.000 | 10.000 | 0 |
| Durchschnittlicher Buchwert | 45.000 | 35.000 | 25.000 | 15.000 | 5.000 |
| ROI (%) | -4,4 | 5,7 | 20,0 | 53,3 | 97,8 |

Der ROI steigt von -4,4 % auf 97,8 %. Im Jahr der Investition und unmittelbar danach ist die tatsächliche Rendite höher als der ROI, während es in den folgenden Jahren umgekehrt ist.

Der durchschnittliche ROI (Quotient aus Summe der Erträge und Summe der durchschnittlichen Buchwerte) beträgt 22,3 %, während der durchschnittliche interne Zinsfuß 10 % beträgt.

Der auf der Periodenrechnungslegung basierende ROI weicht von der wirtschaftlich richtigen Betrachtungsweise, der Discounted-cash-flow-Methode, die hier als interner Zinsfuß dargestellt wurde, erheblich ab. Der ROI kann somit zu Fehlentscheidungen bei Investitionen führen.

Die Ermittlung des ROI auf Basis von Buchwerten der Sachanlagen (gemäß vorliegendem Beispiel) kann zu einem wirtschaftlich unsinnigen defensiven Investitionsverhalten führen, da neue Investitionen den ROI drastisch fallen ließen, selbst wenn sie sehr rentabel wären. Eine Ermittlung des ROI auf Basis von Anschaffungswerten (wie in der Praxis oft üblich) kann dagegen zu wirtschaftlich ungerechtfertigten frühen Ersatzinvestitionen führen, da sich die Kapitalbasis nur um den Unterschied zwischen dem Anschaffungswert der alten und der neuen Anlage ändert. Das gleiche trifft auch für nicht aktivierungspflichtiges Leasing zu, da die Kapitalbasis hierbei nicht verändert wird.

Die Erfolgsbeurteilung auf Basis des ROI kann auch zu einer Behinderung einer steuerlich möglichen niedrigeren Bewertung führen, da aufgrund der höheren Abschreibung der ROI sinkt, obwohl der Unternehmenswert steigt.

Der ROI wird tendenziell durch

– lange Nutzungszeiten der Investitionen, d.h. große Zeitunterschiede zwischen Ein- und Auszahlungen, und
– eine vorsichtige Bewertung (z.B. degressive Abschreibung)

überhöht. Eine zusätzliche Verzerrung des ROI erfolgt bei Vorliegen von nicht aktivierbaren Investitionen (z.B. Forschungs- und Entwicklungskosten) und einer Änderung der Rechnungslegung.

Die Unterschiede sind auf den fehlenden Faktor Zeit (lange Nutzungszeiten) und die Art der Berechnung der jeweiligen Höhe des Investitionswertes (Barwert der Investition vs. Buchwert der Investition) zurückzuführen.

Investitionsentscheidungen auf Basis des ROI können somit zu erheblichen Fehlentscheidungen führen.

Nur wenn die Renditemessung des operativen Geschäftes der einzelnen Perioden aus der Planung und der Bewertung der strategischen Geschäftseinheiten abgeleitet wird, kann sie eine Entscheidungshilfe, z.B. bei Investitionen, sein.

Eine solche mit den langfristigen Unternehmenserfolgen in Zusammenhang stehende Renditemessung durch eine kurzfristige Periodenerfolgsrechnung, die die Auswirkungen des kurzfristigen Erfolgsdenkens und der vergangenheitsorientierten Betrachtungsweise zurückdrängt, ist eine wesentliche Hilfe und Voraussetzung für eine erfolgreiche Unternehmenssteuerung im Sinne des Shareholder Value (= Marktwert des Eigenkapitals). Die kurzfristige Periodenerfolgsrechnung muß deshalb in die langfristige Erfolgsplanung auf Basis der Discounted-cash-flow-Methode integriert werden.

**Cash-flow Return on Investment (CFROI)**

Die Nachteile der Periodenrechnung treffen auch für eine moderne Form der Renditemessung, nämlich den Cash-flow Return on Investment (CFROI), wie er von der Boston Consulting Group (BCG) propagiert wird, zu. Als CFROI bezeichnet BCG den inflationsbereinigten Brutto-Cash-flow, den ein Geschäft relativ zu dem darin investierten Kapital (Sachanlagen bewertet zu inflationierten Anschaffungskosten + betriebsnotwendiges Umlaufvermögen ./. unverzinsliche Verbindlichkeiten) innerhalb eines Jahres erwirtschaftet. Die Rendite wird als interner Zinsfuß des Geschäftes ausgedrückt. Der CFROI ist somit als eine Art Nachkalkulation der bisherigen Investitionen in das Geschäft gedacht.

Folgende Einwände bestehen gegen den CFROI:

- die Sollrendite wird durch reale und nicht durch kapitalmarktorientierte nominelle Kapitalkosten bestimmt
- die inflationierten Werte der Sachanlagen werden verwendet
- das nicht aktivierte immaterielle Vermögen wird nicht berücksichtigt
- es wird keine langfristige Planung vorgenommen
- der Faktor Zeit wird nicht genügend berücksichtigt

Der CFROI hat somit gegenüber der Gesamtkapitalrendite bzw. dem Return on Investment (ROI) keinen wesentlichen Vorteil, da

- auch beim ROI bereits teilweise mit Anschaffungskosten statt mit Buchwerten gearbeitet wird,
- der CFROI ebenfalls wegen der Inflationierung von vorhandenen Sachanlagen und der Schätzung ihrer Nutzungsdauer bewertungsabhängig ist,
- der Marktwert der strategischen Geschäftseinheit und der Faktor Zeit nicht richtig berücksichtigt wird.

**Der CFROI ist genau wie die Gesamtrendite bzw. der Return on Investment (ROI) eine vergangenheitsorientierte Periodenkennzahl. Er mißt die Rentabilität einer Vielzahl von Investitionsentscheidungen der Vergangenheit in einer Periode. Über die Gesamtrendite eines Geschäftsbereichs in der Vergangenheit und der Zukunft und damit über den Shareholder Value sagt er nichts aus.**

Darüber hinaus macht die Inflationsbereinigung den CFROI gegenüber dem ROI arbeitsaufwendiger und komplizierter.

Ein besseres Mittel für die Renditemessung und eine Hilfe für strategische Entscheidungen ist der CFROI in der von der Boston Consulting Group propagierten Form nicht. Das gilt insbesondere, wenn sehr unterschiedliche Geschäftsfelder (unterschiedliche Höhe und Dauer der Investitionen, unterschiedliche Höhe des immateriellen Vermögens, der Forschungskosten und der Marketingkosten für neue Produkte und neue Märkte, unterschiedliche Produktlebenszyklen, unterschiedliches Wachstum) verglichen werden müssen.

Der CFROI benachteiligt expandierende Geschäftseinheiten durch die Unterstellung einer Liquidation am Ende der geplanten Nutzungszeit der Anlagen sowie Geschäftseinheiten mit alten Anlagen wegen der im Verhältnis zu produktiven Neuanlagen überhöhten Wertansätze und begünstigt Geschäftseinheiten mit in der Vergangenheit geschaffenen immateriellen Werten (z.B. Marken).

Der CFROI entspricht somit nicht dem Shareholder-Value-Konzept und kann wie der ROI zu Fehlentscheidungen bei Investitionen führen.

Bei einer Renditemessung auf Basis der in den vorhergehenden Kapiteln erläuterten Discounted-cash-flow-Methode, die den Marktwert und den Faktor Zeit berücksichtigt, werden obige Nachteile vermieden.

Die Discounted-cash-flow-Methode ermöglicht hingegen für den Planungszeitraum die Festsetzung eines begründeten kapitalmarktorientierten und jahrgangsweise unterschiedlichen Soll-Cash-flows und darauf aufbauend ein effektives strategisches und operatives Controlling.

# III. Shareholder-Value-Konzept oder Wertsteigerungs-Management

Die Bewertung verschiedener strategischer Konzepte des eigenen Unternehmens auf Basis des Discounted cash-flows und die anschließende Realisierung des optimalen Konzepts, d.h. des Konzepts, das den Marktwert des Unternehmens am meisten steigert, wird auch Shareholder-Value-Konzept oder Wertsteigerungs-Management genannt. Diese neuerdings viel gebrauchten Schlagworte besagen nichts anderes, als daß man die strategische Planung nicht nur qualitativ darstellt, sondern quantifiziert und mit Hilfe der dynamischen Investitionsrechnung verschiedene strategische Konzepte der einzelnen strategischen Geschäftseinheiten oder des Unternehmens in einem Unternehmenswert ausdrückt.

Durch das Shareholder-Value-Konzept werden auch Investitionen und Aufwendungen, z.B. für Forschung und Entwicklung, Stärkung einer Marke und Erhöhung von Marktanteilen, die im Jahr der Ausgabe das Ergebnis negativ beeinflussen, jedoch langfristig werterhöhend wirken, angemessen berücksichtigt.

Der Erfolg eines Unternehmens wird bei dem Shareholder-Value-Konzept nicht nur an den Ergebnissen der einzelnen Perioden, sondern auch an dem Beitrag der einzelnen Perioden zur Wertsteigerung des Unternehmens gemessen. Beim Shareholder-Value-Konzept wird das Unternehmensziel »Gewinnmaximierung« durch das Ziel »Marktwertmaximierung« ersetzt. Durch das Ziel Marktwertmaximierung sollen Schwierigkeiten bei der Kapitalbeschaffung in der Zukunft und mögliche Bedrohungen durch eine Übernahme des Unternehmens vermieden werden.

Voraussetzung für die Realisierung des Shareholder-Value-Konzepts bzw. des Wertsteigerungs-Managements ist:

- die vom Kapitalmarkt abgeleitete Ermittlung der Eigen- und Fremdkapitalkosten, die abhängig vom Risiko der Investition unterschiedlich sein können

- die Anwendung von Marktpreisen bei internen Lieferungen und Leistungen

- eine zukunftsorientierte Unternehmensbewertung.

**Beim Shareholder-Value-Konzept wird der Unternehmenserfolg nicht durch buchhalterisch gemessene Erfolge von kurzfristigen Perioden in der Vergangenheit, sondern wie am Kapitalmarkt durch die erwarteten diskontierten Ausschüttungen der Zukunft gemessen.**

**Beim Shareholder-Value-Konzept sollen der Maßstab für die Entscheidungen des Managements nicht das im Jahresabschluß ausgewiesene Ergebnis, sondern die Dividendenzahlungen und die Kurssteigerungen des Unternehmens sein. Managemententscheidungen sollen somit den gleichen Kriterien unterliegen, wie sie die Anteilseigner bei ihren Anlageentscheidungen benutzen. Das Shareholder-Value-Konzept kann somit die Unternehmensleitung bei der strategischen Führung wirkungsvoll unterstützen.**

Eine Thesaurierung von Gewinnen bzw. von Cash-flow ist deshalb nach dem Shareholder-Value-Konzept grundsätzlich nur dann sinnvoll, wenn der Kapitalwert der mit dem thesaurierten Gewinn bzw. Cash-flow getätigten Investition über 0 liegt, d.h. wenn der Barwert aus den Einnahmen der Investition größer als der Barwert der Ausgaben für die Investition ist. Investitionen, auch substanzerhaltende Investitionen, mit negativem Kapitalwert sind deshalb grundsätzlich zu unterlassen.

Strategische Geschäftseinheiten, bei denen der diskontierte Cash-flow über den Kapitalkosten liegt, arbeiten werterhöhend und strategische Geschäftseinheiten, bei denen der diskontierte Cash-flow unter den Kapitalkosten der Investitionen liegt, arbeiten wertvernichtend.

Ziel des Shareholder-Value-Konzepts bzw. des Wertsteigerungs-Managements ist die Steigerung des Vermögens der Aktionäre bzw. der Anteilseigner durch Kurssteigerungen und Dividendenzahlungen.

Da Wachstum nicht unbedingt eine Mehrung des Shareholder Value bedeutet, ist Wachstum nicht ein eigenständiges Ziel, sondern kann die Folge der Bewertung verschiedener strategischer Konzepte sein.

Das Shareholder-Value-Konzept bzw. das Wertsteigerungs-Management

- ermöglicht bessere Investitionsentscheidungen,

- fördert die Ausnutzung von Verbesserungsmöglichkeiten,

- drängt das kurzfristige Gewinnstreben zugunsten der Marktwertsteigerung des Unternehmens (Shareholder-Value) zurück.

Das Shareholder-Value-Konzept darf von den einzelnen Management-Ebenen nicht nur als ein notwendiges Übel und eine modische Form der Renditemessung angesehen werden, das man versucht auszutricksen. Damit das Shareholder-Value-Konzept mit Erfolg angewendet wird und nicht nur ein Lippenbekenntnis der Unternehmensleitung bleibt, ist eine große Überzeugungsarbeit auf allen Management-Ebenen erforderlich.

Die Einführung des Shareholder-Value-Konzepts ist deshalb gut vorzubereiten, damit alle Management-Ebenen das Shareholder-Value-Konzept und die damit verbundene ungewohnte Form der Renditemessung verstehen, von seiner Notwendigkeit und seinen Vorteilen überzeugt sind und danach bewußt handeln.

Ein wirklicher Erfolg ist dem Shareholder-Value-Konzept nur dann beschieden, wenn die Komponenten des Cash-flows des Unternehmens (siehe C. I. 4a) in den einzelnen strategischen Geschäftseinheiten – teilweise individuell je Geschäftseinheit (z.B. Umsatz und Kosten je Auftrag, Umsatz und Kosten je Außendienstmitarbeiter, Umsatz je qm, Größe einer Charge, fixe/variable Kosten, Kapazitätsauslastung) – weiter untergliedert werden und das Controlling der Unternehmensleitung und das Controlling der einzelnen Geschäftseinheiten miteinander verknüpft sind, damit eine effektive Steuerung des Unternehmens und seiner strategischen Geschäftseinheiten möglich ist.

# IV. Ziel der Bewertung und Renditemessung der strategischen Geschäftseinheiten des eigenen Unternehmens auf Basis des Discounted cash-flows

Ziel der Bewertung und Renditemessung der strategischen Geschäftseinheiten des eigenen Unternehmens auf Basis des Discounted cash-flows ist nicht eine kurzfristige Gewinn- oder Cash-flow-Steigerung, sondern die langfristige Steigerung des Cash-flows und somit des Unternehmenswertes. Dies geschieht dadurch, daß Investitionen mit Hilfe der Bewertung und Renditemessung der strategischen Geschäftseinheiten auf Basis des Discounted cash-flows in die Geschäftsbereiche gelenkt werden, in denen die interne Verzinsung am höchsten über den individuellen Kapitalkosten der einzelnen Geschäftsbereiche liegt. Dabei können kurz- oder mittelfristig geringere Gewinne oder Cash-flows aufgrund von Anlaufkosten, Investitionen in Forschung und Entwicklung, Ausbau der Vertriebsorganisation, Werbung oder Umstrukturierungen in Kauf genommen werden, wenn sie langfristig zu einer Steigerung des Unternehmenswertes führen.

Die Erstellung der Planergebnisrechnungen der einzelnen strategischen Geschäftseinheiten sollte weitgehend in der Verantwortung der Leitung der einzelnen Geschäftsbereiche liegen. Sie müßten am besten das Erfolgspotential kennen und haben Abweichungen von der Planung später zu rechtfertigen. Stabsstellen der Unternehmensleitung sollten darauf achten, daß die Geschäftspläne nach einheitlichen Kriterien sorgfältig und nachvollziehbar erstellt werden, und sie sollten die Geschäftspläne durch intensives Hinterfragen und Vergleiche mit vorliegenden Markt-, Branchen- und Konkurrenzanalysen auf Plausibilität prüfen.

**Die Planung und die Prüfung der Planung bei der Bewertung der strategischen Geschäftseinheiten des eigenen Unternehmens auf Basis des Discounted cash-flows ist der Kern der Unternehmenssteuerung.**

# V. Shareholder Value und Leistungsbewertung von Führungskräften

Manch einer dürfte in Erinnerung an den «Hockeyschläger-Effekt» (starke Zunahme des Wachstums der Umsätze und Gewinne in der Planung im Vergleich zur Vergangenheit) ein unwohles Gefühl bei dem Gedanken bekommen, die Bewertung der strategischen Geschäftseinheiten nur von der Planung der einzelnen Geschäftsbereiche und nicht von den bisherigen Ergebnissen abhängig zu machen. Diese Bedenken kann man dadurch zerstreuen, indem man die Bewertung der strategischen Geschäftseinheiten mit der Leistungsbewertung der Führungskräfte verbindet.

Die Verbindung der Bewertung der strategischen Geschäftseinheiten mit der Leistungsbewertung der Führungskräfte der Geschäftsbereiche hat zur Folge, daß die Führungskräfte sich intensiv mit der Bewertung der strategischen Geschäftseinheiten befassen, und sie nicht nur als ein notwendiges Übel zur Genehmigung von Investitionen betrachten.

Wenn sich die Leistungsbewertung der Führungskräfte an der Erfüllung der langfristigen strategischen Pläne orientiert, dürften die Leitungen der Geschäftsbereiche keinesfalls zu optimistische Planungen vorlegen. Sie dürften eher geneigt sein, relativ pessimistische Planungen vorzulegen, um später im Hinblick auf die Leistungsbewertung mit einer Übererfüllung des Plans glänzen zu können.

Um durch zu pessimistische Schätzungen Schaden von dem Unternehmen durch Unterlassen von möglicherweise lukrativen Investitionen aufgrund von Risikoscheu und Bequemlichkeit der Leiter der Geschäftsbereiche abwenden zu können, sollten die Planungen der strategischen Geschäftseinheiten intensiv mit der Branchenerwartung verglichen und Branchenvergleiche für die Vergangenheit vorgenommen werden (Benchmarking = Vergleich mit externen Meßlatten).

Dem Pessimismus ist darüber hinaus eine Grenze gesetzt, daß bei einer Rendite unter den Kapitalkosten den strategischen Geschäftseinheiten keine Investitionen mehr bewilligt werden und dadurch die Führungskräfte langfristig überflüssig werden.

Die Orientierung der Leistungsbewertung der Führungskräfte an der Erfüllung der Pläne, die der Bewertung der strategischen Geschäftseinheiten zugrunde lagen, d.h. an den langfristigen Interessen des Unternehmens und der Anteilseigner und nicht an kurzfristigen Ergebnissen des Unternehmens, ist eine gute Gewähr, das Shareholder-Value-Konzept oder Wertsteigerungs-Management realisieren zu können.

# Anhang

Fragebogen zur Sammlung von Informationen
und Daten bei einer Unternehmensanalyse
im Hinblick auf eine Unternehmensbewertung

# Inhaltsverzeichnis des Fragebogens

Marktanteile
Gesetzliche Vorschriften
Versand, Auftragsabwicklung

VII.     **Werbung**

VIII.    **Produktion**

Umfang
Verfahren
Beschäftigung
Konkurrenz

IX.      **Forschung und Entwicklung**

Umfang und bisherige Ergebnisse
Ziele und Nutzungsmöglichkeiten
Konkurrenz
Einzelfragen

X.       **Beschaffung und Logistik**

Beschaffung
Logistik

XI.      **Ver- und Entsorgung, Umweltschutz**

Versorgung
Entsorgung, Umweltschutz

XII.     **Personal**

XIII.    **Rechnungswesen, EDV, Controlling, Interne Revision**

Rechnungswesen
Informationen des Wirtschaftsprüfers
EDV
Controlling, Interne Revision

## D. Analyse Vermögens-, Finanz- und Ertragslage

XIV.        Immaterielle Vermögensgegenstände

XV.         Sachanlagen

            Allgemeines und Nachweis
            Grundstücke
            Übrige Sachanlagen
            Abschreibungen, Zuschreibungen, Aufwertungen
            Instandhaltungs- und Reparaturkosten
            Zukünftige Investitionen
            Beurteilung
            Einzelfragen

XVI.        Finanzanlagen

XVII.       Vorräte
            Nachweis
            Bewertung
            Einzelfragen

XVIII.      Forderungen aus Lieferungen und Leistungen

            Nachweis
            Zahlungsziele
            Bewertung, Bonität
            Einzelfragen

XIX.        Sonstiges Umlaufvermögen und Rechnungsabgrenzungsposten

XX.         Eigenkapital

XXI.        Rückstellungen für Pensionen und ähnliche Verpflichtungen

XXII.       Andere Rückstellungen

XXIII.      Verbindlichkeiten und Rechnungsabgrenzungsposten

XXIV.     **Gewinn- und Verlustrechnung**

Erträge
Aufwendungen
Kosten- und Eregebnisrechnung
Sonderfragen
Zusatzfragen für Unternehmen in Inflations-, insbesodnere
  Hochinflationsländern

## E. Sonstige Informationen

XXV.      **Recht**

Verträge, Vereinbarungen
Genehmigungen
Gesellschaftsrechtliche Verhältnisse, Rechte der Eigentümer und Übergang
  dieser Rechte
Rechtsstreitigkeiten
Untersuchungs-, Ordnungswidrigkeits- oder Strafverfahren
Versicherungen

XXVI.     **Steuern**

Ertragsteuern
Umsatzsteuer und sonstige Steuern
Steuern aufgrund des Kaufs/Verkaufs des Unternehmens bzw. Unter-
  nehmensteils
Sonstiges

XXVII.    **Management**

Beschreibung
Vergütung
Fluktuation
Beurteilung
Unternehmensberater

XXVIII.   **Unternehmensplanung**

XXIX.     **Schlußfragen**

XXX.      **Synergieeffekte**

*Die richtigen Fragen zu stellen, ist wahrscheinlich die höchste Intuition*
*Peter Handke*

# Erläuterungen

## Informations- und Datensammlung

Ein Unternehmen zu analysieren und zu bewerten, setzt umfangreiche Kenntnisse über das Unternehmen und seine wirtschaftliche Umwelt voraus.

Der folgende Fragebogen soll helfen, sich diese Kenntnisse rationell zu verschaffen.

## Auswahl der Fragen

Der Fragebogen ist sehr ausführlich. Die Antworten auf die Fragen sollen eine genaue Aussage über die wirtschaftliche Situation eines Unternehmens einschließlich seiner Beteiligungen geben und somit die Berechnung eines Unternehmenswertes ermöglichen. Informationen dieses Umfangs sind meistens erst nach Unterzeichnung eines Vorvertrages, »non-binding offer« oder »letter of intent« zu erhalten. In einem solchen Fall können wegen der beschränkten Informationsmöglichkeiten zunächst nur eine Kurzanalyse und überschlägige Bewertung erstellt werden. In einer zweiten Phase erst ist eine ausführliche Unternehmensanalyse und -bewertung möglich.

Da der Fragebogen von dem Informationsstand Null über das Unternehmen und seine Umwelt ausgeht, wirkt er sehr erdrückend. Die Fragen sind deshalb entsprechend dem Informationsstand über das Unternehmen und seine Umwelt auszuwählen oder zu gestalten. Der Fragebogen kann somit nur eine Anregung und kein Pflichtenheft sein. Je nach Unternehmensgröße, Branche oder Land ist den einzelnen Fragen oder den darin enthaltenen Stichworten ein sehr unterschiedliches Gewicht zu geben.

Es können aus dem Fragebogen z.B. die Fragen fast vollständig entfallen, die bei bestimmten Unternehmen ohne Bedeutung sind und deren Beantwortung weder die gegenwärtige Vermögens-, Finanz- und Ertragslage des Unternehmens erläutert noch Aufschlüsse über die zukünftige Ertragslage des Unternehmens gibt (z.B. Informationen über Werbung sind bei Herstellern von commodities weniger wichtig, bei Markenartikel-Unternehmen aber sehr wichtig; umgekehrt sind Informationen über die Kapazitätsauslastung und neu hinzukommende Kapazitäten in der Branche bei Markenartikel-Unternehmen weniger wichtig, bei Herstellern von commodities aber sehr wichtig; Fragen über Forschung und Entwicklung entfallen bei Handelsunternehmen meistens fast vollständig).

Fragen, deren Beantwortung in einem Falle für eine Wertfindung sehr wichtig, ja sogar kaufentscheidend ist, können in einem anderen Falle kleinkariert, dümmlich ja sogar überflüssig sein.

Der Unternehmensbewerter sollte sich deshalb bei der Zusammenstellung der Fragen immer überlegen, welchen Einfluß die Beantwortung der jeweiligen Frage auf den zu planenden Cash-flow haben könnte.

Bei manchen Fragen (z.B. Fragen zum Management) dürfte es angebracht sein, sie nicht schriftlich zu stellen, sondern sie erst bei einem fortgeschrittenen Erkenntnisstand anschließend nach einer Due Diligence in einem mündlichen Gespräch zu klären.

Der Fragebogen ist somit immer sinnvoll zu ändern, zusammenzufassen, zu kürzen und evtl. zu ergänzen.

Der Fragebogen ist eine Arbeitshilfe. Die notwendigen Qualifikationen des Bewerters, nämlich

– die Antworten auf diese Fragen richtig würdigen zu können,

– sich mit dem Sinn für das Wesentliche einen schnellen Durchblick durch die vielen Informationen zu verschaffen und

– eine gut begründete und ausgewogene Planung erstellen zu können,

ersetzt er nicht.

Da die Informationsbeschaffung meistens durch

– zeitliche Beschränkungen,

– schlechte Informationsmöglichkeiten,

– laufende Verhandlungen

beeinflußt wird, ist bei der Auswahl der Fragen darauf zu achten, daß die wesentlichen, d.h. materiell wichtigen Fragen ausführlich behandelt und ergänzende, vertiefende sowie Spezial- und Kontrollfragen, deren Beantwortung einen erheblichen Zeitaufwand erwarten läßt, unter Umständen zunächst zurückgestellt werden.

Eine intensive Klärung der A. I. Vorfragen, die vorherige Analyse der Jahresabschlüsse sowie die Auswertung der vorher beschafften A. III. Allgemeinen Informationen geben Hinweise für die Auswahl der materiell wichtigen Fragen.

Es kann zweckmäßig sein, vor dem Besuch des zu analysierenden Unternehmens aufgrund der bereits vorhandenen Kenntnisse über das Unternehmen und seine Umwelt den einzelnen Fragen oder Teilfragen verschiedene Prioritäten zu geben. Zum Beispiel:

A.  Antwort auf die Frage kann Kaufentschluß beeinflussen und /oder hat wesentlichen Einfluß auf die Einschätzung der zukünftigen Ertragslage. Frage muß geklärt werden.

B.  Antwort auf die Frage kann Kaufentschluß kaum beeinflussen und hat wahrscheinlich geringen Einfluß auf die Einschätzung der zukünftigen Ertragslage. Frage soll geklärt werden.

C.  Antwort auf die Frage kann Kaufentschluß nicht beeinflussen und hat wahrscheinlich keinen oder nur unbedeutenden Einfluß auf die Einschätzung der zukünftigen Ertragslage. Frage kann wegfallen.

Für die Vergabe der obigen Prioritäten ist es sehr wesentlich zu wissen, inwieweit im einzelnen eventuelle Rationalisierungsmöglichkeiten und erwartete Synergieeffekte quantifiziert werden sollen. Es versteht sich, daß ihre mengen- und wertmäßige Ermittlung, wenn sie glaubwürdig und realistisch sein soll, sehr detaillierte Informationen erfordert.

Es kann möglich sein, daß man zunächst im Rahmen einer Unternehmensanalyse und Unternehmensbewertung auf gewisse Informationen und Daten (z.B. Verträge, Einzelaufstellung der vorhandenen Vermögenswerte) verzichten muß. Sie sollten aber spätestens vor dem Kaufabschluß, d.h. bei einer Due Diligence, beschafft und geprüft werden. Dies trifft insbesondere auf den Kauf von Unternehmen oder Unternehmensteilen zu, für die keine geprüften Jahresabschlüsse vorliegen.

# Reihenfolge der Fragen

Die Reihenfolge der Fragen wurde aus folgenden Gründen so gewählt:

Die A. I. Vorfragen dienen dazu, die Absichten des Auftraggebers und seine Kenntnisse über das Unternehmen und dessen Umfeld zu erfahren.

Die in Abschnitt A. II. Mindestunterlagen und -informationen genannten Abschlüsse sollten vor dem Besuch des zu bewertenden Unternehmens beschafft und intensiv durchgearbeitet werden. Sie vermitteln erste gesicherte Erkenntnisse über die Vermögens-, Finanz- und Ertragslage des Unternehmens. Bei den weiteren Positionen dieses Abschnitts handelt es sich um eine stichwortartige Zusammenfassung der wesentlichen Informationswünsche.

Falls noch keine wesentlichen Informationen über das Unternehmen vorliegen – z.B. Unternehmensexposé, Verkaufsprospekt oder Offering Memorandum, in dem diese Mindestinformationen enthalten sein sollten –, eignet sich diese stichwortartige Zusammenfassung, ggf. abgeändert oder ergänzt um weitere Einzelfragen, zur schriftlichen Übersendung an die Eigentümer des zu bewertenden Unternehmens bzw. an die mit dem Verkauf Beauftragten, wie Bank, Makler oder Unternehmensberater.

Falls ein Unternehmensexposé, Verkaufsprospekt, Offering Memorandum oder in anderer Form geeignete Mindestunterlagen und -informationen vorliegen, sollte nach Analyse und Prüfung dieser Informationen und der A. III. Allgemeinen Informationen, die vor dem Besuch soweit wie möglich aus anderen Quellen zu beschaffen sind, einer ersten Meinungsbildung über das Unternehmen und einer überschlägigen Bewertung eine eingehende Analyse und Prüfung des zu bewertenden Unternehmens anhand der als geeignet erachteten Fragen der folgenden Abschnitte vorgenommen werden.

Die Abschnitte B. IV. Absatzmarkt und B. V. Konkurrenz sollen über die zukünftigen Absatzmöglichkeiten informieren. Wenn möglich, sollten diese Informationen nicht nur von dem zu bewertenden Unternehmen, sondern auch aus anderen Quellen beschafft werden.

Die Abschnitte C. VI.-XIII. dienen der genauen Erkundung der einzelnen Bereiche des Unternehmens. Konzerne sind hierbei weniger unter rechtlichen als weitgehend unter wirtschaftlichen Gesichtspunkten zu sehen und somit als eine wirtschaftliche Einheit zu betrachten. Das bedeutet, die einzelnen Konzernunternehmen sind genauso wie die Muttergesellschaft in die Informationssammlung einzubeziehen. Man sollte sich die Auskünfte möglichst von den Leitern der einzelnen Bereiche geben lassen. Die erhaltenen Informationen kann man zu einem großen Teil anhand der Jahresabschlüsse auf Plausibilität überprüfen.

Mit den Fragen der Abschnitte D. XIV.-XXIV. sind noch offenstehende Fragen über die Vermögens-, Finanz- und Ertragslage zu klären. Sie können auch teilweise der Kontrolle der erhaltenen Informationen über die einzelnen Bereiche des Unternehmens dienen. Diese Auskünfte sollten, soweit angebracht, nach Muttergesellschaft und Konzern getrennt erbeten werden.

Die Abschnitte E. XXV. Recht und E. XXVI. Steuern beinhalten spezielle Fragen aus diesen Bereichen, die in den vorhergehenden Abschnitten noch nicht angesprochen wurden. Die Analyse von Verträgen und die Klärung rechtlicher Fragen sollten nicht um ihrer selbst willen, sondern immer im Hinblick auf ihre wahrscheinliche oder mögliche wirtschaftliche Bedeutung erfolgen.

Der Abschnitt E. XXVII. Management soll helfen, Informationen zu beschaffen, die nur zu einem geringen Teil aus Dokumenten ersichtlich sind oder auf exakten Feststellungen beruhen. Dies erfordert eine gewisse Anwesenheit im zu bewertenden Unternehmen und erfolgt durch Gespräche mit den Betroffenen, deren Mitarbeitern und auch Beratern. Darüber hinaus liefern die Ergebnisse der bisherigen Handlungsweise des Managements Hinweise dafür, inwieweit das Management wahrscheinlich in der Lage sein wird, die zukünftigen Absatzmöglichkeiten geschickt zum finanziellen Vorteil des zu bewertenden Unternehmens auszunutzen. Nicht unerheblich wird die Aussage über die Qualität des Managements auch durch die Ergebnisse des dann folgenden Abschnitts E. XXVIII. Unternehmensplanung geprägt.

Der Wert eines Unternehmens ergibt sich aus den zukünftigen ausschüttungsfähigen Ergebnissen, die aufgrund einer Unternehmensplanung (E. XXVIII.) zu ermitteln sind. Die Erstellung und Prüfung von Plänen ist nur nach Kenntnis der Vermögens-, Finanz- und Ertragslage, der genauen Tätigkeit des Unternehmens, der Umwelt des Unternehmens, insbesondere des Absatzmarktes, sowie der Fähigkeiten des Managements möglich.

Bei E. XXIX. Schlußfragen handelt es sich um vorzunehmende Beurteilungen, die unter Umständen die Bewertung des Unternehmens beeinflussen können.

Die Kenntnis der möglichen Synergieeffekte (E. XXX.) soll es ermöglichen, neben einem objektivierten (stand alone) einen subjektiven, d.h. entscheidungsorientierten Wert (Preisobergrenze für den Käufer) zu ermitteln.

Bei den erhaltenen Informationen kann es vorkommen, daß sie teilweise unverständlich oder unvollständig erscheinen. Um eine zügige Informationssammlung nicht zu gefährden, ist es angebracht, eine solche Frage zunächst nicht weiterzuverfolgen, um je nach den Umständen Rücksprache mit Fachleuten des Auftraggebers zu nehmen, später nach genauem Studium der erhaltenen Informationen noch einmal darauf zurückzukommen oder mit anderen Gesprächspartnern solche Fragen nochmals zu diskutieren.

# Nicht testierte Jahresabschlüsse

Die mit einem * gekennzeichneten Fragen sind insbesondere für Unternehmensanalysen und -bewertungen vorgesehen, bei denen keine von einem Wirtschaftsprüfer mit dem uneingeschränkten Bestätigungsvermerk versehenen Jahresabschlüsse vorliegen. Diese Fragen beziehen sich auf den Bestandsnachweis der einzelnen Vermögensgegenstände.

Falls keine testierten Jahresabschlüsse vorliegen, sollte bei der Due Diligence der letzte Jahresabschluß bzw. Zwischenabschluß geprüft werden. Darüber hinaus sind in einem solchen Falle die angegebenen Fragen zur Bewertung der einzelnen Bilanzposten besonders kritisch zu stellen, um zu erfahren, ob die Grundsätze ordnungsmäßiger Bilanzierung eingehalten worden sind. Beispiele: Bilanzwahrheit (fehlende Rückstellungen), Bewertungskontinuität (geänderte Abschreibungspolitik), Vorsichtsprinzip (Bewertung der Forderungen und Vorräte).

Bei ausländischen Gesellschaften ist festzustellen, welche Qualität dem Testat des Wirtschaftsprüfers beizumessen ist. Gegebenenfalls sind solche Jahresabschlüsse ähnlich wie nicht testierte Jahresabschlüsse zu betrachten.

*Wenn du eine weise Antwort verlangst, mußt du vernünftig fragen.*
*Johann Wolfgang von Goethe*

# Auftragsblatt

Name und Rechtsform des Bewertungsobjektes:


Sitz:

Telefon:                                                      E-Mail:

Telefax:                                                      Internet:

Wirtschaftliche Betätigung:


Bewertungsanlaß:

Wieviel % der Anteile sollen bewertet werden?

Voraussichtlicher Zeitpunkt des Kaufs/Verkaufs:

Auftraggeber:


Termin:

Auskünfte wurden durch folgende Personen erteilt:

Name:                                                        Funktion:


Besondere Bemerkungen:


Datum des Auftrages:

Auftrag durchgeführt vom                 bis                          durch

# A. Allgemeines

## I. Vorfragen

*(vorab mit Auftraggeber klären, ggf. später ergänzen)*

1. Wer sind die **jetzigen Anteilseigner** des zu bewertenden Unternehmens? (*vgl. XX. Eigenkapital, Frage 5*)

2. Welche **Gründe** gibt es für den **Kauf** (oder Verkauf) des Unternehmens oder Unternehmensteils bzw. einzelner Vermögensgegenstände? *(siehe evtl. XXX. Synergieeffekte)*

3. Welche **Vor-** und **Nachteile** werden durch den Unternehmenskauf erwartet?

4. Bestehen **kartellrechtliche Bedenken** gegen diesen Unternehmenskauf? (*vgl. XXX. Synergieeffekte, Frage 1*)

5. Kommen **andere Interessenten** für dieses Unternehmen in Frage? Was ist über deren Kaufbemühungen und Erfolgsaussichten bekannt?

6. Sind **Nachteile** zu erwarten, falls ein **Dritter** das zu bewertende Unternehmen **erwirbt**?

7. Mit welchen **Reaktionen anderer Unternehmen** (Kunden, Lieferanten, Konkurrenten) ist bei einem Kauf zu rechnen?

8. Welche **Gründe** werden bei den jetzigen Anteilseignern **für einen Verkauf** angegeben und welche möglicherweise davon abweichenden Gründe werden vermutet? Gibt es Nachfolgeprobleme? Sind alle Anteilseigner verkaufswillig? Ist bekannt, wie lange das Unternehmen schon zum Verkauf angeboten wird und ob Verkaufsverhandlungen schon einmal fehlgeschlagen sind?

9. Was ist über das Unternehmen (z.B. Geschäftsbericht, Website im Internet, Informationen in gebührenpflichtigen Datenbanken, mündliche und ausführliche schriftliche Informationen von Kennern der Branche) bekannt? Welche **Stärken** und **Schwächen** hat das Unternehmen offenbar?

10. Wie ist dessen **Stellung innerhalb der Branche**? Welche Strategien verfolgt das Unternehmen offenbar?

11. Welchen **Ruf** hat das **Management** in der Branche?

12. Welche **geschäftlichen Beziehungen** bestehen oder bestanden mit dem zu bewertenden Unternehmen oder seinen Anteilseignern (z.B. Lizenznehmer/-geber, Kunde, Lieferant, Kooperationspartner)? Gegebenenfalls Umfang und Bedeutung dieser Geschäftsbeziehungen feststellen

13. Ist das zu bewertende Unternehmen ein **Konkurrent**? Einzelheiten feststellen

14. Bestehen **persönliche Beziehungen** mit den Anteilseignern oder Führungskräften des zu bewertenden Unternehmens?

15. Welche **Verhandlungen** wurden bereits geführt? Gibt es darüber **Aktennotizen oder Protokolle**? Wurde bereits ein Vorvertrag, »non-binding offer« oder »letter of intent« unterzeichnet?

16. Sind **Kaufpreisvorstellungen** bekannt? Wie werden sie begründet? Wie soll der Kauf wahrscheinlich finanziert werden?

17. Vor einem Besuch des Unternehmens bzw. der Anforderung von Unterlagen **alle erhältlichen Informationen**, ggf. auch Vermutungen, über das Unternehmen sammeln

18. Bestehen aufgrund des Gesellschaftsvertrages, der Satzung oder einer Vereinbarung **Richtlinien für diese Unternehmensbewertung**?

19. Werden bei dem zu bewertenden Unternehmen **Betriebe** oder **Aktivitäten** vorher **ausgegliedert**, bzw. sind nur einzelne Unternehmensteile zu bewerten?

20. Welche Auswirkungen hat es auf die zukünftigen Aktivitäten des Bewertungsobjekts, wenn es sich bei ihm um ein **aus einem Verbund gelöstes Konzernunternehmen**, Geschäftsfeld, Betriebsstätte oder einzelnes Unternehmensteil handelt?

21. Sollen **nach** einem eventuellen **Kauf einzelne Unternehmensteile verkauft** werden? Wer kommt als Käufer in Frage? Wurden bereits Verhandlungen geführt? Welche Preisvorstellungen bestehen?

22. Wer sind die **Kontaktpersonen** bei dem zu bewertenden Unternehmen?

23. Besteht ein besonderer **Vertraulichkeitsgrad** für diese Unternehmensbewertung? Sind somit die Informationsmöglichkeiten eingeschränkt?

24. Liegt eine schriftliche **strategische Planung des Auftraggebers** für sein Unternehmen bzw. seinen Geschäftsbereich vor? Falls ja, strategische Planung einsehen. Welche Funktionen soll das zu bewertenden Unternehmen darin übernehmen? Falls keine schriftliche strategische Planung des Auftraggebers vorhanden ist, welche Informationen können kurzfristig zusammengestellt werden (Analyse des Unternehmens bzw. des Geschäftsbereiches – z.B. Kosten- und Erlösstruktur, Marktanteilsentwicklung, Verkaufssortiment, Absatzwege, Absatzgebiete, Kundenstruktur, Produktionsverfahren, Stand der Forschung – und seiner Umwelt, Stärken und Schwächen)?

25. Von wem und an wen ist beim Kauf/Verkauf des Unternehmens für welche Leistungen evtl. eine **Provision** oder ein Honorar und, wenn ja, in welcher Höhe zu zahlen?

26. Verfügt der **Auftraggeber** über **ausreichende Managementfähigkeiten**, um das zu erwerbende Unternehmen zu führen?

# II.  Mindestunterlagen und -informationen

*(Auf Basis der folgenden Mindestunterlagen und -informationen, die in einem Unterneh-*
*mensexposé, Verkaufsprospekt oder Offering Memorandum enthalten sein sollten bzw. vor*
*einer sorgfältigen Analyse und Prüfung des Unternehmens, d.h. Due Diligence, beschafft*
*werden sollten, kann man eine überschlägige Unternehmensbewertung erstellen.)*

### Geschäftstätigkeit

1.  **Geschichtliche Entwicklung** des Unternehmens

2.  **Organisationsplan**

3.  Beschreibung des **Standorts** der einzelnen Betriebsstätten

4.  Beschreibung des **Verkaufssortiments** (Handelswaren besonders vermerken) und/oder
    der angebotenen Dienstleistungen, der **Verkaufsorganisation**, der **Absatzwege**, der
    **Absatzgebiete** und der **Kundenstruktur**

5.  **Prospekte, Preislisten, Kataloge** beschaffen

6.  Entwicklung der **Marktanteile** der einzelnen Produktgruppen sowie Angabe der
    bedeutenden Konkurrenten und ihrer Marktanteile

7.  Branchenberichte und **Marktanalysen** über die von dem Unternehmen hergestellten
    und vertriebenen Produkte und/oder angebotenen Dienstleistungen

8.  Art und Umfang der **Werbung** und Vergleich mit der Branche

9.  Erläuterung der **Produktionsverfahren**, der **Produktionskapazität** und der **Kapazi-
    tätsauslastung**

10. Informationen über Umfang (Budget, Personal, Projekte) der **Forschung** und **Ent-
    wicklung,** über erzielte und erwartete verwendungsfähige Ergebnisse sowie über
    Lizenzverträge

11. Angaben über **Rohstoff**- und **Energieversorgung** sowie **Beschaffung** und **Logistik**

12. Beschreibung der **Entsorgung.** Ist sie nachhaltig gesichert, sind Auflagen zu erfüllen, und
    mit welchen Investitionen ist zu rechnen? Ist mit Umwelt-Altlasten zu rechnen?

13. Durchschnittlicher **Personalstand** in den einzelnen Unternehmensbereichen in den
    letzten 5 Jahren mit globalen Angaben über Personalstruktur sowie Fluktuation,
    Krankenstand, Arbeitssicherheit und Streiks

### Rechnungswesen

14. Geprüfte und **testierte Einzelabschlüsse** und **Konzernabschlüsse** einschließlich Kapital-
    flußrechnung und Segmentberichterstattung mit Erläuterungsberichten des Wirtschafts-
    prüfers und Geschäftsberichten bzw. Lageberichten (für an US-Börsen notierte Gesell-
    schaften 10-K Berichte) der letzten 5 Jahre, möglichst der letzten 8-10 Jahre – falls diese
    Unterlagen nicht existieren, unterzeichnete Jahresabschlüsse mit ausführlicher Erläuterung

der einzelnen Posten (Beschreibung und Bewertungsmethode) der Bilanz und der Gewinn- und Verlustrechnung – sowie **interne Ergebnisrechnungen** für den gleichen Zeitraum

*(Die Auswertung eines längeren Zeitraums empfiehlt sich insbesondere bei Unternehmen,*
*– die Großanlagen herstellen,*
*– die stärker konjunkturabhängig sind,*
*– bei denen starke Rohstoffpreisschwankungen vorliegen,*
*– deren Ergebnisse durch Währungsparitätsänderungen erheblich beeinflußt werden,*
*– bei denen der Umfang der Sachanlagen sehr hoch ist,*
*– bei denen es in letzter Zeit wesentliche Kapazitätsänderungen gegeben hat,*
*– die ihren Sitz in Ländern haben, in denen größere bilanzpolititsche Möglichkeiten*
*bestehen, wie z.B. in der Schweiz und der Bundesrepublik Deutschland)*

15. **Zwischenabschlüsse** (für an US-Börsen notierte Gesellschaften 10-Q und evtl. 8-K Berichte) und/oder kurzfristige Erfolgsrechnung des laufenden Jahres (mit Vergleichszahlen des entsprechenden Zeitraums des Vorjahres), Umsatz-, Kosten- und Ergebniserwartungen für das laufende Jahr sowie Informationen von besonderer Bedeutung nach Schluß des letzten Geschäftsjahres

16. **Aufgliederung** des vorhandenen **Sachanlagevermögens** nach Art (Grundstücke, Gebäude, Maschinen, Betriebs- und Geschäftsausstattung) Anschaffungsjahr und Anschaffungswert, bisherige Zu- und Abschreibungen (Höhe, Methode, Sätze) und Buchwert. Angaben über Verkehrswerte der nicht betriebsnotwendigen Grundstücke und die wirtschaftliche und technische Restnutzungsdauer des übrigen Sachanlagevermögens. **Beschreibung** der wesentlichen Anlagegegenstände und ihres Erhaltungszustandes. Informationen über **nicht aktivierte Leasinggegenstände**

17. Angaben über vorhandene **immaterielle Vermögensgegenstände** (Patente, Warenzeichen, Know-how o.ä.)

18. Einzelheiten zu den einzelnen Posten des **Umlaufvermögens**, insbesondere Altersaufbau der Forderungen aus Lieferungen und Leistungen, Risiken bei den Vorräten (z.B. Überbevorratung, Ladenhüter) und Höhe der Wertberichtigungen

19. Beschreibung einer evtl. bestehenden **betrieblichen Altersversorgung** (Leistungen, Finanzierung)

20. Gibt es **nicht bilanzierte Verpflichtungen**, insbesondere gegenüber dem Personal (Entlassungsentschädigungen, Pensionszusagen, Leistungen bei Krankheit, gegebene Optionen für Anteilsrechte)?

21. Bestehen erkennbare **Risiken**, für die **keine Rückstellungen** gebildet wurden (z.B. Umwelt-Altlasten)?

22. **Zusammensetzung des Umsatzes** (möglichst mit Mengen und Preisen bzw. Durchschnittserlösen) des laufenden Jahres und der letzten 3-5 Jahre nach
    – Geschäftsfeldern, Produktgruppen oder Produkten,
    – nach Absatzwegen oder Kundengruppen,
    – nach Inland und Ausland (Hauptabsatzländer einzeln)
    mit Hinweisen auf Einführungsdatum und erwartetem Lebenszyklus der einzelnen Produkte

23. **Herstellungskosten** je Produktlinie, Produktgruppe oder Produkt mit Angaben über Zusammensetzung der Herstellungskosten nach Kostenarten und Erläuterung des Kalkulationsverfahrens

24. Zusammensetzung und nähere Angaben über
    - Instandhaltungs- und Reparaturkosten,
    - Forschungs- und Entwicklungskosten,
    - Vertriebs- und Werbekosten,
    - allgemeine Verwaltungskosten,
    - sonstige betriebliche Aufwendungen,
    - Lizenzaufwendungen und -erträge,
    - gesondert und nicht gesondert ausgewiesene außerordentliche Aufwendungen,
    - sonstige Erlöse, sonstige betriebliche Erträge und außerordentliche Erträge

25. Erläuterung der **Ertragsteuerberechnung**, des Ergebnisses der letzten steuerlichen Außenprüfung und anderer wichtiger steuerlicher Tatbestände

## Unternehmensplanung

26. Vorhandene **Umsatz-**, **Kosten-** und **Ergebnisplanungen** mit Erläuterungen und Angaben über eventuelle neue Produkte in der Zukunft. Falls solche Planungen nicht vorhanden sind, globale Umsatz-, Kosten- und Ergebnisschätzung für das laufende und die nächsten 1-3 Jahre. Gibt es einen Restrukturierungsplan?

27. **Investitionsplanung** mit Erläuterungen

28. **Finanzplanung**

29. **Personalplanung**

## Sonstiges

30. Ausführliche Beschreibung der **Lieferungen** und **Leistungen** von und an **verbundene Unternehmen** mit Angabe der Mengen, der Verrechnungspreise und der entsprechenden Marktpreise, sofern die verbundenen Unternehmen nicht in den Konzernabschluß einbezogen wurden oder die verbundenen Unternehmen nicht Bestandteil der Unternehmensbewertung sind

31. **Wichtige Verträge** (bei einer Bewertung von Anteilen: auch Gesellschaftsvertrag, Satzung, sonstige zwischen den Gesellschaftern abgeschlossene Verträge, Protokoll der letzten Gesellschafterversammlung)

32. Kürzlich abgeschlossene, laufende und erwartete wichtige **Rechtsstreitigkeiten**

33. Angaben über das **Management**

34. **Branchenspezifische** Informationen und Kennzahlen

# III.   Allgemeine Informationen

*(Soweit Informationen vor dem Besuch des zu bewertenden Unternehmens beschafft werden können, sollte das geschehen.)*

## Bewertungen, Gutachten, Kaufpreise, Analysen, Auskünfte

1. Liegen **frühere Unternehmensbewertungen** oder -analysen vor?

2. Liegen **Gutachten** über Grundstücke, Gebäude und Maschinen vor? Werden solche noch erstellt?

3. Falls das Unternehmen an der **Börse** notiert wird, Unterlagen über **Kurse**, Dividenden und Kapitalerhöhungen (Börsenprospekt) der letzten Jahre beschaffen. Kursentwicklung mit dem Aktienindex (Gesamt- und Branchenindex) vergleichen. Gründe für eine evtl. wesentlich abweichende Kursentwicklung feststellen. An welcher Börse und auf welchem Markt werden die Aktien gehandelt? Sind Informationen über die Börsenumsätze und die Zusammensetzung der Aktionäre bekannt?

4. Hat das Unternehmen in den letzten Jahren ganz oder teilweise den **Eigentümer gewechselt**? Ist der Kaufpreis bekannt? Wer war der Verkäufer, und was war wahrscheinlich der Grund für den Eigentümerwechsel?

5. Liegen **Berichte von Auskunfteien**, Banken, Sparkassen, Ratingagenturen, Verbänden, Industrie- und Handelskammern, Online-Informationen aus externen Datenbanken, wissenschaftliche Publikationen, amtliche Statistiken, sonstige inner- oder außerbetrieblich erstellte Berichte oder andere Unterlagen über das Unternehmen und seine Produkte bzw. über die Branche vor?

6. Was ist über die **Qualität** der von dem Unternehmen hergestellten Erzeugnisse und seiner Dienstleistungen bekannt?

7. Gibt es Unternehmens-, **Betriebsvergleiche** oder Branchenkennzahlen, -analysen, bzw. können solche erstellt werden?

8. Sind **Kooperationsverträge** des zu bewertenden Unternehmens **mit anderen Unternehmen** bekannt? Welche Bedeutung haben sie, und könnten sie bei einem beabsichtigten Kauf hinderlich sein?

9. Sind Börsenkurswerte oder **Unternehmenspreise** sowie die entsprechenden finanzanalytischen Daten **möglichst ähnlicher Unternehmen der gleichen Branche** und Einzelheiten über deren Geschäftstätigkeit, Umsatz- und Ergebniserwartungen und den Kauf (Käufer, Datum, Gründe, Besonderheiten) bekannt?

10. Gibt es **branchenorientierte Bewertungsformeln** (z.B. bei Freiberuflerpraxen)? Welche Erfahrungssätze (Multiplikatoren) sind bekannt? Wie ist der Markttrend (Angebot/Nachfrage)?

**Ausländische Unternehmen**

11. Bei ausländischen Unternehmen:

Informationen über
- innen- und außenpolitische Lage,
- gesamtwirtschaftliche Lage, Ressourcen, Infrastruktur, Wirtschaftswachstum, Inflation, Staatshaushalt, außenwirtschaftliche Finanzlage,
- Wirtschaftsordnung, Wirtschaftspolitik (z.B. Lohn- und Preiskontrolle, Ein- und Ausfuhrbestimmungen, Kartellrecht),
- Kapitalschutz, Einstellung gegenüber ausländischen Investoren,
- Kredit- und Kapitalmarkt (Finanzierungsmöglichkeiten, insbesondere für ausländische Unternehmen, Soll- und Habenzinsen, Politik der Zentralbank, amtlicher Diskontsatz, Entwicklung Aktienindex, durchschnittliche Kurs-/Gewinn-Verhältnisse und durchschnittliche Dividendenrenditen in den letzten Jahren, Effektivrendite langfristiger öffentlicher nicht steuerbegünstigter Anleihen oder, falls es im Lande keine langfristigen öffentlichen Anleihen gibt, Zinsen für Hypothekenkredite oder andere langfristige Geldausleihungen),
- Bilanzrecht (Bewertungsvorschriften, steuerlich wirksame Aufwertungen, steuerlich anerkannte Wertberichtigungen, spezielle Rücklagen, steuerlich anerkannte Rückstellungen für Pensionen),
- Steuerrecht (Höhe sämtlicher jetzt und in Zukunft erhobener Steuern vom Ertrag und Vermögen, Besteuerung bzw. Minderung oder Ausschaltung der Doppelbesteuerung von Beteiligungserträgen, unterschiedliche Besteuerung von Inländern und Ausländern, von einbehaltenen und ausgeschütteten Gewinnen, Steuergutschrift auf Dividenden, eventuelle Steuerprogression bei Dividenden, Ermittlung Bemessungsgrundlage für Steuerberechnung, Abschreibungsmöglichkeiten, besondere Steuervergünstigungen, Möglichkeiten des Verlustrücktrags und des Verlustvortrags, Möglichkeiten der Konzernbesteuerung, Mindestbesteuerung, Besteuerung von Gesellschafterdarlehen und von Lizenzen, Möglichkeit der Bildung von Rückstellungen, insbesondere für Pensionen o.ä., nicht abziehbare Aufwendungen, System und Höhe der Umsatzsteuer, sonstige wesentliche Steuern),
- Arbeitsrecht (Mitbestimmung, Kündigungsschutz, Abfindungspläne, Entlassungsentschädigungen, Altersversorgung, Übergang der Arbeitsverhältnisse bei Übertragung von Vermögensgegenständen),
- Gesellschaftsrecht (z.B. Schutz der Minderheitsgesellschafter),
- Rechtsordnung, Qualität der öffentlichen Verwaltung (Korruption, Bürokratie, Behördenwillkür),
- Ausbildungsstand und Arbeitsproduktivität der Arbeitnehmer sowie ihre Einstellung zur Arbeit, Verpflichtung zu fast ausschließlicher Beschäftigung einheimischer Mitarbeiter
sammeln

12. Bestehen wesentliche **politische** oder **soziale Konflikte** in diesem Land?

13. Ist in dem Land mit wesentlichen **politischen** oder **sozialen Veränderungen** (Regierungswechsel durch Wahlen oder Putsch, Revolutionen, Reformen) zu rechnen, oder haben diese kürzlich stattgefunden? Welchen Einfluß haben sie auf eine unternehmerische Tätigkeit?

14. Welche **Genehmigungen** müssen für den Erwerb des Unternehmens oder von Unternehmensanteilen eingeholt werden, bzw. wer ist davon zu unterrichten (z.B. Zentralbank, Betriebsrat, Gewerkschaften, Kartellbehörde)? In welchem Zeitraum kann mit dem Erhalt der Genehmigungen gerechnet werden? Welche Auflagen sind evtl. damit verbunden?

15. Welche **stillschweigend** den inländischen Eigentümern gewährten Duldungen oder »**Rechte**« (z.B. nicht durchgesetzte Auflagen) werden ausländischen Eigentümern wahrscheinlich nicht weiter gewährt werden? Erhalten **ausländische Eigentümer** die gleichen Vorteile wie die bisherigen inländischen Eigentümer (z.B. Forschungsförderung, Zinssubventionen)?

16. Welche **sonstigen** rechtlichen und tatsächlichen **Hemmnisse** bestehen in dem Land, insbesondere für ausländische Unternehmen?

17. Kontakt mit **Beratern** im Land aufnehmen

## Gesellschafter, Gesellschaftsvertrag, Geschäftsführung

18. **Kapitalanteile** der einzelnen Gesellschafter feststellen und **Gesellschaftsvertrag, Satzung**, sonstige zwischen den Gesellschaftern abgeschlossene Verträge und Protokoll der letzten Hauptversammlung bzw. Gesellschafterversammlung beschaffen *(vgl. XXV. Recht, Fragen 14 und 15)*

19. Welchen **Ruf** haben die einzelnen **Gesellschafter**?

20. Welche geschäftlichen und verwandtschaftlichen oder sonstigen privaten **Beziehungen** bestehen **zwischen** den **Gesellschaftern**?

21. Bestehen im Gesellschaftsvertrag oder in sonstigen zwischen den Gesellschaftern abgeschlossenen Verträgen besondere **bewertungsrelevante Bestimmungen** (z.B. Bewertungsrichtlinie, Optionsrecht, Vorkaufsrecht, Einschränkung der Übertragbarkeit, Vorzugsaktien, Minderheitsschutz oder sonstige unterschiedliche Rechte oder Pflichten)?

22. **Wer** sind die **Geschäftsführer** (oder Mitglieder des Vorstands, d.h. die 1. Führungsebene) und sonstigen oberen Führungskräfte (Name, Titel, Alter, Nationalität, Ausbildung, beruflicher Werdegang, Betriebszugehörigkeit, Zuständigkeit, seit wann in dieser Funktion, Laufzeit der Verträge, Vollmachten, insbesondere Prokura)?

23. **Wer** ist im **Aufsichtsrat** oder Beirat?

24. Ist vorgesehen, daß **Gesellschafter** des zu bewertenden Unternehmens **zukünftig als Geschäftsführer** oder Berater für das Unternehmen tätig bleiben?

## Beschreibung des Unternehmens
(Zweck, Geschichte, Organisation, Standort)

25. Was ist der **Unternehmenszweck** (Produktions- und Vertriebsprogramm)? Prospekte, Preislisten (ggf. getrennt nach Absatzwegen), Kataloge beschaffen

26. Wie ist die **geschichtliche Entwicklung** (Gründung, Wechsel der Anteilseigner, Enteignung, Entflechtung, Rückübereignung, Börseneinführung, Fusion, Erwerb wesentlicher Beteiligungen, Errichtung neuer Werke und Niederlassungen, Restrukturierungen, Outsourcing von Unternehmensteilen, Stillegungen, Kauf oder Verkauf von Unternehmensteilen oder Produktlinien, Änderung des Namens oder der Rechtsform, wesentliche Forschungsergebnisse, Veränderungen in der Produktpalette und in den Absatzgebieten des Unternehmens, Wechsel des Managements)? Falls vorhanden, Jubiläumsschriften oder ähnliche Unterlagen beschaffen

27. Welche grundsätzlichen geschäftspolitischen **Entscheidungen** sind in den **letzten Jahren** gefällt worden, und inwieweit wurden sie realisiert?

28. Beurteilung des **Standorts** sämtlicher Betriebsstätten (Verkehrsanbindung, Kundennähe, Personalbeschaffung, Energieversorgung, Umweltschutz, Erweiterungsmöglichkeiten, Auflagen der Gewerbeaufsicht)

29. Ist es geplant oder in Zukunft notwendig, das Unternehmen oder Unternehmensteile an einen **anderen Standort** zu verlegen? Einzelheiten feststellen

30. **Organisationsplan** und **Geschäftsordnung** beschaffen und erläutern lassen (tatsächliche Entscheidungsbefugnisse und Verantwortung feststellen, Hinweise auf Fähigkeiten der Führungskräfte zu erfahren versuchen)

31. **Seit wann** sind der **Organisationsplan** und die **Geschäftsordnung** in Kraft? Aus welchem Grund wurden welche Änderungen damals vorgenommen? Gibt der Organisationsplan die tatsächliche Situation richtig wieder?

32. Sollen der **Organisationsplan** und die **Geschäftsordnung demnächst geändert werden**? Aus welchem Grund sind welche Änderungen beabsichtigt?

33. Die wichtigen Unternehmensbereiche und Betriebe **besichtigen** und evtl. Fotos machen

34. **Besuchsberichte** der Fachleute des Auftraggebers für

    – Produktion,
    – Forschung und Entwicklung,
    – Ver- und Entsorgung, Umweltschutz,
    – Absatzmarkt, Vertrieb

    beschaffen

    Bei gleichzeitigem Besuch laufend mit den Fachleuten Informationen austauschen

35. Vorhandene **Planungen** mit den **Fachleuten besprechen** (vor und auf jeden Fall nach Analyse der Unternehmensbereiche, des Absatzmarktes und der Konkurrenz sowie der Vermögens-, Finanz- und Ertragslage)

36. Ist das Unternehmen oder der Unternehmensteil **sanierungsbedürftig**? Welcher Sanierungsplan ist vorhanden, oder wer erstellt bis wann ein Sanierungskonzept? Welchen Beitrag wird der Verkäufer zur Sanierung leisten (Mitarbeiterabbau vor Kauf, Übernahme von Altschulden durch den Verkäufer)?

# B. Analyse Absatzmarkt und Konkurrenz

## IV. Absatzmarkt

1. Welche Faktoren bestimmen im wesentlichen das **Marktpotential** der einzelnen Produkte/Produktgruppen? Wie haben sich diese Faktoren in den letzten Jahren verändert? Wie werden sie sich wahrscheinlich in Zukunft verändern?

2. Wie war die **Branchenentwicklung in der Vergangenheit**? Was waren die Gründe für diese Entwicklung? Wie wird die Branchenentwicklung in Zukunft eingeschätzt? (Informationen aus amtlicher Statistik, statistisches Material und Informationen von Verbänden, Instituten, Behörden, Banken und Sparkassen, Industrie- und Handelskammer, Informationen aus Fachliteratur und Fachzeitschriften)

3. Wie groß ist der **Gesamtmarkt** (Angabe der Marktdefinition und Aufteilung in Marktsegmente, z.B. nach Produkten, wie etwa nach Werkstoffen, Preisklassen, Design, Markenwaren oder markenlosen Waren, Verwendungszweck, nach Vertriebswegen und nach Kundenschichten) für die von dem Unternehmen vertriebenen Erzeugnisse (Menge und Wert zu Abgabepreisen und/oder Endverkaufspreisen, Inland und Ausland)? Wie groß ist davon der für das Unternehmen relevante Markt (Angabe der Marktdefinition)? Wie wird sich der Gesamtmarkt und der für das Unternehmen relevante Markt pro Jahr in nächster Zukunft verändern (nominal, real, Ober- und Untergrenze)?

4. Liegen für die einzelnen Produktgruppen und Regionen **Marktanalysen** vor? Wie fand die Informationsgewinnung bei den Marktanalysen statt? Was sagen die Marktanalysen aus? Welche Faktoren haben in welchem Maße in der Vergangenheit die Nachfrage offensichtlich beeinflußt? Inwieweit dürften diese Faktoren auch in der Zukunft die Nachfrage beeinflussen? Welche neuen Faktoren dürften eine Rolle spielen?

5. Welche Marktchancen und -risiken ergeben sich aus der **Osterweiterung der Europäischen Union**?

6. Welche **Bedarfsverschiebungen** sind bei den von dem Unternehmen verkauften Produkten oder Dienstleistungen bekannt oder werden als möglich angesehen?

7. Welche Bedeutung haben **Substitutionsprodukte**? Könnten sie ggf. selbst hergestellt werden? Welche Vor- und Nachteile haben sie?

8. Besteht eine große **Nachfragemacht** seitens eines oder weniger Kunden?

9. Welche **Besonderheiten** gibt es in der **Branche**?

10. Gibt es **Quotenregelungen**? Sind andere Beschränkungen des Wettbewerbs bekannt oder zu vermuten? Ist die Wettbewerbsordnung auf dem Absatzmarkt oder Teilen

des Absatzmarktes in letzter Zeit geändert worden, oder ist mit einer Änderung zu rechnen (z.B. Änderung Kartellrecht, deregulierte Märkte)? Genaue Einzelheiten feststellen

11. Welche größeren **Betriebsstillegungen**, **Firmenübernahmen**, **Fusionen** oder **Kooperationen** fanden in den letzten Jahren bei Kunden oder Konkurrenten statt? Sind solche Firmenübernahmen, Fusionen oder Kooperationen zu erwarten?

12. Gab es in letzter Zeit größere **Liquidationen, Konkurse, Vergleiche** oder **Massenentlassungen** bei Kunden oder Konkurrenten? Worauf sind sie zurückzuführen?


# V.  Konkurrenz

1. **Mit wem** konkurriert das Unternehmen im Inland und in der Europäischen Union? Wer sind die wichtigsten internationalen Konkurrenten?

2. Gibt es **potentielle Konkurrenten?**

   Als potentielle Konkurrenten kommen meistens in Frage
   – Hersteller ähnlicher Produkte, insbesondere bei freien Kapazitäten, hohen Fixkosten, hohen Forschungs- und Entwicklungskosten,
   – ausländische Hersteller,
   – Hersteller von Substitutionsprodukten,
   – Kunden,
   – Lieferanten,
   – branchenfremde Erwerber von Beteiligungen,
   – jetzige und ehemalige Angestellte.

   Wird wegen der Marktmacht der jetzigen Lieferanten der Markteintritt von potentiellen Konkurrenten durch die Kunden evtl. gefördert?

3. Welche **Markteintrittsbarrieren** bestehen für **neue Konkurrenten?** (fehlende Finanzkraft, Nichterreichen der Mindestbetriebsgröße, fehlende Verbundvorteile, absolute Kostennachteile, fehlende Verkaufsorganisation, hohe Käuferloyalität, sehr hohe Qualitätsansprüche der Abnehmer, Umstellungskosten der Abnehmer bei Produktwechsel, staatliche Vorschriften, langfristige Verträge, Angst vor Vergeltungsmaßnahmen)

4. Welche **Markteintrittsbarrieren** gab es bisher für **ausländische Konkurrenten?** Wie veränderten sich oder werden sich die Markteintrittsbarrieren für ausländische Konkurrenten verändern (z.B. Osterweiterung der EU)? Welche besonderen Wettbewerbsvorteile haben ausländische Konkurrenten?

*Folgende Fragen beziehen sich auf jeden einzelnen Konkurrenten (Angaben beschränken je nach der Stärke des Konkurrenten, den Informationsmöglichkeiten und der Bedeutung der Information):*

5. Angaben über **Name** (Markenzeichen), Anschrift, Gründung, Rechtsform, Anteilseigner, Entwicklung, Ruf, Management, Geschäftspolitik, erkennbare Strategien, Kooperationen, Standorte, vorhandene, hinzukommende oder stillgelegte Kapazitäten, Kapazitätsauslastung, Stand der Fertigung, Produktqualität, Forschung und Entwicklung, neue Produkte, vorhandene immaterielle Vermögensgegenstände, Erschließung neuer Märkte, Kostenstruktur, Gesamtumsatz und -ergebnis, Beschäftigte, Streiks, Finanzlage, Desinvestitionen und Aktivitäten auf anderen Gebieten

6. Beschreibung der **Konkurrenzprodukte** (mit Angaben über wesentliche Sortimentsänderungen und Produktverbesserungen in letzter Zeit), der anwendungstechnischen Beratung und des Kundendienstes

7. **Welche Umsätze** (Menge und Wert, Inland und Ausland) werden in den relevanten Produktgruppen/Geschäftsfeldern getätigt?

8. Welche **Preispolitik** wird betrieben? Wie lauten die Rabatt- und Zahlungsbedingungen?

9. Beschreibung der **Verkaufsorganisation** und der **Kundenstruktur**

10. Wie hoch sind die **Marktanteile** (aufgeteilt nach Regionen und nach Marken/Produktgruppen/Geschäftsfeldern/Teilmärkten)? Wie war die Marktanteilsentwicklung?

11. Einzelheiten über die **Werbung** und **Verkaufsförderung** (Werbemittel, Zielgruppen, Werbebudgets)

12. Welche besonderen **Stärken** und **Schwächen** der einzelnen Konkurrenten sind bekannt (Beschaffung, Produktion, Energieverbrauch, Forschung und Entwicklung, Werbung und Verkaufsförderung, Verkaufsorganisation, Produktqualität, Produktimage, Alter der Produkte, Umfang des Produktsortiments, Laufzeit von Patenten, Lizenzprodukte, Kundendienst, Lieferzeit, Personal, Management, Kosten, Organisation, Standort)?

13. Welche besonderen **Erfolge** und **Mißerfolge** der Konkurrenten sind aus der **Vergangenheit** bekannt? Was waren die Schlüsselfaktoren für diese Erfolge/Mißerfolge?

14. Bestehen Anzeichen für eine **Änderung** der **Konkurrenzsituation** (z.B. neue Konkurrenten, Ausscheiden von Konkurrenten, neue oder verbesserte Produkte)?

15. Welche **Kontakte** bestehen **zu den Konkurrenten,** und wie ist das **Verhältnis zu den einzelnen Konkurrenten?**

16. Welche Bedeutung haben die **kleineren Konkurrenten?** (Anzahl, geschätzte Umsätze, Kosten, Entwicklung, Stärken und Schwächen)

17. Welche **Branchenvergleichszahlen** sind bekannt?

# C. Analyse Unternehmensbereiche

# VI. Vertrieb/Marketing

### Verkaufssortiment

1. **Zusammensetzung** des Verkaufssortiments und/oder der angebotenen Dienstleistungen mit Angabe des Umsatzes und der verkauften Mengen der einzelnen Produkte/Produktgruppen *(vgl. XXIV. Gewinn- und Verlustrechnung, Frage 1)*

   Höhe des Auftragsbestandes mit Vergleichszahlen der beiden Vorjahre *(vgl. XXVIII. Unternehmensplanung, Frage 19)*

2. Welche **Bedürfnisse** werden mit den einzelnen Produkten/Produktgruppen befriedigt, welche **Probleme** werden mit ihnen gelöst, bzw. welches sind die **Anwendungsgebiete**? Handelt es sich um zukunftsweisende Problemlösungen? Welche Umweltprobleme entstehen durch die Produkte, und wie werden oder können sie gelöst werden? Durch welche neuen Technologien oder Substitutionsprodukte können die Produkte bedroht werden?

3. Welche **besonderen Eigenschaften** haben die einzelnen Produkte/Produktgruppen?

4. Wie sind die **Produktqualität**, das **Produktdesign** und die **Produktausstattung**?

5. An welche **wesentlichen Kundengruppen** werden die einzelnen Produkte/Produktgruppen verkauft? Anteil am Gesamtumsatz und Gesamtergebnis in den letzten Jahren feststellen *(vgl. XXIV. Gewinn- und Verlustrechnung, Fragen 1 und 18)*

   In welchem Umfang gehörten in den letzten Jahren Produkte des Unternehmens zur Originalausstattung von Produkten anderer Hersteller, z.B. Reifen bei Autos (**original equipment manufacturers – OEM**)?

6. Wann wurden die einzelnen **Produkte/Produktgruppen** (Hauptumsatzträger) **eingeführt**? Wie ist ihr **Lebenszyklus** zu beurteilen? (insbesondere Ablauf von Patenten in den verschiedenen Ländern beachten)

7. Welche **Produkte** wurden in den letzten Jahren **aufgegeben** oder sollen demnächst aufgegeben werden? Warum?

8. Sind in dem Verkaufssortiment **Spezialitäten** enthalten? Inwieweit ist das Unternehmen in **Marktnischen** tätig? Gegebenenfalls Spezialitäten und Marktnischen erläutern. In welchem Umfang werden Produkte nach individuellen Kundenwünschen hergestellt? Falls ja, genau erläutern lassen

9. Welche Produkte sind **Lizenzprodukte**?

10. Welche Produkte sind **Handelswaren**?

11. Unter welchen **Markenzeichen** werden die einzelnen Produkte/Produktgruppen im In- und Ausland verkauft? Über welche weiteren Markenzeichen verfügt das Unternehmen?

12. Wie ist der **Registrierungsstatus** der Produkte in den einzelnen Ländern? Über welche Absatzwege und in welcher Form dürfen die registrierten Produkte in den einzelnen Ländern vertrieben werden? Ergebnis der Prüfung der Produktzulassungen

13. Gibt es Informationen über den **Ruf** und Bekanntheitsgrad des **Unternehmens** und seiner Produkte (z.B. Imagerating) sowie entsprechende Informationen über die Konkurrenten und deren Produkte? Gibt es in der Öffentlichkeit bekannte Rechtsstreitigkeiten oder Berichte der Medien, die den Ruf des Unternehmens und seiner Produkte beeinträchtigen können?

14. Gibt es Informationen über den **Ruf** und den Bekanntheitsgrad der von dem Unternehmen vertriebenen **Marken**, der Markentreue der Verbraucher und der Plazierung der Marken in den Regalen sowie entsprechende Informationen über die Marken der Konkurrenten?

15. Wurden **Tests** in Verbraucher- oder Fachzeitschriften über verkaufte Produkte und vergleichbare Konkurrenzprodukte **veröffentlicht**? Wie waren die Ergebnisse dieser Tests und die Reaktionen der Kunden? Ist demnächst mit solchen Tests zu rechnen?

16. Sind **Urteile** einzelner Kunden oder Konkurrenten über die Produkte **bekannt**?

17. Werden in der Branche **Gütezeichen**, Qualitätssiegel o.ä. vergeben? Welche Bedeutung haben sie? Für welche Produkte besitzt das Unternehmen solche Gütezeichen, Qualitätssiegel o.ä.?

18. Ist der Absatz **saisonabhängig** oder unterliegt er **Modetendenzen**?

19. Inwieweit ist der Absatz **echter neuer** und **weiterentwickelter Produkte** (keine Scheininnovationen und modischen Produktverzierungen) vorbereitet (z.B. Marktanalyse, Produktzulassung, Markttests, Verkaufsorganisation)?

20. **Beschreibung** der neuen und weiterentwickelten Produkte und Angaben über wahrscheinliche Kosten und Preise sowie über besondere Vor- und Nachteile (Beschreibung ähnlich wie Fragen VI.2–VI.4)

21. Wie groß ist das **erwartete Marktvolumen** für diese Produkte? Wer ist der potentielle Kundenkreis?

22. Wie werden die **Auswirkungen** auf den Absatz der anderen Produkte des Unternehmens beurteilt?

23. Gibt es **vergleichbare Konkurrenzprodukte** oder werden sie erwartet? Welche Vor- und Nachteile haben die neuen und weiterentwickelten Produkte des Unternehmens gegenüber vergleichbaren Konkurrenzprodukten? Wie sind ggf. die Marktchancen für die neuen und weiterentwickelten Produkte im Verhältnis zu vergleichbaren Konkurrenzprodukten zu beurteilen? Welche Reaktionen der Konkurrenten sind durch die Einführung dieser Produkte zu erwarten?

24. Gibt es eine **anwendungstechnische Beratung, Kundendienst** o.ä.? Welcher Service wird geboten? Wie ist die Leistungsfähigkeit im Verhältnis zur Konkurrenz zu beurteilen? Welche Aufwendungen und eventuellen Erträge fallen hierfür an?

25. Welche **Garantien** werden für die Produkte gegeben? Bestehen Risiken bezüglich der **Produkthaftung**? Wie hoch waren in den letzten 3 Jahren die Versicherungsbeiträge für die Produkthaftungspflicht? Wird eine Änderung der Versicherungsbeiträge erwartet?

26. Welche wesentlichen oder wiederholten **Reklamationen** gingen in den letzten 2 Jahren ein? Gab es Rückrufaktionen? *(vgl. VIII. Produktion, Frage 13)*

27. Welche **Garantie- oder Kulanzleistungen** wurden in den letzten 2 Jahren geleistet, und welche sind demnächst zu erwarten?

28. Falls **Kuppelprodukte** im Verkaufssortiment enthalten sind, welche wirtschaftlichen Auswirkungen ergäben sich bei Bedarfsverschiebungen oder Preisänderungen für die einzelnen Produkte, insbesondere wenn Konkurrenten auf anderer Rohstoffbasis oder mit anderen Produktionsverfahren arbeiten?

29. Wie **ausgewogen** ist das **Verkaufssortiment**?

30. Welche Bedeutung haben **Folgegeschäfte** (z.B. Ersatzteile, Verbrauchsmaterialien, bezahlter Kundenservice, Lizenzen)?

31. Gibt es **Lieferverpflichtungen für ausgelaufene Produkte** (z.B. Ersatzteile)? Wie werden die damit verbundenen Probleme gelöst?

## Verkaufsorganisation, Absatzwege, Absatzgebiete, Kundenstruktur

32. Wie erfolgt der **Vertrieb** (Großhandel, Einzelhandel, Direktvertrieb, Handelsvertreter, Reisende)? Welche langfristigen Verträge bestehen?

33. **Anzahl der Mitarbeiter** (Handelsvertreter, Reisende, Innendienst) und Höhe der Kosten (Fixum, Provision, Spesen) der Verkaufsorganisation, evtl. aufgeteilt nach Produktgruppen und Absatzgebieten. Aufstellung über sämtliche Handelsvertreter. Mustervertrag mit Handelsvertretern beschaffen. Welche **Anreizsysteme** bestehen für die Mitarbeiter der Verkaufsorganisation?

34. Angaben über Ausbildung, Erfahrung und Alter der **Außendienstmitarbeiter**, die Dauer der bisherigen Mitarbeit und vereinbarte Wettbewerbsklauseln

35. Angaben über **Verkaufsbüros/Filialen** (Ort, Größe, Umsatz, Personal, Kosten)

36. Angaben über die **einzelnen Verkaufsbezirke** (Anzahl, Größe, Umsatz, Ergebnisse, Qualität der Außendienstmitarbeiter, Intensität der Kundenbesuche, besondere Erfolge und Mißerfolge in den einzelnen Verkaufsbezirken)

37. Ist die **Verkaufsorganisation** voll **ausgelastet** oder können noch zusätzliche Produkte vertrieben werden?

38. **Vertreten** die **Handelsvertreter** noch **andere Firmen**? Wenn ja, welche Produkte für welche Firmen? Welche Bedeutung haben diese Umsätze für die Handelsvertreter?

39. Mit welchen Unternehmen bestehen **Vertreter-** oder **Agenturverträge** für welche Produkte und welche Gebiete? Umsätze, Laufzeit der Verträge, Kündigungsfrist, Höhe der Abfindung bei Kündigung sowie Größe, Sortimentsstruktur, wirtschaftliche Lage und Leistungsfähigkeit der Vertreter oder Agenten feststellen. Mustervertrag beschaffen

40. Inwieweit werden Umsätze mit **Großhändlern** ohne Vertretervertrag getätigt? Größe, Sortimentsstruktur, wirtschaftliche Lage und Leistungsfähigkeit soweit wie möglich feststellen

41. Mit welchen Unternehmen bestehen **Franchiseverträge?** Einzelheiten und Mustervertrag beschaffen

42. Ist der Vertrieb über **andere Absatzwege** und in **andere Absatzgebiete** geplant? Welche Vorarbeiten wurden dafür geleistet? Welche Absatzwege oder Absatzgebiete wurden in den letzten Jahren aufgegeben?

43. Gab es in letzter Zeit eine **Änderung** der Verkaufsorganisation oder Marketingkonzeption? Wenn ja, aus welchen Gründen? Ist eine solche Änderung beabsichtigt?

44. Gibt es **Tausch- oder Gegengeschäfte?**

45. Wie hoch waren die **Umsätze** (Menge und Wert) **mit verbundenen Unternehmen** in den letzten 5 Jahren? Zu welchen Verrechnungspreisen und Bedingungen wird an sie verkauft? Wie hoch lagen die entsprechenden Marktpreise? (Fragen stellen, sofern die verbundenen Unternehmen nicht in den Konzernabschluß einbezogen wurden oder die verbundenen Unternehmen nicht Bestandteil der Unternehmensbewertung sind)

46. Besteht irgendeine **Boykottgefahr** (z.B. arabische Länder, anderer Absatzweg)?

47. Angaben über **Anzahl der Kunden** im In- und Ausland mit folgenden zusätzlichen Informationen, soweit angebracht,
    - Anteil Stammkunden,
    - Kundengruppen (Branche, Handelsstufe, Verbraucher),
    - Verlust von Kunden (Gründe),
    - neue Kunden,
    - potentielle Kunden,
    - gefährdete Kunden

    Auf wieviel Kunden entfallen z.B. 50, 75 oder 90% des Umsatzes? *(vgl. XXIV. Gewinn-und Verlustrechnung, Frage 5)*

48. Welche **Verträge** gibt es mit den Kunden? Mustervertrag beschaffen

49. Wie entwickelte sich der Umsatz mit den einzelnen **Großkunden** in den letzten 3-5 Jahren? Welche Sonderkonditionen wurden mit ihnen vereinbart? Bestehen langfristige Verträge mit diesen Kunden, und welche Bedeutung haben die in diesen Verträgen enthaltenen Klauseln (z.B. Preisanpassung bei Inflation und Wechselkursänderungen, Stornomöglichkeiten, Vertragsstrafen) für die zukünftigen Ergebnisse? Verträge beschaffen *(vgl. XXIV. Gewinn- und Verlustrechnung, Frage 5)*

50. **Wie** werden die **Aufträge bei den Großkunden** und den anderen wichtigen Kunden **akquiriert**? Bestehen persönliche und langjährige Beziehungen zu diesen Kunden?

51. Wurden **Geschäfte mit dem Staat** oder staatlichen Organisationen getätigt? Zu welchen Bedingungen wurden sie abgeschlossen? Wie kamen diese Geschäfte zustande? Welche Bedeutung haben diese Geschäfte und die in den Verträgen enthaltenen Klauseln für die Ergebnisse des Unternehmens? Verträge beschaffen. Kann in Zukunft mit ähnlichen Geschäften gerechnet werden (Voraussetzungen, Risiken, Größenordnung)? *(vgl. XXIV. Gewinn- und Verlustrechnung, Frage 5)*

    Welcher Anteil des Umsatzes entfällt auf **Ausschreibungen**? Einzelheiten beschaffen

52. Gab es in der Vergangenheit **Umsätze**, die **aufgrund außerordentlicher Umstände** oder außerordentlicher Aufwendungen für die Geschäftsanbahnung (z.B. besondere Beziehungen, Schmiergelder) zustande kamen?

53. Mit wem, seit wann, aus welchen Gründen und auf welchem Gebiet gibt es **Kooperationen** (z.B. Lizenz- und Vertriebsverträge)? *(bezüglich Kooperationen bei der Produktion vgl. VIII. Produktion, Fragen 27 und 28; bezüglich Kooperationen bei Forschung und Entwicklung vgl. IX. Forschung und Entwicklung, Fragen 21, 22, 23 und 24).* Weitere wichtige vertragliche Vereinbarungen feststellen (z.B. Kündigungsfrist). Waren die Kooperationen bisher für beide Seiten erfolgreich?

    Gibt es **Arbeits-** und **Interessengemeinschaften, Konsortien** o.ä.? Welche Vorteile und Risiken sind damit verbunden?

54. Gibt es **Geschäftsbeziehungen**, die stark von den **persönlichen** Beziehungen der **jetzigen Inhaber** des Unternehmens abhängen, und welche Auswirkungen würde ein Eigentümerwechsel auf diese Geschäftsbeziehungen in Zukunft haben?

## Preispolitik

55. Welche **Preispolitik** wird betrieben? Inwieweit wird zu unterschiedlichen Preisen verkauft? Gibt es Preiskontrollen, und wie werden sie praktiziert? Wie lauten die Rabatt-, Bonus-, Lieferungs- und Zahlungsbedingungen (unterteilt nach Kundengruppen, Inland, Ausland)? Welche Verkaufsprovisionen werden an wen gezahlt?

56. Wie liegt das **Preisniveau** der eigenen Produkte im **Verhältnis** zu dem der **Konkurrenten**? Gibt es Niedrigpreiskonkurrenten (z.B. Dumping, Nachahmer), oder sind solche zu erwarten? Ist das zu bewertende Unternehmen ein Niedrigpreisanbieter?

57. Wann und in welchem Umfang wurden in den letzten 3 Jahren die **Preise erhöht** oder **ermäßigt** oder die Rabatt-, Bonus-, Lieferungs- und Zahlungsbedingungen verändert?

58. Wann wurden diese **Preiserhöhungen effektiv** durchgesetzt?

59. Bestehen **langfristige Lieferverträge** mit festen Preisen?

60. Wann und in welchem Umfang **veränderten** die **Konkurrenten** in letzter Zeit ihre **Preise**?

61. Gibt es **staatliche Preisvorschriften** oder andere Beschränkungen der freien Preisgestaltung? Wie lauten sie? Wie werden sie praktiziert? Ist demnächst mit der Einführung oder Abschaffung solcher Vorschriften zu rechnen?

62. Besteht im Inland **Zollschutz** für die von dem Unternehmen hergestellten und vertriebenen Produkte? Gibt es staatliche Preisgarantien? Wie war die Entwicklung in der Vergangenheit? Welche Erwartungen bestehen in dieser Hinsicht für die Zukunft?

## Export

63. **Wie erfolgt der Export** (eigene Auslandsvertretung, Importeur mit Alleinvertriebsrecht, verschiedene Importeure, Generalvertretung auf Provisionsbasis, Direktgeschäft mit Verbrauchern, inländische Exporteure)? Wie hoch sind die Umsätze in den einzelnen Ländern? Welche Verträge liegen vor, bzw. wie lauten die wichtigsten Vertragsbestandteile (Vertragspartner, Produkte, Preise, Alleinvertriebsrecht, Provision, Vertragsdauer, Kündigungsfrist, Höhe der Abfindung bei Kündigung)?

64. In **welcher Währung** wird fakturiert, und in welchen Währungsgebieten (z.B. Dollarraum) befinden sich die Kunden?

65. Wie ist das **Preisniveau** auf den Auslandsmärkten?

66. Wie werden die **politischen** und **wirtschaftlichen Verhältnisse** auf den **Exportmärkten** eingeschätzt? Wurden die Exporte durch die **Wechselkursbildung** besonders gefördert oder beeinträchtigt?

67. Bestehen für einzelne Produkte oder wesentliche Abnehmerländer **Einfuhrbeschränkungen** oder andere besondere tarifäre oder nichttarifäre Handelshemmnisse? Ist mit solchen zu rechnen?

68. Bestehen **Ausfuhrbeschränkungen** oder -**begünstigungen** für die von dem Unternehmen hergestellten und vertriebenen Produkte? Welche Erwartungen bestehen in dieser Hinsicht für die Zukunft?

69. Besteht die Gefahr des **Reimports** oder eines allgemeinen Preiseinbruchs im Inland aufgrund eines niedrigeren Preisniveaus im Ausland?

## Multinationaler Binnenmarkt und Freihandelszone

70. Welchen Einfluß auf die Umsätze und die Ergebnisse hat in der Vergangenheit oder Zukunft die Tatsache, daß das zu bewertende Unternehmen, die Kunden oder Konkurrenten seinen/ihren Sitz in einem Land haben, das in einem bestehenden oder zu errichtenden aus mehreren Ländern zusammengesetzten Binnenmarkt (z.B. **EU** bzw. **Osterweiterung der EU**) bzw. einer Freihandelszone (z.B. USA, Kanada, Mexiko) liegt?

Beispiele für Einflußmöglichkeiten:
- geringere Transportkosten durch Wegfall von Wartezeiten an der Grenze, Tarifliberalisierung und Wegfall von Rückladungsbeschränkungen und somit Erweiterung des Rentabilitätsradius,

- Optimierung der Produktion und der Läger, insbesondere durch Verringerung der Produktionsstätten und der Läger,
- Veränderung der Kunden- und Konkurrenzstruktur und somit der Vertriebsstruktur,
- Zwang zur Anpassung an andere Kunden- und Verbraucherwünsche,
- Wegfall nationaler Zulassungsbedingungen, wechselseitige Anerkennung von Produkten und Standards in den einzelnen Ländern (Kennzeichnungsvorschriften, Vereinheitlichung von Produktspezifikationen),
- Möglichkeit billigerer Stromlieferungen,
- Möglichkeiten des Verkaufs an die Öffentliche Hand in anderen Ländern des Binnenmarktes,
- Erhöhung der Nachfragemacht der Kunden durch Zentralisierung des Einkaufs bei multinationalen Unternehmen (Euro-Kunde),
- Anpassung der Preise nach unten an das Land mit dem bisher niedrigsten Preisniveau (Euro-Preis),
- vergrößerter Markt lockt große internationale Wettbewerber an,
- vereinfachte Reimporte,
- Veränderung der Lieferantenstruktur,
- unterschiedliche Höhe der Besteuerung und Reduzierung der Steuerunterschiede, vollkommener Wegfall der Binnenzölle und Veränderung der Außenzölle,
- Veränderung (Erhöhung) der Sicherheitsstandards und verschärfte Umweltschutzbestimmungen,
- Veränderung (Erhöhung) der sozialen Standards,
- mögliche oder wahrscheinliche Änderung der Marktstellung des zu bewertenden Unternehmens durch Firmenübernahmen, Fusionen oder Kooperationen bei Kunden und Konkurrenten,
- Einführung eines einheitlichen Gesellschafts- und Kartellrechts

## Marktanteile

71. Wie entwickelten sich die **Marktanteile** der einzelnen Produkte/Produktgruppen des Unternehmens im **Inland** und auf dem multinationalen Binnenmarkt (Menge und Wert) in den letzten 5 Jahren?

72. **Durch wen** und wie werden die Marktanteile des Unternehmens und die seiner Konkurrenten **ermittelt**?

73. Wie entwickelten sich die **Marktanteile** auf den wichtigsten **Exportmärkten**?

74. **Aus welchen Gründen stiegen oder fielen die Marktanteile** von einzelnen Produkten/ Produktgruppen des Unternehmens in den letzten Jahren? (Stärken und Schwächen des zu bewertenden Unternehmens und ihre Bedeutung für die Zukunft herausstellen)

## Gesetzliche Vorschriften

75. Ist die Herstellung oder der Vertrieb der von dem Unternehmen verkauften Erzeugnisse oder ähnlicher Erzeugnisse irgendwo bereits aus Gründen des Umweltschutzes, des

Gesundheitsschutzes oder anderer Gründe **verboten** oder **eingeschränkt** worden? Kann mit solchen Verboten oder Einschränkungen gerechnet werden?

76. Wird der Vertrieb der von dem Unternehmen verkauften Erzeugnisse durch **Gesetze** oder **Verordnungen beeinträchtigt** oder **begünstigt** (z.B. Steuergesetze: Geschenkartikel, Bewirtungen; Sozialgesetze: Auswirkungen durch Kostendämpfung; Gesundheitsvorsorge: Impfzwang, Nachweis der Wirksamkeit)? Ist eine Änderung zu erwarten?

### Versand, Auftragsabwicklung

77. **Wie** erfolgt der **Versand** der Produkte (eigene oder fremde Transportmittel, Kosten, Zeit)? *(vgl. X. Beschaffung und Logistik, Frage 24)* Bestehen besondere Sicherheitsvorschriften für den Transport?

78. Gibt es wegen der Transportkosten einen **Rentabilitätsradius** (Entfernung, über die Güter transportiert werden können, ohne daß die Transportkosten die Gewinne aufzehren), und bei wieviel km liegt er?

79. Informationen über die **Auftragsabwicklung** (möglichst mit Vergleichszahlen für Vorjahre oder Tendenzangabe):
    - Anzahl der Aufträge bzw. Rechnungen (evtl. aufteilen nach Absatzwegen und Absatzgebieten),
    - Anzahl Gutschriften (Gründe möglichst analysieren) *(vgl. XVIII. Forderungen aus Lieferungen und Leistungen, Frage 18),*
    - Höhe der Auftragsrückstände (Gründe nennen),
    - von den Kunden in der Regel erwartete Lieferzeit,
    - durchschnittliche und kürzeste Lieferzeit,
    - Dauer der Rechnungserstellung *(vgl. XVIII. Forderungen aus Lieferungen und Leistungen, Frage 11)*

Je nach Branche und Bedeutung der Auftragsabwicklung für den Erfolg des Unternehmens genaue Beschreibung mit zusätzlicher Angabe der Anzahl der Anfragen, Angebote, Aufträge, Auftragsannullierungen und deren Gründe

# VII.   Werbung

1. Welche **Ziele** werden mit der Werbung verfolgt?

2. Welches **Werbekonzept** hat das Unternehmen? Auf welcher Basis (z.B. Daten und Erkenntnisse der Marktforschung) wurde das Werbekonzept entwickelt?

3. In **welcher Form** wird geworben (Werbemittel, Streuung) und welche Art der Verkaufsförderung wird betrieben?

4. Wie hoch war der **Aufwand** für Werbung und Verkaufsförderung in den letzten 5 Jahren absolut und im Verhältnis zum Umsatz? (falls bedeutend, aufteilen nach Werbemitteln und Art der Verkaufsförderung)

5. Kann der Aufwand für Werbung und Verkaufsförderung, falls er bedeutend ist, zumindest annäherungsweise **aufgeteilt** werden in
   - Aufwendungen für neue Produkte (welche?) und neue Absatzgebiete (welche?) und
   - Aufwendungen zur Erhaltung des Kundenstammes?

6. Wurde zumindest bei größeren Werbemaßnahmen versucht, eine **Werbeerfolgskontrolle** durchzuführen? Wie waren die Ergebnisse?

7. Wie hoch lag der Aufwand für Werbung und Verkaufsförderung, ausgedrückt in Prozenten vom Umsatz, im **Branchendurchschnitt** und bei den wesentlichen **Konkurrenten** in den letzten 5 Jahren?

8. **Wie unterscheidet** sich das Unternehmen beim Einsatz der Werbemittel und bei den Maßnahmen zur Verkaufsförderung von der Konkurrenz?

9. Verträge mit **Werbeagenturen** einsehen oder beschaffen

10. Welche **Öffentlichkeitsarbeit** betreibt das Unternehmen (z.B. eigene Publikationen, Veröffentlichungen in Tages- und Wirtschaftszeitungen, Artikel in Fachzeitschriften, Internet, Vorträge, Betriebsbesichtigungen, Investor Relations)?


# VIII. Produktion

## Umfang

1. Ausführliche **Beschreibung der Produktionsanlagen**. Werkspläne beschaffen *(vgl. XV. Sachanlagen, Frage 13)*

2. Welche **Betriebsgenehmigungen** liegen vor? Wie lange laufen sie?

3. **Produktionsmengen** der letzten 5 Jahre

4. **Produktionskapazität** (technisch mögliche Kapazität abzüglich Instandhaltungs- und Reparaturzeiten) in den letzten 5 Jahren, ggf. unterteilt für die einzelnen Betriebsstätten und Produktionsstufen, und Angaben über Größe und Dauer einer Charge, optimale Produktionsmenge und Kosten des Sortenwechsels

5. **Kapazitätsauslastung** der letzten 5 Jahre

6. Welche **Produktionsmengen** und welche **Kapazitätsauslastung** sind **in Zukunft** geplant? Ist eine **Erweiterung der Kapazität** geplant und liegen die dafür notwendigen Genehmigungen vor bzw. sind sie zu erhalten?

7. Welche **Produktionsanlagen** wurden in letzter Zeit **stillgelegt** oder sollen demnächst aus welchen Gründen stillgelegt werden? Was soll mit diesen Anlagen geschehen? Bestehen dafür Umweltschutzauflagen, oder sind solche zu erwarten? *(vgl. XI. Ver- und Entsorgung, Umweltschutz, Frage 7)*

8. Angaben über eigene **Ingenieurabteilung** und **eigene Werkstätten** (Art, durchgeführte Leistungen, Ausstattung, Personal)

9. Fassungsvermögen und Ausstattung der **Rohstoff-** und **Fertigwarenläger** und ihre tatsächliche Beanspruchung,

10. Gibt es **Außenläger** (Ort, Größe, Beanspruchung, Miete)?

11. **Standortvor-** und **-nachteile** der Produktion und der Läger

12. Welche **Erweiterungsmöglichkeiten** bestehen am derzeitigen Standort für die Produktion?

### Verfahren

13. Beschreibung der **Produktionsverfahren:**
    – Produktionstyp (Einzelfertigung, Serienfertigung, Massenfertigung; Fließfertigung, Werkstattfertigung; kontinuierliche Produktion, Chargenproduktion)
    – Technologie,
    – Know-how,
    – Produktionsablauf mit Mengen- und Zeitangaben,
    – Arbeitsvorbereitung,
    – Fertigungsplanung,
    – Fertigungssteuerung,
    – Engpässe,
    – Qualitätskontrolle,
    – Ausschuß,
    – Ausbeute,
    – Betriebsunterbrechungen,
    – Betriebssicherheit,
    – Umweltschutz

    Ablaufschema beschaffen *(vergl. XV. Sachanlagen, Frage 37)*

    Informationen zur **Fertigungstiefe** und den **extern bezogenen Leistungen**

    Beurteilung der **Produktivität** und der **Wirtschaftlichkeit** der **Produktionsverfahren**

    Welche **Reklamationen** gab es in den letzten Jahren *(vergl. VI. Vertrieb/Marketing, Frage 26)*?

    Welche **Verbesserungen** sind bei den Produktionsverfahren **notwendig**?

14. Gab es wesentliche **Änderungen** in der **Vergangenheit**?

15. Sind **modernere Produktionsverfahren** bekannt? Ist mit wesentlichen oder außerordentlichen Änderungen (z.B. Industrieroboter, Mikroelektronik) in Zukunft zu rechnen? *(vergl. XV. Sachanlagen, Frage 37)*

16. Inwieweit sind die **Produktionsanlagen** für **andere Produktionsprozesse verwendbar**?

17. Inwieweit kann durch **Streiks** in einzelnen Betrieben oder Werken der gesamte Produktionsablauf **gefährdet** werden?

18. Werden die **in der Branche allgemein anerkannten Regeln für die Produktion** (wichtig bei Pharma- und Lebensmittelindustrie) und die von den Behörden vorgeschriebenen Sicherheitsvorschriften für die Produktion und Lagerung eingehalten? Welche Beanstandungen oder Auflagen seitens der Behörden liegen vor oder sind demnächst zu erwarten? Besuchsberichte der Behörden und interne Kontrollberichte aus den letzten Jahren einsehen. Sind schärfere Sicherheitsvorschriften demnächst zu erwarten oder in anderen Ländern bekannt?

19. Welche **Störfälle** gab es in der Vergangenheit? Welche Ursache hatten die einzelnen Störfälle?

20. Beschreibung des **Qualitätsmanagements**

    Fanden **Audits** (Betriebsbesichtigungen durch Kunden, bei denen diese sich vom Vorhandensein und der Wirksamkeit eines Qualitätssicherungssystems vor Ort überzeugen) statt? Gegebenenfalls Ergebnisse der einzelnen Audits feststellen. Wieviel Anfragen von Kunden für solche Audits gab es in den letzten 2 Jahren?

    Gibt es **Zertifikate** von unabhängigen externen Institutionen über das Vorhandensein von Qualitätssicherungssystemen **nach ISO 9xxx**? Wann wurden sie ausgestellt?

21. Bestehen **Rationalisierungsmöglichkeiten** und -pläne?

22. Beschreibung der **produktionstechnischen Verflechtung** der einzelnen Werke

    Informationen über **Transporte** innerhalb der Werke und zwischen den Werken beschaffen

### Beschäftigung

23. Anzahl der **Beschäftigten** (z.B. Betriebsleiter, Meister, Facharbeiter, angelernte und ungelernte Arbeiter) **je Betriebsstätte** und Produktionsstufe. Organisationsplan beschaffen

24. Wird im **Schichtbetrieb** gearbeitet? Falls ja, in wieviel Schichten von welcher Dauer und an wieviel Tagen in der Woche? Falls nein, wäre eine Umstellung auf Schichtbetrieb möglich?

25. In welchem Umfang und aus welchem Grunde wurden in letzter Zeit **Überstunden** geleistet? Wie wurden sie abgegolten?

26. Gab es in letzter Zeit **Kurzarbeit**? Ist solche beabsichtigt?

27. Werden Aufträge an **Co-producer, Lohnverarbeiter** oder **Subunternehmer** weitergegeben? Wie lauten die Verträge? *(vgl. VI. Vertrieb/Marketing, Frage 53)*

28. Erhält man Aufträge als **Co-producer, Lohnverarbeiter** oder **Subunternehmer**? Wie lauten die Verträge? *(vgl. VI. Vertrieb/Marketing, Frage 53)*

**Konkurrenz**

29. Was ist über die Produktionsverfahren, die Rohstoff- und Energiebasis und die Kapazitätsauslastung der Konkurrenten bekannt?

30. Sind branchenspezifische Produktionskennziffern bekannt?

31. Schaffen Konkurrenten zur Zeit neue Produktionskapazitäten?

32. Erhalten Konkurrenten (z.B. im Ausland) Subventionen?


# IX.  Forschung und Entwicklung

## Umfang und bisherige Ergebnisse

1. Besteht eine **eigene Forschung** und **Entwicklung**?

2. Welchen **Umfang** hat sie (Budget, Personal mit Angabe der Ausbildung und des Alters der Führungskräfte, Ausstattung des Bereichs, Projekte)?

3. Wie setzen sich die Aufwendungen nach den wichtigsten **Kostenarten** zusammen?

   Können die **Aufwendungen aufgegliedert** werden in
   – Grundlagenforschung,
   – anwendungsorientierte Grundlagenforschung,
   – Forschungs- und Entwicklungskosten für neue Gebiete und neue Produkte,
   – Aufwendungen für die Verbesserung der jetzigen Produktionsverfahren und für die Entwicklung und Anwendungstechnik bestehender Produkte,
   – Aufwendungen für die Erhöhung des Umweltschutzes,
   – Aufwendungen für Qualitätskontrolle,
   – Gebühren für Patentanmeldungen, Produktzulassungen u.ä.?

   Gegebenenfalls weitere Einzelheiten (z.B. Aufwendungen nach Produkten) ermitteln

   Handelt es sich bei allen Kosten tatsächlich um Kosten für Forschung und Entwicklung? (Beispiel: Inwieweit dienten Gutachten von Wissenschaftlern nur der Verkaufsförderung, oder wurden die Kosten für anwendungstechnische Beratung und für die Beseitigung von Reklamationen und für Produkt- und Markttests als Forschungs- und Entwicklungskosten deklariert?)

4. Welche **verwendungsfähigen Ergebnisse** wurden in den **letzten 5-8 Jahren** erzielt (Know-how, angemeldete und erteilte Patente, angemeldete und erteilte Produktzulassungen, Lizenzvergaben)? Welchen technischen und wirtschaftlichen Wert haben die Patente?

   Welche **Umsätze und Ergebnisse** in den letzten 5-8 Jahren sind auf welche Ergebnisse **aus eigener Forschung und Entwicklung** zurückzuführen?

   Welche **Erwartungen** werden hinsichtlich der angemeldeten Patente und Produktzulassungen gehegt?

## Ziele und Nutzungsmöglichkeiten

5.  Welche **Ziele** werden verfolgt?

6.  Welcher **Zeitplan** besteht für die **erwarteten verwendungsfähigen Ergebnisse**? In welchem Stadium befinden sich Forschung und Entwicklung für die erwarteten verwendungsfähigen Ergebnisse (z.B. Prototyp, 0-Serie, Produkttests, Fabrikation in Pilotanlage, Stand der klinischen Studien), und welche Erfahrungen liegen vor? Wie ist die Patentsituation und wie ist der Stand der Produktzulassung in den einzelnen Ländern?

7.  In welchem Umfang sind die **notwendigen Produktionsanlagen** für die neuen Produkte vorhanden, bzw. wann werden sie fertiggestellt sein? Mit welchen Absatzchancen wird aus welchen Gründen gerechnet? Ist die Verkaufsorganisation dafür ausreichend?

8.  Wie **beeinflussen** die **neuen** Produkte die Umsätze und Ergebnisse der **bestehenden** Produkte des Unternehmens?

## Konkurrenz

9.  Wie hoch liegt der Aufwand für Forschung und Entwicklung im Verhältnis zum Branchendurchschnitt?

10. Wie wird der Stand der Forschungs- und Entwicklungsvorhaben im Verhältnis zu den Konkurrenten eingeschätzt?

## Einzelfragen

11. Sind die Forschung und Entwicklung sehr stark von einem oder wenigen **Mitarbeitern abhängig**? Wie lauten deren Arbeitsverträge (Kündigungsfrist, Wettbewerbsklausel)?

12. Welches **Ziel** soll mit den einzelnen Projekten erreicht werden?

13. **Wann** wurden die einzelnen Projekte **begonnen**?

14. Welche **Teilziele** wurden bisher **erreicht**?

15. Welche **kritischen Punkte** sind noch nicht gelöst?

16. Wie hoch sind die **bisherigen Kosten** und die geplanten Gesamtkosten für die einzelnen Projekte?

17. Sind die **geplanten Gesamtkosten** für die einzelnen Projekte noch **realistisch**?

18. **Wann** sollen die einzelnen Projekte **abgeschlossen** sein?

19. Informationen über den **Zielmarkt** und dessen **Potential**

20. Erhält das Unternehmen staatliche **Subventionen für Forschung** und **Entwicklung**? Einzelheiten feststellen

21. **Forschen wissenschaftliche Institute** oder staatliche Stellen im Tätigkeitsbereich des Unternehmens? Wird diese Forschung von dem Unternehmen unterstützt? Inwieweit kommen die Ergebnisse dieser Forschungstätigkeit dem Unternehmen zugute? *(vgl. VI. Vertrieb/Marketing, Frage 53)*

22. Werden **Forschungsaufträge** an wissenschaftliche Institute vergeben? Einzelheiten über Projekte, Dauer, Kosten, Ergebnisse usw. feststellen *(vgl. Vertrieb/Marketing, Frage 53)*

23. Gibt es **andere gemeinsame Forschungsvorhaben** (z.B. mit Kunden, Lieferanten oder Wettbewerbern)? *(vgl. Vertrieb/Marketing, Frage 53)*

24. Gibt es **Lizenzverträge, Know-how-Abkommen** oder einen allgemeinen Informationsaustausch mit verbundenen Unternehmen oder Dritten? Einzelheiten wie Lizenznehmer/Lizenzgeber, Vertragsgegenstand, Rechte und Pflichten, Aufwendungen und Erträge, Laufzeit, Kündigungsmöglichkeit feststellen *(vgl. Vertrieb/Marketing, Frage 53)*

25. Beschäftigt sich das Unternehmen mit der Entwicklung **zukunftsweisender Technologien** und **umweltfreundlicher** sowie **rohstoff-** und **energiesparender** Produkte und Produktionsverfahren? In welcher Entwicklungsphase befinden sich diese Technologien, Produkte und Produktionsverfahren (Grundlagenforschung, Technologieentwicklung, Weiterentwicklung zur Technologieanwendung, Beginn Technologieanwendung)?

    Einzelheiten über den wahrscheinlichen Zeitpunkt der Nutzungsmöglichkeit der Forschungsergebnisse, die bisherigen Kosten und die wahrscheinlichen Gesamtkosten feststellen

26. Was wurde unternommen, um derzeitige **Kundenwünsche** zu befriedigen? Gibt es Anzeichen für eine nicht ausreichende Forschungs- und Entwicklungstätigkeit in der Vergangenheit?

27. Wurden Forschungs- und Entwicklungskosten in der **Bilanz aktiviert**?

# X.   Beschaffung und Logistik

### Beschaffung

1. **Welche Rohstoffe** werden benötigt?

2. **Welche Mengen** wurden zu welchen **Preisen** und zu welchen Konditionen in den letzten 3 Jahren bezogen? (bei stark schwankenden Rohstoffpreisen Bezüge und Preise der letzten 5 Jahre feststellen)

3. Aus welchen **Ländern** und in welchem **Umfang** werden Rohstoffe importiert? Welche anderen Bezugsquellen bestehen?

4. In welcher **Währung** erfolgt die **Berechnung**?

5. Wer sind die **Hauptrohstofflieferanten**? Wie hoch ist ihr Lieferanteil an den einzelnen Rohstoffen bzw. am gesamten Einkauf? Welche Bedeutung hat das zu bewertende Unternehmen für die einzelnen Rohstofflieferanten?

6. Was ist über die bestehenden **Kapazitäten**, die Kapazitätsauslastung und die zukünftigen Kapazitäten der Produktion von Rohstoffen bekannt, die von dem Unternehmen

benötigt werden? Welche Informationen hat man über den Gesamtbedarf aller Rohstoffabnehmer?

7. Gibt es **Rohstoffmonopole**, -kartelle o.ä.? Einzelheiten feststellen

8. Fallen Rohstoffe unter die **EU-Agrarmarktordnung**? Einzelheiten feststellen

9. Bestehen **langfristige Verträge?** Wie lauten sie? Gibt es Abnahmegarantien gegenüber Lieferanten?

10. Gab es **Lieferengpässe?**

11. Wie werden die Liefermöglichkeiten und die Preisgestaltung für die **Zukunft** beurteilt?

12. Welche **anderen** noch nicht in Anspruch genommenen **Bezugsquellen** bestehen?

13. Können die jetzigen **Rohstoffe** notfalls **durch andere ersetzt** werden? Gegebenenfalls Angaben über Investitionen, Kosten, Qualität machen

14. Angaben über Standort, Größe, wirtschaftliche Lage und Zuverlässigkeit der **Zulieferer**, über die Preise und Qualität der von ihnen bezogenen Produkte und Dienstleistungen sowie über die wahrscheinliche Entwicklung der Zulieferindustrie in der Zukunft. Fanden Audits bei Zulieferern statt? Wie sind die Ergebnisse?

15. Bestehen **Importbeschränkungen** und Importzölle?

16. Hat das Unternehmen in der Vergangenheit ohne Schwierigkeiten **ausreichende Importlizenzen** erhalten?

17. Welche **Erwartungen** bestehen hinsichtlich **Importbeschränkungen** und Importzöllen für die Zukunft?

18. Bestehen **Dienstleistungsverträge** von wirtschaftlicher Bedeutung? Fand in letzter Zeit ein Outsourcing von Dienstleistungen statt? Verträge beschaffen

19. Haben **Konkurrenten** besondere **Vorteile** oder **Nachteile** bei der Rohstoffbeschaffung oder den Zulieferungen (z.B. Standort, Konzernverbund)?

20. Inwieweit ist bekannt, **welche Preise** die **Konkurrenten** des zu bewertenden Unternehmens für ihre Rohstoffe bezahlen?

21. Inwieweit kann beurteilt werden, ob alle **Möglichkeiten** für eine **günstige Beschaffung** ausgeschöpft wurden?

22. Erläuterung der Lage auf dem **Beschaffungsmarkt für Handelswaren**

23. Gibt es Lieferungen und Leistungen von **verbundenen Unternehmen?** Welche Mengen wurden zu welchen Verrechnungspreisen und Bedingungen in den letzten 5 Jahren bezogen? Wie hoch lagen die entsprechenden Marktpreise? (Fragen nur stellen, wenn die verbundenen Unternehmen nicht in den Konzernabschluß einbezogen wurden oder die verbundenen Unternehmen nicht Bestandteil der Unternehmensbewertung sind)

**Logistik**

24. **Beschreibung** der **gesamten Logistik**, d.h. einschließlich der Distributionslogistik *(vgl. VI. Vertrieb/Marketing, Frage 77)*, des Unternehmens

25. **Wie** erfolgt der **Bezug** der Rohstoffe, Zulieferungen und Handelswaren (eigene oder fremde Transportmittel, Kosten, Zeit)? Bestehen besondere Sicherheitsvorschriften für den Transport?

26. Können die günstigsten **Transportmittel** eingesetzt werden (z.B. Wasserwege)? Gibt es Beschränkungen bei den Transportmitteln (Gewicht, Höhe, Länge) oder bei den Zufahrtswegen (z.B. zulässiges Gewicht bei Brücken)?

# XI. Ver- und Entsorgung, Umweltschutz

**Versorgung**

1. **Welche Energien** wurden zu welchen Preisen in den letzten 3 Jahren bezogen?

2. Wie werden die **Liefermöglichkeiten** und die **Preisgestaltung** für die **Zukunft** beurteilt?

3. Welche **Energielieferungsverträge** bestehen?

4. Besteht eine **eigene Energieversorgung** (Strom, Wasser, Dampf, Kälte, Druckluft)?

5. **Welche Mengen** wurden in den letzten Jahren zu welchen Kosten **erzeugt**, und wie hoch sind die **Kapazitäten**?

6. Informationen über **Sicherheit** und **Qualität** der Energieversorgung, das Alter des Verteilnetzes und über behördliche Auflagen sowie die daraus entstehenden Aufwendungen

**Entsorgung, Umweltschutz**

7. Wurden aus Gründen des Umweltschutzes in der Vergangenheit **Produktionsanlagen stillgelegt** oder müssen demnächst stillgelegt werden? *(vgl. VIII. Produktion, Frage 7)*

8. Welche **Umwelt-Altlasten** sind **bekannt**? Liegen darüber Gutachten vor?

   Welche **Umwelt Altlasten** sind **möglich** (z.B. in von anderen Unternehmen übernommenen Betrieben)?

9. Welche **Genehmigungen** hinsichtlich der Entsorgung und des Umweltschutzes liegen vor? Wann laufen sie aus? Welche Beanstandungen oder Auflagen seitens der Behörden liegen vor oder sind demnächst zu erwarten? Besuchsberichte der Behörden aus den letzten Jahren einsehen. Bei Behörden (Gewerbeaufsichtsamt) anfragen, welche Auflagen bestehen Gibt es Widersprüche gegen diese Genehmigungen (z.B. seitens der Nachbarn)?

10. Welche **umweltgefährdenden Stoffe** werden oder wurden verarbeitet oder hergestellt? Wo und wie werden oder wurden sie gelagert und verarbeitet? Welche Mengen wurden gelagert oder hergestellt?

11. Welche **über-** und **unterirdischen Tanklager** und Pipelines gibt es? Beschreibung und Zustand dieser Anlagen. Wurden die vorgeschriebenen TÜV-Überprüfungen vorgenommen?

12. Welche **Abwassermengen** fallen an? Welche Schadstoffe sind in welcher Menge darin enthalten? Wie lauten die Grenzwerte der Behörden? Welche Grenzwerte sind für die Zukunft vorgeschrieben oder zu erwarten?

13. Wohin geht das **Abwasser**? Beschreibung und Zustand der Kanalisationsanlagen

14. Welche **Abwasserbehandlung** wird durchgeführt, und welche Kosten fallen dafür an? Alter, Zustand und Kapazität der Reinigungsanlage beschreiben. Welche Abwasserbehandlung ist oder wird mittel- oder langfristig wahrscheinlich notwendig sein, und welche Kosten fallen dafür an? Welche Abwasserabgaben werden in Zukunft erhoben?

15. Welche sonstigen **Möglichkeiten** der **Abwasserbehandlung** gibt es? Welche Investitionen und Betriebskosten fallen dafür an?

16. Welche **Produktionsabfälle** fallen an (Menge, Art)? Wie werden sie beseitigt? (ggf. Deponie, Verbrennungs- oder Reinigungsanlage näher beschreiben mit Angaben über Alter, Zustand und Kapazitäten)

17. Wie ist der **modernste Stand der Technik** für die Vermeidung, Verwertung und Beseitigung der Produktionsabfälle und Abwässer? Welche Kosten können ggf. dafür entstehen?

Informationen über die **Sicherheit** der Entsorgung (Abwassersicherungssystem, Ersatz bei Ausfall von Umweltschutzanlagen, mögliche Produktionsausfälle wegen Ausfall von Umweltschutzanlagen) beschaffen

18. Welche Schadstoffe werden in welchem Umfang emittiert? Welche **Vorschriften** der Behörden bestehen bezüglich der **Abluft**? Werden sie eingehalten? Alter, Zustand und Kapazität der Reinigungsanlage beschreiben. Welche Vorschriften sind zu erwarten? Können sie eingehalten werden? Welche Protokolle über die Luftverschmutzung liegen vor?

Welche Auswirkungen können bestehende oder zu erwartende **Smogverordnungen** der Behörden auf die Produktion haben?

19. Welche **Vorschriften** der Behörden bestehen bezüglich des **Lärms**? Werden sie eingehalten? Welche Vorschriften sind zu erwarten? Können sie eingehalten werden?

20. Werden alle sonstigen umweltrelevanten Gesetze, Verordnungen und Verwaltungsvorschriften beachtet? Falls nein, welche Maßnahmen wurden eingeleitet und mit welchen finanziellen und sonstigen Auswirkungen ist aufgrund der Nichtbeachtung zu rechnen?

21. Wie hoch waren die einzelnen **Aufwendungen für die Entsorgung** und **den Umweltschutz** in der Vergangenheit, und mit welchen Aufwendungen ist in Zukunft zu rechnen?

22. Wie wurden in der **Vergangenheit** die **Produktionsabfälle beseitigt**? (ggf. Informationen über Lage und Umgebung der geschlossenen Deponien, Menge und Art der Produktionsabfälle, Mitbenutzer der Deponien, Zeitraum der Nutzung, Genehmigungen sammeln)

23. Sind Produktionsabfälle versickert oder können sie versickern? Welche Berichte über Boden- und Grundwasseruntersuchungen liegen vor? Welche **Aufwendungen** für die **Beseitigung** von **Umwelt-Altlasten** sind zu erwarten? In welchem Umfang kann oder wird der Verkäufer den Käufer von Umwelt-Altlasten freistellen?

24. Welche **Verträge** gibt es mit **Entsorgungsunternehmen**?

25. Gibt es **Rechtsstreitigkeiten wegen des Umweltschutzes**, oder werden solche erwartet? Einzelheiten feststellen, auch für offenbar unbedeutende Rechtsstreitigkeiten

26. Sind in **anderen Ländern strengere Umweltschutzvorschriften** bekannt? Wie lauten sie?

27. Welche **Forderungen** hinsichtlich des **Umweltschutzes** werden von den Parteien oder anderen Organisationen diskutiert?

28. In welcher Art und in welcher Höhe werden **Umweltschutzmaßnahmen** in Zukunft staatlich gefördert?

29. Ist bekannt, wie die **Konkurrenten** ihre **Produktionsabfälle** jetzt beseitigen und in Zukunft beseitigen werden?


# XII.  Personal

1. **Anzahl** der Mitarbeiter in den einzelnen **Unternehmensbereichen**, Funktionsbereichen und Werken mit globalen Angaben über Geschlecht, Ausbildung, Nationalität

   Ausführlichen **Organisationsplan** beschaffen

   Anzahl der **freien Mitarbeiter** und **Höhe der Honorare**

2. **Durchschnittlicher Personalstand** des Unternehmens in den **letzten 5 Jahren** (möglichst aufteilen nach leitenden Angestellten, Angestellten, Facharbeitern, angelernten und ungelernten Arbeitern, Auszubildenden, Teilzeitkräften, befristet eingestellten Arbeitskräften sowie nach Bereichen) und Angabe der Gründe bei wesentlichen Veränderungen. Gibt es zusätzlich ruhende Arbeitsverträge?

3. Nähere Angaben über **Lohn- und Gehaltsniveau** (tatsächliche Lohn- und Gehaltshöhe je Tarifgruppe, Anzahl der Mitarbeiter je Tarifgruppe mit zusätzlichen Angaben über Gratifikationen, Bonuszahlungen, Vermögensbildung, Arbeitszeit, Urlaub u.ä. und Vergleich mit Tariflohn), Art der Entlohnung (Zeit-, Akkord-, Prämienlohn).

Musterarbeitsvertrag beschaffen. Gibt es Sonderregelungen? Angaben soweit wie möglich nach Unternehmensbereichen machen

Gibt es einen **Lohnkostenindex** des Unternehmens? Wie wurde er ermittelt?

4. Beschreibung der **sozialen Leistungen** und Einrichtungen

5. Welche kostenwirksamen **Vereinbarungen** (z.B. Arbeitszeitverkürzung, Aufschub von Rationalisierungsmaßnahmen o.ä.) wurden bei den **letzten Tarifverhandlungen** oder Betriebsvereinbarungen abgeschlossen? Welche weiteren Forderungen gibt es oder stehen bevor? Tarifvertrag und Betriebsvereinbarungen beschaffen

6. Informationen über
   - Altersstruktur (z.B. Anteil bis 20 Jahre, 21-30 Jahre, 31-40 Jahre, 41-50 Jahre, 51-60 Jahre, über 60 Jahre),
   - Betriebszugehörigkeit,
   - Altersteilzeit,
   - Vorruhestandsvereinbarungen,
   - Fluktuation (wahrscheinliche Gründe),
   - Ausbildungswesen,
   - innerbetriebliche und externe Fortbildung,
   - Verbesserungsvorschlagswesen,
   - Betriebsklima,
   - Unternehmenskultur,
   - Arbeitssicherheit,
   - Unfallhäufigkeit (Entwicklung in den letzten Jahren),
   - Krankenstand (Entwicklung in den letzten Jahren)
   - Streiks (Dauer, Gründe, Schlichtungsbedingungen),
   - Streikdrohungen,
   - Mitspracherecht Arbeitnehmer,
   - Verhältnis zum Betriebsrat,
   - Gewerkschaftszugehörigkeit (Anzahl der Gewerkschaftsmitglieder, Name der Gewerkschaft/en, closed shop),
   - Tarifvertrag,
   - Arbeitsordnung,
   - Betriebsvereinbarungen

   (evtl. getrennte Angaben für die einzelnen Unternehmensbereiche machen, besonders über Altersstruktur, Betriebszugehörigkeit, Fluktuation)

7. In welchem Umfang wurden in den letzten 3 Jahren **Überstunden** geleistet oder **Kurzarbeit** durchgeführt (in welchen Bereichen und aus welchen Gründen)? Wie wurden die Überstunden abgegolten?

8. Sind dem Personal zusätzliche **soziale Leistungen** in Aussicht gestellt? Ist eine Reduzierung der sozialen Leistungen in Diskussion oder beabsichtigt?

9. Gibt es Ansprüche älterer Mitarbeiter auf **Verdienstsicherung**, Ansprüche auf **Wiedereinstellung** von Mitarbeitern, die wegen Kindererziehung ausgeschieden sind, oder bestehen andere ähnliche Verpflichtungen?

10. **Beurteilung** obiger Angaben im Vergleich zu anderen Unternehmen in dieser Branche und in diesem Land

11. Wann und wie hoch war die **letzte** (tarifliche) **Lohn-** und **Gehaltserhöhung**? Wie lange läuft der Tarifvertrag? Wurden übertarifliche Lohn- und Gehaltszahlungen angerechnet? Welche Forderungen werden bei den nächsten Tarifvertragsverhandlungen erwartet?

12. Gibt es Vereinbarungen oder gesetzliche Vorschriften über die **Beteiligung der Arbeitnehmer am Gewinn** oder an Anteilsrechten? Seit wann bestehen diese Vereinbarungen oder gesetzlichen Vorschriften und wie lauten sie? Gibt es steuerliche Begünstigungen für die Beteiligung am Gewinn oder an Anteilsrechten? Sind die Verpflichtungen und/oder Anwartschaften daraus in der Bilanz erfaßt?

    Sind solche Vereinbarungen oder gesetzlichen Vorschriften vorgesehen oder zu erwarten?

13. Gibt es Anzeichen dafür, daß einzelne Unternehmensbereiche personell **über-** oder **unterbesetzt** sind?

14. Welche **Personalplanung** liegt vor?

15. In welchen Bereichen könnten in **absehbarer Zukunft Entlassungen notwendig** sein? Welche finanziellen Belastungen ergeben sich daraus für das Unternehmen? Welche rechtlichen oder tatsächlichen Schwierigkeiten stehen der Entlassung von Personal entgegen? Gibt es **Vereinbarungen** über den **Ausschluß betriebsbedingter Kündigungen**? Welchen genauen Inhalt haben diese Vereinbarungen?

16. In welchen Bereichen, aus welchen Gründen und in welchem Ausmaß gab es **in den letzten Jahren betriebsbedingte Kündigungen**? Wie hoch waren die Abfindungen?

17. Möglichkeiten der **Beschaffung weiterer Arbeitskräfte**, insbesondere von Fachkräften

18. Besitzen die ausländischen Arbeitnehmer ordnungsgemäße **Aufenthalts-** und **Arbeitsgenehmigungen**?

19. Identifizieren sich die Mitarbeiter mit ihrem Unternehmen? Kann ein Urteil über die **Qualifikation** und **Motivation** der Mitarbeiter abgegeben werden?

20. Werden regelmäßig **Beurteilungen** der Mitarbeiter und der Vorgesetzten durchgeführt? Gibt es ein **Zielsystem** für die Mitarbeiter und wer stellt es auf? Gibt es eine systematische **Förderung von möglichen Führungskräften**?

21. Informationen über in letzter Zeit abgeschlossene, laufende und erwartete **Arbeitsgerichtsprozesse**

22. In welchem **Arbeitgeberverband** ist das Unternehmen Mitglied?

# XIII. Rechnungswesen, EDV, Controlling, Interne Revision

## Rechnungswesen

1. Geprüfte und **testierte Einzelabschlüsse** und **Konzernabschlüsse** einschließlich Kapitalflußrechnung und Segmentberichterstattung mit Erläuterungsberichten des Wirtschaftsprüfers und Geschäftsberichten bzw. Lageberichten (für an US-Börsen notierte Gesellschaften 10-K Berichte) der letzten 5 Jahre, möglichst der letzten 8-10 Jahre – falls diese Unterlagen nicht existieren, unterzeichnete Jahresabschlüsse mit ausführlicher Erläuterung der einzelnen Posten (Beschreibung und Bewertungsmethode) der Bilanz und der Gewinn- und Verlustrechnung – sowie interne Ergebnisrechnungen für den gleichen Zeitraum *(Wiederholung aus II. Mindestunterlagen und -informationen, Frage 14)*

   *(Die Auswertung eines längeren Zeitraums empfiehlt sich insbesondere bei Unternehmen,*
   - *die Großanlagen herstellen,*
   - *die stärker konjunkturabhängig sind,*
   - *bei denen starke Rohstoffpreisschwankungen vorliegen,*
   - *deren Ergebnisse durch Währungsparitätsänderungen erheblich beeinflußt werden,*
   - *bei denen der Umfang der Sachanlagen sehr hoch ist,*
   - *bei denen es in letzter Zeit wesentliche Kapazitätsänderungen gegeben hat,*
   - *die ihren Sitz in Ländern haben, in denen größere bilanzpolitische Möglichkeiten bestehen, wie z.B. in der Schweiz und der Bundesrepublik Deutschland)*

   Gibt es **Zweck- bzw. Objektgesellschaften** (special purpose entities), die nicht in den Konzernabschluß einbezogen wurden?

2. **Zwischenabschlüsse** (für an US-Börsen notierte Gesellschaften 10-Q und evtl. 8-K Berichte) und/oder kurzfristige Erfolgsrechnung des laufenden Jahres (mit Vergleichszahlen des entsprechenden Zeitraums des Vorjahres), Umsatz-, Kosten- und Ergebniserwartungen für das laufende Jahr sowie Informationen von besonderer Bedeutung nach Schluß des letzten Geschäftsjahres *(Wiederholung aus II. Mindestunterlagen und -informationen, Frage 15)*

3. **Beschreibung des Rechnungswesens**, besonders der Kostenrechnung, Kalkulation und kurzfristigen Erfolgsrechnung mit Angaben über Umfang, Aussagefähigkeit, Termine, Güte und Empfänger der erstellten Informationen

   Welche Art von **Planungsrechnungen**, Budgets, Erwartungsrechnungen o.ä. gibt es? Wer ist für die Aufstellung verantwortlich? Gibt es **Abweichungsanalysen**? *(vgl. XXVIII. Unternehmensplanung, Frage 5)*

## Informationen des Wirtschaftsprüfers

4. Hat der Wirtschaftsprüfer den **Bestätigungsvermerk** uneingeschränkt erteilt? Welche Einschränkungen oder Ergänzungen wurden gemacht? Lag dem Wirtschaftsprüfer eine von der Geschäftsleitung des geprüften und jetzt zu bewertenden Unternehmens unterschriebene Vollständigkeitserklärung vor?

5. Falls der Wirtschaftsprüfer neben dem Bericht über die Abschlußprüfung noch andere Berichte oder Briefe (**Management letters**) der Geschäftsleitung oder dem Aufsichtsrat gegeben hat, diese einsehen

6. Wie ist das **Urteil** über den **Bericht** des **Wirtschaftsprüfers**?

   *Auf schwache Leistungen des Wirtschaftsprüfers deuten*
   - *überflüssige allgemeine Kommentierungen,*
   - *häufige Wiederholungen des gleichen Tatbestandes,*
   - *ausführliche Informationen über wirtschaftlich unwichtige Tatbestände,*
   - *Fehlen von ausführlichen Erläuterungen zu wesentlichen Posten,*
   - *fehlende Informationen für die Beurteilung der Angemessenheit von Wertberichtigungen und Rückstellungen und das Fehlen von anderen wesentlichen Informationen für die Beurteilung der wirtschaftlichen Lage,*
   - *Formulierungen wie »nach Angaben der Gesellschaft«, »wie uns die Gesellschaft mitteilte«, auskunftsgemäß« oder »wurden von der Gesellschaft ermittelt«,*
   - *pauschale Angaben über Prüfungshandlungen und die interne Abrechnungsweise des Unternehmens, die das Risiko der Beurteilung vom Wirtschaftsprüfer auf den Leser abwälzen,*

   *hin.*

7. Wurde der **Wirtschaftsprüfer** in den letzten Jahren **gewechselt**? Falls ja, warum?

8. **Kontakt** mit dem **Wirtschaftsprüfer** aufnehmen und evtl. Einsicht in seine Arbeitspapiere nehmen

### EDV

9. **Beschreibung der EDV** mit Angaben über Hardware, Software, Betriebssysteme, Vernetzung der Computer, Intranet, Datenfernübertragung, Anzahl des EDV-Personals mit Angaben der Tätigkeit, Kosten der EDV, (aufgeteilt nach Kosten für Hardware, Software, Personal, Beratung und sonstige Kosten), Leistungsverrechnung, Kapazität, Zuverlässigkeit, Sicherheit, Reorganisation in den letzten Jahren und notwendige Reorganisation, Einführung SAP o.ä. (welche Module?), Vernetzung von SAP mit anderen Systemen, Leistungen der EDV, Probleme.

   Welche **Dienstleistungsverträge** bestehen mit **externen EDV-Anbietern**? Führt das Unternehmen EDV-Dienstleistungen für Dritte aus?

10. Wie sind die anderen Abteilungen mit der EDV-Abteilung **zufrieden**?

11. Welche **Reklamationen** wurden vorgebracht?

12. Wie ist ggf. die **Stellungnahme des EDV-Leiters** dazu?

13. Welche **Verbesserungen** sind möglich, und welche Änderungen sind geplant?

## Controlling, Interne Revision

14. Gibt es ein **Controlling**? (Angaben über Größe der Abteilung sowie Durchschnittsalter und Qualifikation der Mitarbeiter)

15. Gibt es eine **Interne Revision**? (Angaben über Größe der Abteilung sowie Durchschnittsalter und Qualifikation der Mitarbeiter)

16. **Wem** sind diese **Abteilungen unterstellt**? Welche Aufgaben haben sie? Wem berichten sie?

17. Handelt es sich hierbei mehr um einfache **Kontrollfunktionen** im Finanz- und Rechnungswesen oder mehr um **Abweichungs-** und **Wirtschaftlichkeitsanalysen** und **Systemprüfungen** im gesamten Unternehmen, die die wirtschaftliche Situation des Unternehmens nachhaltig verbessern können? (evtl. nach Beispielen für tatsächliche materielle Ergebnisse fragen)

18. Beschreibung des aufgrund des Gesetzes zur Kontrolle und Transparenz im Unternehmensbereich (**KonTraG**) einzuführenden Risikofrüherkennungssystems

# D. Analyse Vermögens-, Finanz- und Ertragslage

## XIV. Immaterielle Vermögensgegenstände

1. **Wie** und **wann** sind die in der Bilanz ausgewiesenen immateriellen Vermögensgegenstände einschließlich Sonderposten, wie Aufwendungen für die Ingangsetzung und Erweiterung des Geschäftsbetriebs, **entstanden?** Wurden nicht selbständig bewertbare, d.h. mit dem Unternehmen als Ganzem untrennbar verbundene immaterielle Vermögensgegenstände (z.B. erworbene oder selbst aufgebaute Marken) aktiviert?

   Gibt es immaterielle Vermögensgegenstände, die nicht entgeltlich erworben, aber aktiviert worden sind?

   Wie wurden die immateriellen Vermögensgegenstände bisher abgeschrieben?

2. **Über welche** immateriellen Vermögensgegenstände (Konzessionen, Patente, Lizenzen, Marken-, Urheber- und Verlagsrechte, Geschmacks- und Gebrauchsmuster und Warenzeichen, Produktzulassungen, Erfindungen, Rezepte, Geheimverfahren, Know-how und sonstige Rechte) verfügt das Unternehmen? Welche immateriellen Vermögensgegenstände, insbesondere Patente, werden genutzt, und welche sind wesentlich? Beurteilung durch Sachverständigen vornehmen lassen

3. **Welche Personen** kennen die Geheimverfahren, verfügen über das Know-how o.ä.? Wie werden die Geheimverfahren und das Know-how geschützt?

4. **In welchen Ländern** sind die Patente, Warenzeichen, Produktzulassungen usw. angemeldet und erteilt? Wurden die Gebühren zur Aufrechterhaltung des Patentschutzes rechtzeitig entrichtet? Wann laufen die Patente und evtl. die Produktzulassungen, insbesondere für die erfolgreichen Produkte, ab?

5. Welche **Bedeutung** haben diese immateriellen Vermögensgegenstände für die Erträge des Unternehmens in der Vergangenheit und Zukunft?

6. Sind die Patente, Warenzeichen u.ä. ordnungsgemäß auf das zu bewertende Unternehmen eingetragen bzw. erteilt? Gibt es Rechte (z.B. Urheberrechte), die dem Inhaber oder einem Gesellschafter des Unternehmens gehören, aber von dem Unternehmen genutzt werden? Ist der **Schutz** für die immateriellen Vermögensgegenstände im In- und Ausland ausreichend?

7. Werden **Rechte** an den immateriellen Vermögensgegenständen von irgend jemand **angefochten?** Sind **Patentverletzungen** o.ä. bekannt? Welche Schritte wurden dagegen unternommen oder sind beabsichtigt? Haben Dritte (Mitarbeiter, kooperierende Unternehmen, wissenschaftliche Institute) Ansprüche auf erteilte Patente angemeldet?

8. Gibt es immaterielle Vermögensgegenstände mit **eigenem Verkehrswert?**

# XV. Sachanlagen

Die mit einem * gekennzeichneten Fragen sind insbesondere für Unternehmensanalysen und -bewertungen vorgesehen, bei denen keine von einem Wirtschaftsprüfer mit dem uneingeschränkten Bestätigungsvermerk versehenen Jahresabschlüsse vorliegen. Diese Fragen beziehen sich auf den Bestandsnachweis der einzelnen Vermögensgegenstände.

## Allgemeines und Nachweis

1. Liegt eine **Anlagenkartei** oder -liste vor? Wird sie ordnungsgemäß geführt?*

2. **Stimmen** die **Werte** der Anlagenkartei oder -liste mit den Konten der Buchhaltung **überein**? Abweichungen erläutern*

3. Welche **Gewähr** ist gegeben, daß das gebuchte Anlagevermögen **tatsächlich vorhanden** ist (Inventur, Numerierung der Anlagegegenstände, Stichproben)*

4. Falls eine in II. Mindestunterlagen und -informationen des Fragebogens angegebene **Aufgliederung** des Sachanlagevermögens nicht vorliegt, ist eine solche **Aufstellung global** wie folgt zu erstellen:

Anlagenzugänge abzüglich darauf entfallende Abgänge zu Anschaffungswerten (Abgänge notfalls schätzen) möglichst der letzten 10 Jahre mit globalen Angaben, inwieweit es sich um Ersatz-, Rationalisierungs-, Erweiterungs- oder Umweltschutzinvestitionen oder Investitionen im Forschungs-, Verwaltungs- oder Sozialbereich handelte, sowie Anschaffungs- und Buchwert der heute noch vorhandenen und genutzten, vor mehr als 10 oder ggf. weniger Jahren angeschafften Grundstücke, Gebäude und Maschinen (evtl. global) unter Angabe der Herstellungs- bzw. Anschaffungsjahre

*(Einheitswerte und Feuerversicherungswerte sind für eine Unternehmensbewertung nicht brauchbar, jedoch können die darin enthaltenen Informationen Hinweise für eine Unternehmensbewertung geben, z.B. bei Gebäuden: Baujahr, Baubeschreibung, cbm umbauter Raum, qm Nutzfläche, Raumhöhe, Deckenbelastung, Zustand, Nutzung, Nutzungsmöglichkeiten, unorganischer Aufbau, notwendige Reparaturen)*

## Grundstücke

(Informationen, soweit angebracht, auch für gemietete, gepachtete und geleaste Grundstücke beschaffen)

5. **Grundbuchauszüge** und Lagepläne beschaffen (genießt das Grundbuch öffentlichen Glauben im Land?) *(vgl. XXV. Recht, Frage 13)*

6. **Kaufpreis** und Kaufdatum, im Grundbuch eingetragene Belastungen

7. **Art der Nutzung** der einzelnen Grundstücke. Gibt es Vorratsgelände? Gibt es nicht betriebsnotwendige Grundstücke?

8. Grundstücke beschreiben:

- **Grundstücksgröße** (Länge, Breite),
- **Lage** und **Verkehrsverhältnisse** (Einzelheiten feststellen, je nach Nutzung)
  Beschreibung der Umgebung mit Entfernungsangabe (Art der Bebauung, Nutzung
  des umliegenden Geländes, wirtschaftliche Aktivitäten, Bevölkerung, Veränderung
  in den letzten Jahren), vorhandene und geplante Verkehrswege wie Autobahn,
  Straße, Wasser, Bahnen und deren nächster Anschlußpunkt, Zustand der Straßen
  und Wege, Parkmöglichkeiten, Nähe zu Kunden und Lieferanten, zu wissenschaftlichen Instituten und Hochschulen, Nähe zu öffentlichen Verkehrsmitteln, zum
  Flughafen, zum Zentrum, zur nächsten Großstadt, zu Behörden, Schulen, Kirchen,
  Einkaufsmöglichkeiten, kulturellen Einrichtungen, Sportstätten und Erholungsmöglichkeiten, Entfernung zwischen Arbeitsstätten und Wohnungen, Beeinträchtigung
  durch Nachbarschaft (Lärm, Abgase),

- **Ver- und Entsorgung**
  Strom-, Gas- und Wasserversorgung, Wassernutzungsrechte, Fernmeldeanschlüs-
  se und -verbindungen, Art und Zustand der Kanalisation, Genehmigungen,
  Stand der Technik, Umwelt-Altlasten bzw. Verdacht auf Umwelt-Altlasten
  (z.B. versickerte Produktionsabfälle). Fallen noch Erschließungskosten an?

- **Bodenbeschaffenheit und Topografie**
  Baugrund, Wasserverhältnisse, Höhe, Flach- oder Hanglage,

- **bauliche Ausnutzungsmöglichkeiten**
  unbebaut, zweck- oder unzweckmäßig bebaut, Ausweis im Flächennutzungsplan
  und Bebauungsplan, Veränderungssperren, Grundstücksform, Vorder- oder
  Hinterland, Himmelsrichtung, Erweiterungsmöglichkeiten (evtl. bei Behörde anfragen), Behinderung durch Bergschäden, Hochwasser-, Erdbeben-, Wirbelsturm-,
  Erdrutsch- oder Lawinengefahr,

- **behördliche Auflagen**
  vorgeschriebene Bauweise, Abstandsflächen, Stellplatznachweis, Immissionsschutz,
  Denkmalschutz,

- **Nutzungsbeschränkungen durch Grunddienstbarkeiten**
  Wegerechte, Leitungsrechte, Vorkaufsrecht, Wohnrecht, Mietvertragsverpflichtungen,
  Erbbaurecht, Verfügungsbeschränkungen (dagegen Nutzungserweiterungen und
  somit Werterhöhung bei berechtigten Grundstücken),

- Höhe der **Gewerbesteuer**, der **Grundsteuer** und der sonstigen Abgaben. Ist mit
  einer Änderung der **Hebesätze** zu rechnen?

9. Sind alle **Gebäude** auf den Grundstücken **Eigentum** des Unternehmens? Wenn nein,
   welche Verträge liegen vor?

10. Wie **marktgängig** sind die Grundstücke, insbesondere die nicht betriebsnotwendigen
    Grundstücke? Verkehrswert bzw. Vergleichswerte feststellen (Richtwertkarten der
    Gutachterausschüsse bei den Gemeindebehörden einsehen)

11. Liegen **Sachverständigengutachten** oder Maklerauskünfte vor?

12. Gewähren Gemeinden und Länder **Vergünstigungen** für die Industrieansiedlung?

## Übrige Sachanlagen

13. **Ausführliche Beschreibung** der übrigen Sachanlagen mit Gebäudeplänen und Maschinenlisten beschaffen *(vgl. IV. Produktion, Frage 1)*

Die Beschreibung sollte von einem technischen Sachverständigen mit Angaben über das Anschaffungsjahr – falls gebraucht gekauft mit Baujahr –, den Zeitpunkt und die Art von wesentlichen Umbauten, Erneuerungen bzw. der letzten Generalüberholung, die Größe und Art der Konstruktion, den allgemeinen Zustand, den technischen Stand, die zukünftigen Instandhaltungs- und Reparaturkosten, insbesondere den Zeitpunkt und die Höhe der Großreparaturen und Sanierungen (z.B. Klimaanlage, Asbestschäden, Brandschutz), und den Reinvestitionszeitpunkt vorgenommen werden. Bei einem asset deal sollten außerdem die Wiederbeschaffungskosten ermittelt werden.

Die wesentlichen Positionen mit dem Buchwert vergleichen

Falls kein Gutachten oder keine Beschreibung eines technischen Sachverständigen mit ausführlichen Angaben wie oben vorliegt:
– Sind globale Wiederbeschaffungsneuwerte der produktiven Kapazität bekannt? (Wiederbeschaffungsneuwert je Produktionseinheit, z.B. je Tonne Kapazität)
– Inwieweit sind die Wiederbeschaffungsneuwerte und Betriebskosten je Produktionseinheit bei größeren Anlagen niedriger?
– Wie unterscheiden sich neue von alten Anlagen hinsichtlich Betriebskosten, Lebensdauer und Umweltschutz?

14. Gibt es reaktivierbare stillgelegte Anlagen? Gibt es **nicht betriebsnotwendige** Anlagen? Welcher Liquidationserlös wäre daraus zu erzielen? Wie hoch werden die Abbruchkosten, die Kosten für eine eventuelle Grundstückssanierung und einen eventuellen Sozialplan sowie die Abwicklungskosten geschätzt? Wahrscheinliche Dauer der Liquidation?

15. Wie hoch waren in den Jahren, für die Gewinn- und Verlustrechnungen nach dem Umsatzkostenverfahren vorliegen, die **aktivierten Eigenleistungen** (selbsterstellte Anlagen)? Inwieweit wurden bei den selbsterstellten Anlagen Gemeinkosten und Zinsen aktiviert?

16. Wie werden **Werkzeugkosten** bilanziert? Ist diese Bilanzierung wirtschaftlich angemessen?

## Abschreibungen, Zuschreibungen, Aufwertungen

17. Welche **Abschreibungsmethoden** und -sätze werden angewandt? Wie erfolgt die Abschreibung im Jahr des Zugangs? (Halb- oder Ganzjahresabschreibung beim Erwerb im zweiten bzw. im ersten Halbjahr, zeitanteilige Abschreibung, keine Abschreibung)

18. Wann, in welcher Höhe und aus welchem Grunde wurden **Sonder-** oder **Teilwertabschreibungen** in den analysierten Jahren durchgeführt?

19. Wurden immer die **steuerlichen** Abschreibungshöchstsätze angewandt? Wurden notwendige Teilwertabschreibungen, z.B. bei Stillegungen, immer vorgenommen?

20. Wann, in welcher Höhe und aus welchem Grunde wurden **Zuschreibungen** in den analysierten Jahren vorgenommen?

21. Wie wurden **geringwertige Wirtschaftsgüter** behandelt?

22. Wie hoch waren in den analysierten Jahren die **Erträge** und die **Verluste** aus dem **Abgang** von Gegenständen des Anlagevermögens?

23. Welche **Ersatzinvestitionen** wurden bei **Festwerten** in den letzten Jahren vorgenommen? Wie wird der Ersatzinvestitionsbedarf für die Zukunft eingeschätzt?

24. Wurden **inflationsbedingte Aufwertungen** des Sachanlagevermögens vorgenommen? *(Weitere Einzelfragen siehe XXIV. Gewinn- und Verlustrechnung, Fragen 30-39)*

## Instandhaltungs- und Reparaturkosten

25. **Wie hoch** waren die Instandhaltungs- und Reparaturkosten in den letzten 5 Jahren (möglichst aufteilen in Fremdleistungen und Eigenleistungen sowie nach Objekten)? Wurden Instandhaltungs- und Reparaturkosten vorgezogen oder verzögert? Gibt es ein Programm für die Instandhaltungs- und Reparaturkosten?

26. Werden sich die künftigen Instandhaltungs- und Reparaturkosten gegenüber der Vergangenheit **ändern**?

27. Wie wurden **Großreparaturen** behandelt?

28. Wurden aktivierungspflichtige Investitionen als Instandhaltungs- und Reparaturkosten verrechnet oder Instandhaltungs- und Reparaturkosten **aktiviert**?

29. Wurden **Eigenleistungen** korrekt aktiviert?

30. Wie ist der **Erhaltungszustand** der Anlagen? Sind Großreparaturen fällig, besteht ein Reparaturnachholbedarf?

31. Sind **Kennziffern** für das Verhältnis von Instandhaltungs- und Reparaturkosten zu Wiederbeschaffungswerten bekannt?

## Zukünftige Investitionen

32. **Welche** Ersatz-, Rationalisierungs- und Erweiterungsinvestitionen sowie Investitionen für den Umweltschutz und Investitionen im Forschungs-, Verwaltungs- und Sozialbereich werden wann und in welcher Höhe anfallen? Wie zwingend sind diese Investitionen?

33. Gegebenenfalls Angaben zu **veränderten Kapazitäten** und zur Kostenstruktur machen

34. Ist zu erwarten, daß die notwendigen **Genehmigungen** der Behörden ohne wesentliche Auflagen rechtzeitig erteilt werden?

35. In welcher Höhe sind bereits Investitionen **in Auftrag** gegeben worden, und wann

werden sie wahrscheinlich fertiggestellt sein? Ist deren Anschaffung/Herstellung aus heutiger Sicht notwendig (Rentabilität, Auslastung)?

36. Wie teilen sich die **Anlagen im Bau** und die Anzahlungen auf Anlagen auf?

## Beurteilung

37. Welche Aussagen sind möglich über
    - zweckmäßige Organisation des Produktionsablaufs *(vgl. VIII. Produktion, Frage 13)*,
    - Art der Produktionsverfahren (alt/modern) *(vgl. VIII. Produktion, Frage 15)*,
    - Höhe der Betriebskosten,
    - erwartete und bestehende Auflagen der Berufsgenossenschaft und der Gewerbe-aufsicht, insbesondere im Hinblick auf den Umweltschutz und daraus entstehende Kosten,
    - Zustand und Notwendigkeit von Verwaltungs- und Sozialgebäuden sowie Hilfs-betrieben?

38. Ist eine **Betriebsverlegung** notwendig oder beabsichtigt? (bestehende oder erwartete Auflagen, andere Gründe, wahrscheinlicher Termin, Stand der Verhandlungen, Be-schreibung der neuen Betriebsstätte, Kosten des Umzugs, notwendige Investitionen, zukünftige Kapazität und Betriebskosten, Kosten des Abbruchs und der Sanierung des Geländes, Buchwert der zu verschrottenden Anlagen, wahrscheinlicher Erlös für Grundstücke und übriges Anlagevermögen, Umfang der Personalfreisetzung und ihre Kosten, Personalbeschaffung)

## Einzelfragen

39. Welche Anlagen sind **ge-** oder **vermietet, ge-** oder **verpachtet, ge-** oder **verleast**? Wie lauten die wesentlichen Vertragsbedingungen? (Höhe der Miete oder Pacht, Indexierung, Berechnung der Leasingraten, Ermittlung der Erbbauzinsen, Dauer des Vertrags, Kündigungsmöglichkeit, Verlängerungs- oder Kaufoption)

40. Wurden in den letzten Jahren Anlagegegenstände verkauft und anschließend geleast (**Sale-and-lease-back**)? Waren die Verkaufspreise angemessen? Einzelheiten der Leasingverträge prüfen

41. Wurden in den letzten Jahren Anlagegegenstände von **verbundenen Unternehmen** gekauft oder an diese verkauft? Welche Buchgewinne oder -verluste entstanden hierbei?

42. Hat das Unternehmen **Investitionszuschüsse**, -zulagen oder Steuergutschriften für Investitionen erhalten? Wie wurden diese verrechnet? Gab es andere investitionsför-dernde Maßnahmen? Welche Auflagen sind damit verbunden? *(vgl. XXIV. Gewinn- und Verlustrechnung, Frage 8 und XXVI. Steuern, Frage 36)*

43. Inwieweit könnte das Sachanlagevermögen auch für andere Zwecke, z.B. bei schlechter Ertragslage oder zu geringer Auslastung, verwendet werden? (**Liquidationswert**)

44. Bei **Bergbaubetrieben:**
    - Wie hoch sind die sicheren, wahrscheinlichen und möglichen Vorkommen?
    - Welche belegbaren Aussagen und Rechtstitel liegen darüber vor?

- Welche Investitions- und Kostenpläne sind bekannt?
- Wie ist die Marktsituation?
- Wie werden vorstehende Informationen von Fachleuten des eigenen Vertrauens beurteilt?

# XVI. Finanzanlagen

1. **Beteiligungsliste** mit Angabe der Geschäftstätigkeit, der Höhe und Art der Anteile, des Anschaffungsdatums und -wertes, des Buchwertes sowie der Ergebnisse und Ausschüttungen der letzten Jahre zusammenstellen (ggf. Informationen über Enkelgesellschaften und Verflechtungen sammeln sowie Schaubild beschaffen)

2. **Jahresabschlüsse** und Wirtschaftsprüferberichte einsehen

3. Aus welchen **Gründen** werden die Beteiligungen gehalten?

4. Die **Bewertung** der Beteiligungen in der Vergangenheit und Gegenwart untersuchen

5. Falls Beteiligungen an der **Börse** notiert werden, wie war der Börsenkurs der letzten Jahre (Höchst-, Tiefst-, Jahresendkurs)?

6. Liegen die Jahresabschlüsse der Beteiligungen zum **gleichen Abschlußzeitpunkt** wie der Jahresabschluß der Muttergesellschaft vor?

7. Welche **Geschäftsbeziehungen** bestehen mit den Beteiligungen und anderen verbundenen Unternehmen? Sind die Preise und Konditionen **marktgerecht**? Aus welchen Gründen und in welcher Höhe werden **Konzernumlagen** verrechnet? Einzelheiten feststellen. Sind die Verrechnungspreise steuerrechtlich angemessen? *(vgl. XXVI. Steuern, Frage 11)*. Gibt es Synergieeffekte mit den Beteiligungen?

8. Werden **Zuschüsse** an die Beteiligungen gezahlt? Sind im laufenden Geschäftsjahr und in der weiteren Zukunft Zuschüsse notwendig?

9. Wer sind die **übrigen Anteilseigner**? Gibt es lästige Gesellschafter?

10. **Unternehmenskaufverträge** der in den letzten 3 Jahren **erworbenen** oder **verkauften Gesellschaften** oder Unternehmensteile einsehen. Bestehen daraus nicht bilanzierte Verpflichtungen (z.B. nachträgliche Änderung des Kaufpreises aufgrund neuer Erkenntnisse, Verkaufsverbot der Beteiligung, Verpflichtungen gegenüber Mitarbeitern in Form ruhender Verträge)?

11. Gibt es Überlegungen, in nächster Zukunft Beteiligungen zu **erwerben** oder zu **veräußern**?

12. Welche Beteiligungen sind **nicht notwendig**?

13. Welchen **Verkehrswert** haben die nicht notwendigen Beteiligungen? In welcher Zeit können sie veräußert werden?

14. **Wie** und **wann** werden die **Ergebnisse** der Beteiligungen gebucht?

15. Sind die Ergebnisse der ausländischen Beteiligungen voll **transferierbar**? Welche **Ertragsteuern** sind noch zu zahlen, falls die in einem konsolidierten Jahresabschluß ausgewiesenen Gewinne von **ausländischen Beteiligungen** an die Muttergesellschaft **ausgeschüttet** werden *(vgl. XXVI Steuern, Frage 16)?*, Wie hoch sind insgesamt die von der Muttergesellschaft noch **nicht versteuerten Gewinne**? Welche Finanzplanung liegt dafür vor?

16. Bestehen für die Kapitalanlagen im Ausland **Garantien** zur Absicherung politischer Risiken?

17. Aufstellung über das **übrige Finanzanlagevermögen** mit Angaben über Notwendigkeit, Fälligkeit, Verzinsung und Sicherheiten beschaffen

18. Wie lauten die Verträge mit **Joint-Venture**-Partnern?

19. Bei **Konzernabschlüssen:**
    - Wie lauten die Konsolidierungsgrundsätze?
    - Gab es Änderungen der Konsolidierungsgrundsätze in den letzten Jahren?
    - Welche Beteiligungen wurden aus welchen Gründen nicht in den Konzernabschluß einbezogen? (in den Konzernabschluß nicht einbezogene Einzelabschlüsse ggf. genau analysieren und Einfluß auf die Vermögens-, Finanz- und Ertragslage des Konzerns untersuchen)
    - Welche Veränderungen gab es in den letzten Jahren im Konsolidierungskreis?
    - Wie erfolgt bei ausländischen Beteiligungen die Währungsumrechnung?
    - Wie hoch waren die Differenzen aus der Währungsumrechnung in der Bilanz, und wie hoch waren sie in der Gewinn- und Verlustrechnung? Wie wurden diese Differenzen aus der Währungsumrechnung in der Bilanz und in der Gewinn- und Verlustrechnung ausgewiesen?

Falls keine Segmentberichterstattung vorliegt: Zusammenstellung der wesentlichen wirtschaftlichen Daten (z.B. Umsatz, evtl. Aufteilung von Kosten nach Arten oder Funktionsbereichen, Ergebnis, Betriebsvermögen) nach Ländern/Erdteilen und evtl. Geschäftsbereichen anfordern

Eventuell Überleitung der Jahresergebnisse der Einzelabschlüsse auf das Jahresergebnis des Konzernabschlusses erbitten mit Angabe
- der Jahresergebnisse der einzelnen einbezogenen Tochtergesellschaften nach den Ansatzvorschriften der Muttergesellschaft,
- der Bewertung nach der Equity-Methode,
- der Abschreibungen auf den Geschäftswert,
- der Zwischenergebniseliminierung,
- der latenten Steuern,
- anderer wesentlicher Positionen.

# XVII. Vorräte

Die mit einem * gekennzeichneten Fragen sind insbesondere für Unternehmensanalysen und -bewertungen vorgesehen, bei denen keine von einem Wirtschaftsprüfer mit dem uneingeschränkten Bestätigungsvermerk versehenen Jahresabschlüsse vorliegen. Diese Fragen beziehen sich auf den Bestandsnachweis der einzelnen Vermögensgegenstände.

## Nachweis

1.  **Wann** wurden die Vorräte das letzte Mal durch **körperliche Inventur** nachgewiesen?*

    War der Wirtschaftsprüfer bei der Inventur anwesend und konnte er sich von der Ordnungsmäßigkeit der Inventur überzeugen?

2.  Falls keine körperliche Inventuraufnahme zum letzten Bilanzstichtag erfolgte, wie wurde die **Fortschreibung** oder Rückrechnung auf den Bilanzstichtag durchgeführt? War diese Fortschreibung oder Rückrechnung ordnungsgemäß?*

3.  Wie wurden Menge und Wert der **unfertigen Erzeugnisse** bestimmt? Wurden sie körperlich aufgenommen? Wurde der erreichte Fertigungsgrad hinreichend beschrieben? Erfolgte in den Vorjahren der Nachweis der unfertigen Erzeugnisse in der gleichen Form?*

4.  Gibt es eine schriftliche **Inventuranweisung**?*

5.  Welcher Eindruck besteht über die **Ordnungsmäßigkeit** der Inventur?*

6.  Gibt es eine wert- und mengenmäßige **Lagerkartei**?*

7.  Welche wesentlichen **Differenzen** gab es bei der letzten **Inventur**? Wurden die Buchbestände korrigiert?*

8.  Wie ist gewährleistet, daß der **Wareneingang** und die entsprechenden Verbindlichkeiten zum **gleichen Zeitpunkt** erfaßt werden?*

9.  Wie ist gewährleistet, daß der **Warenausgang** und die entsprechenden Forderungen zum **gleichen Zeitpunkt** erfaßt werden?*

10. Sofern das **Bruttoergebnis** der einzelnen Produkte in den letzten Jahren **unterschiedlich** war und dieser Unterschied nicht durch Preisänderungen im Beschaffungs- und Absatzmarkt im einzelnen erläutert werden kann, **Bewertung** der Vorräte (evtl. auch in den Vorjahren) eingehend **prüfen** sowie versuchen, sich ein Bild über die **Ordnungsmäßigkeit der Inventur in den Vorjahren** zu machen*

11. Zusammensetzung der Vorräte nach wesentlichen Positionen in den **letzten 5 Jahren**, falls Informationen in den Bilanzen unzureichend sind

    Sind in den Vorräten **Materialien für Zwecke der Forschung und Entwicklung** enthalten oder werden sie bei Eingang sofort als Aufwand verrechnet?

12. **Wo** lagern die Vorräte?

## Bewertung

13. **Wie** wurden die Vorräte **bewertet**? Beschreibung der angewandten Bewertungsmethoden für sämtliche Vorräte. Bewertung prüfen

    Wann und aus welchem Grund wurde die **Bewertungsmethode** in den letzten Jahren **geändert**? Welche Auswirkungen hatten diese Änderungen auf das Ergebnis?

14. In welcher Form wurde einer **verlustfreien Bewertung** Rechnung getragen?

15. **Wie** wurden die **Herstellungskosten** ermittelt, und welche Wahlbestandteile (Materialgemeinkosten, Fertigungsgemeinkosten, Abschreibungen, allgemeine Verwaltungskosten, Aufwendungen für soziale Einrichtungen, freiwillige soziale Leistungen und betriebliche Altersversorgung sowie Fremdkapitalzinsen) sind in ihnen enthalten?

    Wie wirkten sich unterschiedliche Kapazitätsauslastungen in den letzten Jahren bei der Bewertung der Vorräte aus? Wurde der gleiche Herstellungskostenbegriff in der Gewinn- und Verlustrechnung benutzt? Welche Abweichungen bestehen in den letzten Jahren gegenüber der Steuerbilanz?

16. Wurde in den letzten Jahren nach der **gleichen Methode** bewertet?

17. Wie hoch waren die **Abwertungen**? Wie haben sich ggf. die Änderungen der Bewertungsmethoden oder Standards und die Abwertungen in den letzten Jahren auf die Ergebnisrechnung ausgewirkt?

18. Bestehen **besondere Risiken** (Überbevorratung, Ladenhüter, Verderblichkeit, technisches Veralten, verminderte Verwendbarkeit, Qualitätsmängel, große Preisschwankungen) bei den Vorräten? Wie wurden sie bei der Bewertung berücksichtigt? Wie wurden solche abwertungsbedürftigen Vorräte identifiziert?

19. Falls Lifo-Methode angewandt wurde, wie hoch war die **Lifo-Reserve** (Unterschied zwischen angewandter Lifo-Methode und Fifo-Methode, Durchschnittsmethode oder Bewertung zum niedrigeren Marktpreis) in den letzten Jahren?

20. Wie hoch sind die **Wiederbeschaffungswerte** bzw. Wiederherstellungskosten der Vorräte?

21. Bei **unfertigen Leistungen** Verträge und Kalkulationen einsehen. Voraussichtliche Verluste oder Gewinne feststellen. Eventuell Bewertung mit Vorjahren vergleichen *(vgl. XXIV. Gewinn- und Verlustrechnung, Frage 6)*

## Einzelfragen

22. Wie hoch war die **Umschlagshäufigkeit** in den letzten Jahren? Umschlagshäufigkeit getrennt nach Vorratsarten (Roh-, Hilfs- und Betriebsstoffe, unfertige Erzeugnisse, fertige Erzeugnisse, Waren) und möglichst nach Produktgruppen ermitteln

23. Gibt oder gab es in den letzten Jahren **spekulative Vorräte**?

24. Gibt oder gab es in den letzten Jahren **Pflichtvorräte** aufgrund gesetzlicher Bestimmungen?

25. Gibt es **Kommissionsläger** (bei Kunden oder von Lieferanten)? Wie und wann werden sie abgerechnet? Welche Verträge bestehen?

# XVIII. Forderungen aus Lieferungen und Leistungen

Die mit einem * gekennzeichneten Fragen sind insbesondere für Unternehmensanalysen und -bewertungen vorgesehen, bei denen keine von einem Wirtschaftsprüfer mit dem uneingeschränkten Bestätigungsvermerk versehenen Jahresabschlüsse vorliegen. Diese Fragen beziehen sich auf den Bestandsnachweis der einzelnen Vermögensgegenstände.

## Nachweis

1. Liegt zum letzten Bilanzstichtag eine **Saldenliste** vor?*

2. **Stimmt** die Saldenliste bzw. die Summe der Salden der Personenkonten mit dem Debitoren-Sachkonto **überein**?*

3. Liegen **Saldenbestätigungen** vor?*

4. **Wie setzen sich die Forderungen zusammen?** (Anzahl, Kundengruppen, Großkunden, öffentliche Hand, Export, verbundene Unternehmen, Beteiligungen, Altersaufbau, Besitzwechsel, Wechselobligo)

5. **Zusammensetzung** des Saldos der **größten Forderungen** feststellen (Altersaufbau, nicht erledigte Reklamationen)*

6. Beschreibung des **Mahnwesens**

## Zahlungsziele

7. Wie lauten die vereinbarten **Zahlungsbedingungen** und wie die tatsächlich durchschnittlich beanspruchten Zahlungsziele der Kunden? (ggf. aufteilen nach Abnehmergruppen, Inland, Ausland, u.ä.)

8. Haben sich in letzter Zeit die tatsächlich in Anspruch genommenen **Zahlungsziele geändert?**

9. Welche **außergewöhnlichen Zahlungsziele** werden gewährt?

10. In welchem Maße nutzen die Kunden **Skonto?**

11. Werden alle Lieferungen und Leistungen **sofort fakturiert?** *(vgl. VI. Vertrieb/Marketing, Frage 79)*

**Bewertung, Bonität**

12. Welche **Fremdwährungsforderungen** bestehen? Zu welchem Kurs wurden sie umgerechnet? Sind sie kursgesichert? Wenn ja, in welcher Form?

13. Gibt es Kreditlimits? Wie werden sie festgelegt? Wie wird die **Bonität** der Kunden überwacht? Sind Forderungen, insbesondere Auslandsforderungen, kreditversichert?

14. Wurden angemessene **Wertberichtigungen** gebildet? Wie entwickelten sich die Wertberichtigungen in den letzten Jahren?

15. Wie hoch waren die **tatsächlichen Forderungsausfälle** in den letzten Jahren? Gab es Wechselproteste oder -prolongationen in den letzten Jahren?

**Einzelfragen**

16. In welchem Umfang haben die Kunden ein **Rückgaberecht**?

17. Seit wann, in welchem Umfang und zu welchen Bedingungen (insbesondere Übernahme Delkredere-Risiko) werden **Forderungen verkauft** (Factoring, Forfaitierung)? Grund?

18. Wie hoch sind die **Retouren**? Aus welchen Gründen erfolgen sie? Wie werden sie in der Bilanz bewertet? *(vgl. VI. Vertrieb/Marketing, Frage 79)*


# XIX. Sonstiges Umlaufvermögen und Rechnungsabgrenzungsposten

Die mit einem * gekennzeichneten Fragen sind insbesondere für Unternehmensanalysen und -bewertungen vorgesehen, bei denen keine von einem Wirtschaftsprüfer mit dem uneingeschränkten Bestätigungsvermerk versehenen Jahresabschlüsse vorliegen. Diese Fragen beziehen sich auf den Bestandsnachweis der einzelnen Vermögensgegenstände.

1. **Wie** können die einzelnen Positionen **nachgewiesen** werden?*

2. **Zusammensetzung** und Erläuterungen

3. Sind sämtliche Positionen **betriebsnotwendig**?

4. Forderungen im Hinblick auf Schuldner (Bonität), Fälligkeit und Verzinsung analysieren

5. **Börsenkurs** der Wertpapiere feststellen

# XX. Eigenkapital

1. Entwicklung und **Zusammensetzung**. Höhe des genehmigten Kapitals

   Gegebenenfalls Entwicklung und Zusammensetzung der ausstehenden Einlagen und der eingeforderten ausstehenden Einlagen angeben

2. Welche **Abweichungen** bestehen zwischen **Handels-** und **Steuerbilanz**? *(vgl. XXVI. Steuern, Frage 18)*

3. Wie hoch sind eventuelle **steuerliche Verlustvorträge** (Körperschaftsteuer/ Gewerbesteuer)? Wie lange und unter welchen Bedingungen sind sie noch vortragsfähig? *(vgl. XXVI. Steuern, Frage 6)*

4. Hat der Verkäufer oder der Käufer **Anspruch** auf eine evtl. noch **auszuschüttende Dividende** des letzten Geschäftsjahres

5. Wer sind die jetzigen **Anteilseigner** des Unternehmens? *(vgl. I. Vorfragen, Frage 1)*

   Welche **Rechte** (Stimmrechte, Dividenden- und Liquidationsansprüche) sind mit evtl. bestehenden verschiedenen Aktiengattungen verbunden? Gibt es noch Gewinnansprüche aus kumulativen Vorzugsaktien? Sind die Gründe für die Ausgabe von Vorzugsaktien bekannt? Gibt es Stimmrechtsbeschränkungen bei den Stammaktien?

   Handelt es sich bei den ausgegebenen Aktien um Inhaberaktien, Namensaktien oder vinkulierte Namensaktien?

   Wie ist die Gewinnverteilung bei Personengesellschaften geregelt?

6. Bestehen **Aktienbezugsrechte** aus Wandel- oder Optionsschuldverschreibungen? Bestehen Aktienbezugsrechte des Managements, des Aufsichtsrats und/oder der Mitarbeiter? Existieren Gewinnschuldverschreibungen, Genußscheine o.ä.? Wie lauten ggf. die jeweiligen Konditionen?

7. Gibt es **stille Gesellschafter**? Wie lauten die Verträge mit ihnen? *(vgl. XXV. Recht, Frage 21)*

8. Besteht bei Einzelunternehmen und Personengesellschaften eine klare **Trennung** zwischen **Betriebsvermögen** und **Privatvermögen** und den daraus fließenden Erträgen?

9. Wie hoch ist ein evtl. vorhandenes **Körperschaftsteuerguthaben**? *(vgl. XXVI. Steuern, Frage 8)*

10. Gibt es besondere **Verträge** zwischen dem **Unternehmen** und den **Anteilseignern** bzw. ihnen nahestehenden Personen oder Unternehmen?

11. **Entwicklung** der einzelnen **Sonderposten mit Rücklageanteil** in den letzten Jahren *(vgl. XXVI. Steuern, Frage 15)*

12. **Wann** sind die einzelnen Sonderposten mit Rücklageanteil spätestens **aufzulösen**? *(vgl. XXVI. Steuern, Frage 15)*

# XXI. Rückstellungen für Pensionen und ähnliche Verpflichtungen

1. Bestehen (allgemeine und einzelvertragliche) **Pensionszusagen**? Welche Leistungen sehen die Pensionszusagen vor? Sind die Leistungen je nach Eintrittsdatum in das Unternehmen unterschiedlich? Gültige allgemeine Versorgungsordnung und einzelvertragliche Regelungen beschaffen. Gegebenenfalls auch Vorgänger-Regelungen beschaffen.

2. **Seit wann** bestehen diese Pensionszusagen?

3. Welche Informationen sind über die **davorliegende Zeit** erhältlich, falls diese Pensionszusagen erst vor wenigen Jahren gegeben wurden?

4. **Versicherungsmathematisches Gutachten** einsehen

   Falls die Pensionsrückstellungen nach § 6a Einkommensteuergesetz ermittelt wurden, feststellen, wie hoch die Pensionsrückstellungen nach IAS/IFRS bzw. US-GAAP wären

   Falls nach IAS/IFRS bzw. US-GAAP bilanziert wird, feststellen, ob die gemachten Annahmen angemessen und wie hoch die evtl. nicht passivierten Pensionsverpflichtungen sind *(vgl. Frage 33)*

5. Zu welchem **Berechnungsstichtag** wurde das versicherungsmathematische Gutachten erstellt?

6. Sind dem versicherungsmathematischen Gutachter **alle erforderlichen Unterlagen** zur Verfügung gestellt worden, und war der Gutachter für diese Aufgabe qualifiziert?

7. Wie hoch sind die **Rückstellungen** für **Anwartschaften** und wie hoch für **laufende Renten**?

8. Wird bei den Pensionsrückstellungen das **Teilwertverfahren** zugrunde gelegt?

   Wurde bei der Bildung der Pensionsrückstellungen immer der steuerlich zulässige Höchstbetrag in Anspruch genommen? Von welchen steuerlichen Verteilungsmöglichkeiten wurde bei den Zuführungen Gebrauch gemacht?

9. Welcher **Rechnungszinsfuß** wurde bei den versicherungsmathematischen Berechnungen angewandt?

10. Welche **Sterbetafel** wurde berücksichtigt?

11. Sind die in dem versicherungsmathematischen Gutachten gemachten **Annahmen**, z.B. Beginn der Altersrente, Invaliditätswahrscheinlichkeit, Verheiratungswahrscheinlichkeit und Altersunterschied zwischen den Ehegatten, **wirklichkeitsnah**?

12. Gab es in den letzten Jahren **technische Umstellungen** bei der Berechnung der Pensionsrückstellungen?

13. Wurden Pensionsrückstellungen in der Vergangenheit **aufgelöst**?

14. Wie erfolgt die **Auflösung** der Pensionsrückstellungen für **laufende Renten**? (versicherungsmathematische Auflösung = Pensionsleistung ./. Verringerung des Barwerts der künftigen Pensionsleistungen oder buchhalterische Auflösung = erfolgsneutral zu Lasten der Pensionsrückstellung)

15. Gibt es **Pensionszusagen**, die von den **letzten Bezügen** vor Eintritt des Versorgungsfalls ausgehen? Sind Pensionszusagen an die Sozialversicherung gekoppelt? Wachsen die Versorgungsanwartschaften im Laufe der Jahre in gleichmäßigen Teilen an?

    Liegen Schätzungen über die **fehlenden Pensionsrückstellungen** wegen künftiger Erhöhung der Löhne und Gehälter und wegen der Anpassungspflicht für laufende Leistungen vor?

16. Können **Pensionsansprüche** entstehen, ohne daß eine **steuerlich zulässige Rückstellung** möglich ist? (betriebliche Übung, Geichbehandlungsgrundsatz)

17. Ist die Höhe der erdienten verfallbaren und evtl. **nicht bilanzierten Versorgungsanwartschaften** bekannt?

18. Welche Pensionszusagen haben die **Gesellschafter-Geschäftsführer**? Wurden hierfür Rückstellungen gebildet?

19. Ist beabsichtigt, eine betriebliche **Pensionsregelung einzuführen** oder die bestehende Regelung zu **ändern**? Ist diese Absicht der Belegschaft oder dem Betriebsrat bekannt?

20. Ist eine Beurteilung der betrieblichen Pensionsregelung im **Vergleich** mit Regelungen von Unternehmen ähnlicher Größenordnung, der gleichen Branche und/oder am gleichen Ort möglich?

21. Wie wurden die laufenden Leistungen der betrieblichen Altersversorgung in den letzten 8 Jahren **angepaßt**?

22. **Wie hoch** waren jeweils die Erhöhungen der Pensionsrückstellungen, die Pensionszahlungen, die Zahlungen an rechtlich selbständige Unterstützungskassen sowie die sonstigen Aufwendungen für Altersversorgung und Unterstützung in den letzten 5-8 Jahren?

23. Gibt es **Pensions-** oder **Unterstützungskassen**? Welche Leistungen gewähren sie? Satzung, Richtlinien und letzten Jahresabschluss beschaffen.

24. Wie hoch ist das tatsächliche, das gesetzlich mögliche und das wirtschaftlich erforderliche **Deckungskapital** bei einer Bewertung des Kassenvermögens zu Zeitwerten von vorhandenen Pensions- und Unterstützungskassen (Anwartschaften und laufende Renten getrennt)? Welcher Rechnungszinsfuß wurde angewandt? Wurde in Höhe der mittelbaren Pensionsverpflichtungen eine Rückstellung in der Handelsbilanz des Unternehmens gebildet?

25. Wurde bei den Zuwendungen an **Unterstützungskassen** immer der **steuerlich zulässige Höchstbetrag** ausgenutzt?

26. Wie hoch waren die **Zahlungen der Unterstützungskassen** an die Mitarbeiter in den letzten Jahren?

27. Liegt ein langfristiger **Finanzierungsplan** für die Altersversorgung vor?

28. Gibt es **Direktversicherungsverträge?** Muster und Auflistung der Vereinbarungen beschaffen. Evtl. weitere bestehende Vereinbarungen mit den Versicherungsgesellschaften beschaffen (z.B. über eine Beleihung oder Abtretung der Rechte des Versicherungsnehmers). Werden die Direktversicherungsprämien und die Pauschalsteuer immer bezahlt?

29. Für welche Pensionszusagen besteht eine **Rückdeckungsversicherung?** Nach welchen **Rechnungsgrundlagen** wurde der Wert der **Rückdeckung** ermittelt?

30. Gibt es **Vorruhestandsvereinbarungen** bzw. **Frühpensionierungen** o.ä.? Zu welchen Bedingungen sind sie möglich? Wieviel Personen kommen dafür in Frage? Wie hoch ist der Rückstellungsbedarf? Welche Rückstellungen wurden bereits dafür gebildet?

31. Wurden im Rahmen der **Anpassungsüberprüfung** gemäß § 16 Betriebsrentengesetz **die laufenden Leistungen** stets in voller Höhe an die Lebenshaltungskosten angepaßt oder besteht ein **Nachholbedarf** wegen nur teilweiser Anpassung zu den vorangegangenen Überprüfungsterminen aufgrund der wirtschaftlichen Lage des Unternehmens?

32. Welche **Pensionszusagen** oder **betriebsüblichen Leistungen** gibt es, für die kein Pensionsfonds und keine oder **unzureichende Rückstellungen** bestehen?

33. Bei **ausländischen Unternehmen,** insbesondere US-Unternehmen:
    - Empfänger und Höhe der Pensionszusagen
    - Liegt ein leistungsorientierter oder beitragsorientierter Pensionsplan vor?
    - Wurden die erforderlichen Mittel für den Pensionsplan voll in einem Fonds angesammelt?
    - Welcher Rechnungszinsfuß wurde gewählt?
    - Wie lauten die Trendannahmen für die Einkommens- und Rentenentwicklung?
    - Wie hoch ist der Barwert der verfallbaren und unverfallbaren Anwartschaften?
    - Die Ermittlung des Wertes des Pensionsfonds in den letzten Jahren prüfen, Einzelheiten über die erwarteten Erträge aus dem Pensionsfonds, die in Anspruch genommenen handelsrechtlichen Verteilungsmöglichkeiten von Pensionslasten für frühere Dienstjahre und die Zusammensetzung des Aufwands für Altersversorgung in den letzten Jahren feststellen.
    - Die letzten Jahresabschlüsse des Pensionsfonds und die versicherungsmathematischen Gutachten einsehen.
    - Welche Leistungen erhalten die Rentner bei Krankheit, und wie werden diese Leistungen finanziert? Welche Rückstellungen wären angebracht?

# XXII. Andere Rückstellungen

1. **Zusammensetzung**

2. **Entwicklung** der einzelnen Rückstellungsarten (Stand Anfang Geschäftsjahr, Inanspruchnahme, Auflösung, Zuführung, Stand Schluß Geschäftsjahr) und eventuelle Unter- und Überdeckungen in den letzten Jahren analysieren

3. Für welche wahrscheinlichen Aufwendungen, die der Vergangenheit zuzurechnen sind, und für welche erkennbaren Risiken wurden **keine ausreichenden Rückstellungen** gebildet?

Beispiele:

- Boni,
- Gewährleistungsverpflichtungen (Garantieleistungen),
- Gewährleistungen ohne rechtliche Verpflichtung (Kulanzleistungen),
- Produkthaftpflicht,
- noch auszuführende Restarbeiten von bereits abgerechneten langfristigen Fertigungsaufträgen,
- Verpflichtungen für noch zu erbringende Leistungen (z.B. Wartung, Gutscheine, Rabattmarken),
- Lieferungen mit Rückgaberecht,
- Pensionsgeschäfte,
- Rücknahmepflicht von Verpackungen und alten Geräten und Fahrzeugen,
- drohende Konventionalstrafen,
- Risiko aus Preisprüfungsrecht für Umsätze mit der öffentlichen Hand,
- Verluste aus Lieferverpflichtungen,
- Verluste aus Abnahmeverpflichtungen,
- Verluste aus Dauerschuldverhältnissen (z.B. Miet-, Pacht-, Leasing- und Darlehensverträge),
- Ausgleichsansprüche der Handelsvertreter,
- Bürgschaften,
- bestellte Sicherheiten zugunsten Dritter,
- Patronatserklärungen,
- Rangrücktrittserklärungen,
- Risiken aus Derivativen Finanzinstrumenten,
- Wechselobligo,
- Rücknahmeverpflichtungen aus Factoring
*(Verpflichtungen gegenüber Geschäftspartnern)*

- Abfindungen,
- Entlassungsentschädigungen,
- Sozialplan,
- Gratifikationen,
- Sonderzahlungen,
- Tantiemen,
- Urlaubsansprüche,
- Verpflichtungen aus Verdienstabsicherungsklauseln,
- Arbeitnehmer- und Firmenjubiläen,
- unterlassene Zuweisungen an Unterstützungskassen,
- Gesundheitsrisiken der Arbeitnehmer
*(Verpflichtungen aus dem Personalbereich)*

- Dividendengarantien an Minderheitsaktionäre und Rückstand kumulative Vorzugsdividende,
- Verlustabdeckung bei Ergebnisabführungsverträgen mit Tochtergesellschaften,
- Nachschußzahlungen, Zubußen o.ä.

*(Verpflichtungen gesellschaftsrechtlicher Art)*

- Steuern, steuerliche Außenprüfung,
- latente Steuern,
- Bußgelder, Strafen, Gebühren und Beiträge,
- Rückzahlungsverpflichtungen von Zuschüssen

*(öffentlich-rechtliche und ähnliche Verpflichtungen)*

- Patent- und Warenzeichenverletzungen,
- sonstige laufende und erwartete Rechtsstreitigkeiten (Schadensersatzansprüche, Prozeßkosten),
- Abbruchverpflichtungen,
- Bergschäden,
- Heimfall,
- Kosten für die Rekultivierung,
- Kosten für Dekontamination,
- Umwelt-Altlasten,
- Verpflichtungen zur Wiederherstellung des ursprünglichen Zustandes gepachteter Anlagen

*(sonstige Verpflichtungen)*

- unterlassene Aufwendungen für Instandhaltung und Abraumbeseitigung, künftige Großreparaturen

*(Aufwandsabgrenzungen)*

4. Welche »**Rückstellungen**« sind bei der Ermittlung des Wertes von Unternehmensteilen zu berücksichtigen? Inwieweit sind sie für den Unternehmensteil abgrenzbar (z.B. Umwelt-Altlasten, Pensionen)?

5. Erläuterung der Entwicklung der **aktiven** und **passiven latenten Steuern** der letzten Geschäftsjahre *(vgl. XXVI. Steuern, Frage 18)*

# XXIII. Verbindlichkeiten und Rechnungsabgrenzungsposten

1. **Zusammensetzung** mit Angaben (je nach Art und Bedeutung global oder detailliert) über Gläubiger, Zinssatz, Disagio, Fälligkeit, Sicherheiten, vorzeitige Kündigungsmöglichkeit und eventuelle wesentliche Auflagen (z.B. vereinbarte Mindestguthaben bei Bankkrediten, Einhaltung bestimmter Bilanzrelationen). Für langfristige und revolvierende Kredite Verträge beschaffen. Gewährte und in Anspruch genommene **Zahlungsziele** bei den Verbindlichkeiten aus Lieferungen und Leistungen.

2. Welche **Fremdwährungsverbindlichkeiten** bestehen? Zu welchem Kurs wurden sie umgerechnet? Sind sie kursgesichert? Wenn ja, in welcher Form?

3. Bestehen Verbindlichkeiten, die bei einem **Kauf des Unternehmens zurückzuzahlen** sind? (von Anteilseignern, ihnen nahestehenden Personen oder verbundenen Unternehmen erhaltene Kredite, sowie durch Anteilseigner, ihnen nahestehenden Personen oder verbundenen Unternehmen verbürgte Kredite)

4. Wie hoch sind die **Kreditlimits** bei den einzelnen Banken?

5. Wären noch **weitere Kredite** erhältlich?

6. Zusammensetzung der **Eventualverbindlichkeiten**. Bei Bürgschaften und bestellten Sicherheiten zugunsten Dritter Einzelheiten feststellen

7. Wurden **Patronatserklärungen** abgegeben? Wenn ja, Einzelheiten feststellen

8. Angaben zu den **Derivativen Finanzinstrumenten** (Ziele, Art und Umfang der abgesicherten Risiken sowie der Spekulationsgeschäfte, Zusammensetzung der Derivativen Finanzinstrumente, Laufzeiten, Kredit- und Ausfallrisiken, Bilanzierungs- und Bewertungsmethode, Gewinne/Verluste und die Art ihrer Verbuchung

# XXIV. Gewinn- und Verlustrechnung

## Erträge

1. **Zusammensetzung** des Umsatzes (mit Mengen und Preisen bzw. Durchschnittserlösen) des laufenden Jahres und der letzten 3-5 Jahre nach
   - Geschäftsfeldern, Produktgruppen oder Produkten,
   - Absatzwegen oder Kundengruppen (Großkunden einzeln),
   - In- und Ausland (Hauptabsatzländer einzeln) *(vgl. VI. Vertrieb/Marketing, Frage 1)*

   Umsätze mit verbundenen Unternehmen und Beteiligungen gesondert angeben

   Bei Konzernen zusätzliche Informationen über Herkunft (Sitz der Produktionsstätten des Konzerns) der verkauften Erzeugnisse

   (Falls Umsätze saisonabhängig sind oder aus sonstigen Gründen während des Jahres stark schwanken, Gesamtumsätze der letzten 3 Jahre zusätzlich pro Monat, nach In- und Ausland getrennt, jedoch ohne Mengen- und Preisangaben feststellen)

   Kommentierung der Umsatzentwicklung (Angabe der internen und externen Einflußfaktoren, die den Umsatz positiv oder negativ beeinflußt haben)

2. Erläuterung der **sonstigen betrieblichen Erträge** (z.B. Dienstleistungen, Provisionen, Lizenzen, Versicherungsentschädigungen, Subventionen) und der außerordentlichen Erträge

3. Wie hoch sind die **Erlöse aus Vermietung und Verpachtung**? Welchen Wert haben die Mietgegenstände? (ggf. nähere Angaben über Restnutzungsdauer, Abschreibungen, Instandhaltungs- und Reparaturkosten, Laufzeit der Verträge)

4. Gibt es **Erlöse ohne Rechnungen** (Schwarzgeschäfte)? Wo sind sie hingeflossen? Welche damit zusammenhängenden Aufwendungen (z.B. Wareneinsatz) oder sonstigen Aufwendungen (z.B. Kosten der Geschäftsanbahnung) wurden daraus bezahlt?

5. **Ungefähre Anzahl** der aktiven **Kunden**, Namen der Großkunden und anderer wichtiger Kunden – verbundene Unternehmen und Beteiligungen gesondert angeben –, Großgeschäfte *(vgl. VI. Vertrieb/Marketing, Fragen 47, 49 und 51)*

6. Wie erfolgt bei Herstellern von **Großanlagen** am Jahresende die Abgrenzung von Umsatz und Ergebnis? *(vgl. XVII. Vorräte, Frage 21)*

7. Laufen **langfristige Aufträge**? Zu welchen Bedingungen wurden sie abgeschlossen? Welche Ergebnisse werden voraussichtlich erzielt?

8. Erhielt das Unternehmen **Beihilfen**, **Subventionen** o.ä.? Welche Bedingungen sind daran geknüpft? Wie wurden die Investitionen im Jahresabschluß ausgewiesen? *(vgl. XV. Sachanlagen, Frage 42 und XXVI. Steuern, Frage 36)*

9. **Umsatzerlöse** der Gewinn- und Verlustrechnung mit der internen Ergebnisrechnung **abstimmen** und evtl. Unterschiede (z.B. sonstige Erlöse, Erlösschmälerungen u.ä.) erläutern

### Aufwendungen

10. **Herstellungskosten** (Materialkosten, Fertigungslöhne, Gemeinkosten getrennt) je Produktgruppe oder Produkt ermitteln (falls die gleichen Produkte oder Zwischenprodukte in verschiedenen Betriebsstätten hergestellt werden, Herstellungskosten der einzelnen Betriebsstätten feststellen). Wurde der gleiche Herstellungskostenbegriff auch bei der Bewertung der Vorräte benutzt?

11. **Zusammensetzung** der Herstellungskosten mit Mengen- und Wertangaben (Erläuterung des Kalkulationsverfahrens sowie weitere Aufteilung der einzelnen Kosten je nach Bedeutung, z.B. Energiekosten)

12. Höhe, Zusammensetzung und evtl. nähere Angaben über
    - Materialaufwand,
    - Personalkosten,
    - Instandhaltungs- und Reparaturkosten (Fremdleistungen, Eigenleistungen),
    - Forschungs- und Entwicklungskosten
      *(vgl. IX. Forschung und Entwicklung, Frage 3)*,
    - Vertriebs- und Werbekosten
      (evtl. aufgeteilt nach Produktgruppen, Absatzgebieten, o.ä.),
    - allgemeine Verwaltungskosten,
    - sonstige betriebliche Aufwendungen,
    - Lizenzaufwendungen,

- Mieten, Pachten, Aufwendungen für Finanzierungsleasing, Aufwendungen für Mietleasing,
- gesondert und nicht gesondert ausgewiesene außerordentliche Aufwendungen,
- Steuern (Berechnung der Steuerrückstellungen, Angaben über Zahlungen aufgrund von steuerlichen Außenprüfungen und anderen außergewöhnlichen Fakten, Zusammensetzung der Steuern bei konsolidierten Gewinn- und Verlustrechnungen).

13. Ausführliche Erläuterung der **Restrukturierungskosten**

14. Wie hoch ist der Aufwand für **Garantie-** und **Kulanzleistungen**? Welche Gewährleistungsverpflichtungen bestehen?

15. Können aus dem Aufwand für Garantie- und Kulanzleistungen **Rückschlüsse** auf die **Qualitätskontrolle** bei den Erzeugnissen gezogen werden? Sind Vergleiche in der Branche möglich? Sind die Rückstellungen für diese Leistungen angemessen?

## Kosten- und Ergebnisrechnung

16. **Kurze Beschreibung** des Kostenrechnungsverfahrens und der Ergebnisrechnung

17. Nähere Angaben über
- Soll/Ist-Abweichungen bei Standardkostenrechnung (Verbrauchs-, Preis-, Beschäftigungsabweichungen, Verfahrensänderungen),
- Unterschied zwischen kalkulatorischen und bilanziellen Abschreibungen,
- Verrechnung kalkulatorischer Zinsen,
- Änderung der Bewertungsmethoden und ihre Auswirkungen auf die Ergebnisse,
- Wertberichtigungen und Inventurdifferenzen bei Vorräten.

18. **Ergebnisse** und – falls vorhanden – Deckungsbeiträge für die unter 1. genannten Umsätze. Gegebenenfalls nähere Erläuterungen über stark schwankende und außergewöhnliche Ergebnisse *(vgl. VI. Vertrieb/Marketing, Frage 5)*

19. **Abstimmung** der Ergebnisse mit der Gewinn- und Verlustrechnung und Erläuterung der Unterschiede (neutrale Aufwendungen und Erträge, Steuern o.ä.)

20. Gibt es außer den gesondert ausgewiesenen noch **andere außerordentliche** und **periodenfremde Aufwendungen** und Erträge (z.B. Anlaufverluste, Restrukturierungskosten)?

21. Gibt es **verlustbringende Umsätze**? Aus welchen Gründen werden sie getätigt?

22. Wie hoch waren in den letzten Jahren die **Aufwendungen** und **Erträge**, die mit dem **nicht betriebsnotwendigen Vermögen** zusammenhingen?

## Sonderfragen

23. Inwieweit sind die einzelnen Kostenarten (insbesondere Personalkosten und Energien) je Kostenstelle **fix**, **variabel** oder **sprungfix**?

24. Welche Erlöse oder Aufwendungen aus Beziehungen mit **Anteilseignern**, ihnen nahestehenden Personen oder verbundenen Unternehmen enthält die Ergebnisrech-

nung? Wie lauteten die Preise und Konditionen? Waren die Preise und Konditionen marktgerecht? Wurden alle Leistungen belastet?

25. Bei Unternehmensteilen und einzelnen Konzernunternehmen: Welche Kosten für zentrale Dienste und zentrale Verwaltung sind in der Ergebnisrechnung enthalten und welche sind nicht enthalten?

Beispiele:

– Einkauf,
– Ingenieurberatung,
– Verkehrsbetriebe,
– EDV,
– Auftragsabwicklung,
– Rechnungs- und Finanzwesen,
– Lohn- und Gehaltsabrechnung,
– soziale Einrichtungen,
– betriebliche Altersversorgung,
– Rechts- und Steuerberatung,
– Verwaltung der Patente,
– Versicherungen,
– Öffentlichkeitsarbeit,
– Umweltschutz,
– Marktforschung,
– betriebswirtschaftliche Stabsstellen.

Durch wen sollen nach dem Kauf/Verkauf des Konzernunternehmens/Unternehmensteils obige zentrale Dienste und zentrale Verwaltung wahrgenommen werden? Gibt es Aussagen der einzelnen Bereiche über Kosten und Leistungsvergleiche und über möglicherweise nach dem Kauf/Verkauf entstehende Probleme?

26. Sind die Unternehmensergebnisse **voll** an die Anteilseigner **ausschüttungsfähig**, oder bestehen Beschränkungen (z.B. Gewinnbeteiligung Arbeitnehmer, Zwangsanleihen)?

27. Was ist über die **Aufwandsstruktur** der wichtigsten **Konkurrenten** bekannt?

28. Inwieweit sind die **Ergebnisse** durch bestehende **Aktienbezugsrechte beeinflußt**? Einzelheiten feststellen

29. Werden Daten an Verbände oder andere Institutionen gemeldet? Erfolgt aufgrund dieser Daten ein **Betriebsvergleich**? Gegebenenfalls Betriebsvergleich beschaffen

## Zusatzfragen für Unternehmen in Inflations-, insbesondere Hochinflationsländern

30. Wie hoch wurden in den einzelnen Jahren die Anschaffungswerte zum Jahresanfang, die kumulierten Abschreibungen und die Zugänge (pro rata temporis?) der einzelnen Posten des **Anlagevermögens aufgewertet**? Welcher Index wurde angewandt, bzw. welche Annahmen lagen den einzelnen Bewertungsgutachten zugrunde? Auf welchem Konto erfolgten die Gegenbuchungen (z.B. Rücklage, Ergebnis, Ergebnis-Korrektur-

konto)? Inwieweit erfolgte eine Änderung der Schätzung der Nutzungsdauer, und aus welchen Gründen erfolgte sie?

31. Wie hoch wurden in den einzelnen Jahren die **Vorräte aufgewertet**? Wie wurde die Aufwertung jeweils ermittelt? Auf welchem Konto erfolgt die Gegenbuchung?

32. Wie wurde das **Eigenkapital** bzw. die einzelnen Teile des Eigenkapitals einschließlich des Ergebnisses **aufgewertet**? Wie lauteten die Einzelheiten der Aufwertung? Auf welchem Konto erfolgten die Gegenbuchungen?

33. Erfolgte eine **Aufwertung** der **Herstellungskosten**? Wie lauteten die Einzelheiten der Berechnung? Auf welchem Konto erfolgte die Gegenbuchung?

34. Welche **Fremdwährungsforderungen** und **Fremdwährungsverbindlichkeiten** wurden in welcher Höhe aufgewertet? Auf welchem Konto erfolgten die Gegenbuchungen?

35. Wie wurden in den einzelnen Jahren die **Abschreibungen** der verschiedenen Posten des Sachanlagevermögens ermittelt? (Basis, Methode, Sätze)

36. Aufgrund welcher **Gesetze** oder Bestimmungen erfolgten die **Aufwertungen**?

37. Welche **Wahlrechte** bestanden bei den **Aufwertungen** in den einzelnen Jahren?

38. Werden die durchgeführten Aufwertungen und die **Wahlrechte steuerrechtlich** anerkannt?

39. **Ergebnisse** ermitteln durch **Vergleich** des zu **Tagespreisen** bewerteten und an den Bilanzstichtagen in die Leitwährung (in der Regel US$) umgerechneten Netto-Umlaufvermögens (d.h. nach Abzug der kurzfristigen Verbindlichkeiten) unter Berücksichtigung der Anlagezugänge und -abgänge, der notwendigen Abschreibungen auf Wiederbeschaffungspreise und der Einzahlung und Auszahlung von Eigenkapital und langfristiger Verbindlichkeiten (*vgl. XV. Sachanlagen, Frage 24*)

# E.   Sonstige Informationen

## XXV.   Recht

### Verträge, Vereinbarungen

1. Kopien der Verträge, insbesondere der **länger als ein Jahr laufenden Verträge**, die für die wirtschaftliche Entwicklung des Unternehmens wesentlich sind, beschaffen

   Rechtliche Überprüfung aller Verträge, die von wirtschaftlicher Bedeutung für das bewertete Unternehmen sein können, vornehmen

   Wichtige Verträge mit ausländischen Personen, Unternehmen und Behörden ggf. durch einen Spezialisten, der das ausländische Recht kennt, analysieren lassen

   Folgende Verträge wurden in anderen Abschnitten angesprochen:

   | *Abschnitt/Frage* | *Verträge* |
   |---|---|
   | *I.18* | *Gesellschaftsvertrag, Satzung, sonstige zwischen den Ge-* |
   | *II.31* | *sellschaftern abgeschlossene Verträge* |
   | *III.18* | |
   | *III.21* | |
   | *XX.7* | |
   | *XX.10* | |
   | | |
   | *III.8* | *Kooperationsverträge, Konsortialverträge o.ä.* |
   | *VI.53* | |
   | | |
   | *III.26* | *Rückübereignung von Anteilsrechten oder von Aktiva,* |
   | *XXV.19* | *Rechte Dritter an Anteilsrechten oder an Aktiva* |
   | | |
   | *IV.10* | *wettbewerbshemmende Vereinbarungen* |
   | | |
   | *VI.33* | *Handelsvertreterverträge* |
   | | |
   | *VI.39* | *Vertreter- oder Agenturverträge* |
   | | |
   | *VI.41* | *Franchiseverträge* |
   | | |
   | *VI.25* | *Verträge mit Kunden* |
   | *VI.31* | |
   | *VI.48* | |
   | *VI.49* | |
   | *VI.51* | |
   | *VI.55* | |
   | *VI.63* | |
   | *XVII.21* | |
   | *XVII.25* | |

*VII.9*                       *Verträge mit Werbeagenturen*

*VIII.27*                     *Verträge mit Co-producer, Lohnverarbeiter, Subunter-*
*VIII.28*                     *nehmer*

*IX.21*                       *Forschungsverträge*
*IX.22*
*IX.23*

*IX.24*                       *Lizenzverträge, Know-how-Abkommen*

*X.9*                         *Lieferverträge mit Lieferanten*
*XVII.25*

*X.18*                        *Dienstleistungsverträge*
*XIII.9*

*XI.3*                        *Energielieferungsverträge*

*XI.24*                       *Verträge mit Entsorgungsunternehmen*

*IX.11*                       *Arbeitsverträge*
*XII.2*
*XXVII.22*
*XXVII.23*
*XXVII.27*
*XXVII.32*

*XII.3*                       *Musterarbeitsvertrag, Tarifvertrag, Betriebsvereinbarun-*
*XII.5*                       *gen*
*XII.9*
*XII.12*
*XII.15*

*X.23*                        *Verträge mit verbundenen Unternehmen*
*VI.45*
*XVI.7*
*XXIV.25*

*XV.8*                        *vereinbarte Grunddienstbarkeiten*

*XV.9*                        *Miet-, Pacht-, Leasingverträge*
*XV.39*
*XV.40*
*XXIV.3*

*XV.35*                       *in Auftrag gegebene Investitionen*

*XV.44*                       *bergrechtliche Rechtstitel*

| | |
|---|---|
| *XVI.16* | *Garantien für Kapitalanlagen im Ausland* |
| *XVI.18* | *Joint-Venture-Verträge* |
| *XXVII.1* | *Geschäftsführer- bzw. Vorstandsverträge* |
| *XXI.1* | *Ruhegeldvereinbarungen* |
| *XXI.18* | |
| *XXI.23* | |
| *XXI.28* | |
| *XXI.30* | |
| *XXVII.26* | |
| *XXII.3* | *Pensionsgeschäfte, Bürgschaften, bestellte Sicherheiten* |
| *XXIII.2* | *zugunsten Dritter, Patronatserklärungen, Rangrück-* |
| *XXIII.7* | *trittserklärungen, Derivative Finanzinstrumente, Rück-* |
| *XXIV.8* | *nahmeverpflichtungen aus Factoring, Rückzahlungsver-* |
| | *pflichtungen von Zuschüssen u.ä.* |
| *XXIII.1* | *Kreditverträge* |
| *XXV.34* | *Versicherungsverträge* |
| *XXVI.9* | *Ergebnisabführungsverträge* |
| *XXVII.49* | *Beraterverträge* |

2. Wurden wichtige **Verträge** kürzlich **gekündigt**? Ist mit ihrer Kündigung zu rechnen, bzw. welche Verlängerungs- und Kündigungsmöglichkeiten bestehen, bzw. wann laufen die Verträge aus?

3. Bestehen Verträge, bei deren Nichterfüllung das Unternehmen ggf. erhebliche **Vertragsstrafen** zahlen muß?

4. Gibt es **wettbewerbsbeschränkende Vereinbarungen** oder Absprachen?

5. Bestehen irgendwelche **Optionen**? Wurden solche gewährt?

6. Welche **Absichtserklärungen** o.ä. von wesentlicher wirtschaftlicher Bedeutung (z.B. Unternehmenskauf, Restrukturierung) hat das Unternehmen abgegeben?

7. Von wem wurden evtl. **Bürgschaften** oder **Patronatserklärungen** zugunsten des zu bewertenden Unternehmens gegeben?

### Genehmigungen

8. Kopien des **Schriftverkehrs mit Aufsichts-** oder **ähnlichen Behörden**, der für die zukünftige Entwicklung des Unternehmens von Bedeutung sein kann, beschaffen

Rechtliche Überprüfung des Schriftverkehrs mit den Aufsichts- oder ähnlichen Behörden vornehmen

*Folgende Genehmigungen, Prüfungen, Beanstandungen, Auflagen oder Vereinbarungen von bzw. mit Aufsichts- oder ähnlichen Behörden wurden in anderen Abschnitten angesprochen:*

| Abschnitt/Frage | Genehmigungen, Prüfungen usw. |
|---|---|
| *VI.11* | *Patente, Markenrechte, Warenzeichen, Produktregistrie-* |
| *VI.12* | *rung* |
| *XIV.4* | |
| *XIV.6* | |
| | |
| *VI.61* | *Preiskontrolle* |
| | |
| *VI.75* | *Gesundheitsvorschriften, Sicherheitsvorschriften u.ä.* |
| *VIII.18* | |
| *X.25* | |
| | |
| *XI.9* | *Entsorgung, Umweltschutz* |
| *XI.11* | |
| *XI.12* | |
| *XI.18* | |
| *XI.19* | |
| *XI.22* | |
| *XV.37* | |

9. Liegt eine **Gewerbegenehmigung** vor? Liegen die notwendigen branchenspezifischen Genehmigungen vor?

10. Liegen für alle baulichen Anlagen die notwendigen **Baugenehmigungen** vor?

11. Liegen Genehmigungen vor, deren **Auflagen verletzt** wurden und deren Entzug oder Nichtverlängerung deshalb oder aus anderen Gründen droht?

## Gesellschaftsrechtliche Verhältnisse, Rechte der Eigentümer und Übergang dieser Rechte

12. **Handelsregisterauszüge** für das zu bewertende Unternehmen, seine Zweigniederlassungen und Beteiligungsgesellschaften und Kopien der noch nicht eingetragenen Handelsregisteranmeldungen

13. **Grundbuchauszüge** *(vgl. XV. Sachanlagen, Frage 5)*

14. **Gesellschaftsvertag**, Satzung, sonstige zwischen den Gesellschaftern abgeschlossene Verträge, evtl. Gründungsprotokoll *(vgl. III. Allgemeine Informationen, Frage 18)*

15. **Protokolle der Hauptversammlungen bzw. Gesellschafterversammlungen** und der **Aufsichtsratssitzungen** der letzten 3 Jahre; Protokolle der Vorstands- bzw. Ge-

schäftsführersitzungen und/oder wichtige Entscheidungen des Vorstands bzw. der Geschäftsführung des letzten Jahres *(vgl. III. Allgemeine Informationen, Frage 18)*

16. **Nachweis des Eigentums** an den zu bewertenden Anteilsrechten des Unternehmens oder der Aktiva. Bestehen irgendwelche Verfügungsbeschränkungen?

17. Welche **Verträge** bestehen **zwischen den Anteilseignern** untereinander oder mit Dritten, die das Unternehmen oder die Anteilsrechte an dem Unternehmen betreffen?

18. Bestehen **Rechte Dritter** an im Besitz des Unternehmens befindlichen Vermögensgegenständen (z.B. Pfandrechte, Sicherungsübereignungen, Eigentumsvorbehalte, die über das übliche Maß hinausgehen)?

19. Machen **Dritte Rechte** an den zu bewertenden **Anteilsrechten des Unternehmens** oder Aktiva (z.B. Grundstücke, Beteiligungen) des Unternehmens geltend (Pfandrecht, Sicherungsübereignung, Vorkaufsrecht, Optionsrecht, Bezugsrecht, Klage)? Sind Anträge auf Rückübereignung zu erwarten oder möglich (ehemals jüdische Eigentümer, Besatzungsrecht, rechtswidrige Strafurteile)?

20. Bestehen **Treuhandverhältnisse** irgendwelcher Art?

21. Gibt es **stille Gesellschafter**? Wie lauten die Verträge mit ihnen? *(vgl. XX. Eigenkapital, Frage 7)*

22. Können sich aufgrund eines **Eigentümerwechsels** wesentliche **Konsequenzen** bei wichtigen Verträgen (z.B. Organschaftsverhältnisse) oder bei Rechtsstreitigkeiten ergeben?

23. Sind beim Kauf von Vermögensgegenständen sämtliche **Genehmigungen übertragbar**?

24. Ist der **Verkäufer** ausreichend **haftungsfähig**, falls beabsichtigt ist, bei dem Verkauf der Anteilsrechte wesentliche Rückgriffsansprüche zu vereinbaren?

## Rechtsstreitigkeiten

25. Welche wichtigen **Rechtsstreitigkeiten** einschließlich Schiedsgerichtsverfahren wurden kürzlich abgeschlossen, welche gibt es **zur Zeit**? Inwieweit handelt es sich hierbei um Musterprozesse? Angaben über Prozeßgegner, Gericht, Art, Streitwert, Kosten und Stand der Rechtsstreitigkeiten, über den Ausgang vergleichbarer Fälle in der Vergangenheit machen sowie die Aussichten der laufenden Rechtsstreitigkeiten einschätzen. Wurden einstweilige Verfügungen in letzter Zeit erlassen?

26. Mit welchen **Rechtsstreitigkeiten** ist **demnächst** zu rechnen?

27. Welche **Rückstellungen** wurden im einzelnen für die Rechtsstreitigkeiten gebildet?

28. Welche **gerichtlichen** oder **außergerichtlichen Vergleiche** wurden in den letzten Jahren abgeschlossen?

29. Sind **rechtlich bedenkliche Handlungsweisen** des Unternehmens bekannt, die von wirtschaftlicher Bedeutung sind (z.B. Außenwirtschaftsrecht, Kartellrecht, Patentrecht, Steuerrecht, Umweltschutz)?

30. Gab es in dem Unternehmen in den letzten Jahren **Veruntreuungen** von wesentlicher Bedeutung?

31. Wer sind die **Rechtsberater** des Unternehmens?

### Untersuchungs-, Ordnungswidrigkeits- oder Strafverfahren

32. Wurden **Untersuchungs-, Ordnungswidrigkeits-** oder **Strafverfahren** oder ähnliche Verfahren **gegen das Unternehmen eingeleitet**? Aus welchen Gründen?

33. Wurden **Untersuchungs-, Ordnungswidrigkeits-** oder **Strafverfahren gegen Mitarbeiter** des Unternehmens **eingeleitet**, die im Zusammenhang mit deren Tätigkeit für das Unternehmen stehen?

### Versicherungen

34. Welche **Versicherungsverträge** bestehen insbesondere hinsichtlich Feuer und Explosion, Betriebsunterbrechung, Haftpflicht, Produkthaftung, Umweltschutz oder ähnlicher Risiken?

35. Wie hoch sind die **Versicherungssummen** und die Jahresprämien? Ist eine Prämienerhöhung angekündigt?

36. Bestehen Hinweise auf **nicht ausreichenden Versicherungsschutz**, der existenzgefährdend sein könnte (z.B. nur teilweise erstattete Brandschäden, hohe Zahlungen für Gewährleistungsverpflichtungen)?

37. Wurden **Anträge auf Versicherungsschutz** von Versicherungen **nicht angenommen**?

38. Bestehen **nicht versicherbare Risiken**?

39. Welche **Versicherungsansprüche** wurden in den letzten 5 Jahren geltend gemacht und welche anerkannt?

40. Wurden alle notwendigen Maßnahmen (z.B. interne Anweisungen) getroffen, um Haftungsrisiken auszuschließen bzw. zu minimieren (z.B. aus Produkthaftung, Umweltschutz)?

# XXVI. Steuern

### Ertragsteuern

1. Sind alle **Steuererklärungen** fristgemäß abgegeben worden? Bis wann erfolgte für die einzelnen Steuerarten eine rechtskräftige **nicht mehr änderbare Veranlagung**? Wurden **Veranlagungen** unter dem Vorbehalt der Nachprüfung oder **vorläufig** vorgenommen?

Die Veranlagungen für den Zeitraum nach der letzten steuerlichen Außenprüfung durchsehen und ggf. die Steuererklärungen bzw. die Entwürfe der Steuererklärungen für die noch nicht veranlagten Zeiträume prüfen

2. Welchen Zeitraum umfaßt die **letzte steuerliche Außenprüfung**? Wie war das Ergebnis, d.h. in welcher Höhe, aus welchen Gründen und für welche Geschäftsjahre waren Steuernachzahlungen fällig? Prüfungsbericht einsehen

3. Sind eventuelle **Auflagen** der Finanzverwaltung aufgrund der **steuerlichen Außenprüfung** zwischenzeitlich erfüllt?

4. Sind **Einsprüche** und **Klagen** anhängig oder sind sie zu erwarten? Einzelheiten feststellen. Sind die Steuerrückstellungen für die streitigen Steuern angemessen?

5. Welche **Anfragen** beim Finanzamt und verbindliche **Auskünfte** des **Finanzamts** liegen vor?

6. Wie hoch ist ein eventueller **körperschaftsteuerlicher** und **gewerbesteuerlicher Verlustvortrag**, und wie lange und unter welchen Bedingungen ist er noch vortragsfähig? *(vgl. XX. Eigenkapital, Frage 3)* Ist ein solcher steuerlicher Verlustvortrag durch den neuen Eigentümer nutzbar? Inwieweit kann er nach einer Fusion genutzt werden? Welche Bedingungen sind ggf. zu erfüllen?

7. Bestehen **Risiken** aus in den letzten 5 Jahren übernommenen steuerlichen Verlustvorträgen? Bestehen Risiken aus in den letzten 5 Jahren vorgenommenen gesellschaftsrechtlichen Umstrukturierungen (z.B. Umwandlungen) oder dem Kauf von Unternehmen (z.B. wegen Neubewertung der einzelnen Wirtschaftsgüter)?

8. Wie hoch ist ein evtl. vorhandenes **Körperschaftsteuerguthaben**? *(vgl. XX. Eigenkapital, Frage 9)*

9. Informationen über eventuelle **Ergebnisabführungsverträge** und steuerliche Organschaften

10. Gibt es »**verdeckte Gewinnausschüttungen**« oder bestehen Hinweise auf »verdeckte Gewinnausschüttungen«? Sämtliche Beziehungen der Kapitalgesellschaft zu den Gesellschaftern, insbesondere den Gesellschafter-Geschäftsführern und/oder zu deren nahestehenden Personen und Unternehmen auf steuerliche Angemessenheit prüfen, d.h. feststellen, ob die Höhe der Leistungen und die Art der Vereinbarung einem Fremdvergleich standhält

11. Sind sämtliche **Verrechnungspreisvereinbarungen** mit den verbundenen Unternehmen, insbesondere mit den ausländischen verbundenen Unternehmen, **steuerrechtlich angemessen**, d.h. halten sie einem Fremdvergleich stand? Welche Probleme könnten auftreten? *(vgl. XVI. Finanzanlagen, Frage 7)*

12. Welche Geschäftsbeziehungen gibt es mit verbundenen Unternehmen in **Niedrigsteuerländern**? Können sich daraus Steuerrisiken ergeben?

13. Welche Geschäftsbeziehungen gibt es mit **ausländischen Betriebsstätten**? Können sich daraus Steuerrisiken ergeben?

14. Informationen über **Verträge, Tatbestände** (z.B. beabsichtigte Änderungen des Hebesatzes der Gewerbesteuer) oder **Gesetze**, die für die **Steuerbelastung** des Unternehmens oder der zukünftigen Eigentümer des Unternehmens von **Bedeutung** sind

15. Entwicklung der einzelnen **steuerfreien Rücklagen. Wann** sind die einzelnen Posten spätestens **aufzulösen?** *(vgl. XX. Eigenkapital, Fragen 11 und 12)*

16. Welche **Ertragsteuern** sind noch zu zahlen, falls die in einem konsolidierten Jahresabschluß ausgewiesenen **Gewinne von ausländischen Beteiligungen** an die Muttergesellschaft ausgeschüttet werden? *(vgl. XVI. Finanzanlagen, Frage 15)*

17. Besteht das **Risiko**, daß **steuerliche Wertansätze** bei einer **steuerlichen Außenprüfung** nicht anerkannt werden (z.B. Teilwertabschreibungen, Wertaufholung, zu hohe Abschreibungen, unangemessene Bildung von Wertberichtigungen und Rückstellungen, Dauerschuldzinsen bei der Gewerbesteuer) oder bestehen andere steuerliche Risiken?

18. Gibt es **Unterschiede zwischen Handels-** und **Steuerbilanz?** Wenn ja, aus welchen Gründen und in welcher Höhe? *(vgl. XX. Eigenkapital, Frage 2)* Wie setzen sich die **aktiven** und **passiven latenten** Steuern zusammen? *(vgl. XXII. Andere Rückstellungen, Frage 5)* Gibt es quasipermanente Differenzen, die nicht bei den latenten Steuern berücksichtigt wurden?

    Bei Personengesellschaften. steuerrechtliche Ergänzungsbilanz erbitten

19. Wurden alle **Möglichkeiten genutzt**, den **Steueraufwand zu mindern?** (z.B. Bildung steuerfreier Rücklagen, sofortige Abschreibung geringwertiger Wirtschaftsgüter, Anwendung der steuerlich zulässigen höchsten Abschreibungssätze, der degressiven Abschreibung und der steuerlichen Sonderabschreibungen, Bildung steuerlich zulässiger Wertberichtigungen und Rückstellungen, niedrigster Wertansatz bei aktivierungspflichtigen Wirtschaftsgütern)

## Umsatzsteuer und sonstige Steuern

20. **Umsatzsteuererklärungen** des letzten Jahres und der letzten Monate mit den Daten aus der Finanzbuchhaltung **abstimmen**. Falls eine solche Abstimmung in angemessener Zeit nicht möglich ist, die Gründe dafür notieren

21. Ergaben sich **Nachzahlungen** aufgrund der letzten **Umsatzsteuer-Jahreserklärung?** Einzelheiten feststellen

22. Ergaben sich **Nachzahlungen** aufgrund einer **steuerlichen Außenprüfung?** Einzelheiten feststellen

23. Sind die **Voraussetzungen** für den **Vorsteuerabzug**, z.B. für Investitionen, uneingeschränkt gegeben?

24. Sind für die **Umsatzsteuerbefreiung** bei Exporten die notwendigen Dokumentationspflichten erfüllt?

25. Besteht ein **Lohnsteuer-** und **Sozialversicherungsabgabenrisiko** aufgrund der Beschäftigung von **Teilzeitkräften?**

26. Besteht ein **Lohnsteuer-** und **Sozialversicherungsabgabenrisiko** wegen möglicher Nichtanerkennung des Freiberuflerstatus von **freien Mitarbeitern?**

27. Wurde für Gewinnausschüttungen und Zinszahlungen an ausländische Anteilseigner und Gläubiger im erforderlichen Umfang **Kapitalertragsteuer** einbehalten und abgeführt?

28. Welche **sonstigen Steuern** hatte das Unternehmen in den letzten 3 Jahren zu zahlen, und welche Risiken können aus dieser Steuerpflicht noch bestehen?

29. Zeitraum und Ergebnis der Prüfungen anderer prüfungsberechtigter Institutionen (z.B. **Zoll, Lohnsteuer, Sozialversicherung**) erfragen

### Steuern aufgrund des Kaufs/Verkaufs des Unternehmens bzw. Unternehmensteils

30. Bei Kauf von Einzelunternehmen, Personengesellschaften, Unternehmensteilen o.ä.: Wahrscheinliche **Aufteilung des Gesamtkaufpreises** auf die einzelnen materiellen und immateriellen Wirtschaftsgüter und ihre steuerliche Restnutzungsdauer feststellen

31. **Welche Steuern** sind aufgrund des **Kaufs bzw. Verkaufs** des Unternehmens vom Käufer und vom Verkäufer zu zahlen? Gibt es einen gesonderten Steuersatz für Veräußerungsgewinne, bzw. sind Veräußerungsgewinne steuerfrei?

32. Unterschiedliche steuerliche Konsequenzen beim Kauf bzw. Verkauf von **Vermögensgegenständen** (**asset deal**) oder von **Anteilen** (**share deal**) feststellen, sofern eine unterschiedliche Vertragsgestaltung möglich ist.

33. Welche **steuerlichen Garantieklauseln** sind im **Unternehmenskaufvertrag** vorgesehen?

34. Sind evtl. **geplante** spezielle **steuerliche Gestaltungsmöglichkeiten** ohne Risiko realisierbar?

35. Gibt es standort- oder branchenabhängige **Steuervergünstigungen?**

### Sonstiges

36. Wurden dem Unternehmen in der **Vergangenheit** Bürgschaften, Steuervergünstigungen, Beihilfen, Subventionen oder vergünstigte Kredite gewährt? Welche Verpflichtungen bestehen daraus noch? Könnte sich durch einen Eigentümerwechsel eine Rückzahlungspflicht ergeben? *(vgl. XV. Sachanlagen, Frage 42 und XXV. Gewinn- und Verlustrechnung, Frage 8)*

37. Welche Aussicht besteht, in **Zukunft** Steuervergünstigungen, Subventionen oder zinsgünstige Kredite zu erhalten? Welche Bedingungen sind damit verbunden?

38. Falls es sich um ein **verbundenes Unternehmen** handelt, wäre die **Steuerbelastung** für ein unabhängiges Unternehmen gleich hoch?

39. Laufen **Steuerstrafverfahren?**

40. Wem obliegt **die steuerliche Beratung** des Unternehmens? Steuerberater auf jeden Fall dann kontaktieren, wenn keine mit dem uneingeschränkten Bestätigungsvermerk versehenen Jahresabschlüsse vorliegen

# XXVII. Management

## Beschreibung

1. **Wer** sind die **Geschäftsführer** (oder Mitglieder des Vorstands, d.h. die 1. Führungsebene) und sonstigen oberen Führungskräfte (Name, Titel, Alter, Nationalität, Ausbildung, beruflicher Werdegang, Betriebszugehörigkeit, Zuständigkeit, seit wann in dieser Funktion, Laufzeit der Verträge, Vollmachten, insbesondere Prokura)? *(Wiederholung aus III. Allgemeine Informationen, Frage 22)*

   Geschäftsführer- bzw. Vorstandsverträge beschaffen

2. Ist der **Organisationsplan** einfach und klar und der Größe und Art des Unternehmens angemessen? Gibt es **Stellenbeschreibungen** für die **Geschäftsführer** und sonstigen oberen Führungskräfte? Wie lauten sie? Sind Aufgaben, Kompetenzen und Verantwortung eindeutig abgegrenzt?

3. Wie sind die **tatsächlichen Machtverhältnisse** in dem Unternehmen?

4. **Weichen** die tatsächlichen Machtverhältnisse in dem Unternehmen vom Organisationsplan **ab**?

5. Wer sind die Mitglieder des **Aufsichtsrats**? Angaben über deren berufliche Tätigkeit und Laufzeit der Verträge

   Welchen Einfluß hat der Aufsichtsrat oder ein eventueller Beirat? (ggf. Einzelheiten wie bei Frage 1 beschaffen)

6. Was betrachteten die einzelnen Geschäftsführer und sonstigen oberen Führungskräfte in der **Vergangenheit** jeweils als ihre **Hauptaufgabe**? Welches Ergebnis konnte erreicht werden?

7. Was betrachten sie jetzt und in **Zukunft** als ihre **Hauptaufgabe**?

8. Beschreibung des **Geschäftsmodells** durch die Geschäftsführung

   Wie erläutert die Geschäftsführung ihre **Unternehmensphilosophie, -ziele** und **-politik**, und inwieweit sind ihre Aussagen schriftlich oder durch die bisherige Praxis belegt?

9. Wie **beurteilen** die Geschäftsführer ihre einzelnen sonstigen oberen **Führungskräfte**?

10. Wie gut sind die **Beziehungen** der Geschäftsführer und Führungskräfte zu den **Behörden** (z.B. für die Registrierung von Produkten) und zu **wichtigen Kunden**?

11. Welche **außerbetrieblichen Funktionen** (Politik, Verbände, andere Unternehmen) üben die Geschäftsführer und sonstigen oberen Führungskräfte noch aus?

12. Wie könnte bei den Geschäftsführern und sonstigen oberen Führungskräften ggf. die **Nachfolgefrage** gelöst werden?

13. Wie ist die **Stellvertretung** bei den Geschäftsführern und sonstigen oberen Führungskräften geregelt?

14. Welche **Änderungen** in der Besetzung der Führungspositionen stehen an?

15. **Wie verstehen** sich die Geschäftsführer und sonstigen oberen Führungskräfte miteinander? Welche sachlichen oder persönlichen Konflikte sind zwischen einzelnen Geschäftsführern und sonstigen oberen Führungskräften bekannt?

16. Was ist über das **Privatleben** (Lebensstil, Hobbys) der Geschäftsführer und sonstigen oberen Führungskräfte bekannt, und inwieweit beeinflußt das Privatleben die berufliche Tätigkeit?

17. Welche **Aussagen** können **über** körperliche Verfassung, Intelligenz, Charakter, Fachkenntnisse, Arbeitsintensität, Auftreten und **Ruf der einzelnen Geschäftsführer** und sonstigen oberen Führungskräfte gemacht werden? Laufen gegen sie Strafprozesse, oder sind sie in wesentliche Zivilprozesse verwickelt?

18. Welche **Aussagen** können **über** das **unternehmerische Verhalten**, die **Fähigkeiten** und den **Führungsstil** der einzelnen Geschäftsführer und sonstigen oberen Führungskräfte gemacht werden? (unternehmerischer Spürsinn und Mut, Entscheidungsfreude, Ausdauer, Verantwortungsbewußtsein gegenüber Mitarbeitern und der Öffentlichkeit, schöpferisches und konzeptionelles Denken und Handeln, langfristiges Planen, zielorientiertes Führen, Fähigkeit zur Mitarbeitermotivation und -koordination, Delegation von Verantwortung, flexibles Verhalten, Selbstgefälligkeit aufgrund früherer Erfolge, mehr autoritärer-patriarchalischer oder mehr kooperativer-demokratischer Führungsstil)

19. Welche geschäftlichen, verwandtschaftlichen oder sonstigen **Beziehungen** bestehen **zwischen** den **Geschäftsführern**, den sonstigen oberen Führungskräften und Anteilseignern?

20. Welche verwandtschaftlichen oder sonstigen besonderen **Beziehungen** bestehen **zwischen** wichtigen **Kunden** einerseits und **Geschäftsführern**, sonstigen oberen Führungskräften oder Anteilseignern andererseits?

21. Was ist über die unternehmerischen Qualitäten der **nachgeordneten leitenden Angestellten** bekannt? Inwieweit können sie sich entfalten?

## Vergütung

22. **Bezüge** der einzelnen Mitglieder des Aufsichtsrats, des Vorstands bzw. der Geschäftsführung und der sonstigen oberen Führungskräfte in den letzten Jahren (Aufteilung nach erfolgsabhängigen und nicht erfolgsabhängigen Bezügen; erfolgsabhängige Bezüge erläutern)

23. Erhalten die Mitglieder des Aufsichtsrats, des Vorstands bzw. der Geschäftsführung und die sonstigen oberen Führungskräfte noch **weitere wesentliche Vergünstigungen** (z.B. Anteilsrechte, Optionen auf Anteilsrechte, Club-Mitgliedschaften, Geschäftswagen, Flugzeug, Wohnung, Dienstpersonal, Kredite)?

24. Wurde bei Einzelunternehmen und Personengesellschaften ein **Unternehmerlohn** verrechnet? Wie hoch wäre er ggf. anzusetzen? Mit welchen Ausgaben wäre für die gleiche Leistung in der Zukunft zu rechnen?

25. Gibt es **verdeckte Privatentnahmen** (z.B. private Nutzung betrieblicher Einrichtungen)? Wird die Arbeitsleistung Familienangehöriger entsprechend honoriert? Sind die Mieten für Immobilien im Privatbesitz angemessen?

26. Wie ist die **Altersversorgung** der Geschäftsführer und sonstigen oberen Führungskräfte geregelt?

27. Wie lauten die **Arbeitsverträge** mit den Geschäftsführern und sonstigen Führungskräften? Welche Kündigungsfristen sind vereinbart? Welche Wettbewerbsklauseln bestehen? Welche Abfindungen wären ggf. zu zahlen? Welche Wettbewerbsklauseln bestehen mit den Anteilseignern, und welche Wettbewerbsklauseln sollen vereinbart werden?

28. **Wie ist der von den einzelnen Geschäftsführern und sonstigen oberen Führungskräften geleistete Beitrag** zum Erfolg des Unternehmens absolut und im Verhältnis zu ihren Bezügen **zu werten**?

## Fluktuation

29. Informationen über die **Fluktuation** bei den Führungskräften in den letzten Jahren?

30. Sind die **Meinungen** der Geschäftsführer und sonstigen oberen Führungskräfte zu einem **Eigentümerwechsel** bekannt? Welche eigenen Interessen verfolgen die Geschäftsführer im Hinblick auf den bevorstehenden Eigentümerwechsel?

31. Ist bei einem Unternehmenskauf mit dem **Ausscheiden** von bestimmten **Führungskräften** zu rechnen? Wer kann die Funktionen dieser Führungskräfte übernehmen und haben diese Personen vergleichbare Fähigkeiten?

32. Welche **Abfindungen** sind ggf. zu zahlen?

33. Möchte der Auftraggeber diese **Führungskräfte übernehmen**, oder ist er sogar auf sie angewiesen?

## Beurteilung

34. Wo lagen die **Schwerpunkte** der **Tätigkeit** der Geschäftsführer **bisher**? (Produktion, Forschung und Entwicklung, Absatz, Finanzierung, Organisation, eigenes Image und Vorteile für die eigene Person)

35. Welche **Bereiche** wurden offenbar **vernachlässigt**?

36. Inwieweit haben die Geschäftsführer und sonstigen oberen Führungskräfte die wesentlichen **Probleme** des Unternehmens **erkannt?** Inwieweit sind sie in der Lage, zu ihrer Lösung beizutragen?

37. Inwieweit **weichen** die **Erfolge** des Unternehmens in den letzten Jahren und in absehbarer Zukunft vom **Branchendurchschnitt ab?** Worauf ist das zurückzuführen (z.B. Managemententscheidungen, Markt, besondere Ereignisse)?

38. Inwieweit sind die jetzigen **Erfolge/Mißerfolge** des Unternehmens auf **äußere Umstände** (**Fortune**) zurückzuführen, und inwieweit sind sie dem **Können,** d.h. **Managemententscheidungen** (z.B. Investitionen, Forschung, Verkaufsorganisation, Personal), einzelner Geschäftsführer zuzuschreiben?

39. Wurden die Geschäftsführer und sonstigen oberen Führungskräfte ihren **bisherigen Anforderungen gerecht?**

40. Werden sie wahrscheinlich ihren **zukünftigen Anforderungen** auch gerecht werden?

41. Wird das Unternehmen mehr unternehmerisch-dynamisch oder statisch-bürokratisch **geführt?**

42. Inwieweit wurde das Unternehmen oder der Betrieb von der **Zentrale gesteuert?** (falls ein Unternehmen eines Konzerns oder ein einzelner Betrieb bewertet wird)

43. Gibt es Hinweise dafür, daß **ungeeignete Führungskräfte** von der Zentrale abgeschoben oder weggelobt wurden? (falls ein Unternehmen eines Konzerns bewertet wird)

44. Welches **zusammengefaßte** und ggf. **gemeinsame Urteil** kann über die Kompetenz und Leistungsfähigkeit des Managements gegeben werden?

45. Wird das Management mit dem Management des Auftraggebers **harmonieren?**

46. Wurde das Unternehmen stark von **einer Person** (z.B. Gründer des Unternehmens, bisheriger Eigentümer, Voreigentümer) **geprägt,** die nach dem Kauf ausscheiden wird oder bereits ausgeschieden ist? Wer soll diese Funktion nach dem Kauf übernehmen? Hat/haben diese Person/en die entsprechenden Fähigkeiten dazu? Sind trotz des bisherigen patriarchalischen Führungsstils genügend kreative und eigenverantwortlich handelnde Führungskräfte vorhanden? Läßt die Organisation des kaufenden Unternehmens die Entfaltung von Fähigkeiten zu, auf denen der Erfolg des zu bewertenden Unternehmens beruht (z.B. hohe Flexibilität)?

## Unternehmensberater

47. Seit wann und aus **welchen Gründen** werden die Dienste von externen Unternehmensberatern in Anspruch genommen?

48. Wie intensiv ist deren Beratung? Welche Erfolge sind ihnen zuzuschreiben? Welche **Berichte** liegen von ihnen vor?

49. Wie lauten **Name** und Anschrift der einzelnen Unternehmensberater, und welche Vergütung erhalten Sie? Verträge beschaffen, falls schriftliche Beraterverträge bestehen

50. Möglichst ein **Gespräch** mit den externen Unternehmensberatern **führen**

# XXVIII. Unternehmensplanung

1. Welche **langfristigen Ziele** haben die einzelnen Geschäftsbereiche des zu bewertenden Unternehmens (z.B. Veränderungen im Produktions- und Vertriebsprogramm, erhöhte Vertriebsanstrengungen auf dem jetzigen Markt, Entwicklung neuer Produkte, Erschließung neuer Märkte, Rationalisierung)? Welche schriftlichen Unterlagen (Protokolle, Gutachten, Analysen, Pläne) liegen hierüber vor? Was wurde zur Erreichung der Ziele unternommen, und was ist beabsichtigt zu unternehmen?

2. Welche **Strategien** werden verfolgt, diese Ziele zu erreichen? Einzelheiten feststellen

3. Welche **Informationen** von Forschungsinstituten, Verbänden o.ä. über die voraussichtliche Entwicklung der Branche liegen vor?

4. Welche **Faktoren** werden den Absatz der Produkte und Dienstleistungen des Unternehmens in Zukunft **entscheidend bestimmen** und welche Erwartungen werden hierzu gehegt? *(siehe auch IV. Absatzmarkt)*

   Beispiele:
   - Bevölkerungsentwicklung (aufgrund natürlicher und räumlicher Bevölkerungsbewegungen), evtl. unterteilen nach Altersgruppen,
   - Anzahl der Haushalte,
   - verändertes Verbraucherverhalten wegen soziologischer Entwicklung und dadurch andere Einstellung zur Ehe, Familie, Freizeit und Arbeit,
   - Einkommensverteilung,
   - Gesetze,
   - Ausgaben der öffentlichen Hand,
   - Rüstung/Abrüstung, Kriegsgefahr,
   - Struktur der Abnehmerindustrien und/oder des Groß- und Einzelhandels,
   - Verhalten der in- und ausländischen Konkurrenten,
   - technische Neuerungen,
   - Energiemangel,
   - ökologische Gesichtspunkte

5. Welche **Umsatz-, Produktions-, Kosten-, Ergebnis-, Finanz-** und **Investitionspläne** und **Budgets** liegen vor? *(vgl. XIII. Rechnungswesen, Frage 3)* Inwieweit sind diese Pläne mit der strategischen Planung verknüpft?

6. Welche **Annahmen** wurden bei den Umsatz-, Kosten- und Ergebnisplänen im einzelnen gemacht? Wie wurden sie begründet?

7. Wie wurden **Preisänderungen** in den Plänen berücksichtigt?

   (a) Es wurde eine gleichmäßige Änderung der Kosten und Erlöse erwartet, deshalb wurden keine Preisänderungen berücksichtigt.

   (b) Es wurde eine Änderung der Kosten und Erlöse in Höhe eines bestimmten Prozentsatzes in den nächsten Jahren angenommen.

   (c) Es wurden individuelle Änderungen der einzelnen Kosten und Erlöse angenommen.

   Falls (a) zutrifft, Stichtag für die angenommenen Kosten und Erlöse angeben, bei (b) und (c) nähere Einzelheiten angeben

8. Gibt es einen **Restrukturierungsplan**? Ist eine Restrukturierung notwendig oder beabsichtigt?

9. Welche **sonstigen Pläne** liegen vor?

10. Sind die **Voraussetzungen für die Umsatzpläne** (z.B. Produktionskapazitäten, Betriebsgenehmigungen, Vertriebsorganisation) vorhanden, und sind sämtliche Pläne aufeinander abgestimmt?

11. **Wer** war an der **Planung** beteiligt? Wurde sie mit den einzelnen Führungskräften diskutiert? Handelt es sich bei den Plänen mehr um Planziele (Wünsche) oder um fundierte Prognosen?

12. Handelt es sich bei den Umsatz- und Ergebnisplänen um eine **Extrapolation** vergangener Umsätze und Ergebnisse, oder wurde eine **detaillierte Umsatzprognose** (nach Produkten, Absatzwegen, Gebieten o.ä. und mit Mengen oder Preisen) aufgrund geeigneter Informationen (wahrscheinliche Branchenentwicklung, Konkurrenzanalysen, Forschungsergebnisse, Werbeaufwand, neue Produkte, Marktanteilsschätzung) und eine detaillierte Kostenplanung durchgeführt?

13. Inwieweit sind die geplanten Umsätze mit **Großkunden vertraglich abgesichert**? Sind Änderungen in deren Kaufverhalten zu erwarten?

14. Sind den Anteilseignern oder dem Management des zu bewertenden Unternehmens irgendwelche **Informationen** bekannt, die in den von dem Unternehmen erstellten Plänen **nicht berücksichtigt** sind, jedoch die Ertragslage des Unternehmens während des Planungszeitraums oder danach beeinträchtigen können?

15. Sind bei den erhaltenen Plänen Umfang und Qualität der verarbeiteten **Informationen** und **Daten** als **ausreichend** zu betrachten, und sind die daraus aufgrund von Gesetzmäßigkeiten und Erfahrungssätzen gezogenen logischen Schlußfolgerungen (= Prognosen) genügend begründet und als plausibel, glaubwürdig, wahrscheinlich oder realistisch zu bezeichnen?

16. Sind die für den geplanten Umsatz evtl. erforderlichen **Zulassungen** und **Produktprüfungen** bei Behörden und Kunden bereits erfolgreich abgeschlossen, bzw. in welchem Stadium befinden sie sich, und wann ist mit ihrem Abschluß zu rechnen?

17. **Wann** sind die **Pläne** erstellt worden? Wann wurden sie das letzte Mal revidiert? Gibt es nach diesem Zeitpunkt neue Erkenntnisse, die eine Änderung von Plänen erforderlich machen?

18. Wie ist die effektive **Entwicklung** gegenüber der Planung **bis heute**?

19. Wie hoch ist der gegenwärtige **Auftragsbestand** (nach Bereichen bzw. Produktgruppen) und wie ist er **kalkuliert**? *(vgl. VI. Vertrieb/Marketing, Frage 1)*

    Inwieweit entfällt der Auftragsbestand auf Anteilseigner, ihnen nahestehende Personen oder Unternehmen?

    Wie ist die Auftragslage der Kunden zu beurteilen? Sind Vergleichszahlen zu Vorjahren vorhanden?

20. Laufen erfolgversprechende Verhandlungen über bedeutende **Geschäftsabschlüsse in naher Zukunft**?

21. Hat das Unternehmen **Erfahrung** mit Prognosen, Planungsrechnungen und Budgets, oder wurden die vorgelegten Unterlagen nur für einen bestimmten Zweck (z.B. Unternehmensverkauf) erstellt?

22. Gibt es Unterlagen über **Plan/Ist-Abweichungen** in der **Vergangenheit**? Gründe für Unterschiede erläutern lassen

23. Kann es **langfristig** besondere Schwierigkeiten und Risiken oder besondere Chancen für das Unternehmen geben?

24. Liegen außer den wahrscheinlichen Planergebnisrechnungen noch **alternative** (optimistische/pessimistische) **Planergebnisrechungen** vor, bei denen aufgrund des Eintritts bestimmter Ereignisse (z.B. Gesetze, Markteintritt möglicher Konkurrenten, frühere oder spätere Lieferbereitschaft von neuen Produkten) mit höheren oder niedrigeren Umsätzen und entsprechender Kapazitätsauslastung zu rechnen ist?

25. Wie wird die Entwicklung **nach Ablauf der Planungsperiode** eingeschätzt, und welche Annahmen können gemacht werden?

26. Inwieweit steht die Planung des zu bewertenden Unternehmens im **Einklang** mit der Analyse und den wesentlichen Erkenntnissen der **strategischen Planung** (z.B. künftige Marktchancen, Ertragspotential) des Auftraggebers?

27. Liegen sämtliche **Berichte über Besuche** bei dem zu bewertenden Unternehmen **vor der Due Diligence**, insbesondere über die Besuche der Fachleute des Auftraggebers für
    – Produktion,
    – Forschung und Entwicklung,
    – Ver- und Entsorgung, Umweltschutz,
    – Absatzmarkt, Vertrieb,
    vor?

    Liegen die **Berichte** über die
    – **Financial Due Diligence,**
    – **Commercial Due Diligence,**
    – **Legal Due Diligence,**
    – **Tax Due Diligence**
    vor?

    Ist aufgrund dieser Berichte die Planung zu ändern?

# XXIX. Schlußfragen

*(Interne Beurteilung der gesammelten Informationen und Daten durch das Analyseteam)*

1. Reichen Umfang und Qualität der erhaltenen Informationen und Daten für eine Unternehmensanalyse und -bewertung aus?

2. Falls nein, wurden Informationen bewußt zurückgehalten, oder war das Unternehmen nicht in der Lage, sie zu beschaffen?

3. Welche Schlüsse lassen sich daraus im Hinblick auf die Bewertung ziehen?

4. Eindruck über Planung, Organisation und Kontrolle im Unternehmen

5. War der bisherige Unternehmenserfolg in besonderem Maße von den Leistungen des oder der jetzigen Eigentümer abhängig?

6. Welche besonderen unternehmensspezifischen Stärken und Schwächen hat das Unternehmen?

# XXX. Synergieeffekte

1. Wie ist die **kartellrechtliche Lage**? *(vgl. I. Vorfragen, Frage 4)*

Wo werden **positive Synergieeffekte** gesehen? In welchem Zeitraum glaubt man, sie im einzelnen realisieren zu können?

### Vertrieb/Marketing
z.B. – Nutzung zusätzlicher Absatzwege,
– Erschließen neuer Absatzgebiete,
– Verringern der Vertriebs- und Werbekosten im Verhältnis zum Umsatz durch Erreichen der vom Markt geforderten Mindest-Unternehmensgröße,
– Abrunden/Erweitern der Produktpalette,
– Übernahme der Markt- und Preisführerschaft oder Einnahme eines führenden Platzes im Markt,
– Erschweren oder Verhindern des Eintritts anderer Unternehmen in diesen Markt,
– Beenden eines ruinösen Wettbewerbs,
– Sichern der Markpräsenz wegen Importbeschränkungen

### Produktion
z.B. – bessere Auslastung der Anlagen,
– Vermeiden von Doppelinvestitionen, Schaffen größerer und somit wirtschaftlicherer Produktionseinheiten,
– Rationalisierungsmöglichkeiten durch Verlagern von Produktionen,
– bessere Ausnutzung von vorhandenen Patenten, Lizenzen, Know-how,
– Nutzung von im zu bewertenden Unternehmen vorhandenen Patenten und Know-how durch das eigene Unternehmen,
– Verkürzung von Transportwegen

### Forschung und Entwicklung
z.B. – Vermeiden paralleler Tätigkeiten,
– höhere Forschungseffizienz durch verbreiterte Fachkompetenz

### Beschaffung und Logistik
z.B. – bessere Einkaufskonditionen durch Erhöhen der Nachfragemacht,
– Rohstoff- und Energiesicherung,
– höherer Lagerumschlag durch Zentrallager

### Finanzen
z.B. – Verbesserung der Kreditkonditionen

### Personal
z.B. – Fachkräfte

### Management
z.B. – Entlassung unfähiger Manager und Einsetzen fähiger Manager,
– Erfahrungen, Beziehungen

### Organisation, Verwaltung
z.B. – Rationalisierung einzelner Verwaltungsarbeiten,

### Steuern
z.B. – Nutzung eines steuerlichen Verlustvortrags,
– steuerlich anerkannte zusätzliche Abschreibungen auf aufgewertete Anlagen,

### Sonstiges
z.B. – »den Fuß in der Tür haben« in einem neuen stark wachsenden (verwandten) Markt oder einer zukunftsträchtigen Technologie

2. Welche **geschäftspolitischen Maßnahmen** (z.B. Standortverlagerung, andere Produktstrategie und Vertriebsorganisation) sind geplant? Inwieweit soll das Bewertungsobjekt in das eigene Unternehmen integriert werden und inwieweit soll es selbständig bleiben? Besteht bereits ein konkretes Gesamtkonzept für die **Integration** des Bewertungsobjekts?

3. Sind die erwarteten **positiven Synergieeffekte** mengen- und wertmäßig im einzelnen ermittelt worden? Wurde hierbei auf die sprungfixen Kosten geachtet?

4. Besitzt das Unternehmen des Auftraggebers genug **qualifizierte Führungskräfte**, die das zu bewertende Unternehmen sowohl mit Erfolg (**mit)führen** als auch in das Unternehmen des Auftraggebers **integrieren** können?

5. Wo werden **negative Synergieeffekte** gesehen?

### Vertrieb/Marketing
z.B. – bisherige Geschäftspartner geben wegen des neuen Eigentümers Geschäftsbeziehungen auf oder reduzieren ihre Einkäufe, da sie nicht von einem einzigen Lieferanten abhängig sein wollen,
– Reduzierung der Produktpalette, dadurch insgesamt geringerer Marktanteil,

**Personal**

z.B.   –  Anpassung der Löhne und Gehälter, Sozialleistungen und der Altersversorgung an das höhere Niveau des Auftraggebers oder das höhere Niveau des bewerteten Unternehmens,

      –  Entlassung von Mitarbeitern und Zahlung von Abfindungen

**Management**

z.B.   –  keine Anpassungsfähigkeit,

      –  Kündigung von Führungskräften,

      –  Zahlung von Abfindungen

**Organisation, Verwaltung**

z.B.   –  Schwierigkeiten und Kosten bei der Integration der EDV-Systeme,

      –  notwendige Organisationsänderungen,

      –  größere Schwerfälligkeit und geringere Initiativen,

      –  zusätzliches Erstellen von Informationen,

      –  Beteiligungsverwaltung und -kontrolle,

**Steuern**

z.B.   –  höhere Hebe- und Steuersätze,

      –  Doppelbesteuerung,

      –  höhere Steuern vom Ertrag infolge Anpassung an andere Bewertung in der Steuerbilanz.

6.  Sind die erwarteten **negativen Synergieeffekte mengen- und wertmäßig** im einzelnen ermittelt worden?

7.  In **welcher Zeit** könnten die durch den Unternehmenskauf beabsichtigten **Ziele ohne Unternehmenskauf** (z.B. eigene Forschung und Produktentwicklung, Lizenzfertigung, neue Produktionsstätten, Ausbau der eigenen Verkaufsorganisation) ganz oder teilweise **erreicht werden**? Langfristigen Rentabilitätsvergleich erstellen

8.  **Warum** wurde es in der Vergangenheit **unterlassen**, diese Ziele durch eigene Anstrengungen zu erreichen?

9.  Sind heute alle notwendigen Voraussetzungen, insbesondere **Managementfähigkeiten,** vorhanden, diese Ziele zu erreichen?

10.  Verfügt das zu bewertende Unternehmen über **Unternehmensteile**, an denen der Auftraggeber wegen fehlender Synergieeffekte oder aus anderen Gründen **kein Interesse** hat? Welche Vorstellungen bestehen über eventuelle Kaufinteressenten, Preise, Kosten der Stillegung u.ä.?

11.  Zu **welchem Preis** könnte evtl. ein Unternehmen mit **ähnlichen Synergieeffekten** erworben werden?

# Abkürzungsverzeichnis

| | |
|---|---|
| AG | Die Aktiengesellschaft |
| Aufl. | Auflage |
| | |
| BB | Betriebs-Berater |
| BBK | Buchhaltung, Bilanz, Kostenrechnung |
| BFuP | Betriebswirtschaftliche Forschung und Praxis |
| | |
| DB | Der Betrieb |
| DBW | Die Betriebswirtschaft |
| DStR | Deutsches Steuerrecht |
| DU | Die Unternehmung |
| | |
| FAJ | Financial Analysts Journal |
| FB | Finanz Betrieb |
| | |
| HBR | Harvard Business Review |
| HFA | Hauptfachausschuß des Instituts der Wirtschaftsprüfer |
| hrsg. | herausgegeben |
| Hrsg. | Herausgeber |
| | |
| IDW | Institut der Wirtschaftsprüfer |
| IWB | Internationale Wirtschaftsbriefe |
| | |
| JoF | The Journal of Finance |
| | |
| MA | Management Accounting |
| M&A | Mergers & Acquisitions |
| | |
| RIW | Recht der Internationalen Wirtschaft |
| | |
| S. | Seite |
| ST | Der Schweizer Treuhänder |
| | |
| WPg | Die Wirtschaftsprüfung |
| | |
| ZfB | Zeitschrift für Betriebswirtschaft |
| ZfbF | Zeitschrift für betriebswirtschaftliche Forschung |
| ZfhF | Zeitschrift für handelswissenschaftliche Forschung |

# Literaturverzeichnis

Albach, Horst: Erfahrungskurve und Unternehmensstrategie. ZfB, Ergänzungsheft 2/87. Wiesbaden 1987

Albert, Josef: Lehrbuch der Waldwerthberechnung. Wien 1862

Amely, Tobias/Suciu-Sibianu, Paul: Realoptionsbasierte Unternehmensbewertung – ein Praxisbeispiel. In: FB, Heft 2, 2001, S. 88-92

Auge-Dickhut, Stefanie/Moser, Ulrich/Widmann, Bernd: Praxis der Unternehmensbewertung. Grundwerk 2000. Landsberg/Lech 2001

Aurich, Wolfgang/Schroeder, Hans-Ulrich: Unternehmensplanung im Konjunkturverlauf. 2. Aufl., München 1977

Axer, Ernst: Der Verkaufswert industrieller Unternehmungen unter besonderer Berücksichtigung des ideellen Firmenwertes (Goodwill). Berlin 1932

Baetge, Jörg (Hrsg.): Akquisition und Unternehmensbewertung. Düsseldorf 1991

Baetge, Jörg (Hrsg.): Unternehmensbewertung im Wandel. Vorträge und Diskussionen zum 16. Münsterischen Tagesgespräch des Münsteraner Gesprächskreises Rechnungslegung und Prüfung e.V. am 11. Mai 2000. Düsseldorf 2001

Ballwieser, Wolfgang: Unternehmensbewertung und Komplexitätsreduktion. 3., überarb. Aufl., Wiesbaden 1990

Ballwieser, Wolfgang: Methoden der Unternehmensbewertung. In: Handbuch des Finanzmanagements – Instrumente und Märkte der Unternehmensfinanzierung, hrsg. von Günther Gebhardt, Wolfgang Gerke, Manfred Steiner. München 1993, S. 151-176

Ballwieser, Wolfgang: Aktuelle Aspekte der Unternehmensbewertung. In: WPg, 48 Jg. (1995), S. 119-129

Ballwieser, Wolfgang: Kalkulationszinsfuß und Steuern. In: DB, 50. Jg. (1997), S. 2393-2396

Ballwieser, Wolfgang: Unternehmensbewertung mit Discounted Cash Flow-Verfahren. In: WPg, 51. Jg. (1998), S. 81-92

Ballwieser, Wolfgang: Der Kalkulationszinsfuß in der Unternehmensbewertung – Komponenten und Ermittlungsprobleme. In: WPg, 55. Jg. (2002), S. 736-743

Bartke, Günther: Die Methoden zur Ermittlung des Gesamtwertes einer Unternehmung. Eine Stellungnahme zu dem gleichnamigen Aufsatz von Herbert Jacob. In: ZfB, 30. Jg. (1960), S. 736-743

Bartke, Günther: Ist die Problematik der Berechnungsformel für die Unternehmungsbewertung gelöst? Eine kritische Betrachtung des Buches von Kolbe »Ermittlung von Gesamtwert und Geschäftswert der Unternehmung«. In: WPg, 14. Jg. (1961), S. 285-292

Bartke, Günther: Die Bewertung von Unternehmungen und Unternehmungsanteilen. Ein Diskussionsbeitrag zu der gleichnamigen Veröffentlichung der Union Européenne des Experts Comptables, Economiques et Financiers (U.E.C.). In: ZfB, 32. Jg. (1962), S. 165-175

Becher: Anleitung zur Schätzung metallischer Bergwerke. In: Karsten's Archiv für Bergbau und Hüttenwesen, Band 18, S. 13-32. Berlin 1828

Becker, Thomas: Historische versus fundamentale Betafaktoren: Theoretische Grundlagen und empirische Ermittlungsverfahren. Stuttgart 2000

Behringer, Stefan: Unternehmensbewertung der Mittel- und Kleinbetriebe – Betriebswirtschaftliche Verfahrensweisen. 2., neu bearb. und erw. Aufl., Berlin 2002

Beiker, Hartmut: Überrenditen und Risiken kleiner Aktiengesellschaften – Eine theoretische und empirische Analyse des deutschen Kapitalmarktes von 1966 bis 1989. Köln 1993

Bellinger, Bernhard/Vahl, Günter: Unternehmensbewertung in Theorie und Praxis. 2. Aufl., Wiesbaden 1992

Berens, Wolfgang/Brauner, Hans U./Strauch, Joachim (Hrsg.): Due Diligence bei Unternehmensakquisitionen. 3., überarb. und erw. Aufl., Stuttgart 2002

Berliner, Manfred: Vergütung für den Wert des Geschäfts bei dessen Uebergang in andere Hände. Hannover, Leipzig 1913

Bernstein, Leopold A./Wild, John J.: Financial Statement Analysis; Theory, Application, and Interpretation. 6th ed., Boston u.a. 1998

Betsch, Oskar/Groh, Alexander P./Lohmann, Lutz G. E.: Corporate Finance – Unternehmensbewertung, M & A und innovative Kapitalmarktfinanzierung. 2., überarb. und erw. Aufl., München 2000

Bimberg, Lothar H.: Langfristige Renditenberechnung zur Ermittlung von Risikoprämien – Empirische Untersuchung der Renditen von Aktien, festverzinslichen Wertpapieren und Tagesgeld in der Bundesrepublik Deutschland für den Zeitraum von 1954 bis 1988 (mit Ergänzung 1989–1992). 2., unveränderte Aufl., Frankfurt/M. u.a. 1993

Binder, Friedemann: Unternehmenskauf. Aachen 1998

Bodarwé, Ernst: Unternehmungsbewertung: Wegleitung durch das Labyrinth der Theorien. Mönchengladbach 1984

Börsig, Clemens/Coenenberg, Adolf G.: Bewertung von Unternehmen. Strategie – Markt – Risiko. Stuttgart 2003

Born, Karl: Bilanzanalyse international – deutsche und ausländische Jahresabschlüsse lesen und beurteilen. 2., aktualisierte und überarb. Aufl., Stuttgart 2001

Brealey, Richard A./Myers, Stewart C.: Principles of corporate finance. 7th ed., New York u.a. 2003

Bretzke, Wolf-Rüdiger: Risiken in der Unternehmensbewertung. In: ZfbF, 40. Jg. (1988), S. 813-823

Bretzke, Wolf-Rüdiger: Unternehmensbewertung in dynamischen Märkten. In: BFuP, 45. Jg. (1993), S. 39-45

Bruns, Carsten: Unternehmensbewertung auf der Basis von HGB- und IAS-Abschlüssen – Rechnungslegungsunterschiede in der Vergangenheitsanalyse. Diss. Herne, Berlin 1998

Bühner, Rolf: Das Management-Wert-Konzept – Strategien zur Schaffung von mehr Wert im Unternehmen. Stuttgart 1990

Busse von Colbe, Walther: Objektive oder subjektive Unternehmungsbewertung? In: ZfB, 27. Jg. (1957), S. 113-125

Busse von Colbe, Walther: Der Zukunftserfolg. Die Ermittlung des künftigen Unternehmungserfolges und seine Bedeutung für die Bewertung von Industrieunternehmen. Wiesbaden 1957

Busse von Colbe u.a. (Hrsg.): Ergebnis je Aktie nach DVFA/SG – DVFA/SG Earnings per Share. Stuttgart 2000

Busse von Colbe, Walther/Coenenberg, Adolf G. (Hrsg.): Unternehmensakquisition und Unternehmensbewertung – Grundlagen und Fallstudien. Stuttgart 1992

Bussmann, K. F.: Buchbesprechung zu: Busse von Colbe, Walther: Der Zukunftserfolg. In: ZfB, 31. Jg. (1961), S. 63-64

Buzzell, Robert D./Gale, Bradley T.: Das PIMS-Programm – Strategien und Unternehmenserfolg. Wiesbaden 1989


Copeland, Tom/Antikarov, Vladimir: Realoptionen – Das Handbuch für Finanz-Praktiker. Weinheim 2002

Copeland, Tom/Koller, Tim/Murrin, Jack/McKinsey & Company: Unternehmenswert – Methoden und Strategien für eine wertorientierte Unternehmensführung. 3., völlig überarb. und erw. Aufl., Frankfurt a.M., New York 2002

Cornell, Bradford: Corporate Valuation – Tools for effective appraisal and decision making. Homewood, Ill. 1993


Damodaran, Aswath: Damodaran on Valuation: Security Analysis for Investment and Corporate Finance. New York 1994

Damodaran, Aswath: Investment Valuation – Tools and Techniques for Determining the Value of Any Asset. 2nd ed., New York 2002

Dittmar, Thomas/Rathgeber, Andreas: Marktorientierte Leistungsverrechnung – Eine kritische Analyse des Instrumentariums der Bankkalkulation. In: FB, Heft 4, 2002, S. 221-230

Dixon, Rob: Investment Appraisal – a Guide for Managers. Revised ed., London 1994

Dörner, Wolfgang: Die Unternehmungsbewertung. In: Wirtschaftsprüfer-Handbuch 1973, Düsseldorf 1973, S. 1089-1180

Dörner, Wolfgang: Die Unternehmensbewertung. In: Wirtschaftsprüfer-Handbuch 1977, Düsseldorf 1977, S. 1131-1232

Dörner, Wolfgang: Die Unternehmensbewertung. In: Wirtschaftsprüfer-Handbuch 1981, Düsseldorf 1981, S. 1245-1369

Dörner, Wolfgang: Die Unternehmensbewertung. In: Wirtschaftsprüfer-Handbuch 1992, Düsseldorf 1992, Bd. II, S. 1-136

Drukarczyk, Jochen: Unternehmensbewertung. 4. überarb. und erw. Aufl., München 2003

Eidel, Ulrike: Moderne Verfahren der Unternehmensbewertung und Performance-Messung – Kombinierte Analysemethoden auf der Basis von US-GAAP-, IAS- und HGB-Abschlüssen. Diss. Herne, Berlin 1999

Engeleiter, Hans-Joachim: Unternehmensbewertung. Stuttgart 1970

Engels, Wolfram: Betriebswirtschaftliche Bewertungslehre im Licht der Entscheidungstheorie. Köln und Opladen 1962

Ernst, Dietmar/Häcker, Joachim: Realoptionen im Investment Banking – Mergers & Acquisitions, Initial Public Offering, Venture Capital. Stuttgart 2002

Evans, Frank C./Bishop, David M.: Valuation for M&A – Building Value in Private Companies. New York u.a. 2001

Fama, Eugen F./French, Kenneth R.: The Cross-Section of Expected Stock Returns. In: JoF, Vol. 47 (1992), S. 427-465

Fasold, R.: Theorie und Praxis der modernen Unternehmensbewertung. In: AG, 17. Jg. (1972), S. 327-340

Feist, Ludwig: Zur Bewertung von Unternehmungen und Beteiligungen. Köln – Bonn 1972

Forster, Karl-Heinz: Buchbesprechung zu Sieben, Günter: Der Substanzwert der Unternehmung. In: WPg, 17. Jg. (1964), S. 77

Frank, Gert-M./Stein, Ingo (Hrsg.): Management von Unternehmensakquisitionen. Stuttgart 1993

Fritz, J.: Kapitalisierung des Geschäftsertrages. Diskussion Schmalenbach – Fritz – Tgahrt. In: ZfhF, 7. Jg. (1912/13), S. 39-41, 132-138, 369-376

Gaughan, Patrick A.: Mergers, Acquisitions, and Corporate Restructurings. 2nd ed., New York u.a. 1999

Gelhausen, Fritz: Probleme der Bewertung von Unternehmen. In: WPg, 1. Jg. (1948), S. 5-10

Geschka, Horst/Reibnitz, Ute von: Die Szenario-Technik – ein Instrument der Zukunftsanalyse und der strategischen Planung. In: Praxis der strategischen Unternehmensplanung, hrsg. von Armin Töpfer und Heik Afheldt, Frankfurt/M. 1983, S. 125-169

Geschka, H./Hammer R.: Die Szenario-Technik in der strategischen Unternehmensführung. In: Strategische Unternehmensplanung – Strategische Unternehmensführung, hrsg. von D. Hahn und B. Taylor. 6. Aufl., Heidelberg 1992

Goetzke, Wolfgang/Sieben, Günter (Hrsg.): Moderne Unternehmungsbewertung und Grundsätze ihrer ordnungsmäßigen Durchführung. Köln 1977

Göppl, Hermann: Unternehmungsbewertung und Capital-Asset-Pricing-Theorie. In: WPg, 33. Jg. (1980), S. 237-245

Grafer, H. Richard/Baldasaro, P. Michael: Effective Due Diligence. In: The Mergers and Acquisitons Handbook, hrsg. von Milton L. Rock, New York u.a. 1987, S. 271-280

Graham, Benjamin/Dodd, David L./Cottle, Sidney: Security Analysis – Principles and Technique. New York 1962

Gregory, Alan: Valuing Companies – Analysing Business Worth. New York u.a. 1992

Großfeld, Bernhard: Unternehmens- und Anteilsbewertung im Gesellschaftsrecht – Zur Barabfindung ausscheidender Gesellschafter. 3., neubearb. Aufl., Köln 1994

Grünewald, Peter: Unternehmensbewertung in anglo-amerikanischen Ländern. Diss. Mainz 1960

Günther, Rolf: Zur Berücksichtigung der persönlichen Einkommensteuer bei der Unternehmensbewertung nach der Ertragswertmethode. Düsseldorf 1997

Hachmeister, Dirk: Die Abbildung der Finanzierung im Rahmen verschiedener Discounted Cash Flow-Verfahren. In: ZfbF, 48. Jg. (1996), S. 251-277

Hachmeister, Dirk: Der Discounted Cash Flow als Maß der Unternehmenswertsteigerung. 4., durchges. Aufl., Frankfurt/M. u.a. 2000

Hackmann, Annette: Unternehmensbewertung und Rechtsprechung. Wiesbaden 1987

Hagest, Karl: Die Ermittlung des Wertes von Unternehmungen. In: WPg, 3. Jg. (1950), S. 193-197

Hahn, Dietger: PuK, Controllingkonzepte – Planung und Kontrolle, Planungs- und Kontrollsysteme, Planungs- und Kontrollrechnung – Unternehmungsbeispiele von Henkel KGaA Düsseldorf, Daimler-Benz AG, Stuttgart, Siemens AG, München, Preußag AG, Hannover. 4., vollst. überarb. und erw. Aufl., Wiesbaden 1994

Hahn, Dietger/Hungenberg, Harald: PuK – Wertorientierte Controllingkonzepte. 6., vollständig überarb. und erw. Aufl., 2001

Hahn, Dietger/Taylor, Bernard (Hrsg.): Strategische Unternehmensplanung – Stand und Entwicklungstendenzen. 3., durchges. Aufl., Würzburg, Wien, Zürich 1984

Hayn, Marc: Bewertung junger Unternehmen. 2., stark überarb. Aufl., Herne, Berlin 2000

Helbling, Carl: Unternehmungsbewertung und Steuern. 9., nachgeführte Aufl., Düsseldorf 1998

Helling, Nico U.: Strategieorientierte Unternehmensbewertung – Instrumente und Techniken. Wiesbaden 1994

Henderson, Bruce D.: Die Erfahrungskurve in der Unternehmensstrategie. 2., überarb. Aufl., Frankfurt, New York 1984

Henschel, Helmut: Wirtschaftsprognosen. München 1979

Herzog, Richard: Der Substanzwert im Rahmen der Unternehmensbewertung – Ein Diskussionsbeitrag. In: DB, 15. Jg. (1962), S. 1615-1616

Hinterhuber, Hans H.: Strategische Unternehmungsführung, Strategisches Denken, 4., völlig neu bearb. Aufl., Berlin, New York 1989

Hinterhuber, Hans H.: Strategische Unternehmensführung, II. Strategisches Handeln, 4., völlig neu bearb. Aufl., Berlin, New York 1989

Hohlfeldt, Gottfried/Jacob, Hans-Joachim: Theorie und Praxis in der Unternehmensbewertung – A-STATE-OF-THE-ART. In: Der Wirtschaftsprüfer vor innovativen Herausforderungen, hrsg. von Kurt Boysen, Gottfried Hohlfeldt, Hans-Joachim Jacob, Fritz Nehles und Richard Wellmann. Festschrift für Hans-Heinrich Otte. Stuttgart 1992. S. 205-263

Hölters, Wolfgang (Hrsg.): Handbuch des Unternehmens- und Beteiligungskaufs. 5., völlig überarb. und erw. Aufl., Köln 2002

Holzapfel, Hans-Joachim/Pöllath, Reinhard: Unternehmenskauf in Recht und Praxis. 10., neubearb. Aufl., Köln 2001

Hüttner, Manfred: Markt- und Absatzprognosen. Stuttgart u.a. 1982


Ibbotson Associates: Stocks, Bonds, Bills, and Inflation. 2003 Yearbook. Market Results for 1926. 2002, Chicago 2003

Ibbotson Associates: Stocks, Bonds, Bills, and Inflation. Valuation Edition, 2003 Yearbook. Chicago 2003

Ibbotson, Roger G./Brinson, Gary P.: Global Investing – The Professional's Guide to the World Capital Markets. New York u.a. 1993

Institut der Wirtschaftsprüfer (IdW): Erhebungsbogen zur Unternehmensbewertung. Düsseldorf 1987


Jacob, Herbert: »Der Zukunftserfolg«. Zu dem gleichnamigen Buch von Walter Busse von Colbe. In: ZfB, 30. Jg. (1960), S. 567-571

Jacob, Herbert: Die Methoden zur Ermittlung des Gesamtwertes einer Unternehmung. Eine vergleichende Betrachtung. In: ZfB, 30. Jg. (1960), S. 131-147, 209-222 und in: Janberg, Hans (Hrsg.), Finanzierungs-Handbuch, Wiesbaden 1970, S. 621-654

Jacob, Herbert: Das PIMS-Programm. In: Wirtschaftsstudium, 12. Jg. (1983), S. 262-266

Jaensch, Günter: Wert und Preis der ganzen Unternehmung. Köln und Opladen 1966

Jaensch, Günter: Empfehlungen zur Bewertung von ganzen Unternehmungen (Besprechungsaufsatz). In: ZfbF, 21. Jg. (1969), S. 643-655

Jaensch, Günter: Empfehlungen zur Bewertung von ganzen Unternehmungen – Erwiderung. In: ZfbF, 22. Jg. (1970), S. 336-343

Jansen, Stephan A.: Mergers & Acquisitions – Unternehmensakquisitionen und -kooperationen. 2. durchges. Aufl., Wiesbaden 1999

Jung, Willi: Was ist beim Erwerb einer US-Unternehmung zu klären? In: Management-Zeitschrift Industrielle Organisation, Zürich, 50. Jg. (1981), S. 437-441, 510-513

Jung, Willi: Praxis des Unternehmenskaufs. 2., überarb. und erw. Aufl., Stuttgart 1993

Käfer, Karl: Zur Bewertung der Unternehmung als Ganzes. In: Rechnungsführung in Unternehmung und Staatsverwaltung. Festgabe für Otto Juzi, Zürich 1946, S. 71-98

Käfer, K.: Probleme der Unternehmungsbewertung. Bemerkungen zu einem Werke von Hans Münstermann. In: DU, 21. Jg. (1967), S. 148-156

Kammer der Wirtschaftstreuhänder, Wien: Fachgutachten Nr. 74: Unternehmensbewertung. Wien 1989

Koch, Wolfgang/Wegmann, Jürgen: Praktiker-Handbuch Due Diligence – Analyse mittelständischer Unternehmen. 2., überarb. und aktualisierte Aufl., Stuttgart 2002

Kolbe, Kurt: Theorie und Praxis des Gesamtwertes und Geschäftswertes der Unternehmung. 3. Aufl., Düsseldorf 1967

Kranebitter, Gottwald (Hrsg.): Due Diligence – Risikoanalyse im Zuge von Unternehmenstransaktionen. München 2002

Kraus-Grünewald, Marion: Ertragsermittlung bei Unternehmensbewertung – dargestellt am Beispiel der Brauindustrie. Wiesbaden 1982

Kreikebaum, Hartmut: Strategische Unternehmensplanung. 5., überarb. Aufl., Stuttgart, Berlin, Köln 1993

Kreutz, W.: Wertschätzung von Bergwerken – Unter besonderer Berücksichtigung der im Geltungsbereiche des preussischen Berggesetzes vorliegenden Verhältnisse. Köln-Rhein 1909

Kummer von, zu Waldenburg: Ueber die Grundsätze nach denen der finanzielle Erfolg bergmännischer Unternehmungen zu beurteilen ist; speciell auf den Niederschlesischen Steinkohlenbergbau angewendet. In: Karsten's Archiv für Mineralogie, Geognosie usw., Bd. 8, Berlin 1835, S. 154-184

Künnemann, Martin: Objektivierte Unternehmensbewertung. Frankfurt/M., Bern, New York 1985

Lange, Bernd: Bestimmung strategischer Erfolgsfaktoren und Grenzen ihrer empirischen Fundierung – Dargestellt am Beispiel der PIMS-Studie. In: DU, 36. Jg. (1982), S. 27-41

Leitner, Friedrich: Wirtschaftslehre der Unternehmung. Berlin, Leipzig 1926

Liebermann, Benedykt: Der Ertragswert der Unternehmung. Diss. Frankfurt a.M. 1923

Linke, Manfred: Wert und Bewertung von Firmenanteilen. München 1981

Lintner, John: The valuation of risk assets and the selection of risky investments in stock portfolios and capital budgets. In: Review of Economic Statistics, 1965, S. 13-37

Loderer, Claudio/Jörg, Petra/Pichler, Karl/Zgraggen, Pius: Handbuch der Bewertung – Praktische Methoden und Modelle zur Bewertung von Projekten, Unternehmen und Strategien. Zürich 2001

Löhr, Dirk: Die Grenzen des Ertragswertverfahrens. Frankfurt a.M. 1993

Löhr, Dirk/Rams, Andreas: Unternehmensbewertung mit Realoptionen – Berücksichtigung strategisch-dynamischer Flexibilität. In: BB, 55. Jg. (2000), S. 1983-1989

Mandl, Gerwald/Rabel, Klaus: Unternehmensbewertung – Eine praxisorientierte Einführung. Wien 1997

Markowitz, Harry: Portfolio Selection. In: JoF, Vol. 7 (1952), S. 77-91

Markowitz, Harry M.: Portfolio Selection. 3. Aufl., New York, London, Sydney 1967

Matschke, Manfred Jürgen: Der Entscheidungswert der Unternehmung. Wiesbaden 1975

Matschke, Manfred Jürgen: Funktionale Unternehmungsbewertung. Bd. II, Der Arbitriumwert der Unternehmung. Wiesbaden 1979

Maul, Karl-Heinz: Unternehmensbewertung auf der Basis von Nettoausschüttungen. In: WPg, 26. Jg. (1973), S. 57-63

Maul, Karl-Heinz: Offene Probleme der Bewertung von Unternehmen durch Wirtschaftsprüfer. In: DB, 45. Jg. (1992), S. 1253-1259

Mellerowicz, Konrad: Grundlagen betriebswirtschaftlicher Wertungslehre. Berlin 1926

Mellerowicz, Konrad: Der Wert der Unternehmung als Ganzes. Essen 1952

Mellerowicz, Konrad: Zur Problematik der Bewertung des Unternehmungsganzen. In: WPg, 6. Jg. (1953), S. 199-203

Modigliani, Franco/Miller, Merton H.: Dividendenpolitik, Wachstum und die Bewertung von Aktien (Übersetzung aus the Journal of Business, 34 (1961), S. 411-433). In: Die Finanzierung der Unternehmung, hrsg. von Herbert Hax und Helmut Laux, Köln 1975, S. 270-300

Modigliani, Franco/Miller, Merton H.: Kapitalkosten, Finanzierung von Aktiengesellschaften und Investitionstheorie (Übersetzung aus The American Economic Review, 48 (1958), S. 261-297). In: Die Finanzierung der Unternehmung, hrsg. von Herbert Hax und Helmut Laux, Köln 1975, S. 86-119

Moral, Felix: Die Abschätzung des Wertes industrieller Unternehmungen. 2., verb. Aufl., Berlin 1923

Moser, Ulrich: Discounted Cash-flow-Methode auf der Basis von Free Cash-flows: Berücksichtigung der Besteuerung. In: FB, Heft 7, 1999, S. 117-123

Mossin, Jan: Equilibrium in a capital asset market. In: Econometrica, Nr. 4/1966, S. 768-783

Moxter, Adolf: Optimaler Verschuldungsumfang und Modigliani-Miller-Theorem. In: Aktuelle Fragen der Unternehmensfinanzierung und Unternehmensbewertung, Festschrift für Kurt Schmaltz, hrsg. von Karl-Heinz Forster und Peter Schumacher, Stuttgart 1970, S. 128-155, und in: Die Finanzierung der Unternehmung, hrsg. von Herbert Hax und Helmut Laux, Köln 1975, S. 133-159

Moxter, Adolf: Grundsätze ordnungsmäßiger Unternehmensbewertung, Wiesbaden 1976

Moxter, Adolf: Grundsätze ordnungsmäßiger Unternehmensbewertung. 2., vollständig umgearbeitete Aufl., Wiesbaden 1983

Münstermann, Hans: Der Gesamtwert des Betriebes. In: Schweizerische Zeitschrift für Kaufmännisches Bildungswesen. 46. Jg. (1952), S. 181-193, 209-219

Münstermann, Hans: Die Finanzierung der Betriebe. Zur achten Auflage von Eugen Schmalenbachs ältestem Werk »Die Beteiligungs-Finanzierung« (Besprechungsaufsatz). In: ZfhF, NF, 8. Jg. (1956), S. 290-300

Münstermann, Hans: Wert und Bewertung der Unternehmung. Wiesbaden 1966

Münstermann, Hans: Der Zukunftsentnahmenwert der Unternehmung und seine Beurteilung durch den Bundesgerichtshof. In: BFuP, 32. Jg. (1980), S. 114-124

Myers, Stewart C.: Determinants of Corporate Borrowing. In: Journal of Financial Economics, November 1977, S. 136-175

Oeynhausen von: Ueber die Bestimmung des Kapitalwerthes von Steinkohlen-Zechen. In: Karsten's Archiv für Bergbau und Hüttenwesen, Bd. 5, Berlin 1822, S. 306-319

Peemöller, Volker H. (Hrsg.): Praxishandbuch der Unternehmensbewertung. 2. Aufl., Herne, Berlin 2002

Peemöller, Volker H./Bömelburg, Peter/Denkmann, Andreas: Unternehmensbewertung in Deutschland – Eine empirische Erhebung. In: WPg, 47. Jg. (1994), S. 741-749

Perridon, Louis/Steiner, Manfred: Finanzwirtschaft der Unternehmung. 11., überarb. Aufl., München 2002

Picot, Gerhard: Handbuch Mergers & Acquisitions – Planung, Durchführung, Integration. 2., überarb. und erw. Aufl., Stuttgart 2002

Piltz, Detlev J.: Die Unternehmensbewertung in der Rechtsprechung, 3., neu bearb. Aufl., Düsseldorf 1994

Porter, Michael E.: Wettbewerbsstrategie (Competitive Strategy). Methoden zur Analyse von Branchen und Konkurrenten. 10. durchges. und erw. Aufl., Frankfurt/Main, New York 1999

Porter, Michael E.: Wettbewerbsvorteile (Competitive Advantage). Spitzenleistungen erreichen und behaupten. 5. durchges. und erw. Aufl., Frankfurt/Main, New York 1999

Pratt, Shannon P.: Cost of Capital – Estimation and Applications. 2nd ed., Hoboken, New Jersey 2002

Pratt, Shannon P./Reilly, Robert F./Schweihs, Robert P.: Valuing Small Businesses and Professional Practices. 3rd ed., New York u.a. 1998

Pratt, Shannon P./Reilly, Robert F./Schweihs, Robert P: Valuing a Business – The Analysis and Appraisal of Closely Held Companies. 4th ed., New York u.a. 2000

Raab, Hermann: Shareholder Value und Verfahren der Unternehmensbewertung – Leitmaxime für das Management? Herne, Berlin 2001

Rams, Andreas: Realoptionsbasierte Unternehmensbewertung. In: FB, Heft 11, 1999, S. 349-364

Rappaport, Alfred: Do you know the value of your company? In: M&A, Spring 1979, S. 12-17

Rappaport, Alfred: Strategic analysis for more profitable acquisitions. In: HBR, July-August 1979, S. 99-110

Rappaport, Alfred: Discounted Cash Flow Valuation. In: The Mergers and Acquisition Handbook, hrsg. von Milton L. Rock. New York u.a. 1987, S. 163-181

Rappaport, Alfred: Shareholder Value – Ein Handbuch für Manager und Investoren. 2., vollständig überarb. und aktualisierte Aufl., Stuttgart 1999

Reibnitz, U. von/Geschka, H./Seibert I.: Die Szenario-Technik als Grundlage von Planungen, hrsg. vom Batelle Institut e.V., Frankfurt/M. 1992

Reilly, Frank K.: Investments. 3rd ed., Fort Worth u.a. 1992

Reis, Judson P./Cory, Charles R.: The Fine Art of Valuation. In: The Mergers and Acquisitions Handbook, hrsg. von Milton L. Rock. New York u.a. 1987, S. 183-192

Rock, Milton L. (Hrsg.): The Mergers and Acquisitions Handbook. New York u.a. 1987

Roll, Richard/Ross, Stephen A.: On the Cross-sectional Relation between Expected Returns and Betas. In: JoF, 49. Jg. (1994), S. 101-121

Ross, Franz Wilhelm/Brachmann, Rolf/Holzner, Peter: Ermittlung des Bauwertes von Gebäuden und des Verkehrswertes von Grundstücken. 28., neubearb. und ergänzte Aufl., Hannover 1997

Ross, Stephen A./Westerfield, Randolph W./Jaffe, Jeffrey: Corporate Finance. 3rd ed., Homewood, Ill. 1993

Schildbach, Thomas: Ein fast problemloses DCF-Verfahren zur Unternehmensbewertung. In: ZfbF, 52. Jg. (2000), S. 707-723

Schmalenbach, E.: Vergütung für den Wert des Geschäftes bei dessen Übergang in andere Hände. In: ZfhF, 7. Jg. (1912/13), S. 36-37

Schmalenbach, Eugen: Kapitalisierung des Geschäftsertrages. Diskussion Schmalenbach – Fritz – Tgahrt. In: ZfhF, 7. Jg. (1912/1913), S. 39-41, 132-138, 369-376

Schmalenbach, E.: Die Werte von Anlagen und Unternehmungen in der Schätzungstechnik. In: ZfhF, 12. Jg. (1917/18), S. 1-20

Schmalenbach, E.: Finanzierungen. 2. Aufl., Leipzig 1921

Schmalenbach, Eugen: Finanzierungen. 6. Aufl., Neubearbeitung unter Mitwirkung von Rudolf Bethmann. Leipzig 1937

Schmalenbach, Eugen: Die Beteiligungsfinanzierung. 7. verb. Aufl., Köln, Opladen 1949

Schmalenbach, Eugen: Die Beteiligungsfinanzierung. 8., verb. Aufl., bearb. von Richard Bauer, Köln, Opladen 1954

Schmalenbach, Eugen: Die Beteiligungsfinanzierung. 9., verb. Aufl., bearbeitet von Richard Bauer, Köln, Opladen 1966

Schmidt, Reinhard H./Terberger, Eva: Grundzüge der Investitions- und Finanzierungstheorie. 4., aktualisierte Aufl., Wiesbaden 1997

Schneider, Dieter: Investition, Finanzierung und Besteuerung. 7., vollständig überarb. und erw. Aufl., Wiesbaden 1992

Schneider, Jörg: Der strategische Unternehmenswert. In: HARVARDmanager, II. Quartal 1986, S. 15-17

Schneider, Jörg: Die Ermittlung strategischer Unternehmenswerte. In: BFuP, 40. Jg. (1988), S. 522-531

Schneider, Jörg: Strategische Unternehmensbewertung als Teil der Akquisitionsplanung. In: Strategieentwicklung, hrsg. von Hans-Christian Riekhof. Stuttgart 1991, S. 213-234

Schnettler, Albert: Die Bewertung von Betrieben nach betriebswirtschaftlichen Grundsätzen. In: WPg, 1. Jg. (1948), S. 13-17

Schultze, Wolfgang: Methoden der Unternehmensbewertung – Gemeinsamkeiten, Unterschiede, Perspektiven. Düsseldorf 2001

Schwetzler, Bernhard: Probleme der Multiple-Bewertung. In: FB, Heft 2, 2003, S. 79-90

Schwaninger, Markus: Integrale Unternehmensplanung. Frankfurt/M., New York 1989

Scott, Cornelia (Hrsg.): Due Diligence in der Praxis – Risiken minimieren bei Unternehmenstransaktionen. Mit Beispielen und Checklisten. Wiesbaden 2001

Sharpe, William F.: A simplified model for portfolio analysis. In: Management Science, 9. Jg. (1963), S. 277-293

Sharpe, William F.: Capital asset prices: a theory of market equilibrium under conditions of risk. In: JoF, 19. Jg.(1964), S. 425-442

Sieben, Günter: Der Substanzwert der Unternehmung. Wiesbaden 1963

Sieben, Günter: Buchbesprechung zu Jaensch, Günter: Wert und Preis der ganzen Unternehmung. In: ZfB, 36. Jg. (1966), S. 755-756

Sieben, Günter u.a.: Podiumsdiskussion über das Thema »Grundsätze ordnungsmäßiger Unternehmensbewertung«. In: Moderne Unternehmungsbewertung und Grundsätze ihrer ordnungsmäßigen Durchführung, hrsg. von Wolfgang Goetzke und Günter Sieben, Köln 1977, S. 257-295

Sieben, Günter/Zapf, Bernhard (Hrsg.): Unternehmensbewertung als Grundlage unternehmerischer Entscheidungen. Bericht des Arbeitskreises »Unternehmensbewertung im Rahmen der unternehmerischen Zielsetzung«. Stuttgart 1981

Siepe, Günter: Die Unternehmensbewertung. In: Wirtschaftsprüfer-Handbuch 2002, Düsseldorf 2002, S. 1-149

Spremann, Klaus: Finanzanalyse und Unternehmensbewertung. München, Wien 2002

Steiner, Manfred/Beiker, Hartmut/Bauer, Christoph: Theoretische Erklärungen unterschiedlicher Aktienrisiken und empirische Überprüfungen. In: Empirische Kapitalmarktforschung, hrsg. von Wolfgang Bühler, Herbert Hax und Reinhart Schmidt. Düsseldorf 1993. S. 99-129

Stewart, G. Bennett: The Quest for Value – The EVA$^{TM}$ management guide. New York u.a. 1990

Struck, Uwe: Geschäftspläne – Voraussetzung für erfolgreiche Kapitalbeschaffung. Stuttgart 1990

Tgahrt, E.: Kapitalisierung des Geschäftsertrages. Diskussion Schmalenbach – Fritz – Tgahrt. In: ZfhF, 7. Jg. (1912/13), S. 39-41, 132-138, 369-376

Theisinger, Karl: Die Bewertung der Unternehmung als Ganzes. In: Bankwissenschaft, 10. Jg. (1933). S. 161-176

Töpfer, Armin/Afheldt, Heik (Hrsg.): Praxis der strategischen Unternehmensplanung. Frankfurt am Main 1983

Tymkiw, Michael Myroslau: Die Bewertung der Unternehmung als Ganzes. Diss. Erlangen 1947

Union Européenne des Experts Comptables, Economiques et Financiers (U.E.C.): Die Bewertung von Unternehmungen und Unternehmungsanteilen. Richtlinien, ausgearbeitet von einer Studienkommission der U.E.C. Düsseldorf 1961

Union Européenne des Experts Comptables, Economiques et Financiers (U.E.C.): Empfehlung zur Vorgehensweise von Wirtschaftsprüfern bei der Bewertung ganzer Unternehmen. München 1980

Valcárcel, Sylvia: Ermittlung und Beurteilung des »strategischen Zuschlags« als Brücke zwischen Unternehmenswert und Marktpreis. In: DB, 45. Jg. (1992), S. 589-595

Viel, Jakob: Probleme der Bestimmung des Unternehmungswertes. In: WPg, 7. Jg. (1954), S. 241-245

Viel, Jakob: Empfehlungen zur Bewertung von ganzen Unternehmungen. In: ZfbF, 22. Jg. (1970), S. 331-335

Viel, Jakob/Bredt, Otto/Renard, Maurice: Die Bewertung von Unternehmungen und Unternehmungsanteilen. 5., neu bearb. und erw. Aufl., Stuttgart 1975

Vogel, Dieter H.: M & A – Ideal und Wirklichkeit. Wiesbaden 2002

Wagner, Wolfgang/Russ, Wolfgang: Due Diligence. In: Wirtschaftsprüfer-Handbuch 2002, Düsseldorf 2002, S. 997-1113

Wahl, Siegfried von: Die Bewertung von Bergwerks-Unternehmungen auf der Grundlage der Investitionsrechnung. Köln und Opladen 1966

Weber, Theo: Methoden der Unternehmensbewertung unter Berücksichtigung von Ertragsteuern und Finanzierungspolitik. In: FB, Heft 7/8 (2000), S. 464-473

West, Thomas L./Jones, Jeffrey D.: Handbook of Business Valuation 2nd ed., New York u.a. 1999

Weston, J. Fred/Copeland, Thomas E.: Managerial Finance. 9th ed., Fort Worth u.a. 1992

White, Gerald I./Sondhi, Ashwinpaul C./Fried, Dov: The Analysis and Use of Financial Statements. 2nd ed., New York u.a. 1997

Williams, John Burr: The theory of investment value. 2. Aufl., Amsterdam 1956

Wipfli, Cyrill: Unternehmensbewertung im Venture Capital-Geschäft – Herleitung von Einflussfaktoren und deren empirische Überprüfung in der Praxis. Bern, Stuttgart, Wien 2001

Wollny, Paul unter Mitarbeit von Paul Manfred Wollny: Unternehmens- und Praxisübertragungen – Kauf, Verkauf, Anteilsübertragung in Zivil- und Steuerrecht. 5. Aufl., Herne 2001

Wullenkord, Axel: New Economy Valuation – Moderne Bewertungsverfahren für Hightech-Unternehmen. In: FB, Heft 7/8, 2000, S. 522-527


Zimmerer, Carl: Unternehmensbewertung. In: Management Enzyklopädie 1969, S. 968-979

Zimmerer, Carl: Bewertung von Unternehmen und Unternehmensanteilen. In: Finanzierungshandbuch, hrsg. von F. Wilhelm Christians, 2., völlig überarb. und erw. Aufl., Wiesbaden 1988, S. 805-827

# Namensverzeichnis

# Stichwortverzeichnis